Kolja Zydatiss
Mark Feldon
INTERREGNUM

KOLJA ZYDATISS
MARK FELDON

INTER REGNUM

WAS KOMMT NACH DER LIBERALEN DEMOKRATIE?

Widmung

Mark Feldon widmet dieses Buch von Herzen seiner Frau Tina und seiner Tochter Kaya. Und seiner Mutter Rose. Danke!

Kolja Zydatiss widmet dieses Buch seinen Eltern und Großeltern, einfache Menschen, deren Chancen und Möglichkeiten untrennbar mit den Verdiensten der liberalen Demokratie in ihrer Blütezeit verbunden waren. Danke!

Umschlaggestaltung: Sybille Schug
Umschlagmotiv: Rashevskyi Media – stock.adobe.com
Satz: Langen Müller Verlag, Ralf Paucke
Druck und Binden: Friedrich Pustet GmbH & Co. KG, Regensburg
Printed in Germany
ISBN 978-3-7844-3706-4
www.langenmueller.de

Inhalt

Einleitung

Von der Utopie zum Verfall

»Wir leben in der besten aller möglichen Welten.
Alles, was geschieht, ist gut.« Gottfried Wilhelm Leibniz

Schließen wir die Augen und stellen uns das Ideal einer Liberalen Demokratie vor. Was sehen wir?

Vermutlich sehen wir eine Sammlung aufgeklärter, selbstbewusster und engagierter Bürger, die rege am politischen Leben ihres Landes teilnehmen. Dabei sind ihre individuellen Befähigungen – ihr Wissen, ihr politisches Interesse, ihre Freude am tätigen Leben des Staatsbürgers – keineswegs angeboren, sondern das Ergebnis von Erziehung, Bildung, Geschichte und dem Wirken zahlreicher regelnder und sinngebender Institutionen.

In der Familie und in den Schulen werden Prozesse und Vorzüge der Liberalen Demokratie kritisch und offen diskutiert und in Rollenspielen erprobt. Kein Kind verlässt die Schule, ohne zu wissen, wie ein Gesetz entsteht, wie Wahlen funktionieren, wofür unterschiedliche Parteien stehen und welche Rechte und Pflichten es als Staatsbürger besitzt. Dabei werden auch die Fehler und Schwächen des politischen Systems und seiner Annahmen nicht ausgespart. Man setzt auf den »eigentümlichen zwanglosen Zwang des besseren Arguments«, wie es der Soziologe Jürgen Habermas poetisch formulierte, und auf die Fähigkeit zur gesellschaftlichen Selbstkorrektur.

Man weiß um die inhärente Überzeugungskraft des politischen Systems und vertraut auf die Fähigkeit des Individuums, sich »seines Verstandes ohne Leitung eines anderen zu bedienen«, wie die berühmte Formulierung Immanuel Kants in dem Essay »Was ist Aufklärung« lautet. Die liberale Demokratie an sich ist resilient, sie wächst mit ihren Herausforderungen, sie ist, in den Worten des Mathematikers Nassim Nicholas Taleb, »antifragil«.

Je mehr Belastung von innen und außen sie erfährt, desto stabiler wird sie. Das verleiht ihr Dauer.

In der Liberalen Demokratie herrscht ein gewisses Misstrauen gegenüber dem Staat, denn dessen zentrale Institutionen werden von Menschen geleitet, die fehlbar sind und den Versuchungen der Korruption erliegen oder die ihnen anvertraute Macht sonst wie missbrauchen können. Der Historiker und Politiker Alexis de Tocqueville beschrieb in seinen Reflexionen über die Demokratie in Amerika eine weitere Gefahr, die demokratisch verfassten Gesellschaften droht: die »Tyrannei der Mehrheit« als Preisgabe des Liberalismus auf demokratischem Weg zum Zwecke der Unterdrückung einer Minderheit. Der Bürger ist aus krummem Holz und gleichzeitig Souverän, weshalb die Institutionen der Liberalen Demokratie eines besonderen Schutzes bedürfen.

Der Staat bleibt ein biblisches Ungeheuer, ein Leviathan, auch wenn sein Körper sich – wie in der ersten Titelillustration des gleichnamigen Buches von Thomas Hobbes – aus der Gesamtheit seiner freien Staatsbürger zusammensetzt. Insofern verbietet sich blindes Vertrauen in seine Fähigkeit, größtes Übel zu verhindern – Gesellschaftsvertrag hin oder her.

Ein politischer Mechanismus namens »Gewaltenteilung« verhindert, dass der Staat sein Gewaltmonopol zu unguten Zwecken nutzt. Dank der strikten Aufteilung in Gesetzgebung, ausführende Gewalt und Rechtsprechung wird die persönliche oder institutionelle Akkumulation von Macht (und deren potenzieller Missbrauch) ausgeschlossen. In den Worten eines berühmten Vordenkers des sogenannten Klassischen Liberalismus, Baron Charles de Montesquieu: »Eine Erfahrung lehrt, dass jeder Mensch, der Macht hat, dazu neigt, sie zu missbrauchen. Deshalb ist es nötig, dass die Macht der Macht Grenzen setzt. Es gibt in jedem Staat dreierlei Vollmacht: die gesetzgebende Gewalt, die vollziehende und die richterliche. Es gibt keine Freiheit, wenn diese nicht voneinander getrennt sind.«

In der Liberalen Demokratie funktioniert die Gewaltenteilung so gut, dass sie der Bürger kaum mehr zur Kenntnis nimmt und jedes autoritär regierte Land als Abweichung von einer anthropologischen Norm sieht. Die Liberale Demokratie erscheint selbstevident, logisch, kohärent.

In der Liberalen Demokratie wird das Zusammenleben der Bürger durch Gesetze geregelt. Zwar kennt der Prozess der Gesetzgebung unterschiedliche Kompetenzen – wer ein Gesetz entwirft, wer es prüft und durch welche Verfahren es gehen muss –, letztlich ist das Gesetz jedoch nicht Ausdruck der Wünsche eines Herrschers oder von Interessen, die nicht demokratisch legitimiert sind oder sich außerhalb des Landes befinden, sondern des Souveräns, also der mündigen Staatsbürger. Eine Verfassung, die in Deutschland Grundgesetz heißt, verhindert, dass die liberale Ordnung auf rechtlichem Wege aufgehoben wird.

Der liberale Staat garantiert nicht nur physische Sicherheit und Schutz vor dem Rückfall in einen Naturzustand, in dem das menschliche Leben in den Worten des Philosophen Thomas Hobbes »einsam, abscheulich, tierisch und kurz« war, sondern auch eine Reihe von Freiheiten, die dem Individuum die Entfaltung seiner natürlichen Anlagen ermöglichen.

Ein mündiger Bürger ist ein wohl informierter Bürger, weshalb die Pressefreiheit einen besonderen Stellenwert genießt. Das schließt natürlich auch neuere Formen redaktionell bearbeiteter Medien mit ein. Nicht anders als die Parteien unterscheiden sich auch die verschiedenen Medienerzeugnisse voneinander. Wer sich am Kiosk mit fünf verschiedenen Tageszeitungen eindeckt, wird mehr als eine Sicht auf ein aktuelles Ereignis bekommen. Auch in der Gewichtung der Inhalte gleichen sich die Publikationen nicht. Das gilt auch und besonders für den mit öffentlichen Geldern finanzierten staatlichen Rundfunk. Hier bekommen die Bürger nicht nur diverse Unterhaltungsprogramme angeboten, die populäre Interessen wie kulturelle Nischen bedienen, sondern auch Nachrichtensendungen, deren inhaltliche Ausrichtung, eingeladene Gäste, Themen und Experten die Vielfalt der Gesellschaft abbilden.

Die öffentlichen Medien sind das Gegenteil der Propagandabehörden, die wir aus Geschichtsbüchern und Berichten aus unfreien Ländern wie Russland oder China kennen. In Deutschland haben sie sich sogar einen Programmauftrag erteilt, der ihre Unabhängigkeit und Integrität als Teil der Vierten Gewalt garantiert: »Auftrag der öffentlich-rechtlichen Rundfunkanstalten ist, durch die Herstellung und Verbreitung ihrer Angebote als Medium und Faktor des Prozesses freier individueller und öffentlicher Meinungsbildung zu wirken und dadurch die demokratischen, sozialen und kulturellen Bedürfnisse der Gesellschaft zu erfüllen.« Liberale Medien lenken nicht, sie klären auf und begleiten.

Im Unterschied zu anderen politischen Systemen benötigt die Liberale Demokratie keine verbindliche, von oben verordnete, moralische Substanz – etwa in Form einer Staatsreligion –, um Zusammenhalt zu stiften und gegensätzliche Interessen zu versöhnen. Sie kann vielmehr ihr Vertrauen darin setzen, dass die Bürger gemäß der bestehenden Gesetze und der Verfassung handeln und die prinzipielle Überlegenheit des Lebens in einer offenen Gesellschaft anerkennen. Der liberale Bürger ist ein Homo Politicus, dessen rationales Handeln und Eigeninteresse dem System als Antrieb gilt.

Für den Fall, dass die, wie Tocqueville schrieb, »besten Gesetze einer Verfassung nicht ohne Hilfe der Sitten aufrechterhalten« werden können, kann die Gesellschaft auf die Universität zählen, deren Aufgabe darin besteht, die moralische Substanz der säkularisierten Liberalen Demokratie zu bewahren, zu verfeinern und in die Öffentlichkeit zu tragen. Hier wird das eigene zivilisatorische Erbe von »tüchtige[n] und veredelte[n] menschlichen Wesen«, wie der britische Liberale John Stuart Mill sie nannte, gepflegt, gedeutet und kritisch überprüft.

Musik, Literatur, Philosophie und tausend weitere Disziplinen werden in den Seminaren offen und nach den Regeln wissenschaftlicher Lauterkeit studiert und fließen von hier zurück in die breite Gesellschaft, wo sie den Bürgern als moralischer und sinnlicher Kompass dienen. Die staatlichen Institutionen beziehen aus den Universitäten nicht nur Expertise und Anleitungen fürs politische Handeln, sondern auch einen Großteil ihres Personals. Und da beides am besten gedeiht, wenn man den Stätten höherer Bildung größtmögliche Autonomie gewährt, ist das Grundrecht der Freiheit der Wissenschaft, Forschung und Lehre dem Staat auch aus Eigeninteresse heilig.
Neben der Forschungs- und Pressefreiheit wird in der Liberalen Demokratie auch die Freiheit der Rede und der Kunst geachtet. Das deutsche Grundgesetz ist hier eindeutig:

> »Jeder hat das Recht, seine Meinung in Wort, Schrift und Bild frei zu äußern und zu verbreiten und sich aus allgemein zugänglichen Quellen ungehindert zu unterrichten. Die Pressefreiheit und die Freiheit der Berichterstattung durch Rundfunk und Film werden gewährleistet. Eine Zensur findet nicht statt.«

Orwell'sche Gedankenverbrechen gibt es nur in totalitären Ländern oder in Science-Fiction-Romanen, die den Bürgern der Liberalen Demokratie einen heilsamen Schrecken einjagen. Solange er nicht seine Mitmenschen bedroht oder deren Ruf nachhaltig schädigt, ist der Wissenschaftler lediglich dazu verpflichtet, der Wahrheit zu folgen, auch wenn Teile der Bevölkerung eine Verletzung ihrer privaten Glaubenssätze befürchten. Akademische Veröffentlichungen und Vorträge schließen folglich auch Spott gegenüber Gruppen, Personen der Öffentlichkeit (einschließlich Würdenträgern) und Weltanschauungen, die manchen heilig sind, ein.

Selbstverständlich können auch die Regierung und die Institutionen des Staates zur Zielscheibe für Kritik und selbst Verächtlichmachung werden. Anstatt Satiriker und Kritiker nach Art absolutistischer Monarchien einzusperren oder in die Verbannung zu schicken, lässt die Liberale Demokratie selbst diejenige Rede zu, die ihr die Legitimation abspricht, also auf ihre Fundamente zielt. Auf dem Höhepunkt des Algerienkrieges rief der linksradikale französische Autor Jean-Paul Sartre gemeinsam mit weiteren 120 Intellektuellen französische Soldaten dazu auf, den Dienst an der Waffe zu verweigern. Als der damalige Präsident Charles de Gaulle aufgefordert wurde, den Philosophen verhaften zu lassen, soll er knapp entgegnet haben: »Einen Voltaire verhaftet man nicht.«

Der Liberale Staat zieht es vor, auch in seinen radikalsten Kritikern eine Art außerparlamentarische »loyale Opposition« zu erkennen. Man wird es nie jedem recht machen können und außerdem findet das System seine treuesten und fähigsten Verteidiger in früheren Antagonisten. Wenn aus dem Christenverfolger Saulus der bedeutendste Missionar des Christentums werden konnte, dann kann ein revolutionärer Steinewerfer sich auch als liberaler Außenminister bewähren. Die Liberale Demokratie verfolgt nicht, sie überzeugt und integriert. Zensur gilt ihr als »Slippery Slope«, als abschüssiger Hang, auf dem die Freiheit in den Abgrund zu rutschen droht.

Ein weiteres Prinzip, das aus dem Misstrauen gegenüber dem Staat folgt, ist dasjenige der Subsidiarität. In der Liberalen Demokratie steht das Individuum als selbstbestimmtes und eigenverantwortliches Subjekt im Mittelpunkt. Das Subsidiaritätsprinzip, das sich aus dieser Voraussetzung ergibt, besagt, dass Probleme auf der kleinstmöglichen Ebene gelöst werden sollen. Höhere staatliche Institutionen greifen nur dann regulativ ein, wenn untergeordnete Ebenen nicht über die ausreichenden Kapazitäten – Mittel, Kenntnisse, Zeit – verfügen, um eine Aufgabe zu lösen. Auf diese

Weise wird gesichert, dass der einzelne Mensch, Familien und Nachbarschaften ihr besonderes Wissen und ihre Kompetenzen einbringen können, und der Staat nicht autoritär jede Eigeninitiative erstickt. Außerdem sind die Interventionen des Staates oftmals zu grob und die Partizipation der Bürger – ihr tätiges Leben – die Bedingung für Solidarität und soziales Vertrauen.
Eine Gesellschaft, in der das Subsidiaritätsprinzip entwickelt ist, ist auch eine, in der zahllose Bürger sich in ihrer Freizeit in Vereinen, Parteien, Initiativen und sozialen Bewegungen engagieren.
In der Liberalen Demokratie herrscht eine Trennung zwischen der Zivilgesellschaft, die manchmal auch Fünfte Gewalt oder Bürgergesellschaft genannt wird, und dem Staat. Alles andere würde dem Auftrag dieser besonderen Gesellschaftsform zuwiderlaufen: die freie Assoziation von Bürgern zur Unterstützung gemeinschaftlicher Anliegen.
Der aktive Bürger übernimmt öffentliche Verantwortung und erfüllt wichtige Aufgaben in kulturellen, sozialen oder kirchlichen Bereichen. Sein ehrenamtliches Engagement kann nur dann dazu beitragen, eine Kultur des Liberalismus zu fördern, wenn der Staat sich damit begnügt, Impulse aufzunehmen. Damit die Zivilgesellschaft ihre Rolle als Korrektiv erfüllen kann und nicht zum bloßen Handlanger wird, darf der Staat keinesfalls bevormundend eingreifen oder bestimmte Bereiche und politische Ausrichtungen favorisieren.
Freiheiten markieren nicht nur den ethischen Kern der Liberalen Demokratie, sondern sind auch der Grund für ihre Prosperität und ihr großes Maß an Gleichheit. Während in den Ländern des sogenannten Globalen Südens die räumliche, ethnische oder politische Nähe zur Herrschaft darüber entscheidet, wer mit Posten, Geld, Einfluss, Sicherheit oder Würden versorgt wird, ist der ökonomische Aufstieg in der Liberalen Demokratie vor allem eine Funktion der individuellen Talente ihrer Bürger. Der vom deutschen Soziologen Ulrich Beck beschriebene Fahrstuhleffekt

sorgt für ein hohes Maß an sozialer Mobilität und verhindert die Herausbildung einer homogenen Funktionselite nach Art des mittelalterlichen Adels, die das Land unweigerlich auf den Pfad des Ressentiments und der Dekadenz führt.

In der Liberalen Demokratie gelten die individuellen Freiheiten – der Rede, der Kunst, der Forschung – als Produktivkräfte, die ein System ermöglichen, das zugleich technologische Innovationen, freie Initiative, Vollbeschäftigung, Aufstiegschancen und folglich Harmonie begünstigt. Man hat dieses Modell auf die Namen Rheinischer Kapitalismus, Soziale Marktwirtschaft und, seitdem das Bewusstsein für ökologische Externalitäten auch zum Management durchgedrungen ist, sozialökologische Marktwirtschaft getauft. In ihr nehmen sämtliche gesellschaftlichen Akteure – Kirchen, Interessenverbände, Unternehmer, Lieferanten und Kunden – aktiv am wirtschaftlichen Prozess teil. Die Liberale Demokratie ist eine Meritokratie, die von einem Sozialstaat ummantelt ist.

»Der Bogen des moralischen Universums ist lang, aber er neigt sich der Gerechtigkeit zu.« Mit diesem Satz brachte der Baptistenpastor und Menschenrechtler Martin Luther King sein Grundvertrauen in die amerikanische Republik auf den Punkt. Dabei könnte es sich ebenso um ein Dogma der Liberalen Demokratie handeln: Die Welt bewegt sich aus einem Zustand der Partikularismen und der Unordnung in einen des Universalismus und der Freiheit. Dabei dient der wirtschaftliche Aufstieg als Katalysator der Liberalisierung. Mit dem Reichtum der Nationen nimmt auch ihr Liberalismus zu. Versuche, eine prosperierende Wirtschaft mit einer präliberalen Politik zu erzielen, können höchstens kurz- und mittelfristig funktionieren. Letztendlich können nur die Produktivkräfte der Freiheit die nötigen Innovationen und den sozialen Ausgleich schaffen, der für dauerhaften Wohlstand benötigt wird. Der Telos der Liberalen Demokratie ist auf Befreiung gerichtet.

Verfallsgeschichte

„Wenn das die beste aller Welten ist, wie mögen dann erst die anderen aussehen.“ Voltaire

»Echter Kommunismus wurde noch nie versucht.« Was heute als Spott über die Umsetzbarkeit linker Gesellschaftsmodelle daherkommt, war einst der ernstgemeinte Versuch, elaborierte Theorien nicht in den Dunstkreis ihrer tatsächlichen Folgen zu lassen. Mit einigem Erfolg, möchte man sagen, denn utopische Pläne dominieren den politischen Diskurs des Westens wie seit Langem nicht mehr.

Die von uns skizzierte Liberale Demokratie mit großem »L« hat es natürlich historisch ebenso wenig gegeben wie den »Verein freier Menschen«, die »Assoziation freier Produzenten« oder sonst eine Gesellschaft der »Freien und Gleichen«. Doch anders als die Utopien, die im 19. Jahrhundert erdacht wurden und wenige Jahrzehnte später blutig scheiterten, konnte sich die realexistierende liberale Demokratie als Gesellschaftsmodell präsentieren, das sich im Laufe von Jahrhunderten bewährte, sich stetig verbesserte und sich im Kampf der Systeme schließlich als vermeintlicher Endzweck der Geschichte, als Telos, offenbarte. Die Liberale Demokratie und nicht der Kommunismus galt in den postsowjetischen Jahren, nach einer weiteren berühmten Formulierung von Karl Marx, als das »aufgelöste Rätsel der Geschichte«.

Die realexistierende liberale Demokratie konnte sich durchaus in ihrer bloßen Form wiedererkennen. Das Leben in liberalen Staaten war zweifellos freier, gerechter, sicherer und wohlhabender als im Rest der Welt, und es gab gute Gründe anzunehmen, dass die bestehenden Diskrepanzen zwischen Idee und Realität immer weiter abnehmen würden. Nicht zuletzt die Klasse der Intellektuellen sollte mit ihrer oftmals schneidenden Kritik dazu beitragen, die Kluft zwischen Sein und Sollen zu überwinden. Noch die größte Empörung über Ungerechtigkeiten in den liberalen

Nationen diente insofern nicht der »Überwindung« der liberalen Demokratie, sondern der inhärenten Kritik und der Annäherung an ihre Idee. Die zahlreichen Karrieren ehemaliger Linksradikaler in den kulturellen, sozialen und politischen Eliteinstitutionen bezeugen das überdeutlich.

Die Liberale Demokratie ist der Sinn ihrer realexistierenden Erscheinung. So wie die Sowjetunion nicht nur an minderwertigen Konsumgütern und einem unvernünftigen Wehretat zugrunde ging, sondern ebenso am Zynismus der Sowjetbürger (»Sie tun so, als würden sie uns bezahlen, und wir tun so, als würden wir arbeiten.«), so setzt der Bestand der liberalen Demokratie ebenso den Glauben in die eigenen Erzählungen voraus wie die Fähigkeit, ausreichend liberal denkende Bürger hervorzubringen – trotz der, in den Worten Arnold Gehlens, »Pluralität von Interessen, moralischen und wertorientierten Überzeugungen und der daraus sich ergebenden Unvermeidbarkeit machtgestützter politischer Auseinandersetzungen«.

Ob das gelingen wird, ist keine akademische, sondern eine höchst praktische Frage. Benötigt die liberale Demokratie ein normatives Fundament, eine »Leitkultur«? Kann sie in Zeiten abnehmenden Wohlstands bestehen? Setzt sie eine bestimmte liberale Mentalität voraus, die eine Bevölkerung durch einen langwierigen Prozess der »Psychogenese«, wie es der Soziologe Norbert Elias ausdrückte, erwirbt? Nähern wir uns dem Ideal der Liberalen Demokratie an, oder entfernen wir uns von ihm? Hat sie überhaupt eine Zukunft? Falls nicht, was könnte auf sie folgen? All das sind Fragen, die, so glauben wir, in Kürze beantwortet werden.

Es dürfte den Leser kaum überraschen, dass wir zum Zeitpunkt der Niederschrift, also im Herbst 2023, wenig Grund zum Optimismus sehen. Und mit dieser Sicht sind wir nicht allein. Ein paar rezente Beispiele: Ein »Exzellenzcluster« an der Freien Universität Berlin erforscht, ob das »liberale Skript« noch zu retten ist (wobei die Degradierung eines politischen Modells, das sich als

Erbe der Aufklärung versteht, zum »Skript« die Antwort bereits preisgibt). Die Heinrich-Böll-Stiftung organisiert eine Konferenz mit dem Titel »Wettbewerb der Systeme: Zur globalen Krise liberaler Erzählungen«, die Jahreskonferenz des Forschungsinstituts Gesellschaftlicher Zusammenhalt treibt die Frage um, wie das Land durch die »epochale Krise« steuern wird und die Akademie für Politische Bildung Tutzing lädt zur Tagung »Demokratie auf dem Prüfstand« (kein Fragezeichen).

Nicht anders sieht es auf dem Buchmarkt und in den Medien aus. Zeitungsessays und Bücher sonder Zahl behandeln die Krise des Kapitalismus, der Repräsentation, der Demokratie, des Westens, mal im kulturpessimistischen Jargon (Alain des Benoist), mal als Weckruf (Timothy Snyder, Francis Fukuyama), mal als Abgesang (Houellebecq). Postliberale Autoren wie Patrick Deneen, David Goodhart, Rod Dreher oder Mary Harrington haben nicht nur einen wachsenden Einfluss auf amerikanische und britische konservative und rechte Parteien, Thinktanks und politisch-religiöse Gruppen, ihre Ideen werden auch in deutschen Redaktionen, Sozialen Medien und Kommentarspalten diskutiert. Man findet verwandte Gedanken auch in den Schriften des Medienwissenschaftlers Norbert Bolz, des Philosophen Alexander Grau, in den Büchern der Ethnologin Susanne Schröter oder des ehemaligen Präsidenten des Bundesverfassungsgerichts Hans-Jürgen Papier, die das Vertrauen in Institutionen, den gesellschaftlichen Zusammenhalt oder den Rechtsstaat als fundamental bedroht sehen.

Auch zahlreiche empirische Untersuchungen legen den Schluss nahe, dass sich der Bogen des moralischen Universums nicht zur Gerechtigkeit, sondern zur Unordnung neigt. Laut einer aktuellen Forsa-Umfrage vertrauen nur noch rund 30 Prozent der Befragten dem Bundeskanzler und der Bundesregierung. Auch Bundestag, Bundespräsident und Bürgermeister verzeichnen im Vergleich zu 2022 Einbußen an Vertrauen von über 10 Prozent. Das Vertrauen in die Europäische Union (31 Prozent) und Parteien (17 Prozent) ist ebenfalls extrem gesunken. Eine weitere repräsentative Umfrage von Infratest kommt zum Ergebnis, dass das Vertrauen in den öffentlich-rechtlichen Rundfunk seit 2019 kontinuierlich abgenommen hat. 21 Prozent stimmen der Aussage zu, die Medien würden »mit der Politik Hand in Hand« arbeiten »um die Meinung der Bevölkerung zu manipulieren«. Laut einer Umfrage der Friedrich-Ebert-Stiftung vertraut nur noch eine Minderheit der Befragten (48,7 Prozent) der Demokratie, und dem Freiheitsindex 2022 des Allensbach-Instituts ist zu entnehmen, dass weniger als die Hälfte der Befragten (48 Prozent) findet, dass sie ihre Meinung frei äußern kann. Aus einer Allensbach-Untersuchung von 2020 erfährt man, dass für 25 Prozent der Hochschullehrer »Gendersprache« Pflicht und die »Leugnung des Klimawandels« verboten sein sollte. Eine Untersuchung der Otto-Brenner-Stiftung in Bezug auf die mediale Behandlung der Migrationskrise von 2015 kommt zum Schluss, dass »große Teile der Journalisten ihre Berufsrolle verkannt und die aufklärerische Funktion ihrer Medien vernachlässigt haben«. Zum Zeitpunkt der Niederschrift ist die einzige signifikante Partei mit dezidiert illiberalem Programm, die Alternative für Deutschland, zur zweitstärksten Partei Deutschlands aufgestiegen.

Schließlich gingen in die folgenden Zeilen auch die persönliche Erfahrung von uns Autoren, der Austausch mit Personen aus Politik, Kultur und sozialen Bereichen, Jahrzehnte des politischen Engagements in Gruppierungen, die mit fortschreitendem Alter immer weniger links wurden, die Lektüre von Büchern, Zeitschriften und Blogs kluger Zeitgenossen und endlose Debatten in Berliner Kneipen mit ein. Debatten über eine progressive Kulturrevolution, die sich durch moralische Erpressung, aggressive Rhetorik und Marketing-Psychologie die Institutionen des Westens Untertan macht.

Parawissenschaften wie antirassistische Mathematik und Medizin, postkoloniale Geschichte, queere Philosophie, feministische

Geographie, antikapitalistische Klimawissenschaften, kritische Rechtswissenschaften (an dem Zusatz »critical« sollt ihr sie erkennen!) haben längst ihren Weg von den linken WG-Küchen und alternativen Kulturzentren in die Seminare der Eliteuniversitäten und von dort in die Ministerien, Behörden und Stiftungen gefunden. Die beschwichtigende Formel »Was an der Uni geschieht, bleibt an der Uni« war bereits falsch, als ein wohlmeinender Liberaler sie das erste Mal aussprach.

Was noch? Die Verelendung unserer Großstädte und der ehemals prosperierenden Industrieregionen. Die Massenmigration aus Ländern, in denen Säkularismus und Liberalismus als Sünde betrachtet werden, in denen man den Starken bewundert und Selbstkritik als Schwäche verachtet, in einen Sozialstaat, der ebenso beständig wächst wie der Mangel an Wohnraum, Kitas, Schulen und Krankenbetten. Worte wie »Assimilation« oder »Leitkultur« fallen seit Jahren nicht mehr, selbst Integration wird als bevormundend bis rassistisch diffamiert und der Westen gerät immer mehr in den Ruf, ein Synonym für die Herrschaft des alten, weißen Mannes zu sein.

Nicht zu vergessen die massiven Eingriffe in die Freiheitsrechte der Bürger zur Zeit der Pandemie. Die öffentliche Anprangerung von dissidenten Laien und Experten durch Medien, Wissenschaftler und Politiker, deren Verlautbarungen zur Unbedenklichkeit von Impfstoffen (Karl Lauterbach: »nebenwirkungsfrei«), zur Genese und Gefährlichkeit des Virus, zur Wirksamkeit von Lockdowns und sozialer Isolation sich teils als strittig, teils als falsch erwiesen haben, werden die an den Pranger Gestellten vermutlich so bald nicht vergessen. Sie haben einen Staat kennengelernt, dem der Bürger zum potenziellen »Krankheitsvektor« wurde und der soziale Missstände durch steuerfinanzierte Schenkungen zu mildern versuchte, während Kinder in die Depression stürzten und Eltern ihre Existenz verloren. Manchen war der »Ungeimpfte« mehr verhasst als das Virus.

Die vermeintlichen Experten folgen dabei einem Skript, das bereits Bundeskanzlerin Angela Merkel erfolgreich durch die Migrationskrise brachte – von »wir schaffen das!« zu »jetzt sind sie halt da« –, weshalb weder Aufarbeitung noch personelle Folgen zu erwarten sind. Zu diesem Skript gehört auch die Abwertung von Staatsbürgern zu Menschen-die-schon-länger-hier-leben, die aggressive Propagierung einer linken Queer-Ideologie – eines fahnenschwenkenden und dauerparadierenden »übertragenen Nationalismus« in den Worten George Orwells – durch Staat und internationale Unternehmen.
Dazu gehört weiterhin das wuchernde Geflecht von Nichtregierungsorganisationen, die durch Gefälligkeitsstudien und Kampagnen eine Kreislaufwirtschaft mit dem Staat bilden, der machtpolitische, steuerfinanzierte »Kampf gegen rechts«, der immer mehr zu einer Mobilmachung gegen alles Nicht-Linke mutiert, die Einrichtung von sogenannten »Meldeportalen« zur Denunziation von Abweichlern, und die an einen Polizeistaat gemahnende Ächtung von Kritik als »Delegitimierung des Staates«.
Schließlich beinhaltet das Skript die Implementierung des Netzwerkdurchsetzungsgesetzes, das selbst Zensurforderungen aus China und dem Iran umsetzt, und die arrogante Zurechtweisung osteuropäischer Länder, während die absolutistisch agierende Kanzlerin per Machtwort eine demokratische Wahl annulliert.
Das Ergebnis ist eine Republik, die nicht zur Ruhe kommt, der eine Wende (Energie, Verkehr, Heizung, Ernährung …) nach der nächsten verordnet wird, während die Bürger sich auf ein Leben des Mangels und der Unsicherheit in Vierteln, die ihnen fremd geworden sind, einstellen.
Wer möchte leugnen, dass die liberale Demokratie ein miserables Bild abgibt? Braucht es noch die von Walter Russell Mead beschriebene »Rückkehr der Geopolitik«, das Entstehen der antiwestlichen Achse Russland-China-Iran und den Export ihrer revanchistisch-imperialistischen, totalitär-technokratischen und

radikalislamischen Weltanschauungen mittels Agenturen, die sich längst diesseits der sprichwörtlichen Tore befinden?
Während sich die Debatte um das mögliche Ende der liberalen Demokratie und den möglichen Beginn einer neuen Ordnung in Deutschland noch in ihrer akademischen und abstrakten Phase befindet, ist der Postliberalismus als Analyse, Kritik und politisches Programm in anderen Ländern längst praktisch geworden. Dies trifft vor allem auf Nationen zu, die auf die älteste liberale Tradition zurückblicken und in denen populistische Bewegungen politische Erfolge erzielten – etwa die Wahlsiege Donald Trumps und der niederländischen Bauern-Bürger-Bewegung, Brexit, Proteste gegen die Fragmentierung in Frankreich oder auch der Aufstieg rechtskonservativer und migrationskritischer Parteien in Schweden und Dänemark. Die Krise der liberalen Demokratien ist eine Krise des Westens. Kein Land bleibt verschont, nirgends ist eine Renaissance von Rechtsstaatlichkeit, Freiheit, Wohlstand und Sicherheit in Sicht. Wie man sich bettet, so liegt man.

Interregnum

»Nur wer sorglos in die Zukunft blicken konnte, genoß mit gutem Gefühl die Gegenwart.« Stefan Zweig

Der lateinische Begriff des Interregnums hat in den letzten Jahren eine erstaunliche Karriere gemacht. Als Bezeichnung der Übergangszeit zwischen zwei Herrschaftssystemen war er zunächst vor allem unter Mediävisten, Sinologen und Historikern, die sich für das römische Kaiserreich und dessen Zerfallsprodukte interessierten, im Gebrauch. Das Wort wird heute vor allem in einer angepassten modernen Bedeutung verwendet, was auf den Mitgründer der Kommunistischen Partei Italiens (PCI), Antonio Gramsci, zurückzuführen ist.
Ein berühmter Satz, den dieser 1930 in seine Gefängnishefte notierte, lautet:

> »Die Krise besteht genau daran, dass das Alte stirbt und das Neue nicht zur Welt kommen kann; in diesem Interregnum erscheinen eine ganze Reihe von morbiden Erscheinungen.«

In der Übersetzung des slowenischen marxistischen Philosophen Slavoj Žižek:

> »Die alte Welt liegt im Sterben, die neue ist noch nicht geboren. Es ist die Zeit der Monster.«

Als Gramsci diese Zeilen zu Papier brachte, war die Welt, die er kannte, längst Geschichte und die versprochene neue wollte sich nicht materialisieren. Selbst die Partei, diese ideelle Ersatzwelt der kommunistischen Ideologen und Straßenkämpfer, war ihm keine echte Heimat mehr.

Nach der sogenannten »Dritten Periode« der Dritten Internationale durch den Genossen Stalin stramm auf Sowjetlinie gebracht, begann seine PCI die gleichen weltanschaulichen Dogmen wie ihre Schwesterorganisationen in Frankreich, Deutschland und anderswo zu predigen: Die Zeit ist reif für die Revolution, der Hauptfeind ist die Sozialdemokratie, allein der Wille des Parteimenschen zählt.

»Morbide Erscheinungen« gab es also nicht nur im vom Mussolini regierten korporatistischen Italien, sondern auch in der »Bewegung«, von der man sich versprach, die Geburtshelferin einer neuen Gesellschaft zu sein.

Die »Welt von Gestern«, wie sie der brillante Stefan Zweig nannte, gab es nicht mehr. In Italien saß die Partito Nazionale Fascista, angeführt von einem ehemaligen Chefredakteur des Zentralorgans der Sozialistischen Partei, fest im Sattel. 1929 stürzte der Wall Street Crash die Weltwirtschaft in die Große Depression, die bis dato tiefste Krise des Kapitalismus. Und während die Großen Ebenen Nordamerikas von Dürren und Staubstürmen heimgesucht wurden, tobte in den Städten Europas der Enzensberger'sche »molekulare Bürgerkrieg«: Akte der Inzivilität, politische Morde, Ausschreitungen, kurzlebige Regierungen, Repression, Zensur.

Der offiziellen Komintern-Position, wonach die proletarische Revolution kurz bevorstehe, konnte Gramsci wenig abgewinnen. Gleichzeitig konstatierte er, das kapitalistische System hätte die Unterstützung der breiten Masse verloren. Die bestehende Herrschaft sei keine »of the people, by the people, for the people«, wie es Abraham Lincoln in seiner berühmten Gettysburg-Rede formuliert hatte, sondern eine vom Volk entfremdete. Sie führe nicht, sondern dominiere. Sie befinde sich in einer fundamentalen »Krise der Autorität«. Da keine gegen die Bourgeoisie gerichtete Massenbewegung zur Stelle sei, verharre Italien im Interregnum, der Zeit der »morbiden Erscheinungen«.

Von Gramsci haben wir den Begriff des »Interregnums«, jedoch nicht seinen unverbrüchlichen Optimismus. Es fehlt uns die Phantasie und die dem Parteikader eigentümliche Zuversicht, dass die Zeit der Monster immer auch »günstige Bedingungen« für eine bessere Welt schafft. Im vorliegenden Buch beschränken wir uns darauf, die Morbiditäten, derer Deutschland und der Westen so reich ist, und die augenscheinliche Krise der Autorität unserer Eliten zu beschreiben. Eine Krise, deren autoritäre Bewältigung eine morbide Erscheinung auf die nächste folgen lässt. War das Interregnum in der Römischen Republik ein rechtlich kodifizierter Vorgang, bei dem ein vom Senat bestimmter Interrex, also Zwischenkönig, in Krisenzeiten die Konsulwahl organisierte, besitzen wir weder Mechanismus noch Institutionen für den Übergang eines politisch-sozialen Systems in ein anderes. Deshalb wird die große Transformation, so vermuten wir, ein chaotischer und folglich offener Prozess sein.

Der Mensch der liberalen Demokratie kennt bekanntlich keine Zukunft mehr. Dass das Ende der Geschichte zu Ende gehen könnte, kann er sich nicht vorstellen, nur die Expansion und Vertiefung des Bekannten. Und unsere Institutionen verfolgen nur noch den Zweck, die Verwalter des Interregnums an der Macht zu halten und sie von den Folgen ihres Tuns abzuschirmen. Wir marschieren auf unbekanntem Terrain, hinein in ein Gebiet, vor dem mittelalterliche Karten warnten: Hic sunt dracones. Hier sind Drachen.

Antonio Gramsci starb sechs Tage nach seiner Freilassung in einem römischen Krankenhaus. Stefan Zweig und seine Frau Lotte nahmen sich 1942 in der Nähe Rio de Janeiros das Leben.

Vorschau

In den folgenden zwei Kapiteln werden wir zunächst auf die Geschichte des Liberalismus eingehen. Dabei stellen wir zentrale Protagonisten und deren intellektuelle Beiträge ebenso dar wie relevante historische Ereignisse und Entwicklungen. Die Darstellung kulminiert in einer kurzen Darstellung der Hochphase des Liberalismus in Westeuropa und dem anschließenden Heraufziehen einer Dauerkrise, die lediglich vom kurzen postsowjetischen Siegesrausch übertönt wurde. Es versteht sich von selbst, dass ein Buch dieses Umfangs keine umfassende Auseinandersetzung mit dem historischen Liberalismus, der sich über Jahrhunderte entwickelte, anpasste und neu erfand, leisten kann.

Im Hauptteil beschreiben wir unterschiedliche Regime, die, so erscheint es uns, Teil einer künftigen Ordnung werden könnten. Wir schildern diese zunächst in ihrer fortgeschrittensten Gestalt und ihren bereits beobachtbaren Folgen und gehen dann der Frage nach, inwieweit sie bereits in Deutschland Einzug gehalten haben. Anschließend behandeln wir aktuelle Bewegungen von rechts wie von links, die sich als Alternativen zur spätliberalen Ordnung begreifen, und ein Konzept der inneren Emigration, das der Autor Rod Dreher die »Benedikt-Option« nennt.

Im Schlusswort gehen wir auf die Möglichkeit einer Renaissance der liberalen Demokratie ein. Unter anderem beschäftigen wir uns hier mit dem Versuch westlicher Nationen, eine neue, durch gemeinsame Werte bestimmte Allianz gegen die revanchistischen Mächte China und Russland zu schmieden.

Das Buch endet mit einer Liste verwendeter Literatur, die auch als Anregung für eine weitere Lektüre genutzt werden kann.

Teil I: Aufstieg und Fall des Liberalismus

Die folgenden zwei Kapitel beruhen auf der Annahme, dass Entwicklungen in den fortgeschrittensten liberalen Nationen der englischsprachigen Welt – allen voran den Vereinigten Staaten, aber auch Kanada und Großbritannien – ihren Weg mit leichter Verzögerung auch zu uns finden. Das liegt nicht zuletzt daran, dass die Produktion und Transmission hyper-liberaler (oder woker) Ideen vor allem durch Soziale Medien, Großkonzerne, NGOs, Stiftungen, Kulturindustrie und Universitäten erfolgt, also Institutionen, die vor allem im anglophonen Markt agieren und seiner Kultur entspringen.

In welchem Maße gesellschaftliche Prozesse von Diskursen aus Amerika und Großbritannien beeinflusst sind, erkennt man zum Beispiel überdeutlich an der nahtlosen Übertragung von Begriffen (Whiteness), Parolen (Black Lives Matter), Forderungen (Decolonize) und Theorien (Critical Race Theory) aus dem Kontext amerikanischer Rassenbeziehungen oder der Kolonialgeschichte Großbritanniens auf Deutschland. Dass diese intellektuellen Importe bereits in ihren Ursprungsländern augenscheinlich dazu beigetragen haben, bestehende Spannungen zu verschärfen und potenziell unlösbar zu machen, hindert progressive Aktivisten nicht daran, sie hierzulande zu implementieren. Warum auch, ihr destruktives Potenzial macht sie schließlich so attraktiv.

1. Was war der Liberalismus?

»Der Mensch ist dem Menschen ein Wolf.«
»Der Mensch ist dem Menschen ein Gott.« Thomas Hobbes

Das Dilemma historischer Abhandlungen über den Liberalismus: Wo beginnen? Beim Menschen selbst und seinem angeborenen, ihn von anderen Primaten unterscheidenden Sinn für Gerechtigkeit? Bei den freien Staatsbürgern der Römischen Republik, den Schriften Ciceros und der Etymologie des lateinischen Wortes »liber«, wie es die Historikerin Helena Rosenblatt in »The lost History of Liberalism« tut? Im frühen Christentum vielleicht? Für den Historiker Tom Holland, der von sich behauptet, den Glauben in den Liberalismus verloren zu haben, sind das gesamte »liberale Projekt« und seine grundlegenden Werte – Säkularismus, Universalismus, Fortschrittsglaube, Rationalismus, Toleranz – eine Folge des Wirkens Jesu, Paulus‘ und späterer christlicher Theologen.

Der Evolutionsbiologe Joseph Henrich sieht im Christentum und seinen mittelalterlichen sozialen Geboten und Tabus – Monogamie, Kleinfamilie, Inzestverbot – den Grund für die Entstehung eines psychologischen Menschentypus, der nicht nur besonders kreativ, unternehmerisch und belesen ist, sondern auch auf einzigartige Weise liberal. Auch die Verabschiedung der Magna Carta, die die Macht des englischen Königs begrenzte, oder die kirchliche Reformation des 16. Jahrhunderts und die anschließende Schwemme evangelischer Bewegungen werden von Historikern als wichtige Etappen in der Geschichte des Liberalismus angesehen.

Der Beginn

Die meisten zeitgenössischen Darstellungen lassen ihn jedoch mit den Schriften eines englischen Mathematikers und Philosophen beginnen, der sich für den absolutistischen Staat einsetzte

– so ziemlich das Gegenteil einer liberalen Gesellschaft. Der englische Philosoph und Mathematiker Thomas Hobbes (1588–1679) ist heute vor allem für einen Ausspruch bekannt, der leider nur in seiner stark verkürzten Fassung bekannt ist. Das berühmte Zitat über den menschlichen Wolf lautet aber in seiner Gänze:

> »Es besteht kein Zweifel, dass beide Formeln wahr sind: der Mensch ist dem Menschen ein Gott und der Mensch ist dem Menschen ein Wolf. Die erste, wenn wir die Bürger untereinander vergleichen, die zweite, wenn wir die Staaten untereinander vergleichen. Hier erreicht der Mensch durch Gerechtigkeit und Nächstenliebe, die Tugenden des Friedens sind, Gott ähnlich zu werden. Dort müssen selbst die guten Menschen wegen der Verderbtheit der Bösen, wenn sie sich schützen wollen, auf die kriegerischen Tugenden Kraft und List zurückgreifen, d. h. auf die Raubgier der Tiere.«

Der Mensch ist zu Mord und Totschlag ebenso fähig wie zu einem Handeln nach den höchsten Idealen christlicher Moral. In seiner Autobiografie machte Hobbes gar den Angriff der Spanischen Armada auf sein Heimatland für seine Frühgeburt verantwortlich: »[Meine Mutter] brachte Zwillinge zur Welt: mich und die Furcht.« Dass Hobbes Zeuge des englischen Bürgerkrieges (1642–1649) wurde, trug nicht gerade dazu bei, diese Furcht zu mindern. Im Gegenteil, sie wurde zu einem bestimmenden Motiv seiner Theorie des Staatsvertrages.

Noch über dreihundert Jahre später begründete die Politikwissenschaftlerin Judith Shklar (1928–1992) ihren »Liberalismus der Furcht« als ein politisches Programm, das nicht Vernunft, Autonomie, Glück oder Selbstverwirklichung zum Ausgangspunkt hat, sondern Grausamkeit und die Verletzbarkeit der Menschen. Das war ein minimalistischer und negativer Liberalismus, ein nicht utopisches Programm, das wenig von dem Pathos sozialer Gerechtigkeit in den Schriften John Stuart Mills (1806–1873) oder John Rawls (1921–2002) hatte.

Hobbes' Leviathan war das erste Buch, das eindeutig liberale politische Ideen enthielt. In ihm erscheinen die Mitglieder eines politischen Gemeinwesens als gleiche Individuen, die von Geburt an mit bestimmten Rechten – Naturrechten – ausgestattet sind. Angesichts der Knappheit von Ressourcen sollen sich die Menschen zunächst in einem Zustand permanenter Konkurrenz befinden, der notwendig in Gewalt ausarten muss. Es ist eine bedrohliche Freiheit, die sie hier genießen. Das Menschenbild Hobbes' setzt nicht beim immer schon politischen Subjekt der Antike an, sondern beim vorpolitischen (fiktiven) Naturzustand, in dem das Leben »einsam, arm, gemein, roh und kurz« ist. Um dem zu entkommen und ihre Interessen verteidigen zu können, gehen die »Mängelwesen« (Arnold Gehlen) einen Vertrag mit einem absoluten Herrscher ein, der ihnen Sicherheit um den Preis unbedingten Gehorsams bietet. Dieser Leviathan, den Hobbes auch einen »sterblichen Gott« nennt, wacht darüber, dass die Freiheiten der Subjekte nicht durch einen Rückfall in den Naturzustand bedroht werden. Sollte dies jedoch geschehen, sind die Subjekte jeder Verpflichtung dem Souverän gegenüber entbunden.

Die Staatstheorien von John Locke (1632–1704), einem Zeitgenossen und Landsmann von Hobbes, setzen ebenfalls einen Naturzustand voraus, der aber weniger von Grausamkeit geprägt ist und in dem Menschen ein natürliches Recht auf Leben, Freiheit und Sicherheit besitzen. Für Locke, der sein Menschenbild aus dem Studium der Bibel entwickelte, sind Staaten ebenfalls das Ergebnis eines Abkommens freier Vertragspartner. An deren Spitze soll jedoch kein absoluter Herrscher stehen, sondern eine durch eine Verfassung begrenzte Regierung, die ihre Legitimität aus der Fähigkeit zieht, die Naturrechte der Bürger zu schützen. Scheitert sie hierin, haben die Untertanen das Recht, gegen sie zu rebellieren und sie durch eine andere zu ersetzen.

In der einflussreichen Schrift, in der er diese Gedanken entfaltete, den »Zwei Abhandlungen über die Regierung«, nennt Locke eine weitere Bedingung einer »wohlgeordneten Regierung«: die Gewaltenteilung. Sie beruht auf der Vorstellung menschlicher und staatlicher Fehlbarkeit und einem hieraus resultierenden Misstrauen: »Bei der Schwäche der menschlichen Natur, die stets bereit ist, nach der Macht zu greifen, würde es jedoch eine zu große Versuchung sein, wenn dieselben Personen, die die Macht haben, Gesetze zu geben, auch noch die Macht in die Hände bekämen, diese Gesetze zu vollstrecken. Dadurch könnten sie sich selbst von dem Gehorsam gegen die Gesetze, die sie geben, ausschließen und das Gesetz in seiner Gestaltung wie auch in seiner Vollstreckung ihrem eigenen persönlichen Vorteil anpassen.«

Es waren Ideen, die inhaltlich und rhetorisch einen maßgeblichen Einfluss auf die Glorious Revolution in England 1688/89 und den englischen Parlamentarismus, die amerikanische Unabhängigkeitserklärung und später die Verfassungen westlicher Nationen besaßen.

Im niederländischen Exil verfasste Locke zuvor seinen »Brief über die Toleranz«, in dem er diese als eine christliche Tugend begründete, in die sich der Staat, der mit weltlichen Dingen zu tun hat, nicht einmischen darf. Die Rettung der Seele fällt nicht in die Zuständigkeit einer nationalen Kirche, da Seelenheil ausschließlich eine Sache des persönlichen Glaubens sein kann. Religionsfreiheit soll jedoch weder für Katholiken, die bereits einer anderen Herrschaft ihre Loyalität erklärt haben, noch für Atheisten, denen aufgrund ihrer Gewissenslosigkeit ohnehin nicht über den Weg zu trauen ist, gelten.

Bedeutungswandel

Bis Hobbes und Locke ihre einflussreichen Schriften veröffentlichen konnten, mussten einige historische Brüche vollzogen werden und der Begriff »liberal« seine frühere Bedeutung ablegen und von einem Kanon an Werten und Haltungen zu einem politischen System werden. Nahezu zwei Jahrtausende lang, so die Historikerin Helena Rosenblatt, war derjenige liberal, der gemäß den Tugenden eines Staatsbürgers handelte, sich für das Gemeinwohl einsetzte und sich seinen Mitbürgern gegenüber selbstlos verhielt. In der Römischen Republik bedeutete dies, weder der Willkür eines Herrschers noch der Kontrolle eines anderen Bürgers unterworfen zu sein, was für vollwertige römische Bürger nur unter dem Schutz der Gesetze und der Verfassung Roms als möglich galt.

So schrieb Cicero in seinem späten Werk in »Vom pflichtgemäßen Handeln«, die Menschen würden »nicht allein für sie selbst geboren«, sondern auch, um durch gute Taten, Mühe und Güter den gesellschaftlichen Bund zu stärken. Liberale Bildung und Erziehung sollte folglich den Heranwachsenden mit den Tugenden, Pflichten und Traditionen eines vorbildlichen Staatsbürgers vertraut machen. Liberalität war eine Sache des Bürgers, nicht des Staates.

Auch nach dem Ende der Römischen Republik und der aus ihrer Konkursmasse gebildeten Reiche verstand man unter Liberalität das tugend- und ehrenhafte Verhalten der Staatsbürger. Gleichzeitig wurde der Begriff immer stärker mit christlichen Werten aufgeladen. Der römische Philosoph Macrobius Ambrosius Theodosius (ca. 385–430) beschrieb in einer Abhandlung, die auf Ciceros »Vom pflichtgemäßen Handeln« beruhte, den Wert von Güte, Gerechtigkeit und Wohlwollen für eine prosperierende Gemeinschaft. Mittelalterliche Lexika beschrieben Liberalität als Eigenschaft von offenherzigen, selbstlosen und hilfsbereiten Menschen. Zwar wurde Liberalität besonders bei den höheren Ständen als wichtig angesehen, aber auch weniger gut gestellte Christen wurden dazu angehalten, nach einem liberalen Leben zu streben und es Gott und Christus gleichzutun, die liberal mit ihrer Gnade und ihrer Liebe umgingen.

Revolutionäre Aufladung

Dass die mittelalterliche Ständegesellschaft schließlich ins Wanken geriet, war vermutlich weniger auf das Wirken frühliberaler Philosophen zurückzuführen, sondern auf den Schwarzen Tod, der die familiäre und soziale Ordnung Europas auflöste und so die Bedingungen neuer Gesellschaftsformen schuf. So geht der Historiker David Herlihy davon aus, dass der große Mangel an Arbeitskräften zu einer enormen Steigerung der Produktivität durch Mechanisierung führte. Weitere Folgen der Epidemie waren ein Vertrauensverlust in die Kirche, eine Schwächung des Adels, die Ausweitung des Handels, bessere Beschäftigungsmöglichkeiten, höhere Löhne und neue christliche Bewegungen (etwa die Flagellanten), die die Autorität der Kirche angriffen. Für den Kulturhistoriker Egon Friedell bereitete der Schwarze Tod der Renaissance und den mit ihr verbundenen liberalen Ideen den Weg.

Als die protestantische Revolution Anfang des 16. Jahrhunderts in Deutschland und der Schweiz ihren Ausgang nahm, traf sie auf eine geschwächte Katholische Kirche und eine Gesellschaft, in der Reformbewegungen die Pluralisierung des Christentums bereits vorbereitet hatten. Luthers »Priestertum aller Gläubigen« griff die Autorität der Priesterschaft an und machte die Erlösung zur alleinigen Angelegenheit des persönlichen Gewissens und der individuellen Bibellektüre.

Der vom ehemaligen Verfassungsrichter Udo di Fabio und dem Theologen Johannes Schilling herausgegebene Band »Die Weltwirkung des Protestantismus« argumentiert, das »große Schisma« wäre der entscheidende Antrieb für die folgende Pluralisierung, Ausdifferenzierung, Säkularisierung und Individualisierung in großen Teilen der westlichen Welt gewesen. Auch die Idee von allgemeinen Menschenrechten und Liberalität in religiösen Fragen sei eine Folge des Protestantismus, weshalb es nicht verwunderlich sei, dass der Liberalismus seinen Ausgang

bei protestantischen Denkern nahm und auch heute noch stark mit ihm verbunden ist. Der Protestantismus griff einen der beiden Hauptgegner der Liberalen an, die Katholische Kirche, während er den zweiten, die feudale Ständegesellschaft, eher noch stärkte. Ein Teil der Macht der Kirche fiel nämlich den weltlichen Herrschern zu, von denen manche, wie Heinrich der VIII. von England, gleich die Gründung einer eigenen Nationalkirche veranlassten.
Wie zuvor die Glorious Revolution, die Locke begrüßte und die Hobbes sicherlich abgelehnt hätte (schließlich galten ihm Revolutionen nur im Falle der Selbstverteidigung als legitim), strahlten auch die Ereignisse der amerikanischen Unabhängigkeit und das rhetorische Pathos ihrer Erklärungen und Reden auf das Festland, wo sie zur Nachahmung einluden und den Liberalismus weiter revolutionär aufluden.
In Frankreich, wo weiterhin absolutistische Herrschaft, religiöse Konformität und aristokratische Privilegien herrschten, hatte sich zu diesem Zeitpunkt längst ein intellektuelles Milieu etabliert, das nach der Errichtung eines liberalen politischen Systems strebte. Baron de Montesquieu (1689–1755) popularisierte etwa das Konzept der Gewaltenteilung in seiner Schrift »Vom Geist der Gesetze«:

> »Es gibt in jedem Staat dreierlei Vollmacht: die gesetzgebende Gewalt, die vollziehende und die richterliche. Es gibt keine Freiheit, wenn diese nicht voneinander getrennt sind.«

Von Voltaire (1694–1778) erschien 1763 die einflussreiche Schrift »Über die Toleranz«, deren Anlass ein Justizmord, nämlich die Hinrichtung des Protestanten Jean Calas war. Das Buch, das bereits zu Lebzeiten ein großer Erfolg war, wurde knapp 250 Jahre später unter dem Eindruck der terroristischen Morde al-Qaidas und des Islamischen Staats in Nizza, Paris und anderswo wiederentdeckt und auf Demonstrationen gegen islamischen

Radikalismus wie einst das rote Buch Maos von Liberalen in die Höhe gereckt (dabei war es doch die westliche Toleranz, die es den Mördern ermöglichte, an die Orte ihrer Schreckenstaten zu gelangen).

1789, im Jahr der Französischen Revolution, verabschiedete die Nationalversammlung die Erklärung der Menschen- und Bürgerrechte, die sich streckenweise wie eine Zusammenfassung der liberalen Literatur der damaligen Zeit liest: Freiheit und Gleichheit ab Geburt (Artikel 1), Schutz der Menschenrechte als erster Zweck des Staates (Artikel 2) und der Streitkräfte (Artikel 12), Gesetze als »Ausdruck des allgemeinen Willens« (Artikel 6), Rechtsstaatlichkeit (Artikel 7 und 9), Religionsfreiheit (Artikel 10), Presse- und Meinungsfreiheit (Artikel 11), Rechenschaftspflicht von Beamten (Artikel 15) und Schutz des Eigentums (Artikel 17).

Die Französische Revolution war der Versuch einer aufstrebenden Bourgeoisie, eine absolutistische Monarchie per Handstreich in eine liberale Republik zu transformieren. Der Geist der Erklärung der Menschen- und Bürgerrechte entsprach einer Klasse, die sich durch aristokratische Privilegien an ihrem Aufstieg behindert sah und erkannt hatte, dass ihre Zeit gekommen war. Fortan sollte das Prinzip der Meritokratie dafür sorgen, dass ausschließlich diejenigen gesellschaftlich reüssieren, die es auch kraft ihrer Talente und ihrer Bildung verdient haben.

Es sei noch zu früh, die Folgen der Französischen Revolution zu benennen, soll der chinesische Premierminister Zhou Enlai dem Nationalen Sicherheitsberater der USA Henry Kissinger 1971 erklärt haben. Manche behaupten, der chinesische Kommunist hätte nicht »La Grande Révolution« im Sinn gehabt, sondern die bescheidenere von 1968, aber zumindest für die weitere Geschichte des Liberalismus gilt, dass 1789 und seine Vorgeschichte schwerlich überbewertet werden können.

Angefangen bei vorrevolutionären Geheimbünden und Salons, die versuchten, die kommende Gesellschaft vorwegzunehmen (und so den absolutistischen Staat moralisch schwächten, wie es der Historiker Reinhard Koselleck in seinem Buch »Kritik und Krise« beschreibt), zeitigte die Französische Revolution Entwicklungen, über die Historiker noch heute debattieren: Personenkult, Tugendterror, Kulturkampf, revolutionäre Justiz und ein Klima der Denunziation und des allgemeinen Misstrauens. Und nicht zuletzt den Versuch, das spirituelle und emotionale Vakuum, das nach der Entchristianisierung zurückblieb, durch eine neue, staatlich verordnete Religion – den deistischen Kult der Vernunft – zu ersetzen.

Der Tugendterror, in den die Erste Französische Republik gestürzt wurde, führte der Welt vor Augen, welche Folgen ein revolutionärer Umsturz haben kann, selbst wenn er von einem liberalen Programm und von liberalen Akteuren getragen wird. Noch bevor der Wohlfahrtsausschuss den »Schrecken« institutionalisiert hatte, erschien die Schrift »Bemerkungen über die französische Revolution« des englisch-irischen Philosophen Edmund Burke (1783–1785), die die Folgen des moralischen Rigorismus und selbst den Aufstieg eines »neuen Herren eurer gesamten Republik«, also Kaiser Napoleon I., prophezeite.

Burke beschrieb Gesellschaften als »Partnerschaft der Toten, der Lebenden und der noch nicht Geborenen«. Institutionen galten ihm als fragil, bitter erkämpft und von unschätzbarem Wert, weshalb jeder gegen sie gerichtete Angriff die Möglichkeit eines zivilisatorischen Rückfalls enthalte. Burke, für den Sitten und Kultur den Vorrang über Gesetzen besaßen, war jedoch keineswegs ein illiberaler Vertreter des Ancien Régime, sondern vielmehr ein Kritiker der sozialen Revolution. In seiner Heimat setzte er sich etwa für politische Reformen ein und er befürwortete die amerikanische Unabhängigkeit und die Abschaffung der Sklaverei.

Trotz phasenweise erfolgreicher Versuche, die alte Ordnung wiederherzustellen und der Katholischen Kirche durch das Konkordat wieder zu altem Einfluss zu verhelfen, konnte sich der Liberalismus in Frankreich bewähren und schließlich zur dominierenden Doktrin in Europa und Nordamerika werden. Dabei lag es nicht selten an den imperialistischen Feldzügen Napoleons, der Hegelschen »Weltseele zu Pferde«, dass liberale politische Programme (vor allem der Code Civil, der ein einheitliches nationales Zivilrecht schuf) Verbreitung fanden. Unter dem Eindruck der Erfolge der Grande Armée entstanden die ersten Bewegungen und Parteien, die sich explizit »liberal« nannten: etwa die Liberale Partei Schwedens (über die wenig bekannt ist) und die Liberale Partei Spaniens, die 1810 nach der Rebellion in Cádiz eine erste Regierung bildete.

Obwohl die spanische Monarchie wenig später restauriert und die Bezeichnung »liberal« anschließend bei vielen Menschen zum Schimpfwort wurde, hatte das Experiment großen Einfluss auf politische Zirkel in Frankreich, dem englisch- und spanischsprachigen Amerika und Großbritannien. Noch auf dem indischen Subkontinent und den Philippinen wurde die kurzlebige liberale Verfassung debattiert.

Angesichts der negativen Folgen der Industrialisierung und der beschränkten Möglichkeiten der Arbeiterklasse, sich politisch einzubringen, wuchs nach der französischen Julirevolution (1830) der Einfluss sozialistischer Theorien, die sich teils als Gegensatz zum Liberalismus, teils als seine konsequente Weiterführung verstanden. Die neue Überrepräsentation der »aufgeklärten« bürgerlichen Klasse in politischen, sozialen und kulturellen Institutionen führte zu einer Zunahme radikaler Textproduktion, zu Demonstrationen und Streiks, die nicht selten von der liberalen Presse denunziert und vom Staat gewaltsam niedergeschlagen wurden – was bestehende Differenzen verschärfte – und die Radikalisierung weiter vorantrieb. Gleichzeitig führte die augenscheinliche zunehmende Verarmung des neuen Industrieproletariats Versäumnisse der Sozialpolitik des Liberalismus und der marktwirtschaftlichen Prinzipien des Laissez-Faire und des Doux Commerce, also der Vorstellung einer friedensstiftenden und zivilisierenden Wirkung des Handels, vor Augen.

Zivilisierung und Negation

Das Scheitern der »Europäischen Revolution« im Jahr 1848 restaurierte vielerorts die Allianz aus illiberalem Staat und Kirche und ließ den Traum einheitlicher Nationalstaaten – die von vielen als Vorbedingung jeder weiteren Liberalisierung angesehen wurde – platzen. Als schließlich Napoleon III. im Dezember desselben Jahres von einer überwältigenden Mehrheit (man hatte in der Zwischenzeit das allgemeine Männerwahlrecht eingeführt) zum Präsidenten gewählt wurde, nahm das ohnehin bereits große liberale Misstrauen gegenüber der Demokratie weiter zu. Nicht erst sei 1848 herrschte unter liberalen Denkern und Politikern eine große Skepsis hinsichtlich der »Masse«, die man häufig als irrational, gewalttätig und unfähig, die eigenen Bedürfnisse zu erkennen, ansah.

Kein Wunder, dass die meisten Reformer das Wahlrecht auch weiterhin nur den Besitzenden gestatten wollten – allenfalls war man bereit, die nötigen Voraussetzungen zu mindern. Zudem verstand man unter Demokratie zu dem Zeitpunkt weniger die politische Partizipation aller volljährigen Staatsbürger, sondern vielmehr ein System der Rechtsstaatlichkeit unter Anleitung eines Parlaments. Das liberale Programm hatte zwar den Anspruch, universell zu sein – schließlich beruhte es auf der Vorstellung unveräußerlicher Naturrechte –, den ungebildeten und besitzlosen Teil des Dritten Standes, des sich allmählich dem Sozialismus nähernden Proletariats, nahm man jedoch vor allem als Bedrohung war. Die Warnungen John Stuart Mills (der besonders qualifizierten Bürgern mehr Wahlstimmen geben wollte) und anderer Sozialliberaler vor einer »Tyrannei der Mehrheit« erinnern gelegentlich an die Warnungen vor dem Demos in den Anfangstagen der europäischen Integration und vor den populistischen Bewegungen von heute.

Der revolutionäre Schock von 1848 bestärkte manche Liberale in der Ansicht, dass es dem Volk schlicht an intellektueller und moralischer Reife fehle: Die Massen seien ignorant, verstünden nichts von Ökonomie und ließen sich allzu leicht von Demagogen oder ihren eigenen Trieben verführen. Zunächst diskutierten liberale Kreise darüber, wie man den unteren Schichten beibringen könnte, den Wert harter Arbeit, von Disziplin und Selbsthilfe und die positive Wirkung eines unregulierten Marktes und das Übel eines dirigistischen Staates zu erkennen, doch die Laissez-faire-Liberalen verloren rasch die Oberhand. Stattdessen setzte sich eine vormals minoritäre Strömung durch, die später unter Namen wie »Sozialliberalismus«, »Linksliberalismus« oder »sozialistischem Liberalismus« bekannt wurde.

So forderte etwa John Stuart Mill, einer der einflussreichsten liberalen Theoretiker des späten 19. Jahrhunderts, eine »soziale Transformation«. Als er 1866 ins Parlament gewählt wurde, führte er einen persönlichen Kampf gegen den ins Hintertreffen geratenen »klassischen Liberalismus«, der immer häufiger als Grund »sozialer Atomisierung« gesehen wurde. Der neue Liberalismus hingegen sollte stattdessen die Realisierung individueller Anlagen, die Selbstverwirklichung, zum Ziel haben.

Der Staat begann zusehends, sein Stigma als Leviathan, der Schutz zum Preis von Unterwerfung bietet, zu verlieren und erfuhr eine, in den Worten des französischen Publizisten Charles Brook Dupont-White, Wiedergeburt als »Instrument der Zivilisierung«. Mill setzte sich etwa für eine Reihe weitreichender Reformen ein, um den »intellektuellen und moralischen Zustand« der Bürger zu verbessern. Nicht nur sollte eine neue Pädagogik liberale Inhalte verbreiten, auch die Ehe und die Religion sollten von Grund auf transformiert werden. In den Worten der Historikerin Helena Rosenblatt:

> »Stattdessen gaben [die Liberalen] der öffentlichen Moral – oder ihrem Mangel – die Schuld. Man hatte die Armen durch Sozialismus verführt. Man hatte sie mit Tricks dazu gebracht, an eine egoistische und materialistische Ideologie zu glauben, die eine Gefahr für die gesamte soziale und politische Ordnung, einschließlich ihrer Existenz und ihrer Lebensgrundlagen, darstellte.«

Hierin stimmten Liberale mit Konservativen überein: Soziale Probleme waren vor allem moralische Probleme. Der stärker werdende Wunsch, die Bevölkerung moralisch zu erziehen, führte zu einer erneuten Betonung der Bedeutung von Familie und religiösen Reformen. In Frankreich erschienen daraufhin explizit antikatholische Lehrpläne und in Deutschland schlossen sich die Liberalen dem Kulturkampf Bismarcks an, der sich ebenfalls gegen den Einfluss des Vatikans richtete.

In den Vereinigten Staaten verstand man unter dem Begriff »liberal« zu der Zeit eine offen atheistische Weltanschauung, die sexuelle Freiheit propagiert und moralischen Verfall herbeiführt. Parallel erfuhr der klassische Liberalismus in der sozialdarwinistischen Theorie des englischen Philosophen Herbert Spencer (auf den die Formulierung »Survival of the Fittest« zurückgeht) eine Zuspitzung.

Deutschlands Beiträge zur Geschichte des Liberalismus bestanden vor allem in der Verbreitung des Protestantismus im 16. Jahrhundert und, so widersprüchlich das zunächst erscheint, im autoritären Staatssozialismus Bismarcks im späten 19. Jahrhundert. Die sozialstaatlichen Programme Deutschlands – Krankenversicherung, Impfpflicht gegen Pocken, Rentenversicherung und viele weitere soziale Reformen – wurden leidenschaftlich in liberalen Kreisen im Ausland diskutiert. Die sichtbaren Fortschritte in Deutschland stärkten die Fraktion der Sozialliberalen, die sich einen aktiven Staat wünschten. Während etwa Herbert Spencer Liberale dazu aufrief, die unbegrenzte Macht der Parlamente zu bekämpfen, wie man es einst mit absoluten Monarchien tat, sah Winston Churchill die Aufgabe des Staates darin, den Menschen am Rande der Gesellschaft zu helfen.

Eine Folge der überwundenen Skepsis gegenüber dem eingreifenden Staat und dem absoluten Aufklärungsglauben war die liberale Begeisterung für eugenische Maßnahmen. Sogenannte positive Eugenik beinhaltete staatliche Programme, die auf die Verbesserung der »Volksgesundheit« zielten, während negative Eugenik danach trachtete, die Vermehrung von Unerwünschten (Armen, Epileptikern, Alkoholikern, psychisch Kranken ...) zu reduzieren oder gar zu verhindern – auch mittels Zwangssterilisierungen oder Eheverboten. Auf diese Weise hoffte man, den Problemen der Kriminalität, der Armut und der »Asozialität« Herr werden zu können.

Der bekannte liberale Theoretiker John Atkins Hobson sah in der freien »Produktion von Kindern« das gefährlichste Versagen, dessen eine Regierung sich schuldig machen könne. Und auch der Kolonialismus fand zahlreiche Unterstützer in liberalen Zirkeln. Helena Rosenblatt beschreibt in »The Lost History of Liberalism«, wie Liberale den Imperialismus als organisierten Raub verurteilten, im Kolonialismus jedoch einen Weg sahen, Ideen der Aufklärung zu verbreiten.

Auf die Hochphase des staatsfreundlichen Sozialliberalismus folgte eine Phase, in der der Liberalismus von europäischen Faschisten und Nationalsozialisten zur Antithese der nationalen Kultur erhoben wurde. Mussolini beschrieb den italienischen Faschismus als »Negation des Liberalismus« und Hitler erklärte die Abschaffung des liberalistischen Konzepts des Individualismus als Staatsziel. Gleichzeitig wurde der Liberalismus im Schlepptau der progressiven Reformen Franklin D. Roosevelts, der von 1933 bis 1945 regierte, zur Staatsdoktrin der Vereinigten Staaten. Und auch die Fraktion der klassischen Liberalen schlief nicht: 1944 erschien Friedrich von Hayeks Weltbestseller »Der Weg zur Knechtschaft«, der den liberalen Etatismus als Vorstufe der totalitären Gesellschaft denunzierte.

Fazit

Man kann nun die Geschichte des Liberalismus als Geistesgeschichte, als Geschichte bedeutender Intellektueller, bewegender Bücher, Reden und Pamphlete erzählen. Oder man bettet sie in die Geschichte der Revolutionen, der sich ändernden Produktionsverhältnisse und sozialen Ordnungen ein. Oder aber man erzählt die Geschichte unterschiedlicher nationaler und regionaler Liberalismen, die sich durch ihre Widersprüche – interventionistischer Staat vs. Laissez-Faire, Religionsfreiheit vs. Antikatholizismus, Autonomie vs. Umerziehung, Individualismus vs. Gemeinwohl, Revolution vs. Reform – entwickeln.

Man kann die heutige liberale Demokratie als Kulminationspunkt oder finale Auflösung der historischen Widersprüche des Liberalismus verstehen. Eigenschaften, die den klassischen Liberalismus antrieben – ein Sinn für Patriotismus, Selbstlosigkeit, Pflichtgefühl, Großzügigkeit, Redefreiheit, Toleranz, Skepsis gegenüber staatlicher Autorität, Vertrauen in das Individuum – werden heute häufig als »rechts« diffamiert oder gelten als rhetorische Ablenkungsmanöver bösartiger Akteure, die der progressiven Vervollkommnung des Menschen im Wege stehen. Werte wie Offenheit, Vielfalt oder Kulturrelativismus oder die romantische Verklärung des Anderen, die ebenfalls liberalen Strömungen entsprungen sind, gelten heute stärker. Das ideologische Fundament der heutigen westlichen Demokratien mag wenig mit dem klassischen Liberalismus vor 1789 zu tun haben, Teil seiner Geschichte sind wir dennoch.

2. Die Geschichte liberaler Demokratien

»Die Erfahrung lehrt, daß Menschen, die für die gerechte Sache nicht mehr kämpfen können, weil diese bereits in einer früheren Generation gesiegt hat, gegen die gerechte Sache kämpfen. Sie kämpfen um des Kampfes willen. Mit anderen Worten: Sie kämpfen aus einer gewissen Langeweile heraus, denn sie können sich nicht vorstellen, in einer Welt ohne Kampf zu leben. Und wenn der größte Teil ihrer Welt in friedlichen und wohlhabenden liberalen Demokratien lebt, dann kämpfen sie eben gegen Frieden und Wohlstand und gegen die Demokratie.«
Francis Fukuyama, Politikwissenschaftler

»Mir scheint, dass der Liberalismus zurückkehrt, weil immer mehr Menschen auf schmerzhafte Weise mit der Alternative in Kontakt kommen.«
John Kenneth Galbraith, Ökonom

»Die Vorzüglichkeit des Verstandes besteht in der Unterscheidung zwischen Möglichem und Unmöglichen, und in der Tröstung über das, was man zu ändern nicht imstande ist.
Solomon ibn Gabirol, Philosoph und Dichter (11. Jahrhundert)

Den Liberalismus gibt es, wie wir gesehen haben, nicht im Singular. Nicht nur verändert er im Laufe der Geschichte seine Gestalt, es gibt ihn auch zu bestimmten historischen Zeitpunkten nur im Plural. Für den englischen Philosophen John Gray kann liberales Denken individualistisch, egalitär, melioristisch (auf Verbesserung des Menschen ausgerichtet) oder universalistisch sein. Das Handbuch Liberalismus nennt den Verfassungsliberalismus, sozialen Liberalismus, Nationalliberalismus, Libertarismus, Neoliberalismus, Ordoliberalismus und den multikulturellen Liberalismus.
Und manche sehen auch im Konservatismus eine Spielart des Liberalismus, der lediglich versucht, das Tempo des Fortschritts zu mindern und Bestände traditioneller Institutionen zu bewahren. Keine Konterrevolution also, sondern der Griff nach der

Notbremse in Zeiten liberaler Beschleunigung. Edmund Burke, dessen Werk über die Französische Revolution den modernen Konservatismus begründete, stand in zentralen Punkten – Gewaltenteilung, Ablehnung der Sklaverei, Unterstützung der amerikanischen Sezession – seinen liberalen Kontrahenten zumindest näher als die meisten Anhänger der Krone.

Seit den Zeiten der Glorreichen Revolution und dem Wirken Hobbes' hat sich der Liberalismus zur politisch-sozialen Ordnung des Westens schlechthin, zum laut Präsident Joe Biden »liberalen Weltsystem« entwickelt. Dabei verlief diese, sich über Jahrhunderte vollziehende Entwicklung alles andere als geradlinig. Vielmehr ist die Geschichte des liberalen Denkens, seiner Protagonisten und Institutionen von zahllosen Gegenbewegungen, Rückschlägen, Mutationen und Korrekturen geprägt. Auf die Französische Revolution, die den Liberalismus wie kein anderes historisches Ereignis prägte, folgten die Heilige Allianz, das Bündnis der drei Monarchen Russlands, Österreichs und Preußens, und die Restauration der französischen Monarchie.

Königlicher und kaiserlicher Liberalismus

Die im Jahre 1787 verabschiedete amerikanische Verfassung mit ihrer Bill of Rights schuf keinen demokratischen Rechtsstaat, geschweige denn eine »glänzende Stadt auf einem Hügel«, sondern vielmehr ein Land, das die Sklaverei nur um den Preis der Teilung aufgeben konnte. Und die deutsche Revolution von 1848 mündete in die sozialliberale »Reaktionsära«, die die rebellierenden Bürger den Rückzug ins Private antreten ließ. Der Liberalismus setzte sich, so könnte man sagen, mittels historischer Widersprüche durch.

Erst mit dem Sieg Preußens über Frankreich ging hierzulande der liberale Traum des 19. Jahrhunderts in Erfüllung: das Ende der feudalen »Kleinstaaterei« durch die Geburt einer einheitlichen deutschen Nation, in der fortschrittlich gestimmte Bürger die Vorbedingung eines modernen Staates sahen. Doch die »kleindeutsche Lösung« war keine moderne Republik, sondern ein Kaiserreich, in dem der Monarch die Macht der Parlaments, der Presse und der Parteien begrenzte, während er als gütiger Patriarch sozialstaatliche Wohltaten unter seinen Subjekten verteilte. Ein Preis für die soziallliberale Politik war das 1878 verabschiedete Sozialistengesetz – das von vielen Liberalen jedoch begrüßt wurde, denn die Furcht vor der roten Revolution saß auch bei ihnen tief. Nicht minder tief saß die ur-liberale Furcht vor der »Tyrannei der Mehrheit«, weshalb viele aufgeklärte Bürger das Ausbleiben des allgemeinen Wahlrechts begrüßten. Und auch der Bismarck'sche Kulturkampf, der auch ein Klassenkampf zwischen Stadt und Land war, wurde von zahlreichen Liberalen unterstützt, denn die Katholische Kirche galt unter Aufgeklärten seit den Anfängen der liberalen Philosophie als eines der wichtigsten Hindernisse im historischen Prozess der Freiheit. Das zweite deutsche Reich war ein Rechtsstaat mit Verfassung, sozialliberalen Gesetzen und einem geeinten Wirtschaftsraum – den Rest sollte die Geschichte mit ihrem unausweichlichen Gang zu immer mehr Vernunft richten.

Die ersten Jahre des Kaiserreichs, die gleichzeitig die Jahre des Bismarck'schen Kampfes gegen »Reichsfeinde« waren, sind heute unter dem Namen »liberale Ära« bekannt. Nicht nur ging 1871 der Nationentraum der Liberalen in Erfüllung, die Nationalliberale Partei war gleich zur wichtigsten politischen Stütze des Reiches aufgestiegen. Die sprichwörtliche liberale Skepsis gegenüber dem Leviathan war wie weggeblasen. Die liberale Ära war jedoch nur von kurzer Dauer. Als der Kulturkampf zu einem Erstarken der katholischen Zentrumspartei führte und der »Gründerkrach« genannte Börsenkrach des Jahres 1873 jäh das Ende des wirtschaftlichen Laissez-Faire einläutete, begann auch der Stern der Freiheitlichen zu sinken.

Auch im Hinblick auf die etwa 500 000 Juden, die im Reich lebten, lässt sich ein wichtiger Konstruktionsfehler der deutschen Liberalen erkennen: die Diskrepanz zwischen der aufgeklärten politischen Elite und einer in weiten Teilen illiberalen Bevölkerung. Auf die formelle, in der Reichsverfassung von 1871 festgeschriebene Emanzipation folgte gleich eine Flut judenfeindlicher Schriften, Parteien und Bewegungen. Was sich in den Verschwörungstheorien über die Gründerkrise, dem Kampf der Deutschkonservativen Partei gegen den »zersetzenden jüdischen Einfluss« oder dem Berliner Antisemitismusstreit ankündigte, war der moderne Rassenantisemitismus. In der liberalen Ära lernte er gehen, in ihr schuf er sich seine Institutionen und Erzählungen.

Liberalismus und Imperium

Anfang des 20. Jahrhunderts konnte der Liberalismus trotz aller Rückschläge auf eine echte Erfolgsgeschichte zurückblicken. Was nach der Englischen Revolution als Moralphilosophie und Wirtschaftslehre der Elite des Dritten Standes seinen Ausgang nahm, hatte sich nicht nur historisch bewährt, sondern sich an neue politische und soziale Bedingungen angepasst, sich diversifiziert und institutionalisiert. Beim Liberalismus handelte es sich um eine Weltanschauung, die dem Bürgertum, das im feudalen System nur begrenzte Aufstiegschancen hatte, nicht nur ideologisch den Weg zur Macht geebnet hatte, sondern es als globale Avantgarde des Fortschritts und Medium des Weltgeistes adelte.

Die Philosophie kaschierte den partikularistischen Charakter des Liberalismus und ließ ihn als menschliche Natur, als Pfad zur, wie Voltaire in spöttischer Absicht schrieb, »besten aller Welten« erscheinen. In seinem Universalismus, Expansionismus und Drang zum globalen System gleicht der Liberalismus dem Kommunismus, mit dem er seit jeher eine spannungsreiche Beziehung führt. Was im 20. Jahrhundert als französische »Mission Civilisatrice«, britischer »White Man's Burden«, amerikanische »Manifest Destiny« oder deutscher »Liberaler Imperialismus« auftrat, wurde mit allerbesten humanistischen Argumenten begründet, von liberalen Parteien und Persönlichkeiten verteidigt und intellektuell in eine allgemeine Geschichte menschlichen Fortschritts eingebettet.

Wie man die Geschichte des Kolonialismus letztendlich bilanziert (Befreiung der Sklaven und politisch-ökonomische Entwicklung hier, Kolonialkriege und Ausbeutung dort) ist nicht Gegenstand dieses Buches. An seinem Beispiel soll lediglich verdeutlicht werden, dass imperialer Expansionismus, missionarischer Eifer und Staatstreue ebenso Teile der liberalen Geschichte sind wie ihre Gegenteile: Selbstbestimmungsrecht, Toleranz und Skepsis gegenüber dem Staat. Ein berühmtes Zitat von John Stuart Mill, der für den linken oder sozialistischen Flügel des Liberalismus steht, bringt die Rhetorik des Imperialismus in erzieherischer Absicht auf den Punkt: »Im Umgang mit Barbaren ist Despotismus eine legitime Regierungsform, vorausgesetzt, der Zweck ist ihre Verbesserung und die Mittel sind durch die tatsächliche Erreichung dieses Zwecks gerechtfertigt.« Titel des Buches, aus dem der Satz stammt: »Über die Freiheit«.

Der westliche Imperialismus, so möchten wir argumentieren, war auch von philosophischen Prämissen und anthropologischen Annahmen beeinflusst, die im liberalen Denken enthalten waren. In liberalen Verlautbarungen wirkt – ungeachtet des anhaltenden Spotts über Fukuyamas Reflexionen über »den Endpunkt der ideologischen Evolution der Menschheit und die Universalisierung der westlichen liberalen Demokratie als finaler Form menschlichen Regierens« – auch heute noch der Glaube, der Mensch sehne sich letztlich überall, ob in Afghanistan, der Türkei oder im Jemen, nach Selbstverwirklichung, Toleranz und Säkularismus, also nach einer liberalen und demokratischen Ordnung.

Allein, es ist nicht mehr so leicht zu sagen, wie diese Ordnung aussehen soll, denn in den letzten hundert Jahren hat der Liberalismus seine klar abgegrenzte Heimat verlassen und ist zum einzigen Betriebssystem westlicher Institutionen geworden. Der Liberalismus ist nicht mehr bloß die Sache von Philosophen, politischen Parteien oder fortschrittlichen Beamten, sondern das moralische Richtmaß, nach dem menschliches Handeln und gesellschaftlicher Fortschritt beurteilt werden. Deshalb ist das Bewusstsein abhandengekommen, dass er als Produkt historischer Konstellationen ebenso kontingent ist wie andere politische Systeme. Und als System, das nie stillsteht, das die eigenen Institutionen angreift und zu immer mehr »Fortschritt« antreibt, ist der Liberalismus inhärent instabil.

Die im 19. Jahrhundert vollzogene Spaltung des Liberalismus in eine klassische und eine moderne Spielart wurde im 20. Jahrhundert weiter vertieft. Für die Verbreitung beider Formen spielten die Vereinigten Staaten, die sich nach dem Ersten Weltkrieg bemühten, verbindliche internationale liberale Institutionen zu schaffen, die mit Abstand wichtigste Rolle – bis heute. Dabei sah die Zukunft des Liberalismus nach dem Großen Krieg zunächst entschieden düster aus.

Zwar war das autoritärste Regime Europas, das russische Zarenreich, von der Februarrevolution 1917 beseitigt worden, »Kakanien«, die Österreichisch-Ungarische Monarchie, war in eine Reihe neuer Nationalstaaten zerfallen und auch Deutschland war um einen Kaiser ärmer, doch auf die sozialistisch-liberale Regierung in Russland folgten wenige Monate später Bolschewisten, Bürgerkrieg und Terror, und die Kaiserreiche brachten Nationen hervor, die von revanchistischen und revolutionären Parteien und Bewegungen dominiert wurden. Für den Historiker Max Hartwell stellte der Erste Weltkrieg »die große Diskontinuität« in der Geschichte des Liberalismus dar: »Die liberale Welt des 19. Jahrhunderts ging, wie so viele andere Aspekte der europäischen Zivilisation, in den Schützengräben Flanderns zu Grunde«.

Der Liberalismus begann als Kopfgeburt, als Produkt einsamer Denkarbeit in der Abgeschiedenheit europäischer Akademien und Studierzimmer. Doch sobald er diese verließ und gesellschaftlich endemisch wurde, drückten ihm bestimmte historische Ereignisse (etwa die Französische Revolution) oder nationale Formationen (etwa das deutsche Kaiserreich) unweigerlich ihren Stempel auf. Auf den englischen Liberalismus folgten der französische und der deutsche, aber erst das aufstrebende Amerika besaß den aus Kulturindustrie, Soft Power, Sprache sowie wirtschaftlicher und militärischer Macht bestehenden Transmissionsriemen, um ihm den Aufstieg zum Weltsystem zu ermöglichen. Und weil die Vereinigten Staaten auch heute noch den internationalen liberalen Diskurs bestimmen wie kein anderes Land, müssen wir uns auf den folgenden Seiten kurz mit der »essentiellen Nation« und der Genese des amerikanischen »Liberalism« beschäftigen.

Der 14-Punkte-Plan Präsident Woodrow Wilsons und die Gründung des Völkerbunds waren die ersten Versuche, eine internationale liberale Ordnung und ein System des »Wandels durch Handel«, also durch wirtschaftliche Zusammenarbeit, aufzubauen. Wilsons Plan, den er ohne weitere Absprache mit seinen Alliierten vor dem Kongress vorstellte, propagierte liberale Vorstellungen von Freihandel, Vertragsfreiheit, Demilitarisierung, Demokratie und nationaler Selbstbestimmung (auf die sich später Hitler berufen sollte). Der Völkerbund sollte darüber wachen, dass die Nationen sich an die Bestimmungen des 14-Punkte-Plans hielten und die »politische Unabhängigkeit und territoriale Integrität großer und kleiner Nationen« garantierten.

Wilsons Plan war Grundlage territorialer Neuordnungen – und damit Anlass für Revanchismus – und forderte eine Revision »kolonialer Ansprüche«. Hinter dieser Formulierung verbarg sich der Wunsch, westliche Nationen sollten ihren kolonialen Besitzungen mittelfristig den Weg in die Unabhängigkeit ebnen. Damit wurden die Kolonien zwar nicht in die Freiheit entlassen, ihre Verwaltung durch ausländische Mächte jedoch als temporär bestimmt.

Der französische Premierminister Georges Clemenceau kommentierte das weitreichende liberale Programm wie folgt: »Gott gab uns die Zehn Gebote und wir brachen sie. Wilson gibt uns die Vierzehn Punkte. Man wird sehen, was passiert.« Clemenceau hatte natürlich guten Grund, skeptisch zu sein, doch zumindest die politischen, sozialen und wirtschaftlichen Transformationen sollten über die Auflösung des Völkerbundes hinweg prägend bleiben. Unter Wilson wurde ein System geschaffen, das in den 1960ern als »Liberalismus mit großem 'L'« zum ideologischen Programm der Demokratischen Partei wurde (der klassische Liberalismus der Republikaner wird bis heute abgrenzend »Liberalismus mit kleinem 'L'« genannt).

Der Liberalismus nach Wilson setzte auf Zentralisierung und Steuererhöhungen, griff regulierend in die Wirtschaft ein und legte dabei den Grundstein für den heutigen Wohlfahrtsstaat. Die Implementierung dieser Maßnahmen machte den Aufbau eines expansiven administrativen Apparats nötig, der Kritikern als eine »vierte Gewalt« erschien, die in der Verfassung nicht vorgesehen war. Der »Warfare-Welfare-State« (so genannt, weil zahlreiche soziale Erneuerungen zu Kriegszeiten eingeführt wurden) stellte einen radikalen Bruch mit Prinzipien dar, die als ur-amerikanisch gesehen wurden: schlanker Staat, starker Föderalismus, niedrige Steuern, Subsidiaritätsprinzip, Laissez-Faire-Wirtschaft und »robuster Individualismus«.

Sich selbst sah Wilson weniger als obersten Staatsdiener, dessen Macht durch Gewaltenteilung und Föderalismus begrenzt wird, denn als modernen Cäsar: »Wenn [der Präsident] einmal die Bewunderung und das Vertrauen des Landes gewonnen hat, kann keine andere Macht ihm widerstehen, keine Verbindung von Kräften wird ihn überwältigen können.« Der Bürger? Muss seine Interessen, in den Worten Wilsons, »mit denjenigen des Staates vermählen«.

Das entsprach ganz den Vorstellungen Herbert Crolys, Gründer der Zeitschrift *The New Republic* und Vordenker des amerikanischen Progressivismus: »Jede Volksregierung sollte die Möglichkeit haben, jede Maßnahme zu ergreifen, die nach der Meinung einer Mehrheit des Volkes durch das öffentliche Wohl geboten ist.« Dabei kritisierte er Wilsons äußerst progressive Politik als noch zu sehr der Verfassung und der Wahrung individueller Rechte verpflichtet. Sinn der Demokratie sei es vielmehr, staatliche Behörden und Wirtschaft ganz in den Dienst den Konstruktion eines neuen Menschen zu setzen. Die von vielen Amerikanern verehrte Verfassung sollte laut Wilson im Sinne einer »lebendigen Verfassung« laufend an progressive Vorstellungen »angepasst« werden – während Croly sich für deren Abschaffung aussprach, denn die »Progressive Democracy«, so der Titel eines seiner Werke, dürfe sich nicht durch rechtliche Fesseln binden lassen.

Für den amerikanischen Soziologen Robert Nisbet standen die Vereinigten Staaten in der Kriegszeit kurz davor, zu einem totalitären Staat zu mutieren, denn der autoritäre Sozialliberalismus wurde von neuartiger Propaganda (Committee on Public Information), Zensur (Espionage Act), politischer Repression (Sedition Acts) und der Aufweichung von Bürgerrechten (Internierung deutschstämmiger Amerikaner auf Grundlage des Alien Enemies Act) flankiert. Heute gilt die Präsidentschaft Wilsons allgemein als »progressive Ära« und Inspiration des späteren Präsidenten Barack Obama.

Die progressive Ära war nicht nur eine Phase, in der das Wesen der Politik transformiert wurde, sondern auch das nationale Geistesleben. Im Südosten Manhattans fanden sich im Rahmen der »Village Renaissance« (benannt nach dem gleichnamigen Stadtteil) die sogenannten »Jungen Intellektuellen« zusammen, eine neue Intelligenzia aus radikal-progressiven Schriftstellern, Künstlern und Theatermachern, deren Einfluss auf Kultur, Universitäten und politisches Denken bis heute nachwirkt. Aufgrund ihrer dezidierten Ablehnung des »Melting Pots«, und ihres elitären Ressentiments gegenüber den Wertvorstellungen und Geschmäckern der einfachen Amerikaner, vor allem aber wegen ihrer starken Abneigung gegenüber dem White Anglo-Saxon Protestant (WASP) stellen die Jungen Intellektuellen, zu denen Autoren wie Randolph Bourne, H.L. Mencken oder Sinclair Lewis zählten, für den Politikwissenschaftler Eric Kaufmann Vordenker eines Hyperliberalismus dar, der heute auch »woke« genannt wird.

Auf diesen westlichen Selbsthass, den der britische Philosoph Roger Scruton »Oikophobie« taufte, kommen wir noch im »Vielfalts-Regime«-Kapitel zu sprechen. An dieser Stelle reicht der Hinweis, dass der »Progressive Turn« mehr war als nur eine Handvoll auf die Kriegszeit begrenzter politisch-wirtschaftlicher Maßnahmen, sondern dass er durch die Gründung neuer Behörden, die Entstehung einer neuen geistigen Klasse von Experten und die zunehmende Nivellierung klassisch-liberaler Werte das Fundament für den progressiven dirigistischen Staat schuf.

Die Tendenz zur Aufgabe der persönlichen Freiheit zugunsten einer zentralen politischen Macht, eines »sanften Despotismus«, beschäftigte den scharfsinnigen Alexis de Tocqueville bereits ein halbes Jahrhundert zuvor, als er sich die amerikanische Demokratie vor Ort anschaute:

> »Der Wille des Menschen wird nicht gebrochen, sondern aufgeweicht, gebogen und gelenkt; die Menschen werden durch sie selten zum Handeln gezwungen, aber ständig daran gehindert. Eine solche Macht zerstört nicht, aber sie verhindert die

> Existenz; sie tyrannisiert nicht, aber sie verdichtet, entnervt, löscht aus und verblödet ein Volk, bis jede Nation zu nichts Besserem als einer Herde ängstlicher und strebsamer Tiere reduziert ist, deren Hirte die Regierung ist.«

Unter der Präsidentschaft der folgenden drei republikanischen Präsidenten Harding, Coolidge und Hoover wurde der interventionistische Staat zugunsten eines sozialen und wirtschaftlichen Laissez-faire wieder in Teilen zurückgefahren. Doch auf die kurze Renaissance klassisch-liberaler Administrationen folgten gleich die vier Amtszeiten des progressiven Franklin Delano Roosevelt. Zwischen 1933 und 1945 wurden die bis dato weitreichendsten und umfassendsten Reformen in der Geschichte des Landes umgesetzt. Die New-Deal-Kampagnen (der Begriff steht für das neue Mischen der Spielkarten) sollten die USA aus der Weltwirtschaftskrise führen und der Arbeiterschaft weitere Absicherungen und arbeitsrechtliche Verbesserungen verschaffen.

1944 versprach Roosevelt, das Recht auf Arbeit, Lohn, Unterkunft, Ausbildung und Rente in einer zweiten Bill of Rights zu garantieren (woraus nichts wurde, weil der Präsident vor Kriegsende starb). Es ist umstritten, welchen Anteil der New Deal an der Bewältigung der Großen Depression hatte. Manche Ökonomen wie Thomas Sowell behaupten, die Maßnahmen hätten die wirtschaftliche Krise gar verlängert. Die spektakuläre Renaissance der US-Wirtschaft sei vielmehr auf den Kriegseintritt und den Boom der Kriegsindustrie zurückzuführen.

Unter der Präsidentschaft Roosevelts, der sich »tief beeindruckt« von den Leistungen des italienischen Faschismus zeigte und Mussolini bewunderte, fand eine weitere Distanzierung des Liberalismus von seinen historischen Wurzeln statt. Der Historiker Wolfgang Schivelbusch spricht gar von einer »Konvergenz« zwischen dem Korporatismus Roosevelts und den Systemen der

Sowjetunion (Amerika sei das einzige Land, das sich den Kommunismus leisten könne, soll Stalin bemerkt haben), des faschistischen Italiens und des deutschen Dritten Reiches. Für den New Deal erhielt der Präsident zumindest großes Lob von dem Nazi-Blatt *Völkischer Beobachter*, das die USA auf sicherem Wege zum autoritären Staat sah. Amerika schuf jedoch weder die Verfassung ab, noch wurde die Demokratie durch einen Führerstaat ersetzt. Zitate wie das folgende (aus Roosevelts Antrittsrede 1933) klingen dennoch eher nach europäischem Volksstaat als nach liberaler Republik:

»Wir müssen uns wie eine ausgebildete und loyale Armee bewegen, die bereit ist, für das Gemeinwohl Opfer zu bringen, denn ohne Disziplin gibt es keinen Fortschritt, kann keine Führung wirksam sein. Ich weiß, dass wir bereit sind, unser Leben und unser Eigentum einer solchen Disziplin zu unterwerfen, denn sie ermöglicht eine Führung, die auf ein größeres Gut abzielt.«

Die New-Deal-Maßnahmen etablierten den Staat endgültig als expandierendes System zur Linderung sozialer Benachteiligung, wirtschaftlicher Krisen und Ungleichheit. Dadurch stand er im Gegensatz zu liberal-konservativen Vorstellungen von unternehmerischer Freiheit, Autonomie und schlankem Staat. Die Befürchtung, die der Ökonom Friedrich von Hayek in seinem berühmten Werk »Der Weg zur Knechtschaft« äußerte, staatliche Interventionen in die Wirtschaft würden in ein totalitäres System münden, bewahrheitete sich bekanntlich nicht, doch der Glaube in den progressiven etatistischen Liberalismus der Roosevelt-Ära hinterließ ein politisches und ideologisches Erbe, das weit über die Zeit des sogenannten New-Deal-Konsenses (1930–1980) bis in die Gegenwart wirkt – etwa in den sogenannten »Klimamaßnahmen« des »Green New Deal«, mit denen entwickelte Nationen wirtschaftlich und sozial auf ökologischen Kurs gebracht werden sollen.

Aufstieg der Manager

In seinem Buch »Das Regime der Manager« beschrieb der amerikanische Soziologe James Burnham den New Deal als gesellschaftlichen Paradigmenwechsel, den Beginn einer neuen Ära. In seiner umfassenden Rezension des Buches fasst George Orwell die Thesen Burnhams wie folgt zusammen:

> »Der Kapitalismus geht zu Ende, doch es wird kein Sozialismus an seine Stelle treten. Was jetzt entsteht, ist eine neue Art von geplanter, zentralisierter Gesellschaft, die weder kapitalistisch noch in irgendeinem Sinne des Wortes demokratisch sein wird. Die Herrscher dieser neuen Gesellschaft werden diejenigen sein, die die Produktionsmittel tatsächlich kontrollieren, d. h. Führungskräfte, Techniker, Bürokraten und Soldaten, die von Burnham unter dem Begriff ›Manager‹ zusammengefasst werden. [...] Intern wird jede Gesellschaft hierarchisch aufgebaut sein, mit einer Aristokratie von Talenten an der Spitze und einer Masse von Halbsklaven am unteren Rand.«

Burnham lag mit manchen seiner Prognosen zwar daneben (etwa über den Ausgang des Zweiten Weltkriegs), doch seine Analyse des allmählichen Verschwindens des klassischen Kapitalisten und der Entstehung einer neuen dominanten Klasse der Manager, deren Befähigung zur Kontrolle zunehmend komplexer werdender Abläufe aus ihrer Bildung und Intelligenz rühren soll, hat in den letzten Jahren sogar noch an Validität gewonnen. Kaum ein größeres Unternehmen kommt heute ohne sogenannte Diversity-Manager aus, die über die Zusammensetzung der Belegschaft, öffentliches Auftreten, betriebliche Abläufe und Firmenphilosophie bestimmen.

Ein paar aktuelle Beispiele: 2023 wurde SpaceX, das Raumfahrtunternehmen von Elon Musk, vom amerikanischen Justizministerium verklagt, weil es sich aufgrund von Sicherheitsbedenken weigerte, Asylbewerber und Flüchtlinge einzustellen. Der Software-Konzern Activision wurde vom Bundesstaat Kalifornien wegen seiner »sexistischen Arbeitsplatzkultur« verklagt. Weitere Beispiele für die neue Macht ideologisch uniformer Manager sind die sogenannte »Inklusionspolitik« von Amazon Studios, die bestimmt, dass sämtliche Serien- und Filmproduktionen nach strikten ethnischen und geschlechtlichen Quoten produziert werden müssen, und die strikte Quotenregelung bei der Oscar-Verleihung. Die Vertrags- und Assoziationsfreiheit, die eine der Bedingungen des klassischen Liberalismus war, gilt heute als ausgrenzend und rassistisch. Wer sich auf sie bezieht und nach Qualifikation und Leistung einstellt, verstößt in etlichen Fällen gegen geltendes Recht.

Im Regime der Manager übt eine technokratische Elite – ein Produkt ideologisch weitgehend homogener Universitäten, nicht notwendigerweise wohlhabend, aber reich an kulturellem Kapital – die Macht über wirtschaftliche, soziale und letztlich auch politische Bereiche aus. Roosevelt setzte ab den 30er-Jahren auf die Erkenntnisse progressiver Akademiker, die sich in einem sogenannten »Brain Trust« organisierten, um den New Deal und die Grundlagen der neuen Gesellschaft zu entwerfen. Was ein größeres Maß an sozialer Gleichheit herbeiführen sollte, beförderte durch die Expansion und Ermächtigung einer zwischengeschalteten Expertenklasse eine gesellschaftliche Spaltung, die seit der Präsidentschaft Obamas, spätestens aber seit 2020, dem »Sommer von George Floyd«, offenkundig geworden ist – und deshalb auf wachsenden Widerstand trifft.

Das System der Manager konnte sich durch Expansion, Diversifizierung und permanente neue Kampagnen gegen soziale Missstände erhalten. Nicht nur das: Es florierte und wurde zum Beschäftigungsfeld für Millionen von Uni-Absolventen auf der Suche nach einem sicheren Einkommen. Die Diversity-Industrie ist längst zu einem Milliardenmarkt herangewachsen. In seiner berühmten Abschiedsrede warnte Präsident Eisenhower die Bevölkerung nicht nur vor der Macht eines »militärisch-industriellen Komplexes«, sondern ebenso, was eher selten zitiert wird, vor einer »wissenschaftlich-technologischen Elite«. Solche und ähnliche Warnungen wurden nach Eisenhower noch tausendfach wiederholt, doch dem Aufstieg eines dauerhaften »Brain Trusts« mit ständig wachsendem Einfluss auf das Leben der Bürger konnten sie keinen Abbruch tun.

Weitreichende sozialliberale Programme finden bekanntlich besonders großen Zuspruch in einem Milieu, das der deutsche Soziologe Andreas Reckwitz als »neue Mittelschicht« bezeichnet. Dieses ist häufig akademisch gebildet, in kreativen Berufen tätig und weiß, was zu einem gegebenen Zeitpunkt als fortschrittlich gilt. Da der Weg in die freie Wirtschaft oft voller Voraussetzungen und Hürden ist, bieten sich für viele die ausufernden staatlichen Behörden oder staatsnahen Organisationen als attraktiver und prestigeträchtiger Arbeitgeber an.

Kein Wunder also, dass das sozialpolitische Programm namens »Great Society«, mit dem die Administration von Präsident Lyndon B. Johnson, der 1963 auf John F. Kennedy folgte, den Wohlfahrtsstaat weiter ausdehnte und auch zahlreiche Umweltschutzmaßnahmen erließ, bei Liberalen auf großes Wohlwollen stieß. Kernstück war neben dem »Krieg gegen Armut« die Verabschiedung des Civil Rights Acts, das Diskriminierung aufgrund von Rasse, Hautfarbe, Religion, Geschlecht oder nationaler Herkunft unter Strafe stellte. Damit war der Ausschluss von Afroamerikanern vom gesellschaftlichen Leben offiziell Geschichte.

Was an der »Great Society« erstaunt, ist ihr Umfang und ihre Zielsetzung. Dabei kann man den ambitionierten Charakter der Programme und die Hybris der Architekten angesichts der Stellung der Vereinigten Staaten in den frühen 60ern – technisch, wirtschaftlich, kulturell konkurrenzlos, Westeuropa und Japan hatte man wiederaufgebaut und die Institutionen der Liberalen Weltordnung entwickelt – durchaus verstehen. Die Great Society setzte die sogenannte »konstitutionelle Revolution von 1937«, den Machtzuwachs staatlicher Agenturen während des New Deals, fort und ging über sie hinaus. Zahlreiche Programme, allen voran die rechtliche Gleichstellung von Afroamerikanern, verliefen mit großem Erfolg und waren längst überfällig, doch das Vertrauen in den regulierenden und umverteilenden – letztlich paternalistischen – Wohlfahrtsstaat erwies sich als zweischneidig. Auch das hatte Tocqueville während seiner Amerikareise bereits erfahren:

> »Über diesen Bürgern erhebt sich eine gewaltige Vormundschaftsgewalt, die es allein übernimmt, ihr Behagen sicherzustellen und über ihr Schicksal zu wachen. Sie ist absolut, ins Einzelne gehend, pünktlich, vorausschauend und milde. Sie würde der väterlichen Gewalt gleichen, hätte sie – wie diese – die Vorbereitung der Menschen auf das Mannesalter zum Ziel. Sie sucht aber, im Gegenteil, die Menschen unwiderruflich in der Kindheit festzuhalten; sie freut sich, wenn es den Bürgern gut geht, vorausgesetzt, dass diese ausschließlich an ihr Wohlergehen denken. Sie arbeitet gern für ihr Glück; sie will allein daran arbeiten und allein darüber entscheiden; sie sorgt für ihre Sicherheit, sieht und sichert ihren Bedarf, erleichtert ihre Vergnügungen, führt ihre wichtigsten Geschäfte, leitet ihre gewerblichen Unternehmungen, regelt ihre Erbfolge und teilt ihren Nachlass; könnte sie ihnen nicht vollends die Sorge, zu denken, abnehmen und die Mühe, zu leben?«

Make Society Great Again

Die Great Society ist ein Musterbeispiel für drei Organisations-Gesetze: 1) Mission Creep: die unkontrollierte Ausweitung der ursprünglichen Zielsetzung. 2) Eisernes Gesetz der Oligarchie:

Jede Organisation wird auf kurz oder lang zur Beute einer Elite, unabhängig von ihren ursprünglichen Zielen und demokratischen Anfängen. 3) Erstes O'Sullivan-Gesetz: Jede Organisation, die nicht programmatisch rechts ist, wird mit der Zeit links.
Die Great Society war so utopisch, umfassend und diffus konzipiert, dass sie ihre Ziele ständig ausweiten und neu fassen konnte (von der Verbesserung der Luftqualität zur Rettung des Weltklimas und schließlich zur positiven Diskriminierung im Namen der Gerechtigkeit). Die neu geschaffenen sozialen Behörden mit ihren Mitteln, Karrieremöglichkeiten und ihrem Prestige mutierten zu Organisationen im Dienste mächtiger Bürokraten und ihrer favorisierten Interessengruppen (in der Klientelpolitik der Great Society sah der Politikwissenschaftler Theodore Lowi das Ende des Liberalismus und den Beginn einer Zweiten Republik). Und die Bürgerrechte entwickelten sich, so der Autor Christopher Caldwell in »The Age of Entitlement«, nach und nach zu Instrumenten hyper-liberaler Bürokraten, Aktivisten und Richter im Kampf für ein Vielfalts-Regime unter einer neuen Verfassungsordnung.
Die Folgen der »Revolution von 1937« sind von Dauer. Weder Nixon noch Reagan konnten das von Konservativen verhasste »Big Government« mit seinen ständig wachsenden Behörden und neuen Aufgabenfeldern wieder aufs klassisch liberale Maß stutzen. Der als rechtsradikal verschriene Nixon führte den »Philadelphia-Plan« ein, der Unternehmen, die staatliche Aufträge annahmen, zu einer festgelegten Minderheiten-Quote verpflichtete. Und auch der Gottseibeiuns aller Linken, Ronald Reagan, entpuppte sich als Bewunderer Roosevelts und dessen New Deal. Die »Reagan-Revolution« war angetreten, dem starken Staat den Garaus auszumachen (»The Government is the problem«), doch die angedrohte Beseitigung des präsidialen Dekretes 11246, also der kontroversen und äußerst unpopulären »Affirmative Action«-Gesetze (positive Diskriminierung), scheiterte an den Gerichten

und dem Wirken beider Parteien im Kongress. Reagan setzte sich ebenfalls für die Legalisierung von Millionen illegaler Einwanderer ein – was Anreize für weitere illegale Migration schuf.
Es ist verlockend, die Geschichte des Liberalismus im Nachkriegsamerika als Kampf zwischen den tocquevillschen »Gewohnheiten des Herzens« einfacher Bürger und einem Staat anzusehen, der immer umfassender und tiefer in die Belange von Unternehmen, Gemeinschaften, Familien und Individuen eingreift, sich ständig neue Betätigungsfelder erschließt und neue Kampagnen, Behörden und Staatsziele initiiert. Doch parallel gab es immer auch einen anderen Liberalismus, der den Anspruch vertrat, zur ur-liberalen Staatsskepsis, zur Freiheit und zum Vertrauen in die Urteilsfähigkeit des Individuums zurückzukehren. Dass seine Begründer ihm das Präfix »Neo« verliehen, ist deshalb leicht irreführend. Nicht anders als seinen interventionistischen Verwandten kann man auch ihn als intellektuelle Kopfgeburt bezeichnen.

Neuer, klassischer Liberalismus

Während der Linksliberalismus amerikanischer Prägung als Projekt zur Verbreitung von Toleranz und Beseitigung von Diskriminierung als Sache der ganzen Menschheit auftritt, kann der Neoliberalismus seine Ursprünge aus elitären Zirkeln »alter, weißer Männer« schlecht verbergen. Dass er spätestens ab den 1970ern die Haus- und Hofideologie der amerikanischen Konservativen geworden war, machte ihn für viele noch unattraktiver. Gemeinhin werden seine Ursprünge im Westeuropa der Zwischenkriegszeit lokalisiert. Unter den Eindrücken der Weltwirtschaftskrise, der Oktoberrevolution, des zunehmenden Erfolges kommunistischer Agitation und des Siegeszuges des korporatistischen Faschismus schickte sich eine Gruppe hauptsächlich europäischer Intellektueller an, die beschädigte Marke »Liberalismus« zu retten.

1938 kamen 24 höchst unterschiedliche Intellektuelle, unter ihnen Raymond Aron, Friedrich August von Hayek, Ludwig Mises, Walter Eucken und Alexander Rüstow, in Paris zusammen, um auf Grundlage des Buches »Die Gesellschaft freier Menschen« von Walter Lippmann den Liberalismus gegen den faschistischen und kommunistischen Kollektivismus ideologisch in Stellung zu bringen. Dabei bildeten sich ein eher etatistischer Flügel und ein zweiter heraus, der stärker marktwirtschaftlich geprägt war. Als sich die Protagonisten verabschiedeten, hatte man zwar kein einheitliches Programm geschaffen, aber einen Namen für das gemeinsame Projekt gefunden: Neoliberalismus.

Vor allem hinsichtlich der Rolle des Staates gingen damals die Ansichten auseinander. Während Röpke, der später eine wichtige Rolle bei der Entwicklung der Sozialen Marktwirtschaft spielte, einen »ökonomischen Humanismus« favorisierte, argumentierte Mises für ein Laissez-faire-Modell. Der Staat, der ihm als »Unterdrückungsapparat« galt, solle sich primär auf die Gewährung innerer und äußerer Sicherheit und den Schutz des Privateigentums konzentrieren.

Zwei Jahre nach Kriegsende fand im Schweizer Mont-Pèlerin das Folgetreffen statt, an dem auch die späteren Nobelpreisträger Milton Friedman und George Stigler teilnahmen. Um die neoliberale Schule institutionell zu verankern, gründete man Publikationen und rief die Mont Pèlerin Society ins Leben, die von neugierigen Blicken abgeschirmt noch heute ihre Tagungen abhält. Während die Ideen Euckens und Röpkes in der jungen Bundesrepublik Umsetzung fanden, mussten sich die Marktradikalen um Mises und Hayek noch einige Jahrzehnte gedulden, bevor auch ihre Vision des Liberalismus implementiert wurde.

Dass der Neoliberalismus nach Kriegsende nicht wieder in der Versenkung verschwand, lag auch daran, dass er sich in einer Zeit des gewalttätigen Kollektivismus als Philosophie des Individualismus, als dritten Weg zwischen Kommunismus und Faschismus anbieten konnte. Die Verkaufszahlen von Hayeks »Der Weg zur Knechtschaft« und »Die offene Gesellschaft und ihre Feinde« von Karl Popper (der ebenfalls beim Gründungstreffen der Mont-Pèlerin-Gesellschaft anwesend war) zeugen vom intellektuellen Erfolg des Projekts.

Das Wirtschaftsmodell der Nachkriegszeit, das durch staatliche Steuerung von Gütern und Dienstleistungen und die Ankurbelung der Wirtschaft durch Staatsausgaben lange Zeit für hohes Wirtschaftswachstum, geringe Arbeitslosigkeit und gesellschaftliche Stabilität gesorgt hatte, kam angesichts der Stagflation der 1970er an seine Grenzen. Also setzte man auf die Empfehlung der Neoliberalen, der Staat müsse sich aus Wirtschaftsfragen weitgehend raushalten und die unsichtbare Hand, die »zwanglose Kooperation« in den Worten Friedmans, walten lassen. Andernfalls, so argumentieren die neuen klassischen Liberalen, drohten staatliche Beschlagnahmungen, Zwangsarbeit und der Weg in den Totalitarismus.

Erprobt wurde das neoliberale Programm – Privatisierung, Deregulierung, Sozialkürzungen, Schwächung von Gewerkschaften – kurioserweise in einem Land, in dem der Staat alles andere als schlank auftrat: dem Chile Augusto Pinochets. Wie der Wirtschaftsjournalist Wolfgang Köhler schreibt, war es plötzlich ganz still um die »Entfaltung persönlicher Freiheiten, von den Menschen- und Bürgerrechten, die Hayek und Friedman doch so sehr am Herzen« lagen. Hayek bemerkte nach einem Besuch Pinochets, er ziehe einen »liberalen Diktator einer demokratischen Regierung ohne Liberalismus« vor.

Auf das chilenische Experiment folgte die goldene Zeit des Neoliberalismus. In zunächst Thatcher und später Reagan fanden Friedman, Hayek und Co. Fürsprecher, die bereit waren, ein Wirtschaftsprogramm umzusetzen, das dem Neoliberalismus seinen Ruf als zynischem Marktradikalismus einbrachte: Privatisierung von Staatseigentum, Expansion des Finanzsektors,

Senkung des Höchststeuersatzes, Schließung unprofitabler Sektoren und Zurückfahren der Sozialpartnerschaft gingen einher mit Austeritätsmaßnahmen, Kürzungen im Sozialstaat und einer Rhetorik, die Empfänger staatlicher Hilfe als asozial und den freien Unternehmer zum Helden stilisierte. Im Hinblick auf die »Strukturänderungen« galt Thatchers Akronym TINA: »There is no alternative«.

Gleichwohl scheiterte der Versuch Reagans, das Affirmative-Action-System zu beseitigen und zu einer liberalen Meritokratie zurückzukehren, am Unwillen von Unternehmen, Richtern und Parteimitgliedern. Wichtige Bestandteile des progressiven Systems konnten so bewahrt werden und auch das Zurückfahren des »Wohlfahrtsstaates« bedeutete keine Rückkehr in die Welt Charles Dickens´.

Das produktive Zusammengehen des vermeintlich libertärstaatsfeindlichen Neoliberalismus mit den Militärdiktaturen Lateinamerikas stellt für den Historiker Quinn Slobodian keinen Widerspruch, sondern vielmehr eine direkte Folge dar. In seinem Buch »Globalisten: Das Ende der Imperien und die Geburt des Neoliberalismus« entsteht der Neoliberalismus und mit ihm die liberale Weltordnung nicht als Bollwerk gegen die totalitären Tendenzen des Staates, sondern als Verlagerung politischer Macht an übernationale Organisationen. Intellektuelle wie Mises oder Hayek seien nicht per se gegen staatliche Institutionen gewesen, sie zogen nur die Verwaltung durch Experten den Unwägbarkeiten der Massendemokratien vor. Ihr Ziel sei eine Weltordnung gewesen, in der Waren, Kapital und Arbeit sich losgelöst von Nationalstaaten frei bewegen konnten und internationale, von Experten geleitete Institutionen über die Einhaltung von Regeln wachten.

Die Wirtschaft sollte den Menschen, so Quinn Slobodian, als »Sphäre außerhalb direkter menschlicher Kontrolle« erscheinen. Internationale Freihandelsabkommen und Organisationen wie die Weltbank, die Vereinten Nationen, der Europäische Gerichtshof für Menschenrechte oder die Europäische Union mit ihrem sprichwörtlichen Demokratiedefizit und ihrem starken Misstrauen gegenüber den Bürgern können als Beispiele einer neoliberalen Ordnung, in der Regeln von oben die Souveränität der Mitgliedsstaaten aushöhlen, angesehen werden. Governance statt Regierung.

Liberalismus weltweit

Die internationale Ordnung, die die angehende Weltmacht USA während des Ersten Weltkrieges als System kollektiver Sicherheit und Selbstbestimmung in Angriff nahm und deren ideelle Ursprünge in den Kampagnen des New Deal und der Great Society lagen, war immer auch eine des Privateigentums und des Freihandels. Sie sollte sicherstellen, dass zwischenstaatliche Konflikte friedlich gelöst, keine schwächeren Nationen annektiert und Menschenrechte respektiert werden. Doch im Kern handelte es sich um ein geopolitisch realistisches Abwehrbündnis westlicher Nationen gegen die Sowjetunion und ihre Satelliten. Aus dem Grund spricht der Politikwissenschaftler John Mearsheimer für die Zeit bis 1989 auch von einer reinen Kalte-Kriegs-Ordnung und nicht von einem liberalen Weltsystem.

Auf die Auflösung des systemischen Rivalen und seiner parallelen internationalen Institutionen wie dem Warschauer Pakt oder dem Rat für gegenseitige Wirtschaftshilfe folgte schließlich der, in den Worten des Publizisten Charles Krauthammer, »unipolare Moment«, die kurze Zeit der globalen Dominanz der liberalen Ordnung und der absoluten Hegemonie ihrer Schutzmacht, der Vereinigten Staaten.

Aus dem realistischen Bündnis wurde eine neue idealistische Ordnung, deren Ziele Mearsheimer wie folgt zusammenfasst: Schaffung neuer internationaler Institutionen, rasche Integration und Umstrukturierung neuer Mitgliedstaaten, Aufbau eines

Weltmarktes für Güter, Dienstleistungen und Kapital, weltweite Verbreitung liberaldemokratischer Normen. Der Mont-Pèlerin-Traum einer globalisierten Wirtschaft, die nicht dem erratischen Handeln eines massendemokratischen Staates ausgeliefert ist und nur von internationalen Institutionen geregelt wird, schien ein großes Stück näher gerückt. Die Ost-Expansion der NATO und die spätere, durch Präsident Bill Clinton vorangetriebene Aufnahme Chinas in die Welthandelsorganisation und andere internationale Organisationen waren wichtige Schritte in der Integration des früheren Systemfeindes. In jenen Jahren wurde die These Fukuyamas, der Liberalismus sei der Telos, der eigentliche Sinn der Geschichte, nicht verspottet, sondern als mehr oder weniger empirisch belegt angesehen.

Seitdem ist viel passiert. China wandelte sich, anders als erwartet, über den Handel nicht zur liberalen Demokratie, sondern zum Exportweltmeister und totalitären Überwachungsstaat mit imperialen Ambitionen – und durchaus den finanziellen Mitteln, diese auch zu verwirklichen. Statt World-Governance im Geiste des Liberalismus erlebte die Welt, wie die Geopolitik mit ihren »Interessenssphären« und »Hinterhöfen« zurückkehrte und die Volksrepublik ihren Einfluss in den internationalen Organisationen (ganz deutlich sichtbar in dem Kotau der Weltgesundheitsorganisation gegenüber China während der Pandemie) ausbaute.

Während wir diese Zeilen schreiben, führt Russland einen blutigen Angriffskrieg gegen die Ukraine, der russische Verbündete Serbien droht mit der Annexion des nördlichen Kosovos, eine antiwestliche Putsch-Welle erfasst Westafrika, Aserbaidschan hat Bergkarabach ethnisch gesäubert und vom Iran unterstützte Terrorgruppen begehen Blutbäder nach Art des Islamischen Staates in Israel. Sehen wir das Ende der Pax Americana, der liberalen Weltordnung? Hat der chinesische Politikwissenschaftler Zheng Yongnian recht, wenn er schreibt:

> »Die alte Ordnung löst sich auf, und die Weltmächte kehren zur Machtpolitik zurück. Die Nationen strotzen nur so vor Ehrgeiz, wie Tiger, die auf ihre Beute lauern und in den Ruinen der alten Ordnung nach Chancen suchen.«

Auch Russland, die andere große Nation, deren Integration den Sieg des liberalen Weltsystems bestätigen sollte, widersetzte sich dem westlichen Werben. Auf die wirtschaftliche Schocktherapie in den 1990ern folgten zunächst die Oligarchen mit ihren Schlägertruppen und schließlich das heutige staatskapitalistische System, das, wie es der Putin-Intimus Wladislaw Surkow ausdrückte, das »eigene Chaos exportiert, um die Explosion im Inneren zu verhindern«. Die Zurückweisung der liberalen Offerte durch die beiden Supermächte Russland und China ließ im Westen anfänglich noch keine Zweifel am eigenen Modell aufkommen. Man verdrängte die Zurückweisung und vertiefte die Handelsbeziehungen, deren zivilisierende Wirkung immer wieder herausgestellt wurde. (Die in den 90ern populäre »Theorie der goldenen Bögen«, die postuliert, dass zwei Länder, in denen sich McDonald's-Filialen befinden, nicht gegeneinander Krieg führen, ist seit dem russischen Angriff auf Georgien widerlegt.)

Auch die Niederlagen im Krieg gegen den Terror vermochten das Vertrauen in das liberale System nicht nachhaltig zu schädigen. Die Taliban verloren 2001 eine Schlacht und gewannen 2021 den Krieg. Das irakische Baath-Regime ließ man 1991 an der Macht, um es zwölf Jahre später doch noch zu stürzen – was dem Islamischen Staat ein eigenes Kalifat bescherte. Aus Syrien zog sich der Westen zurück, um das Feld russischen Söldnern und türkischen Truppen zu überlassen, der Iran ist auf dem besten Weg, zur Atommacht zu werden, aus dem Territorium Libyens ist ein Flickenteppich islamistischer Mini-Kalifate mit lukrativem Sklaven- und Schleppergeschäft geworden, und die übrigen Nationen des Arabischen Frühlings kämpfen mit den gleichen Problemen wie zuvor: radikaler Islam, Korruption, staatliche Gewalt, Armut. Die Siegesbilder der letzten 20 Jahre – die vom Sockel gestürzte Statue Saddam Husseins in Bagdad, die Massenproteste am Tahrir-Platz in Kairo, die Jasmin-Revolution in den Straßen von Tunis – sind ebenso verblasst, wie die noch jungen Filmaufnahmen der panikartigen Flucht westlicher Kräfte aus Kabul. Der Nahe Osten ist so »sicher für die Demokratie«, wie es Europa zur Zeit Woodrow Wilsons war.

Weder die islamischen Anschläge der letzten beiden Jahrzehnte noch die abnehmende Sicherheit in unseren Städten, die sich immer ähnlicher und uns immer fremder werden, befördern das heutige Misstrauen in die liberale Demokratie. Auch dass sich die stagnierenden oder sinkenden Löhne immer seltener mit Kaufkrediten oder Billigwaren aus China auffangen lassen, dass der Lebensstandard der meisten Menschen sinkt und nach den Wünschen der sozialökologischen Wachstumsgegner weiter sinken soll, ist nicht die eigentliche Ursache für das Unbehagen im Liberalismus. Dass das Personal des Staates in zu vielen Fällen gänzlich unqualifiziert und überbezahlt ist, sich teure Visagisten und Imagepfleger gönnt und selbst nach den gröbsten Skandalen nicht zurücktritt, sondern höchstens nach Brüssel emigriert. Dass der Staat nicht bloß daran scheitert, die elementaren Aufgaben eines Leviathans zu erfüllen – Schutz der Grenzen, innere Sicherheit und Landesverteidigung –, sondern schlicht kein großes Interesse daran zu haben scheint, Staatskapazität aufzubauen. Dass das Führungspersonal und seine ideologischen Apparate eher damit beschäftigt sind, Politik auf der symbolischen oder gleich auf der planetarischen Ebene zu führen – von der Pride-Fahne und der »inklusiven Sprache«, die die Mehrheit ausschließt, zum Kampf gegen Fluchtursachen und Klimawandel –, als für die Bedingungen eines guten Lebens für die Bürger zu sorgen. Dass soziale Übel, die vor nicht allzu langer Zeit als überwunden galten – Analphabetismus, Ernährungsarmut, Energieknappheit –, fröhliche Urständ feiern.

Die meisten der genannten Missstände begleiten den Westen nicht erst seit gestern. Die 1970er besiegelten die Glorreichen Dreißig, die Jahre großer Sicherheit und Prosperität nach dem Zweiten Weltkrieg, mit der Rationierung von Benzin, dem Anstieg terroristischer Gewalt, stagnierenden Reallöhnen und wirtschaftlicher Rezession. Auch hinsichtlich der Qualität der politischen Führung, der öffentlichen Institutionen und der Landesverteidigung waren die letzten Jahrzehnte alles andere als gesegnet. Was sich jedoch geändert hat, ist dass die Krise nicht mehr als zeitlich begrenzte Phase mit typischem Verlauf auftritt, sondern zum Dauerzustand geworden ist.

Die Krise in Permanenz besitzt so viele Dimensionen – ökologisch, medizinisch, militärisch, demografisch, sicherheitspolitisch, sozial, kulturell ... –, dass sich »Lösungen« (früher zum Beispiel: auf die Ölkrise folgt der Ausbau der Kernkraft) schlicht nicht mehr fassen lassen. Und wo pragmatische Lösungen fehlen, stellt sich schnell eine Kampagne ein. Energiewende, Transportwende, Wohnwende, Ernährungswende, »Kampf gegen rechts«, gegen Treibhausgase, gegen Atomkraft, gegen »Gene«, gegen Diskriminierung in Behörden, im Management, in Verlagen, auf den Bühnen, Podien und Chefsesseln.

Außerhalb des Westens gilt mehr denn je das Winston Churchill zugesprochene Bonmot, man solle eine gute Krise niemals ungenutzt lassen. Was hierzulande als singuläre globale Krise gedacht wird, als historischer Moment, der das Zusammenkommen der ganzen Menschheit erfordert, erscheint dem großen Rest der Welt als einmalige Chance, den Fall der gegenwärtigen Ordnung zu beschleunigen und am Aufbau der kommenden mitzuwirken. Auch hier stellen sich viele westliche Liberale als Jünger Fukuyamas heraus, die sich eisern an das Ende der Geschichte klammern. Auf das Ende hat nichts mehr zu folgen. Aber historisch hatten die Besitzstandswahrer häufig die schlechteren Karten.

Den Zustand, in dem sich der Westen gegenwärtig befindet, nennt der Ökonom Adam Tooze »Polykrise«, ein »Bündel zusammenhängender globaler Risiken, die sich gegenseitig verstärken und deren Auswirkungen größer sind, als die Summe ihrer Teile«. Wann die Poly- oder Permakrise (vom Collins Dictionary zum Wort des Jahres 2022 gewählt) genau begann, ist schwer zu sagen, so sehr leben wir in und mit ihr. Nach den Anschlägen von 2001? Der Finanzkrise von 2008? Der Migrationskrise von 2015? Der Pandemie 2020? Oder bereits beim Übergang von der Industrie- in die Dienstleistungsgesellschaft im Zuge der Ölkrise? Bücher, die sich ausgiebig mit den genannten Krisen beschäftigen, füllen ganze Bibliotheken, doch »bewältigt« wurde bis heute noch keine einzige. Sie leben fort in den Debatten über Reshoring, Energie- und Finanzkrise, in dem ungelösten Problem der Kriminalität und der Verwahrlosung unserer Städte.

2015 hat sich nicht nur wiederholt, es hat sich übertroffen. Der radikale Islam hat zwar sein Kalifat im Irak und in Syrien verloren, aber zahlreiche Vororte, Schulen und soziale Einrichtungen in Westeuropa erobert. Eine Krise wird nicht von der nächsten abgelöst, sondern von ihr überlagert. Und dennoch besteht Bedarf nach mehr: Klimakrise, sechstes Massenaussterben, Tod der Bienen, Atomkrieg. Für Pierre Dardot und Christian Laval ist die Permakrise die zeitgemäße Form neoliberalen Regierens geworden. In ihrem Buch »Never ending Nightmare« kann man lesen:

> »Jede Naturkatastrophe, jede Wirtschaftskrise, jeder militärische Konflikt und jeder Terroranschlag wird von neoliberalen Regierungen systematisch ausgenutzt, um die Transformation von Volkswirtschaften, Sozialsystemen und Staatsapparaten zu radikalisieren und zu beschleunigen. Diese Strategie ist jedoch weniger das Produkt einer globalen Verschwörung als

vielmehr die Entwicklung einer normativen Logik zur Selbsterhaltung und Selbstverstärkung, die das Verhalten und die Mentalität aller politischen und wirtschaftlichen ›Entscheidungsträger‹ unumkehrbar geprägt und mögliche Gegenkräfte systematisch untergraben hat.«

Hyper-Liberalismus

»Der freiheitliche, säkularisierte Staat lebt von Voraussetzungen, die er selbst nicht garantieren kann. Das ist das große Wagnis, das er, um der Freiheit willen, eingegangen ist. Als freiheitlicher Staat kann er einerseits nur bestehen, wenn sich die Freiheit, die er seinen Bürgern gewährt, von innen her, aus der moralischen Substanz des Einzelnen und der Homogenität der Gesellschaft, reguliert. Andererseits kann er diese inneren Regulierungskräfte nicht von sich aus, das heißt mit den Mitteln des Rechtszwanges und autoritativen Gebots zu garantieren suchen, ohne seine Freiheitlichkeit aufzugeben und – auf säkularisierter Ebene – in jenen Totalitätsanspruch zurückzufallen, aus dem er in den konfessionellen Bürgerkriegen herausgeführt hat.«

Das berühmte Diktum des Juristen und Verfassungsrichters Ernst-Wolfgang Böckenförde spricht eine Sorge aus, die Kritiker der liberalen Demokratie, von seinem Lehrer Carl Schmitt bis zu den Kommunitaristen unserer Zeit, seit ihrer Entstehung umtreibt: Was hält die liberale Demokratie zusammen? Anders als zur Zeit von Hobbes binden die Bürger keine gemeinsame Religion oder Königstreue mehr.

Es gibt auch keinen kollektiven Mythos oder auch nur nationale Erzählungen, die westliche Individuen aufeinander beziehen. Auf der von Bassam Tibi angeratenen Leitkultur lastet ein Tabu – man sagt, sie sei zu exklusiv – und selbst von dem ideologisch dünnen

Verfassungspatriotismus Dolf Sternbergers ist längst keine Rede mehr. Noch 1996 hatte Habermas fabuliert, ein »vorgängiger, durch kulturelle Homogenität gesicherter Hintergrundkonsens« sei »nicht nötig, weil die demokratisch strukturierte Meinungs- und Willensbildung ein vernünftiges normatives Einverständnis auch unter Fremden ermöglicht«. Hier war der liberale Wunsch Vater des Gedankens.

Wo Grundgesetz war, soll Diversität werden – aber Diversität ist die Abwesenheit von Gemeinsinn, den es nun mal braucht, wenn der Zusammenhalt aus den Individuen und nicht aus der Gewalt des Souveräns kommen soll. Während die Elite vergangener Zeiten sich als Hüter der nationalen Tradition und tugendhaftes Vorbild verstand, steht jeder positive Bezug auf die Nation heute gleich unter Faschismusverdacht. Was George Orwell vor knapp hundert Jahren über die gebildeten Kreise schrieb, gilt heute mehr denn je: »Es ist eine seltsame Tatsache, aber zweifellos wahr, dass der englische Intellektuelle sich mehr davor schämen würde, bei der Nationalhymne aufzustehen, als aus einem Klingelbeutel zu stehlen.« Die Oikophobie der Jungen Intellektuellen aus dem Manhattan der 1920er ist für all diejenigen ein Muss, die in die höheren Kreise aufsteigen möchten. Patriotismus ist der üble Geruch der unteren Schichten.

Laut dem Politikwissenschaftler Patrick Deneen, einem der einflussreichsten Vertreter der amerikanischen Postliberalen, konnte der liberale Staat zunächst ein hohes Maß an gesellschaftlicher Kohäsion garantieren, weil er auf präliberale Fundamente zählen konnte, die aus dem Christentum und der Klassik stammten. Diese schufen die erwähnten Voraussetzungen, die der Liberalismus »selbst nicht garantieren kann«. Als Philosophie, die nur sich selbst zum Inhalt hat, gelingt es dem Liberalismus nicht, die Quellen »moralischer Substanz« zu füllen oder gar eigene zu schaffen, denn diese stehen in letzter Konsequenz der Freiheit des Individuums im Wege.

Mit der zunehmenden Dekonstruktion der klassischen und christlichen Quellen schafft der Liberalismus den Hobbes'schen Urzustand, das Ensemble bindungsloser Individuen, dem er eigentlich entkommen wollte. Und in einer letzten bitteren Ironie muss der Mensch im Liberalismus erkennen, dass immer mehr Gesetze, Behörden und Repression nötig sind, um ein System zu steuern, das ursprünglich antrat, die Macht des Staates zu begrenzen, ihn durch Gewaltenteilung und Verfassung zu binden. Dabei handelt es sich jedoch keineswegs um eine Abweichung, sondern um das Wesen des Liberalismus. Deneen: »Der Liberalismus ist gescheitert – nicht weil er versagt hat, sondern weil er sich treu geblieben ist. Er ist gescheitert, weil er gesiegt hat.«
In den letzten Jahrzehnten fand, über lange Zeit unbemerkt, eine echte Kulturrevolution in den Nationen des Westens statt. Was heute als Hyper-Liberalismus oder »Wokeismus« bekannt ist – die Dekonstruktion von Geschichte, Tradition, Nation, Sprache und Geschlecht zum Zwecke der Demoralisierung des Westens, der feindlichen Übernahme von Institutionen und des Transfers von Macht an eine neue progressive Elite –, hat die Kommandohöhen der Kultur erklommen und schließlich folglich auch diejenigen der Ökonomie und der Politik.
Die Klasse, die auf vollkommen unironische Weise behauptet, für »die Wissenschaft«, »die Verfolgten« oder »die Menschenrechte« zu sprechen, entscheidet heute maßgeblich was auf Bühnen gezeigt, in Museen ausgestellt, in Universitäten und Schulen unterrichtet und in den Parlamenten diskutiert wird. Es gibt kein Fortune-500-Unternehmen (aus der jährlichen Liste der 500 umsatzstärksten Unternehmen der USA) mehr, das ohne eigene Personalabteilungen zur Durchsetzung progressiver Ziele – »Klimagerechtigkeit«, »Repräsentanz von queeren Menschen«, »rassische Egalität« – auskommt. Die früheren Konzernlenker müssen sich, ganz wie Burnham es in den 1940ern voraussah, den Forderungen der Manager unterwerfen.

Das Vertrauen in die Institutionen, die dem laut Arnold Gehlen »institutionsbedürftigen« Menschen Sicherheit geben sollen – »Kontingenz reduzieren«, wie Soziologen sagen –, schwindet nicht nur, weil sie immer weniger leisten, sondern auch, weil sich ihre Ziele fundamental gewandelt haben. Universitäten und Schulen werden zusehends zu »Safe Spaces« und Agenturen für »soziale Gerechtigkeit« und »Dekolonialismus«, während die Förderung von Wissen und Leistungsbereitschaft rapide abnimmt. Medien informieren nicht neutral über Hintergründe und Tagesgeschehen, sondern agieren als Avantgarde im »Kampf gegen rechts« oder für »Klimagerechtigkeit«. Soldaten betreiben humanitäre Hilfeleistung in der Dritten Welt, während die Landesverteidigung als anachronistisch angesehen wird. Die Politik wird feministisch und sozialökologisch »neu imaginiert«, während es dem Staat zunehmend schwer fällt, seine elementaren Kapazitäten zu wahren – etwa Straftäter zu verfolgen und illegale Migration zu unterbinden.

Nichtregierungsorganisationen treten nicht mehr als Korrektiv des Staates auf, sondern als Vorfeldorganisationen und Einflüsterer progressiver Parteien. Die Wissenschaft erklärt dem Bürger, worauf er verzichten muss, damit die Apokalypse abgewendet werden kann. Die durch Antidiskriminierungsgesetze und Neubesetzungen auf progressiven Kurs gebrachte Polizei vernachlässigt den Kampf gegen die steigende Straßenkriminalität, um mehr Kräfte für Kampagnen gegen Gedankenverbrechen in den Sozialen Medien freizumachen. Der Grünen-Politiker Benedikt Lux verkündete stolz:

> »Wir haben die gesamte Führung fast aller Berliner Sicherheitsbehörden ausgetauscht und dort ziemlich gute Leute reingebracht. Bei der Feuerwehr, der Polizei, der Generalstaatsanwaltschaft und auch beim Verfassungsschutz. Ich hoffe sehr, dass sich das in Zukunft bemerkbar macht.«

Ja, das tut es. Einer der wichtigsten und fragwürdigsten Entwicklungen im Hyper-Liberalismus ist die Beschleunigung der bereits erwähnten Governance-Revolution, die gewählte, zumindest ansatzweise »repräsentative« Institutionen zunehmend entmachtet hat zugunsten dessen, was die Politikwissenschaft »non-majoritarian institutions« nennt. Immer mehr politische Entscheidungsgewalt ist in den letzten Jahrzehnten an bürgerferne, intransparente, oft überstaatliche Gremien und deren ungewählte Bevollmächtigte übertragen worden, von den Brüsseler Kommissaren über die »unabhängigen« Zentralbankräte, die Richter am Europäischen Gerichtshof, die Bürokraten der amerikanischen Environmental Protection Agency bis zu den handverlesenen Mitgliedern der deutschen »Kohlekommission«.

Um zu verhindern, dass diese Entwicklung als fundamentaler Angriff auf die Demokratie erkannt wird, wurde sie als Begriff neu definiert. Der mit linkspopulistischen Politikansätzen sympathisierende deutsche Soziologe Wolfgang Streeck bemerkt, die Demokratie sei »unter bemerkenswert enthusiastischer Beihilfe eines Teils der akademischen ›Demokratietheorie‘« umdefiniert worden, »von einer plebejischen Institution in eine moralische Haltung«. Man gelte heute als »Demokrat« oder eben nicht, je nachdem, ob man bereit sei, die »Werte« der Demokratie anzunehmen, welche von »deliberierenden Rechtsexperten erkannt statt von streitenden Bürgern beschlossen« würden (mit »demokratischen Werten« meint der Autor in Anlehnung an die belgische Politikwissenschaftlerin Chantal Mouffe vor allem einen »allumfassenden Universalismus«, welcher »zusammen mit dem nationalen auch jeden sozialen Partikularismus aus der Welt schafft«).

In der EU mit ihrem selbst für Insider kaum durchschaubaren Wirrwarr an Gremien und Behörden, die, wenn überhaupt, nur indirekt von gewählten Parlamenten beeinflusst oder zur Rechenschaft gezogen werden können, ist dieser Prozess der Ent-

demokratisierung auf die Spitze getrieben worden. In den letzten Jahren ist zunehmend offensichtlich geworden, dass die Politik in diesem Kosmos, der hauptsächlich von »progressiven« Bürokraten und Ernannten der Kartellparteien besetzt ist, quasi dauerhaft auf den spezifisch hyper-liberalen Mix aus Multikulturalismus, Identitätspolitik, Klima-Austerität, neoliberaler Wirtschaftsordnung und immer tieferer europäischer und globaler Integration geeicht ist. Jede Abweichung davon kann, mit Verweis auf einen ewig expandierenden Katalog an »Menschenrechten«, faktisch für illegal erklärt werden, wie die erbitterten Auseinandersetzungen zwischen »Brüssel« und den rechten Regierungen in Ungarn, Polen und Italien um die Asylpolitik zeigen. Wenn nationale Verfassungen vorschreiben, dass bestimmte Schritte der europäischen Integration durch Referenden abgesegnet werden müssen, werden diese notfalls wiederholt, bis das erwünschte Ergebnis erzielt ist, so geschehen 2008–2009 in Irland, wo der Lissabon-Vertrag einfach ein weiteres Mal dem Volk vorgelegt wurde, nachdem die Reform im ersten Referendum gescheitert war.
Nicht nur die Wahlwiederholung, sondern auch der Lissabon-Vertrag selbst kann als eine Form undemokratischer Trickserei betrachtet werden. Er ist im Wesentlichen eine Umetikettierung des Vertrags über eine Verfassung für Europa, der bei den Volksabstimmungen in Frankreich und den Niederlanden 2005 keine Mehrheit fand. Auf ein erneutes französisches oder niederländisches Referendum im Zuge des Rebrandings wurde verzichtet. Der bloße Gedanke an ein Referendum löst bei der Eurokratie sofort Panik aus, bemerkte Hans Magnus Enzensberger 2011 treffend in seiner EU-Kritik »Sanftes Monster Brüssel oder Die Entmündigung Europas«.
Das liberale Weltsystem hat die Stabilität liberaler Nationen zur Voraussetzung. Wenn diese versagen, wenn interne Spaltungen zunehmen, die Unsicherheit im öffentlichen Raum neue Ausmaße annimmt, das Vertrauen in Institutionen beständig sinkt, der

politische Apparat von großen Bevölkerungsteilen als unfähig oder feindlich angesehen wird und liberale Freiheitswerte mit hyper-liberalen Begründungen beschnitten werden, wird das auf ihnen ruhende internationale System untragbar. Das erkennen auch die Anhänger einer aufsteigenden Ordnung, die im geistig-kulturellen Bürgerkrieg des Westens eine Chance wittern.

Die von westlichen Journalisten und Interessengruppen gestrickte Lüge, es gäbe einen kanadischen Genozid an Indianern, wird von China aufgegriffen, um von der eigenen mörderischen Praxis gegen Minderheiten abzulenken. Der Unwille vieler westlicher Politiker, den Begriff »Frau« zu definieren, lässt Wladimir Putin in den Augen der restlichen Welt als vernünftigen Staatsmann erscheinen. Und der so pathologische wie ubiquitäre »Postkolonialismus« ist das Mittel der Wahl islamischer Despotien, von den eigenen Pathologien abzulenken und das »Schluchzen des weißen Mannes«, wie es Pascal Bruckner einst nannte, geschickt auszubeuten.

Dass der Westen sich diese rhetorischen Machtmittel nicht nur gefallen lässt, sondern sie eifrig bejaht, wird außerhalb progressiver Zirkel keineswegs als Zeichen von Größe, sondern von Schwäche und Dekadenz wahrgenommen. »Wenn Menschen ein starkes und ein schwaches Pferd sehen, werden sie natürlich das starke Pferd vorziehen«, soll der frühere al-Qaida-Chef Osama Bin Laden einmal gesagt haben. Wir sollten daraus lernen, dass die Mimikry an die Schwäche in einer hyper-liberalen Welt zum Akt der Selbstaufgabe wird.

Fazit

Dass das Wort »Liberalismus« immer seltener Freiheit, Vernunft und Tugend evoziert, sondern Zwang, Widersinn und Amoral, liegt nicht am Wirken bösartiger Populisten, sondern an seinen beobachtbaren Folgen im 21. Jahrhundert. Wem es nicht gelingt, sich mittels geeigneter finanzieller Mittel von den Kollateralschäden hyper-liberaler Politik fernzuhalten, der wird jeder weiteren angekündigten Wende, Transformation oder Strukturreform mit Feindschaft begegnen.

Und diese Feindschaft hat längst den Sprung von den Kommentarspalten Facebooks und Twitters ins echte Leben geschafft. Populistische Bewegungen in Kanada, Frankreich, den Niederlanden, Großbritannien und Amerika setzen sich nicht nur gegen »Maßnahmen« zur Wehr, die zu ihrer Verarmung, zu Schließungen von Betrieben oder zur Einschränkung der Bewegungsfreiheit führen, sondern auch gegen die von Medien, »Experten« und Parteien betriebenen Diffamierungen – und die Überwachung und Stigmatisierung durch Inlandsgeheimdienste.

Der Liberalismus hat in seiner langen Geschichte immer wieder Wege gefunden, sich an neue Bedingungen anzupassen, sich durch Wandel zu erneuern. Wir hegen jedoch Zweifel daran, dass ihm das auch heute noch gelingen wird. Zu utopisch und zu unpopulär sind die von ihm verfolgten Ziele, zu häufig setzt er auf Propaganda (häufig in Form von Warnungen vor Propaganda) und Repression, immer verzweifelter klingen seine moralischen Appelle und Durchhalteparolen angesichts der Permakrise.

1930 betitelte Erich Kästner ein Gedicht mit der Frage »Und wo bleibt das Positive, Herr Kästner?«. Es endet mit der Zeile »Ja, weiß der Teufel, wo das bleibt«. Wir wissen es auch nicht.

Teil II: Regime des Hyperliberalismus

Die Zukunft ist nach wie vor offen, sie folgt aber Pfaden, die bereits angelegt sind. Einige führen in die Regime, die wir in den kommenden drei Kapiteln vorstellen möchten, andere in Widerstand oder Resignation – darauf werden wir in Teil III eingehen.

Die drei Regime des Hyperliberalismus, die wir in Teil II näher betrachten, betreffen die Gesellschaft, die Natur bzw. den menschlichen Körper – eine Unterteilung, die bereits die umfassende Tragweite der großen hyperliberalen Transformation erkennen lässt. Das Vielfalts-, das Öko- und das Transhumanismus-Regime haben vieles gemeinsam. Oft geht es ihren Protagonisten um Offenheit und Veränderung als Selbstzweck. Meist sollen gesellschaftliche und natürliche Grenzen überwunden, um nicht zu sagen mit Macht gesprengt werden.

Weitere häufige Themen sind: utopisches Denken, Machbarkeitswahn, die Vorstellung, das Individuum sei psychologisch eine *Tabula Rasa* und auch die Gesellschaft beliebig formbar, Angst und Abscheu vor der Natur, verbunden mit kindlich-naiven Hoffnungen auf ihre Beherrschbarkeit und Gestaltbarkeit, die Diffamierung und Ausgrenzung kritischer und abwägender Stimmen, die Unbeliebtheit hyperliberaler Agenden in großen Teilen der Bevölkerung.

In die hyperliberalen Regime führen als Hohepriester die von James Burnham beschriebenen Wirtschafts- und Gesellschaftsmanager. Sie haben durch den Drang des Hyperliberalismus zu ständiger Umwälzung aller Verhältnisse einen bedeutenden Machtzuwachs erfahren. Obwohl sich die Manager häufig einer Rhetorik der Befreiung bedienen, ist ihr Freiheitsbegriff ein instabiler, dem man die präliberalen Quellen »moralischer Substanz« (Patrick Deneen) unter den Füßen weggezogen hat, und der daher stets droht, in sich zusammenzufallen oder in Repression umzuschlagen.

3. Vielfalts-Regime

»Der Multikulturalismus ist gescheitert.«
Nicolas Sarkozy, David Cameron, Angela Merkel

»Viele von uns hegen immer noch ein Gefühl kultureller Homogenität und Verschiedenheit. Die Europäische Union sollte ihr Möglichstes tun, um dieses Gefühl zu zersetzen.«
Peter Sutherland, Generaldirektor der Welthandelsorganisation, UN-Sonderberichterstatter für Migration, Migrationsberater von Papst Franziskus, Chairman der Bank of Scotland, »Mr Global«

»Eine liberale Auslegung des Grundgesetzes ist mit der Propagierung einer deutschen Leitkultur unvereinbar.«
Jürgen Habermas

»Festung Europa war gestern – heute brauchen wir die Plaza Europa, den Marktplatz der Zukunft, um uns nicht moralisch und ökonomisch ins Dunkel zu manövrieren.«
Naika Foroutan, Leiterin des Deutschen Zentrums für Integrations- und Migrationsforschung

»Für den Westen oder die Dritte Welt, für Weißsein oder Dekolonisierung, für Zionismus oder Antizionismus.«
Jasbir Puar, US-amerikanische Queer-Feministin und Professorin für Women's and Gender Studies an der Rutgers University, New Jersey

»First we take Manhattan, then we take Berlin.«
Leonard Cohen

Es ist alles wahr. Jede noch so absurde und abwegig klingende Geschichte, die wir in den letzten Jahren über das hyper-liberale Amerika gehört haben, fand tatsächlich statt. Die Berichte waren nicht übertrieben, es handelte sich auch nicht um Einzelfälle oder die üblichen Eskapaden hyper-liberaler Studenten an hyper-liberalen kalifornischen Universitäten.

Lamento

Ende 2020, die COVID-19-Pandemie befindet sich auf ihrem Höhepunkt, entscheidet die amerikanische Behörde zur Seuchenbekämpfung, Centers for Disease Control and Prevention (CDC), nicht etwa, sämtliche Kapazitäten in die Bekämpfung des Virus zu investieren, sondern seine Mitarbeiter in einem dreizehnwöchigen Kurs über »Systemic Racism« und eine »White Supremacist Ideology« aufzuklären. Das Unterrichtsmaterial besteht aus Versatzstücken einer radikalen Weltanschauung namens »Critical Race Theory«, deren populäre aktivistische Stimme, Robin DiAngelo, es mit Sätzen wie dem folgenden zur Bestsellerautorin und Millionärin gebracht hat: »Weiße Identität ist inhärent rassistisch. Weiße Menschen können nicht außerhalb des Systems des weißen Rassismus existieren.« Ein weißes rassistisches System, das einem schwarzen Präsidenten gleich zwei Amtszeiten (manche rechnen die Biden-Präsidentschaft als dritte hinzu) beschert hat!

Was der »antirassistischen« Indoktrination während einer »nationalen Gesundheitskrise« voranging, war der Tod des Schwarzen George Floyd und ein Sommer der brennenden Innenstädte, des Sturzes von Statuen und der Errichtung neuer Dogmen, Tabus und Heiligen, der Neuerfindung liberaler Medien wie der *New York Times* oder der *Washington Post* als »Widerstand«, als schreibende Brigade im Kulturkrieg. Seitdem gilt 2020 in den Vereinigten Staaten auch als Jahr des »Racial Reckoning« (wörtlich: »rassische Aufrechnung«).

In der Folge wurde eine Kulturrevolution, die seit den 1960ern in Universitäten, intellektuellen Kreisen und politischen Bewegungen erdacht und kultiviert wurde, zum dem, was der Autor Wesley Yang die »Succesor Ideology« nennt. Alle Institutionen, von staatlichen Behörden bis hin zur Alltagssprache, sollen gemäß den Glaubensbekenntnissen der Kritischen Rassentheorie, des Intersektionalismus und der Dekolonisation (der Kern dieser Glaubenssätze ist eine Verschwörungstheorie, wonach der gesamte Westen und sein physischer Repräsentant, der weiße Mann, für das tatsächliche und imaginierte Leid der Welt verantwortlich sind) umgebaut werden. Dass dies so erfolgreich verlief, beweist zweierlei.

Erstens: Die Nachfolgeideologie hatte längst Brückenköpfe errichtet und Land genommen. Ihr bunter Mix aus Postmarxismus und schwarzem Ethno-Nationalismus, Opferkult und Größenwahn, Gewalt-Pathos und Marketing hatte sich als kompatibel mit zentralen liberalen Institutionen erwiesen. Man muss hier unweigerlich an die Kulturrevolution denken, die das römische Imperium in ein christliches verwandelte. Ein Vorgang, den der Historiker Edward J. Watts in seinem großartigen Buch »The final Pagan Generation« beschreibt: Im vierten Jahrhundert wachen die heidnischen Römer, Herrscher der Welt, auf, reiben sich die Augen und erkennen, dass all ihre religiösen und politischen Orte, förmlich über Nacht, einem neuen Gott gehorchen und sie selbst zur neuen Minderheit geworden sind. Für die ihrer Macht beraubten Heiden brechen schlimme Zeiten an.

Und zweitens: Die liberalen Institutionen – akademische Fakultäten, Zeitungsredaktionen, staatliche Behörden, Kulturindustrie und viele mehr – waren hohl, hatten ihren inneren Zweck und ihre Fundamente verloren. Ein Vakuum war entstanden, das die Agenten der Nachfolgeideologie mit ihren Ideen füllen konnten. Wie es in Nietzsches »Also sprach Zarathustra« steht: »Das Alles von Heute — das fällt, das verfällt: wer wollte es halten! Aber ich — ich will es noch stossen!«.

Auf den Tod George Floyds folgte unter dem Slogan »Black Lives Matter« eine riesige Protestwelle, die nach nur wenigen Tagen Menschen auf der ganzen westlichen Welt, von London über Berlin nach Tokio, auf die Straße trieb. In Amerika (aber auch in Belgien, Frankreich und Großbritannien) arteten die Demonstrationen schnell in gewaltsame Ausschreitungen aus. Es waren mindestens 25 Tote zu beklagen und es kam zu Sachschäden in Höhe von zwei Milliarden Dollar, die teuersten Ausschreitungen in der Geschichte der Vereinigten Staaten. In Städten wie Portland oder Seattle wurden Stadtteile über Monate hinweg von Radikalen okkupiert (was zu einer Zunahme der Gewaltkriminalität führte).

Die Gesundheitsbehörden, die eben noch jeden zwischenmenschlichen Kontakt als Gesundheitsrisiko deklariert hatten, erklärten Rassismus plötzlich zum »Gesundheitsrisiko von nationaler Bedeutung«. Polizeistationen wurden niedergebrannt, Läden wurden massenhaft geplündert (selbst wenn die Eigentümer sich ostentativ zu den Zielen der Demonstranten bekannten) und in Los Angeles kam es zu Plünderungen jüdischer Geschäfte. Eine Statue von Raoul Wallenberg, dem Retter ungarischer Juden, und die Beth-Israel-Synagoge wurden mit »Fuck Israel« und »Free Palestine« besprüht.

Bereits 2015 hatte Patrisse Cullors, die Gründerin von Black Lives Matter, erklärt: »Wenn wir uns nicht mutig erheben, um das imperialistische Projekt namens Israel zu beenden, sind wir verloren.« Die selbsternannte Marxistin musste später, nachdem sie sich mit Spendengeldern gleich mehrere Villen (in vornehmlich weißen Nachbarschaften) geleistet hatte, die Organisation verlassen. Nicht wenige linke Aktivisten haben es mit Auftritten, Buchverträgen, Workshops oder Veruntreuungen zu einem Millionenvermögen gebracht.

Aus Vielen Vieles

Eine neue Zeit der Selbstkasteiung und der rituellen Buße war angebrochen: Politiker knieten medienwirksam nieder, Sportler trugen schwarze Armbänder, Polizisten wuschen Schwarzen die Füße und einige der größten Unternehmen der Welt – BlackRock, Adidas, Amazon, American Express, Apple, IBM, Microsoft und viele mehr – griffen tief in ihre Taschen, um die ethnonationalistische Black-Lives-Matter-Bewegung, deren Plattform Movement for Black Lives ein bedingungsloses Grundeinkommen ausschließlich für Schwarze fordert, zu unterstützen. Ganze 200 Milliarden Dollar wurden für antirassistische Programme in Aussicht gestellt. Man könnte darin auch das größte Pizzo – so wird in Italien das Schutzgeld genannt, das man an die Mafia leistet – aller Zeiten erkennen.

Wenn solche Summen mobilisiert werden, bleibt es nicht bei bloßen Ritualen. Es reichte nicht mehr, seine unzeitgemäßen Gedanken für sich zu behalten, es gab einen förmlichen Bekenntniszwang, wie man ihn vor allem aus kommunistischen Ländern kannte. Profilbilder auf Sozialen Medien, Aufkleber, Graffitis und Vorgartenschilder sollten dem Freundeskreis und der Nachbarschaft signalisieren, dass man zu den Guten gehörte. Die *New York Times* erkannte kein Problem darin, einen Meinungsartikel der Taliban zu veröffentlichen, aber der Artikel eines konservativen Senators, der sich für den Einsatz der Nationalgarde gegen den brandschatzenden Mob ausgesprochen hatte, führte zu einem internen Aufstand, der mit der Entlassung des zuständigen Redakteurs endete.

Politiker der Demokratischen Partei verharmlosten oder verteidigten die Ausschreitungen und Plünderungen. Der von Aktivisten erhobenen Forderung nach einem Abbau der Polizei wurde in vielen Fällen tatsächlich entsprochen, was die Gewaltkriminalität sprunghaft ansteigen ließ. Selbst staatliche Behörden mit ganz klar definierten Zielsetzungen oder Rüstungskonzerne übernahmen die Nachfolgeideologie in Windeseile. Die Weltraumbehörde NASA lud Professor Ibrahim X. Kendi ein, um die Bezeichnungen für Himmelsobjekte auf Rassismus abklopfen zu lassen. Professor Kendi rät zur Diskriminierung von Weißen in antirassistischer Absicht und empfiehlt die Gründung einer Behörde, in der nicht gewählte »Experten« die Macht haben, sämtliche »lokalen, staatlichen und bundesstaatlichen« Gesetze für ungültig zu erklären und Politiker und Beamte zu bestrafen.

Angesichts der Tatsache, dass Rassismus in den letzten Jahren von der Öffentlichkeit weitgehend unbemerkt umdefiniert wurde – von intentionalen individuellen Handlungen zu »strukturen« und persönlichen Empfindungen von »Marginalisierten« –, wäre das Ergebnis einer solchen Behörde unweigerlich ein rassistischer Totalitarismus. Auch das Militär fand neben der Aufklärung und der Landesverteidigung noch Platz für ein wenig Kritische Rassentheorie. Joint Chief of Staff Mike Milley erklärte, sich mit »weißer Wut« beschäftigen zu wollen, die Militärakademie Westpoint bot Seminare zu »Weißsein« an und die Navy empfahl ihren Kadetten die Lektüre von »How to be an Antiracist« von Professor Kendi. Der Rüstungskonzern Raytheon wiederum empfahl seinen weißen Angestellten, ihre »weiße Identität« zu »dekonstruieren« und Nicht-Weißen Platz zu machen.

Solche Seminare, die in ihrer Form und ihrem Inhalt an maoistische Kampf-und-Kritik-Sitzungen erinnern (der Angeklagte ist immer schuldig und muss durch einen Prozess der Demütigung das »richtige Bewusstsein« entwickeln), haben sich unter dem Namen »Equity, Diversity and Inclusion« zu einem bedeutenden Wirtschaftssektor entwickelt (US-Unternehmen geben jährlich über 10 Milliarden Dollar für Diversity-Maßnahmen aus). Kern solcher Schulungen ist häufig das unbewiesene Konzept einer »unbewussten Diskriminierung« und ein längst als Unsinn entlarvtes Verfahren namens »Implicit Bias Association Test«, das aus der Reaktionszeit eines Probanden dessen unbewussten Rassismus messen soll. Unternehmen gönnen ihren Angestellten solche Schulungen nicht selten, um sich mit einem entsprechenden Siegel schmücken zu können, möglichen Klagen vorzubeugen und den in den liberalen Elitenmilieus herrschenden ideologischen Anforderungen zu genügen.

Nicht anders als bei früheren Kulturrevolutionen konnte das »Great Awokening« (etwa: das große Erwachen), wie es der Journalist Matthew Yglesias taufte, nur deshalb quasi über Nacht sämtliche privaten und öffentlichen Behörden, alle öffentlichen Räume und die gesamte mediale Aufmerksamkeit erobern, weil seine Zeit gekommen und die Abwehrkräfte aufgebraucht waren. Es gibt drei sich ergänzende Ansätze, die verstehen helfen, wie es dazu kommen konnte. Sie sollen kurz skizziert werden.

Recht, Kultur, Kapital

Der anhaltende »Sommer von George« beschleunigte und radikalisierte Entwicklungen, denen ab den 1960ern der politische und juristische Boden bereitet wurde. So könnte man den Ansatz von so unterschiedlichen Autoren wie Christopher Caldwell, Richard Hanania, Angelo Codevilla, Charles Murray oder Richard Davis Hanson zusammenfassen.

Der Journalist und Gründer des Center for the Study of Partisanship and Ideology Richard Hanania datiert in seinem Buch »The Origins of Woke« die Ursprünge der Nachfolgeideologie, die sämtliche Einrichtungen vom Weißen Haus bis zur Grundschule erfasst hat, auf das Jahr 1964. In dem Jahr wurde das bereits erwähnte Bürgerrechtsgesetz (Civil Rights Act) von Lyndon B. Johnson, das Diskriminierung nach Rasse, Hautfarbe, Religion oder nationaler Herkunft unter Strafe stellte, verabschiedet. Wie konnte dieses Gesetz, das die Emanzipation der Schwarzen institutionalisierte, zu einer stetig wachsenden Anzahl an Verfügungen mutieren?

Hanania erklärt den Prozess des Gesetzes als dreigliedrige Struktur, bestehend aus: einem heiligem Text, einer Priesterklasse (Anwälte, Richter, Bürokraten, Personalabteilungen, Verwaltungen, mit anderen Worten die Manager Burnhams) und den Gläubigen, also der Bevölkerung. Die Verfasser des Urtextes legen ein Gesetz vor, das ein konkretes, begrenztes Ziel verfolgt. Schwammige Formulierungen und fehlende Definitionen laden dazu ein, den Text entgegen seiner Intention zu benutzen. Die Priester interpretieren den Text und passen ihn laufend an neue Bedingungen, die die Verfasser nicht antizipieren konnten, an. Dabei halten sie sich oftmals nicht an den Wortlaut, sondern ganz nach der Art der »lebenden Verfassung« an den vermeintlichen »Geist des Textes«, weshalb sie sich immer weiter vom Ur-Dokument entfernen. Der Text erhält ein Eigenleben. Vor allem der Schlüsselbegriff »Diskriminierung« lädt dazu ein, liberal ausgelegt zu werden.
Die Gläubigen, also die amerikanische Bevölkerung, deuten das Gesetz gemäß ihrer konkreten Lebenssituation. Die tatsächliche Diskrepanz zwischen dem Gesetz gegen Diskriminierung von 1964 und der gesetzlich geforderten positiven Diskriminierung in der Gegenwart bleibt ihnen verborgen. Sie leben in einer Realität, die durch die freie Interpretation der Priester geschaffen wurde. Im Zusammenspiel dieser drei Glieder – Text, Manager, Bürger – entsteht das auf Diskriminierung basierende Bürgerrecht der Gegenwart.
Die Bevölkerung verstand das Gesetz als streng begrenzte Maßnahme zur rechtlichen Gleichstellung aller Afroamerikaner, was in den 1960ern dem Wunsch der Mehrheit entsprach, und nicht als zeitlich unbefristetes Programm zur nationalen Erfassung und Beseitigung »jeder statistisch erfassbaren Form von Ungleichheit« und einer nicht näher definierten »Diskriminierung«. Aber genau das bekamen sie. Die Verabschiedung des Bürgerrechtsgesetzes führte zunächst dazu, dass alle Universitäten, Behörden, Empfänger staatlicher Leistungen und schließlich auch private

Unternehmen ihre Belegschaft nach den äußerlichen Kategorien Rasse, Hautfarbe und Herkunft erfassten und klassifizierten. In einem nächsten Schritt, der die Rolle des Staates fundamental transformieren sollte, fand die praktische Implementierung der neuen Doktrinen statt.

»Affirmative Action«, die erste dieser Doktrinen, ist die Bevorzugung von Menschen aufgrund ihres Status als »geschützte Klasse«. Mit ihr geht notwendig die Diskriminierung der Mehrheit, die keinen solchen Status genießt, einher. Die Doktrin des »Disparate Impact« (wörtlich: ungleiche Wirkung) soll Maßnahmen verhindern, die sich negativ auf Mitglieder »geschützter Gruppen« auswirken. Wenn etwa ein Arbeitgeber einen Einstellungstest vorschreibt, bei dem Schwarze schlechter abschneiden als Weiße, gilt der Test als »diskriminierend« und kann verboten werden.

Ein extremer Fall ist das Wirken sogenannter »progressiver Staatsanwälte«, die schwarze Kriminelle besonders milde bestrafen oder bestimmte Straftaten nicht mehr verfolgen (etwa Plünderungen), um der ungleichen Verteilung in Gefängnissen entgegen zu wirken. Die Obama-Administration setzte sich dafür ein, dass schwarze Schüler, ungeachtet der Differenz im Betragen, nicht häufiger bestraft werden als weiße. Ein weiteres Beispiel ist das Senken der körperlichen Voraussetzungen bei Polizei, Feuerwehr oder Militär, damit weibliche Bewerber nicht ausgeschlossen werden. Gibt es überhaupt ein Einstellungskriterium, das nicht diskriminierend wirkt? Die Juraprofessorin Gail Heriot hat eine Belohnung von 10 000 US-Dollar ausgeschrieben für den Ersten, der ein solches findet. »Disparate Impact« macht, laut Heriot, »nahezu alles potenziell illegal«.

Das »Harassment Law« (wörtlich: Belästigungsgesetz) regelt u. a. den Sprachgebrauch von Angestellten. Angesichts der Tatsache, dass praktisch jede Äußerung von einer Person als »diskriminierend« aufgefasst werden kann, ist der Arbeitgeber in der

Pflicht, seine Angestellten immer umfassender zu überwachen und frühzeitig zu bestrafen. Beispiel: Nach dem der Google-Mitarbeiter James Damore in einem intern geteilten Dokument über bestens erforschte Geschlechterdifferenzen schrieb, wurde er wegen »schädlicher, diskriminierender« Aussagen entlassen.

Die vierte Doktrin, »Title IX«, erlaubt dem Staat das Verhältnis zwischen Männern und Frauen in verschiedenen Bereichen zu regeln, etwa im Sport oder an Universitäten. Unter der Obama-Administration wurde Title IX durch eine sogenannte »Dear Colleague«-Direktive verschärft. Die Folgen waren die Ausdehnung von Begriffen wie »sexuelle Gewalt« oder Vergewaltigung, die Einrichtung von universitären Tribunalen, die in den meisten Fällen zu Gunsten der Klägerin urteilten, und die Einführung von Maßnahmen zugunsten von Transgender-Aktivisten.

Hanania beschreibt die Mutation des Bürgerrechtsgesetzes zu dem System, das wir »Vielfalts-Regime« nennen, folgendermaßen: Die begriffliche Schwammigkeit des Gesetzestextes erlaubte den Managern (Richter, Administratoren, Personalbüros ...), ihn ganz im Sinne der herrschenden identitätspolitischen Ideologie auszulegen, zu radikalisieren und auf immer mehr Bereiche anzuwenden. Da keine breite Diskussion über die rechtlichen Transformationen geführt und sämtliche Bedenken von Experten übergangen wurden, schuf der staatliche Kampf gegen Diskriminierung mit der Zeit die kulturellen Grundlagen für die diskriminierende Rechtspraxis der Gegenwart. Besonders deutlich traten diese nach 2020 zu Tage. Etwa in der systematischen Bevorzugung von Nicht-Weißen bei der Vergabe von Covid-Medikamenten in amerikanischen Krankenhäusern, dem staatlichen Erlass von Schulden, der Gründungsförderung oder der Gewährung eines Grundeinkommens ausschließlich für Transgender-Personen.

Der Journalist Christopher Caldwell beschreibt in seinem Buch »The Age of Entitlement« die Bürgerrechtsgesetzgebung in ihrer späteren Wirkung auch als »zweite Verfassung«, welche manche Freiheiten der ersten annulliert. Aus einem Gesetz, das den schlichten Auftrag hatte, die rechtliche Gleichstellung der Schwarzen zu sichern, wurde laut Caldwell mit der Zeit allmählich eine »Top-Down-Verwaltung von verschiedenen ethnischen, regionalen und sozialen Gruppen« – zu Ungunsten weißer Männer und in eklatantem Widerspruch zum vierzehnten Zusatzartikel der amerikanischen Verfassung, der alle Bürger rechtlich gleichstellt.

Nach und nach wandelte sich die Republik der rechtlich gleichen amerikanischen Staatsbürger in einen postnationalen Container mit diffusen Grenzen, innerhalb derer disparate Untergruppen um Einfluss, Geld und Anerkennung kämpfen. Diese Tribalisierung und gesellschaftliche Spaltung führte, gemeinsam mit der Erosion der Mittelschicht, dem Entstehen einer neuen, von Wohlfahrt abhängigen, Unterschicht und der Abnahme von Patriotismus zu einem allmählichen Sterben des Gedankens der Staatsbürgerschaft und in der Folge zu einem Neofeudalismus, dessen Konflikte ein weiteres Anwachsen des kontrollierenden und verteilenden Staates nötig machen. Ein Prozess, den auch der Militärhistoriker Richard Davis Hanson in seinem Buch »The Dying Citizen« nachzeichnet.

Der Weg von den Bürgerrechtsgesetzen zur Identitätspolitik des Vielfalts-Regimes war nicht geradlinig und ergab sich auch nicht aus dem Wortlaut des Gesetzes. Die zahllosen Manager, die mit der Interpretation, mit der Implementierung und mit der Erweiterung der Gesetze beschäftigt waren, taten dies in einem bestimmten kulturellen Kontext. Und dieser war ab den 1960ern ein zunehmend progressiver und links-identitärer. Deshalb konzentriert sich der zweite Interpretationsansatz auf die Kultur, den in den Worten Carl Schmitts »vorpolitischen Raum« – und vor allem auf die Institution, an der die ideologischen Dogmen und Tabus der Elite produziert und getestet werden: die Universität.

Autoren wie Helen Pluckrose, Pascal Bruckner, Bruce Bawer oder Christopher Rufo berichten von einer Kulturrevolution, die in den letzten Jahrzehnten sämtliche zentralen Institutionen – Medien, Parteien, Kulturindustrie, Forschung ... – erfasst und von innen her transformiert hat. Der 1967 vom marxistischen Aktivisten Rudi Dutschke propagierte Marsch durch die Institutionen war demnach ein großer Erfolg. Die nach dem Langem Marsch Maos benannte revolutionäre Taktik sollte laut Dutschke zunächst »Unordnung« in den Institutionen anrichten, doch die Revolutionäre stellten sich dabei so geschickt an, dass sie schließlich in den Chefsesseln und im Zentrum der Macht landeten.

Nicht nur gelang es den Progressiven durch geschickte Personalpolitik und Förderprogramme eine zahlenmäßige Übermacht in den (vor allem sozial- und geisteswissenschaftlichen) Fakultäten aufzubauen, auch inhaltlich konnte man die Disziplinen auf zusehends radikale Programme und Theorien verpflichten. Mehr noch: Es entstanden eine ganze Reihe neuartiger esoterischer Fächer, die sich nicht damit begnügen wollten, soziale Prozesse bloß zu verstehen und zu beschreiben, sondern antraten, die Gesellschaft zu revolutionieren. Um sich von herkömmlichen Fächern, die man als systemstabilisierend ablehnte, abzugrenzen, verlieh man sich später den Zusatz »kritisch«.

Für Pluckrose und Lindsay liegen die intellektuellen Wurzeln des Vielfalts-Regimes in kontinentalen postmodernen Theorien, die ab den 1960ern ihren Siegeszug in Amerika antraten. Deren Grundprinzipien sind ein radikaler Skeptizismus, eine extreme Fokussierung auf Symbole und deren Verbindung zu gesellschaftlicher Macht und Hierarchien, die Vorstellung einer Konstruktion gesellschaftlicher Wirklichkeit durch Sprache und Handlungen sowie eine Aversion gegen Ideen der europäischen Aufklärung. Hinzu kommt in vielen Fällen noch ein Kulturrelativismus, der die Kritik fremder Praktiken und Werte tabuisiert und eine politische Haltung, die sich sowohl gegen die bürgerliche Gesellschaft wie gegen das Individuum und den westlichen Universalismus richtet. Postmodernes Denken tritt häufig subversiv, grenzüberschreitend und obskur auf, weshalb manche in ihm bloß eine pseudoradikale Debattenstrategie erkennen, um »Zynische Theorien« (so der Titel des Buches von Pluckrose und Lindsay) von Kritik abzuschirmen.

Tatsächlich sind die ideologischen Fundamente des heutigen Vielfalts-Regimes etliche Jahrzehnte alt. Bereits zu Hochzeiten der liberalen Begeisterung für ethnonationalistische Gruppen wie den Black Panthers wurden Forderungen nach einem identitätspolitischen Umbau von Universitäten laut. Größere Bekanntschaft erreichte etwa die Besetzung der Willard Straight Hall auf dem Campus der Cornell University im Jahr 1969. Damals hielt eine mit Schusswaffen bewaffnete Gruppe radikaler Afroamerikaner ein Universitätsgebäude besetzt und forderte die Gründung eines sogenannten Africana Studies Center. Der Forderung wurde stattgegeben und Hunderte von Universitäten zogen gleich nach. Hannah Arendt, die die identitätspolitische Transformation der amerikanischen Colleges und Universitäten beobachtete, beschrieb den Vorgang wie folgt:

> »Im Gefolge der Bürgerrechtsbewegung haben die Universitäten und Colleges eine große Anzahl von Negerstudenten aufgenommen, ohne von ihnen die üblichen akademischen Qualifikationen zu verlangen; und die Folge war, daß die Studenten, die besser als irgendjemand sonst wußten, daß der ihnen gebotene Nachhilfeunterricht ein hoffnungsloses Unternehmen war, sich von der Studentenschaft absonderten, organisierten und nun verständlicherweise einfach forderten, das Universitätsniveau so weit zu senken, daß sie mitkommen konnten – bzw., da dies vielleicht doch nicht möglich war, ihnen ein eigenes ›Studiengebiet‹, die sogenannten Black Studies einzurichten. Jetzt wurde die Universität zum erstenmal mit

> einer universitätsfremden gesellschaftlichen Interessensgruppe konfrontiert, da die Negerstudenten zu Recht oder Unrecht beanspruchen, im Namen der Negerbevölkerung zu sprechen und ihre Interessen zu vertreten. Die hierbei sich ergebenden Konflikte waren und sind natürlich erheblich gefährlicher als universitätsinterne Interessenskollisionen, wie wir sie auch aus anderen Ländern kennen.«

Nicht selten basierte das Unterrichtsmaterial solcher Fächer auf dem »Black Experience«-Programm, das die Kommunistin Angela Davis und die Black Panthers Party in den späten 1960ern für die Universität Berkeley konzipiert hatten. Eldrige Cleaver – der Theoretiker der Black Panthers, der seine Vergewaltigungen weißer Frauen als »Akt des Aufstandes« beschrieb und zum Held des liberalen Establishments aufstieg – hielt damals Seminare, in denen er die radikale Transformation des amerikanischen Bildungssystems ankündigte. Die Erfolge stellten sich alsbald ein.
Viele dieser rein ideologischen Fächer waren wenig mehr als Rekrutierungsbüros für Radikale und Agenturen zur Verbreitung linker, ethnonationalistischer und esoterischer Weltanschauungen und der Zurückweisung des »eurozentrischen« Kanons. Maulana Karenga, Professor für Africana Studies und Erfinder des schwarzen Feiertags Kwanzaa, sah in den neuen Studies einen »wichtigen Beitrag zur Kritik, zum Widerstand und zur Umkehrung der fortschreitenden Europäisierung des menschlichen Bewusstseins und der Kultur«. Es ging also weniger um wissenschaftlichen Fortschritt in den Humanwissenschaften als um die Neuinterpretation der Geschichte entlang identitärer Fantasien. Aus den Africana Studies ist längst ein schwer zu überblickendes Gestrüpp aus verwandten Fächern entstanden, deren Ziel in der ideologischen Zurichtung der Wirklichkeit besteht.
Und was wurde aus Kwanzaa, dem Weihnachtsersatz für Schwarze? Es wird seit der Amtszeit Obamas auch im Weißen Haus

gefeiert. Dass der Erfinder, Maulana Karenga, für die Entführung und die Folter von zwei weißen Frauen verurteilt wurde, tat der festlichen Atmosphäre wohl keinen Abbruch. Nach Verbüßen seiner Haftstrafen schrieb Karenga das einflussreiche Standardwerk »Introduction to Black Studies« und setzte seine akademische Karriere fort. Heute leitet er das Africana Studies Department in Long Beach, Kalifornien.

Der Siegeszug der Africana-, Gender-, Queer- oder Postcolonial Studies in den 80ern und 90ern bezeugt keine Ausdifferenzierung der Forschung, sondern das Fortschreiten identitärer Ideologien. Pluckrose und Lindsay beschreiben die neuen Fächer als erfolgreichen Versuch, sich von früheren postmodernen Ansätzen, die vor allem auf die Dekonstruktion der Diskurse der Moderne zielten, zu lösen und handlungswirksam zu werden. Die neuen Objekte der kritischen Fächer – Frauen, Homosexuelle, Nicht-Weiße, Menschen aus der Dritten Welt – waren gleichzeitig auch deren Adressaten, die es zu affirmieren und zu revolutionieren galt.

Der postmoderne philosophische Skeptizismus ist als Revolutionstheorie und Agitationsmittel wenig tauglich. Es ist der Schritt von den Postcolonial Studies zur heutigen »Dekolonisierung«, der einen praktischen Angriff auf den gesamten Westen und seine Institutionen darstellt. Der Philosoph Jean-François Lyotard hatte in den späten 1970ern (nach dem Tod Gottes bei Friedrich Nietzsche und dem Tod des Autoren bei Roland Barthes) den Tod der »großen Erzählungen« der Moderne verkündet. An den zentralen liberalen Institutionen des Westens, den Eliteuniversitäten, wurde diese postmoderne Botschaft begeistert aufgenommen, während man gleichzeitig an der nächsten großen Erzählung schrieb: dem Vielfalts-Regime und der Dekolonisierung.

Dekolonisierung ist etwa die praktische Forderung nach ethnisch segregierten Räumen (aus Gründen des »Schutzes« vor Weißen versteht sich), die Transformation von Unterhaltung zu

»antirassistischer Erziehung« (etwa indem Filme und Serien auf eine ethnische Typenbildung zurückgreifen, die Weiße stets als negativ und Minderheiten als Sympathieträger präsentiert), die Beseitigung abendländischer Werke aus dem Kunst- und Literaturkanon oder die Verächtlichmachung westlicher Vorbilder (weshalb Angriffe auf Statuen der amerikanischen Gründerväter oder Winston Churchill mit besonderem Eifer begangen wurden). Israel gilt den dekolonialen Aktivisten schlicht als Stachel des Westens im orientalischen Körper, als Zentrale des »Siedlerkolonialismus« und unorganisches Gebilde, das durch das eigene »Opfernarrativ« privilegiert ist. Das erklärt auch, warum aktuell die Singularität des Holocaust mit solcher Vehemenz angegriffen wird.

In den neuen Studies-Fächern ging es weniger um die Herausstellung der historischen Bedeutung von Frauen, Homosexuellen oder Schwarzen, sondern um deren Transformation von abstrakten Objekten zum neuen Medium der Revolution. Das Proletariat hatte die Intelligenzia enttäuscht, mit ihm war keine Revolution zu machen. Nun sollten Minderheiten und gesellschaftliche Randgruppen zur neuen Avantgarde geformt werden – selbstverständlich unter Anleitung und Betreuung durch fachkundige Experten, die in den liberalen Bildungseinrichtungen das »richtige Bewusstsein« erlangt hatten. Die deutsche Außerparlamentarische Opposition (APO) nannte das in den 60ern auch »Randgruppenstrategie«. In dem revolutionären Pathos des Philosophen und »Vaters der Neuen Linken«, Herbert Marcuse, der vielen gegenwärtigen Kritikern des Vielfalts-Regimes als einer der zentralen Protagonisten gilt, klingt das wie folgt:

> »Unter der konservativen Volksbasis befindet sich jedoch das Substrat der Geächteten und Außenseiter: die Ausgebeuteten und Verfolgten anderer Rassen und anderer Farben, die Arbeitslosen und die Arbeitsunfähigen. Sie existieren außerhalb

> des demokratischen Prozesses; ihr Leben bedarf am unmittelbarsten und realsten der Abschaffung unerträglicher Verhältnisse und Institutionen. Damit ist ihre Opposition revolutionär, wenn auch nicht ihr Bewusstsein. Ihre Opposition trifft das System von außen und wird deshalb nicht durch das System abgelenkt; sie ist eine elementare Kraft, die die Regeln des Spiels verletzt und es damit als ein aufgetakeltes Spiel enthüllt.«

Die Bedeutung der späteren Schriften Marcuses, den Theodor W. Adorno einen »verhinderten Faszisten« nannte, lässt sich kaum unterschätzen. Der ungarische Philosoph Georg Lukács hatte der Kritischen Theorie einst den Vorwurf gemacht, sich durch ihre Verweigerung der »Praxis« im »Grand Hotel Abgrund« eingerichtet zu haben. Ein Vorwurf, den man Marcuse kaum machen konnte. Im Gegenteil: Er zeigte den rebellischen Studenten einen Pfad zurück zur Praxis, der über die Universitäten auf die Kommandohöhen der Kulturrevolution führte (und später derjenigen der Gesellschaft).

Und dank des 1965 von Lyndon B. Johnson unterzeichneten »Immigration and National Act«, der Amerika mittels Masseneinwanderung vom Schmelztiegel in eine multikulturelle Nation transformierte, war für ein ständig wachsendes Heer an potenziellen revolutionären Subjekten gesorgt. Man hatte den Zweiflern zwar damals versprochen, es handele sich dabei um kein »revolutionäres Gesetz«, doch genau das war es. In den Worten des Historikers Theodore White: »großmütig, revolutionär und womöglich das rücksichtsloseste aller Gesetze der Great Society«.

Nicht nur Marcuses Schriften hatten einen maßgeblichen Einfluss auf das entstehende Vielfalts-Regime. Auch Personen aus seinem Umfeld spielten eine tragende Rolle in der Abkehr der Linken vom Proletariat zu sexuellen und ethnischen Minderheiten. Sein akademischer Zögling Angela Davis, eine »Kultfigur« der Neuen Linken, spielt bis heute eine bedeutende Rolle in der ethnonationalistischen und antisemitischen progressiven Szene. Marcuses dritte Frau, Erica Sherover-Marcuse, eine frühere Assistentin, schuf die Grundlagen für die Transformation von Antirassismus in eine lukrative Bewusstseinsindustrie. Viele Theoretiker der Neuen Linken sahen in einem Mangel an »emanzipatorischen Bewusstsein« den Grund für das Ausbleiben der Revolution.

Da man diesen Fehler beim nächsten Anlauf nicht erneut begehen wollte, wurden deshalb große Mengen intellektueller Energie in die Erforschung des menschlichen Bewusstseins, in Pädagogik und Psychologie investiert. Die Revolution sollte nicht mehr durch die Eroberung von Regierungspalast und Fernmeldeamt eingeleitet werden, sondern, wie es Neo-Marxisten forderten, durch die Eroberung der Köpfe.

Sherover-Marcuse gehörte ebenfalls zu der Gruppe enttäuschter Marxisten, die sich das »Schaffen von Bewusstsein« zur Aufgabe machte. Dabei schuf sie eine Reihe von Begriffen, Theorien und Ritualen, die noch heute zum Kanon des Vielfalts-Regimes gehören und rege Anwendung finden. Dazu gehört etwa der sogenannte »Privilege Walk«, bei dem Teilnehmer von Diversity-Seminaren aufgefordert werden, sich gemäß ihrer Rasse, Sexualität, sozialen Herkunft oder anderer Marker aufzustellen. Dadurch soll räumlich dargestellt werden, dass Diskriminierung überall lauert und sich Benachteiligungen aufaddieren. Tatsächlich wird so jedoch bloß eine neue Hierarchie konstruiert, in der die Opferidentität zum Kapital und das vermeintliche Privileg zur begleichenden Schuld wird. Wer auf der Opfer-Achse bei den vermeintlichen Gewinnern steht, gibt sich als Ausbeuter zu erkennen.

In den letzten Jahren wurde der Begriff »Rassismus« auf entscheidende Weise umdefiniert, um den Bedürfnissen von Aktivisten und ihren Institutionen zu entsprechen. Während der Soziologe Albert Memmi in seiner Definition die Intention von Individuen (»verallgemeinerte und verabsolutierte Wertung tatsächlicher oder fiktiver Unterschiede zum Nutzen des Anklägers«) betont, kennt der heute dominierende »strukturelle Rassismus« vor allem Systeme, soziale Kräfte, Institutionen, Ideologien und Prozesse. Auf diese Weise wird jede ungleiche Verteilung (etwa der überproportionale Anteil an schwarzen Gefängnisinsassen) zum unwiderlegbaren Beweis einer unpersönlichen rassistischen Struktur.

Auf der Ebene der Individuen soll laut zeitgenössischen Antirassisten wie Ta-Nehisi Coates das Prinzip der »gelebten Erfahrung« gelten. Wer nun beim Privilege Walk aufgrund seiner multiplen Diskriminierungen ins hintere Feld versetzt wird, darf sich freuen: Ganz nach Art des neutestamentarischen »Die Letzten werden die Ersten sein« verspricht die Diskriminierung nämlich auch einige Vorteile – und das bereits im Diesseits. Mitglieder geschützter Klassen, vor allem aber Schwarze, sollen aufgrund ihrer »gelebten Erfahrung« nicht nur einen Erkenntnisvorsprung (etwa bei der Bewertung von Rassismus), sondern auch moralische Autorität genießen. Sie sind nicht durch Privilegien kontaminiert.

Unschwer lässt sich hier die Rückkehr des marxistischen »proletarischen Bewusstseins« erkennen, das Arbeitern aufgrund ihrer Stellung im Produktionsapparat besondere geistige Gaben und revolutionäre Interessen zusprach. Schwarze Konservative hingegen, die sich gegen die Politisierung von Hautfarbe aussprechen, werden als Konterrevolutionäre von der Diskussion ausgeschlossen. Kritische schwarze Intellektuelle wie John McWhorter, Thomas Sowell oder Glenn Loury wird das »Schwarzsein« abgesprochen und die »Los Angeles Times« nannte den Entertainer Larry Elder gar das »schwarze Gesicht des weißen Rassismus«.

Unter der Hand werden auf diese Weise »schwarz« (in der antirassistischen Diktion mit großem ›S‹ geschrieben) und »weiß« zu absoluten Gegensatzpaaren und zu Kainsmalen, die der antirassistische Aktivist nach Belieben an Gegner heften kann. Die Denunzierung bürgerlicher Werte und Institutionen wie Fleiß, Pünktlichkeit, Individualismus, Gratifikationsaufschub, Höflichkeit oder der Kleinfamilie als Aspekte von »Weißsein« hat hier ihren Ursprung.

Sherover-Marcuses Beitrag zum Vielfalts-Regime geht jedoch weit über den Privilege Walk hinaus. Laut Rufo schuf sie mit ihren Seminaren, in denen Teilnehmer lernen sollten, ihren inneren Rassisten zu bewältigen und sich als Gefährten dem antirassistischen Kampf anzuschließen, die methodischen und ideologischen Grundlagen eines neuartigen Verfahrens, das später unter dem Namen Diversity, Equity and Inclusion (DEI) weltweit bekannt wurde.

Laut Harvard Business Review gibt es kein einziges Fortune-500-Unternehmen mehr, das keine DEI-Programme eingeführt hat. Coca-Cola forderte seine Angestellten während eines Antirassismus-Trainings dazu auf, »weniger weiß«, mit anderen Worten »weniger unterdrückerisch, weniger arrogant, weniger vertrauensvoll, weniger abwehrend, weniger ignorant« zu sein. All diese Eigenschaften seien laut der Seminarleiterin Robin DiAngelo, der geistigen Erbin Sherover-Marcuses, typisch weiß und jede Kritik an solchen rassistischen Zuschreibungen ein eindeutiger Beweis für weißen Rassismus.

Die Stadt Seattle nötigte ihre weißen Angestellten in einem Seminar mit dem Titel »Internalisierte rassische Überlegenheit und Weißsein überwinden« dazu, ihre »Komplizenschaft in einem System der weißen Vorherrschaft« anzuerkennen und Nichtweißen den Vortritt zu lassen. Disney teilte seinen Angestellten in einem dreiwöchigen Seminar mit dem Titel »Racial Equity and Social Justice Challenge« mit, sie dürften die »gelebte Erfahrung« (im akademischen Jargon auch Standpunkt-Epistemologie genannt) ihrer schwarzen Kollegen »weder diskutieren noch hinterfragen«.

In einer Buchempfehlung an Disney-Mitarbeiter kann man lesen, dass bereits Babys rassistisch denken, dass die Polizei abgeschafft und das persönliche Bücherregal »dekolonisiert«, also von weißen Autoren gesäubert werden muss. Der »glücklichste Ort der Welt« (als solches vermarktet sich Disneyland) ist zu einer rassistischen Kampf-und-Kritik-Sitzung geworden, in der weiße Angestellte nur wegen ihrer Hautfarbe gedemütigt, erpresst und bedroht werden.

DEI ist längst zum festen Bestandteil von Behörden, Schulen, Redaktionen und den Streitkräften geworden. Vor allem an Universitäten löste der Siegeszug von Diversity, Equity and Inclusion eine wahre Kulturrevolution aus. Hunderttausende von vermeintlichen Experten wurden eingestellt, um Lehrpläne, Stellen und Freizeitangebote gemäß der Vielfalts-Doktrin umzugestalten und neue Anlaufstellen zu gründen. 2020 beliefen sich die Ausgaben für solche Vielfalts-Programme auf fast 10 Milliarden Dollar – Tendenz steigend.

Während Unternehmen solche Seminare früher anboten, um sich gegen etwaige Klagen zu immunisieren, hat »Diversity« längst aufgehört, nur wokes Schutzgeld zu sein. Es ist längst zum Teil der Corporate Identity geworden, was man an den tausendfachen Solidaritätserklärungen globaler Unternehmen für Black Lives Matter oder während des sogenannten Pride Month erkennen kann. Obwohl hyper-liberale Unternehmen nicht selten für ihre woken Kampagnen mit Boykotten bestraft werden – mit einigem Erfolg bei Disney und dem Bierhersteller Anheuser-Busch –, boomt die DEI-Industrie weiterhin.

Auch die Tatsache, dass ihre Maßnahmen aller Wahrscheinlichkeit nicht dazu geeignet sind, die deklarierten Ziele zu erreichen, tut dem keinen Abbruch. Eine der am häufigsten eingesetzten Methoden, der »Implicit Bias Test«, der anhand von Reaktionsmessungen »unbewussten Rassismus« entdecken soll, galt bereits am Tag seiner Erfindung als unwissenschaftlich.

Etliche Universitäten und Unternehmen setzen auch voraus, dass ihre Angestellten sogenannte »verpflichtende Vielfalts-Erklärungen« abgeben, in denen sie ihre antirassistische und antisexistische Gesinnung deklarieren (wodurch der ideologische Zugriff auf die Universitäten weiter gestärkt wird). Rund die Hälfte aller großen amerikanischen Universitäten fordert heute einen solchen ideologischen Reinheitsbeweis, der eher an die stalinistische Sowjetunion als an einen »Tempel der freien Bildung« erinnert.

Das Vielfalts-Regime hat, wie wir gezeigt haben, juristische, politische, kulturelle, psychische und kommerzielle Hintergründe. Vor allem aber fußt es auf einem spezifisch liberalen Blick auf die Gesellschaft, den der Ökonom Thomas Sowell »unconstrained vision« nennt. Gemäß dieser Sicht ist der Mensch nicht nur von Natur aus gut, sondern auch zur Perfektion fähig. Lediglich fehlerhafte Institutionen und gesellschaftliche Verhältnisse halten ihn davon ab, sein ganzes Potenzial zu realisieren.

Durch Eingriffe von erleuchteten Experten – »den selbst Gesalbten« in der Formulierung Sowells – können Mensch und Gesellschaft den Zustand der absoluten Freiheit erreichen. Angesichts dieses hehren Zieles sind auch solche Methoden angebracht, die von manchen Bevölkerungsteilen als schmerzhaft angesehen werden.

Der Aufstand der Anständigen

»Es war die größte Bankrotterklärung der deutschen Politik nach der Wende, dass sie zuließ, dass ein Drittel des Staatsgebiets weiß blieb.«

Anetta Kahane, Gründerin der NGO Amadeu Antonio Stiftung

Es gehört zum Standardrepertoire linker und liberaler Kreise, über den amerikanischen Kulturimperialismus – worunter man stets nur Unterhaltung und Fastfood versteht, nicht aber Charles Ives, William Faulkner oder Andrew Wyeth – zu schimpfen. Dabei ist der erfolgreichste und womöglich weitreichendste Export aus den Vereinigten Staaten derjenige von hyper-liberalen Theorien, Begriffen und Slogans.

Man demonstriert für »Black Lives« und gegen »Racial Profiling«, skandiert »Decolonize!«, sprüht »All Cops are Bastards«, wohnt dem »Unlearning Racism« Vortrag bei, leistet als guter »Ally« sein »Take the Knee«, fordert »Sanctuary Cities«, besucht die Vorlesung über »Settler Colonialism« im »Critical Whiteness«-Seminar, promoviert über den »White Gaze« und lässt sich während des deutschen »Black History Month« über die Kriminalgeschichte der Weißen aufklären. Abends geht es dann zum Karneval der Kulturen, wo junge Menschen in T-Shirts mit dem Aufdruck »Antizionistische Aktion« (nicht zu verwechseln mit der Antizionistischen Aktion des Neonazis Michael Kühnen) unter dem Banner der Terrororganisation »Tamil Tigers« tanzen. All das kann der Einzelne in seiner Freizeit tun. Aber auch Staat, Zivilgesellschaft und Wirtschaft haben unzählige Maßnahmen ergriffen und Milliarden an Steuergeldern mobilisiert, um das Vielfalts-Regime voranzutreiben. Der Appell zum Aufstand der Anständigen, der in den letzten Jahren angesichts antisemitischer Gewalttaten aus dem islamischen Milieu vergeblich eingefordert wurde, erklang zum ersten Mal im Jahr 2000, als der damalige Bundeskanzler Gerhard Schröder den »Kampf gegen rechts« zum De-facto-Staatsziel erkor.

Am 2. Oktober desselben Jahres hatte es einen Brandanschlag auf die Düsseldorfer Synagoge gegeben. Schröder forderte ein Ende des Wegschauens und kündigte die gesellschaftliche Isolierung von Tätern und Sympathisanten an. Bund, Länder und Kommunen verfassten Aktionspläne, deutsche Städte wurden durch Lichterketten in eine heimelige Atmosphäre getaucht, ein Verbot der rechtsradikalen NPD in die Wege geleitet und sehr große Mengen Geld in zivilgesellschaftliche Initiativen geleitet. Der Aufbau der zweiten antifaschistischen Republik sollte nicht ganz billig werden.

Die Teilnehmer des linksradikalen »Grenzcamps« im Brandenburgischen Forst genossen in der Zeit als Repräsentanten des »guten Deutschlands« und Aushängeschilder des »Standortfaktors« Narrenfreiheit (einer der Autoren dieses Buchs war damals vor Ort und kann sich noch daran erinnern, wie wohlwollend deutsche Medien und Politiker Antifa-Aktionen aufnahmen). Abdallah Frangi, Generaldelegierter der Palästinensischen Autonomiegebiete in Deutschland, verglich derweil den Anschlag auf die Synagoge mit dem Besuch des Jerusalemer Tempelberges durch den israelischen Ministerpräsidenten Ariel Scharon, den er einen »Nazi« nannte, der »mit einem Hakenkreuz in die Synagoge geht«.

Doch die Anständigen hatten den Wunsch zum Vater des Gedanken gemacht. Die Täter waren weder organisierte Neonazis noch ein rassistischer Einzeltäter, sondern der Deutsch-Marokkaner Khalid Z. und der jordanische Palästinenser Belal T. Die beiden hatten den Anschlag begangen, um den Tod des zwölfjährigen Palästinensers Mohammed al-Dura zu rächen, der unter ungeklärten Umständen ums Leben kam. (Auch damals funktionierte die Arbeitsteilung zwischen Mob und Elite: Während der Fall weltweit zu Ausschreitungen und Morden führte, erklärte die französische Journalistin Catherine Nay, der Tod al-Duras annulliere denjenigen des berühmten jüdischen Jungen im Warschauer Ghetto.) Belal T. erhielt eine milde Bewährungsstrafe und Khalid Z., der wenige Tage nach dem Anschlag noch an pogromartigen Krawallen vor der Alten Synagoge in Essen teilgenommen hatte, kam mit zwei Jahren Haft davon.

Der islamistische Terrorakt gegen eine Synagoge führte nicht zur Revision der Grundannahmen des Aufstands der Anständigen. Ganz im Gegenteil: Die Regierung hatte eine gesamtgesellschaftliche Bewegung in Gang gesetzt, die sich in ihrem Kampf gegen rechts ideologisch immer mehr verengte. Das Urteil von 2000 nannte der damalige Präsident des Zentralrats der Juden, Paul

Spiegel, einen Skandal. Seine Stimme klang damals ebenso einsam wie diejenige von Charlotte Knobloch sechzehn Jahre später, als sie davon sprach, die »kummervollste und bedrohlichste Zeit seit 1945« zu erleben. Anlass war ein weiteres Urteil in einem weiteren Fall von antisemitischem Terror. Ein deutsches Gericht hatte entschieden, dass ein Brandanschlag auf die Wuppertaler Synagoge durch drei Palästinenser nicht antisemitisch motiviert gewesen sei. Sie hätten nichts gegen Juden gehabt, sondern nur auf »den Krieg in Gaza« aufmerksam machen wollen. Der Richter verhängte Bewährungsstrafen.

Ein Jahr nach Ausrufung des Aufstandes der Anständigen fand ein weiteres Schlüsselereignis in der machtpolitischen Instrumentalisierung des Antirassismus statt – und diesmal waren die Folgen global und klingen bis heute nach. Im September 2001 richteten die Vereinten Nationen im südafrikanischen Durban die dritte Weltkonferenz gegen Rassismus aus. Bereits die Vorgängerveranstaltungen dienten vor allem der Dämonisierung Israels durch sozialistische Staaten und ihre Verbündeten. Der Nationalstaat der Juden sollte in den Augen der Welt zum Paria und der Zionismus zur schlimmsten Erscheinungsform des Rassismus deklariert werden, weshalb zahlreiche westliche Nationen entschieden, dem internationalen Gipfeltreffen der Judenhasser fern zu bleiben. Die dritte Ausgabe der Konferenz sollte jedoch selbst die Vorgängerveranstaltungen noch in den Schatten stellen.

Das fing bereits mit dem Vorbereitungstreffen an, das im Februar 2001 in Teheran stattfand. Dass das Mullah-Regime zur gleichen Zeit mittels seiner terroristischen Stellvertreter Hamas, Islamischer Jihad und Hisbollah Israelis massakrierte – es war die Zeit der al-Aqsa-Intifada – scheint niemanden der Teilnehmer gestört zu haben. Kurden, Bahai, Israelis und Bürger israelfreundlicher Länder waren von Anfang an ausgeschlossen, worin die Vereinten Nationen aber kein Problem sahen.

Das Abschlussdokument nahm rhetorisch den heute allgegenwärtigen »israelbezogenen Antisemitismus« vorweg: »ethnische Säuberung«, »rassistische Praktiken«, »Apartheid«. Es war ein Dokument des obsessiven, pathologischen Judenhasses, das dem »Kampf des globalen Südens« gegen »Rassismus und Diskriminierung« einen gemeinsamen Feind beschaffen sollte. Auf jede spärliche Erwähnung von Antisemitismus folgte ein Hinweis auf die »rassistischen Praktiken des Zionismus«. Mary Robinson, die damalige UN-Hochkommissarin für Menschenrechte, spätere Staatspräsidentin Irlands und bekannte Kämpferin für »Klimagerechtigkeit«, fand das alles unbedenklich und belästigte die Anwesenden auch nicht mit Fragen zum arabischen Rassismus oder zur Unterdrückung von religiösen Minderheiten in islamischen Ländern.

Die Weltkonferenz gegen Rassismus selbst, an der erstmalig auch Vertreter der Zivilgesellschaft (rund 4000 Nichtregierungsorganisationen waren vor Ort) teilnahmen, war ein wahres Fanal des globalen Antisemitismus. Hier wurde sozusagen der Antisemitismus als Lingua Franca linker, rechter und islamischer Antisemiten im 21. Jahrhundert entwickelt. Teilnehmende Juden wurden als »Zionistenschweine« beschimpft und von wütenden Mobs angegriffen, Demonstranten riefen »Tötet alle Juden«, während sie Adolf-Hitler-Plakate (mit dem Untertitel »Was, wenn ich gewonnen hätte?«) hochhielten. Verantwortlich für die Hitler-Plakate war ein südafrikanischer Gefährte Osama bin Ladens, dessen »Jihad gegen Juden und Kreuzfahrer« nur wenige Tage später 3000 Menschen in New York und Virginia das Leben nahm.

Jüdische Teilnehmer mussten sich anhören, sie seien für den Tod von Jesus verantwortlich und ein »verfluchtes Volk«, das »unser Blut aussaugt«. Die Arabische Juristenvereinigung verteilte Bücher mit stürmerartigen Karikaturen, andere boten einen der größten Bestseller in der islamischen Welt an: die Protokolle der Weisen von Zion. Der Holocaust-Überlebende Tom Lantos schrieb damals: »Für mich, der ich den Horror des Holocaust aus erster Hand gesehen habe, war das der übelste Hass auf Juden, den ich seit der Nazi-Zeit gesehen habe.« Eli Wiesel nannte die Konferenz zu Recht eine »moralische Katastrophe«. Die Forscher Gerald Steinberg und Anne Herzberg haben die zahlreichen antisemitischen Übergriffe gut dokumentiert.

Als finanzielle Förderer der antisemitischen NGOs fungierten u. a. die milliardenschweren Ford-, MacArthur- und Rockefeller-Stiftungen. Die Europäische Union stimmte einem Vorschlag Südafrikas zu, die »Not der Palästinenser« und deren »Rückkehrrecht in die Heimat« in den Text der Schlusserklärung aufzunehmen. Auch hierin sind sich die auf dem Nie-wieder-Pathos gegründeten Staaten größtenteils treu geblieben. Ein weiteres rhetorisches Stilmittel, ohne das keine aktuelle Sonntagsrede gegen Antisemitismus mehr auskommt, ist die obligatorische Parallelisierung von Antisemitismus mit »Islamophobie«. Auch sie fand vor über 20 Jahren Eingang in das Abschlussdokument. Teilnehmer der Durban-Konferenz schufen auch die Grundlagen der antisemitischen Organisation Boycott, Divestment and Sanctions (BDS), die sich vor allem im akademischen Milieu und im liberalen Kunst- und Kulturbetrieb großer Beliebtheit erfreut.

Auch die folgenden UN-Konferenzen waren nicht viel mehr als ein antisemitisches Familientreffen der Dritten Welt. 2009 lehnten die Staaten der islamischen Welt geschlossen eine Forderung ab, die Diskriminierung von Homosexuellen zu erwähnen. Der holocaustleugnende iranische Präsident Mahmud Ahmadinedschad erklärte bei der Gelegenheit, es gebe im Iran keine Homosexuellen (seit 1970 hat der Iran rund 4000 Homosexuelle hingerichtet). 2011 wurde in New York das zehnjährige Jubiläum von Durban gefeiert. Der Hauptredner: Mahmud Ahmadinedschad. Die Konferenz des Jahres 2021 wich zuweilen vom antisemitischen und pro-islamischen Drehbuch ab und erwähnte auch

»anti-asiatischen Rassismus«; die starke Zunahme von judenfeindlichen Übergriffen blieb jedoch unerwähnt.
Die Weltkonferenzen gegen Rassismus der Vereinten Nationen hätten Belal und Khalid, die beiden Täter des Brandanschlages auf die Essener Synagoge, sicherlich mit noch mehr Verständnis behandelt, als es die deutsche Justiz tat. Richter Schönauer machte eine »akute Emotionalisierung« geltend und gab lieber den Medien die Schuld. Es war ein deutliches Signal an zukünftige Täter und die wenigen in Deutschland verbliebenen Juden.

Die Institutionalisierung des Regimes

Der Aufstand der Anständigen nahm seinen Anfang mit einem antisemitischen Anschlag durch arabische Migranten, und der Weltkongress gegen Rassismus hatte deutlich gemacht, dass der Kampf gegen Rassismus nicht zu dessen Prioritäten zählt. Doch da das neue gesellschaftliche Paradigma des Antirassismus und der Vielfalt bereits verkündet, die ersten Initiativen gegründet und die staatsmännischen Reden bereits gehalten waren, konnte es für Deutschland kein Zurück mehr geben. Ab den 2000ern wurde ein Geflecht an Programmen, Behörden und Aktionsplänen von wahrlich byzantinischem Ausmaß aufgebaut, das bis heute wächst und gedeiht.
Acht Jahre nach der staatlichen Ausrufung des Aufstandes der Anständigen verkündete die Regierung die Verabschiedung eines »Nationalen Aktionsplans gegen Rassismus«. Das Land hatte sich bereits auf der Durban-Konferenz dazu verpflichtet, einen solchen zu erstellen, jetzt war die Zeit gekommen, dessen Fertigstellung zu verkünden und die Gesellschaft bis in den letzten Winkel nach »Rassismen« und Diskriminierungen zu durchkämmen.
Dieses Vorhaben sollte sich nicht auf eine zeitlich beschränkte Bestandsaufnahme und klar definierte abwägende Maßnahmen beschränken, sondern unter Einbeziehung von Ländern, Kommunen, NGOs, Universitäten, Stiftungen, Wirtschaft und Medi-

en den »Kampf gegen rechts« und mit ihm das Vielfalts-Regime institutionalisieren. In der Abschlusserklärung der Konferenz wurden ein »Mangel an politischem Willen, kraftlose Gesetze und das Fehlen von Durchführungsstrategien« beklagt. Nicht alle geäußerten Wünsche der Vereinten Nationen (etwa die offizielle Designation des Nahost-Konflikts als »Rassenkonflikt«) gingen in den Folgejahren in Erfüllung, was aber nicht am mangelnden Eifer der deutschen Antirassisten gelegen haben dürfte. Und sicherlich auch nicht an einem Mangel an mobilisierten Mitteln.

Allein für »Demokratie leben!« wurde 2023 ein Budget von 182 Millionen Euro bereitgestellt. Das Programm, das den Zusatz »Aktiv gegen Rechtsextremismus, Gewalt und Menschenfeindlichkeit« trägt, wurde 2014 von Manuela Schwesig ins Leben gerufen. Das ist die gleiche SPD-Politikerin, die ebenfalls 2014 ein Programm gegen Linksextremismus streichen ließ, die Frauenquote für Aufsichtsräte initiierte und nach dem russischen Angriffskrieg als zentrale Figur in der Nord-Stream-2-Affäre aufflog (unter Vortäuschung ökologischer Ziele sollte die Stiftung »Klima- und Umweltschutz MV« den Bau der Pipeline mit russischem Geld und gegen vereinbarte Sanktionen vorantreiben). Man könnte sagen, dass Schwesig sich mit der Schnittstelle zwischen Staat und Zivilgesellschaft und der transformativen Macht eines hohen Amtes gut auskennt. Während der Niederschrift dieses Buches ist Schwesig weiterhin als Ministerpräsidentin Mecklenburg-Vorpommerns tätig.

Damit die Steuergelder auch ungehindert fließen konnten, schaffte Schwesig die von Kristina Schröder, der konservativen Vorgängerin im Familienministerium, eingeführte Extremismusklausel ab. Diese machte ein Bekenntnis zur freiheitlich-demokratischen Grundordnung zur Voraussetzung, um von Bundesprogrammen gefördert zu werden. Schwesig erhielt Unterstützung von ihrer Partei sowie den Grünen und der Linken, die sich gegen den vermeintlichen »Bekenntniszwang« zum Grundgesetz wehrten. 2018 wurde bekannt, dass 51 »Demokratieprojekte« vom Bundesamt für Verfassungsschutz überprüft wurden.

Und wer kommt in den Genuss der demokratiefördernden Steuergelder? Der Deutsch-Islamische Vereinsverband Rhein-Main e.V. etwa, den der Verfassungsschutz der Muslimbruderschaft zuordnet. Er erhielt jährlich 86 000 Euro für das Projekt »Aktion kontra Radikalisierung muslimischer Jugendlicher«. (Man muss unweigerlich an die »akzeptierende Jugendarbeit« der 90er denken, die Neonazis mit staatlichen Schenkungen zu deradikalisieren versuchte.) Die Muslimbruderschaft, deren palästinensischer Zweig bekanntlich die Hamas ist und die vom türkischen Präsidenten Erdogan gefördert wird, strebt nach einer theokratischen Gesellschaftsordnung, in der alle Nichtmoslems von Staats wegen diskriminiert werden. Dank der Recherchen der französischen Journalisten Christian Chesnot und Georges Malbrunot wissen wir, dass vor allem das Emirat Katar die Islamisierung Europas mittels Strukturen der Muslimbruderschaft vorantreibt. Das Geld der deutschen Steuerzahler nimmt man aber auch gerne an, vor allem wenn es an keine Extremismusklausel oder ein Bekenntnis zum Grundgesetz gebunden ist.

Wer wird noch gefördert? Der Verein Inssan e.V. zum Beispiel. Der Pulitzerpreisträger Ian Johnson hat die Verbindungen des Vereins zur Muslimbruderschaft detailliert in einem Dossier zusammengefasst: Inssan stehe in Verbindung mit der radikalen Islamischen Gemeinschaft Deutschland (IGD), werde mit Millionenbeträgen aus Katar versorgt, um in Berlin eine Großmoschee zu bauen, und kooperiere mit dem Europäischen Rat für Fatwa und Forschung. Gegründet wurde dieser von Yusuf al-Qaradawi, dem zu Lebzeiten berühmtesten Prediger der Muslimbruderschaft, der den Holocaust als göttliche Strafe bezeichnete, Selbstmordattentate in Israel begrüßte und die Todesstrafe für Homosexuelle forderte.

Weitere förderwürdige Initiativen: Die Muslimische Jugend Deutschland (laut Wissenschaftlichem Dienst des Bundestages eine »Kaderschmiede« der Muslimbruderschaft), der »schwarze Empowerment-Verein« Each One Teach One und eine Organisation, die sich den großspurigen Namen »Initiative Schwarzer Menschen in Deutschland« gegeben hat. Beide sind Mitglieder im European Network Against Racism (ENAR), das von der französischen Anthropologin Florence Bergeaud-Blackler, Autorin der Studie »Le Frérisme et ses réseaux«, als Teil der Muslimbruderschaft beschrieben wurde (sie lebt wie so viele Kritiker des radikalen Islams unter permanentem Polizeischutz). 2015 gab der Direktor von ENAR, der Belgier Michaël Privot, öffentlich zu, Mitglied der Organisation gewesen zu sein.

Auch die Türkisch-Islamische Union der Anstalt für Religionen e.V. (DITIB) erhielt für ihr Projekt »Friedliche Zukunft« Zuwendungen. Die Anzahl an antisemitischen, anti-westlichen und anti-kurdischen Skandalen, in die die Organisation in den letzten Jahren verwickelt war, ist kaum zu überblicken. Sie leugnet den Massenmord an den Armeniern, lässt Kinder in Theaterstücken Kriegsszenen nachspielen, bespitzelt Gegner des türkischen Präsidenten, verbreitet Comics, in denen Kindern der »Märtyrertod« nahegelegt wird, und organisiert Konferenzen mit Vertretern der Muslimbruderschaft. 2017 soll DITIB laut dem Politikwissenschaftler Bassam Tibi rund 8,5 Millionen Euro für »Integrationsprojekte« bekommen haben, um die »Integration der Türken zu verhindern«.

Viel öffentliches Geld ist auch vorhanden, um eine Bedarfsforschung zu finanzieren, deren Ergebnisse neue Förderungen wiederum dringend notwendig machen. In schöner Regelmäßigkeit erscheinen Gefälligkeitsstudien, die den Deutschen und den von ihnen geschaffenen »Strukturen« eine weitere Zunahme von Diskriminierung und Rassismus unterstellen. So geht die Logik des aktivistischen Rent-Seeking, also eines leistungslosen, gesicherten Einkommens: Damit die »Springquellen des Reichtums«, wie Marx sie nannte, die diversen Forschungsstellen, Zentren, Bildungsstätten, Monitore und Vereine zuverlässig beliefern, müssen beständig neue Formen von Unterdrückung entdeckt und folglich neue Projekte entwickelt werden. Die stets alarmistischen Befunde werden umstands- und kritiklos von den Medien aufgegriffen und mittels Betroffenheitsgeschichten vermenschlicht, so dass Politiker, die Zweifel an den Befunden anmelden, gleich als inhuman erscheinen – oder als rechts, was heutzutage als Synonym gilt.

Ein schönes Beispiel ist das Deutsche Zentrum für Integrations- und Migrationsforschung (DeZIM), das 2016 im Auftrag des, damals von Manuela Schwesig geführten, Bundesamtes für Familie, Senioren, Frauen und Jugend (BMFSFJ) aufgebaut wurde. Die Direktorin des Zentrums Naika Foroutan hat sich in den letzten Jahren vor allem durch Äußerungen profiliert, die darauf zielen, die Mehrheitsbevölkerung zu demütigen und bestehende Spaltungen und Ressentiments weiter zu vertiefen. Dies gelingt ihr etwa mit Aussagen wie der folgenden:

> »Viele Menschen haben das Gefühl, ihr ›eigenes‹ Land nicht mehr wiederzuerkennen. Zu Recht, möchte man sagen – denn es sieht anders aus, es ist jünger geworden, es spricht anders, es isst anders, es betet anders, als früher. Doch sie vergessen: Dieses Land gehört per se niemandem.«

Das deutsche Volk des Grundgesetzes unterliegt also einem Irrtum, wenn es denkt, dass es vielerorts seine Heimat verloren hat; es hatte schlicht nie eine. Deutschland ist kaum mehr als ein geographischer Ort ohne Geschichte, Tradition oder Überzeugungen. Und eine deutsche Kultur, die gibt es »jenseits der deutschen Sprache« laut Aydan Özoguz, SPD-Politikerin, frühere Integrationsbeauftragte der Regierung und heutige Bundestagsvizepräsidentin, bekanntlich auch nicht.

Zwei weitere Personalien des DeZIM, die sich in der Vergangenheit durch radikale Positionen profiliert haben, sind Yasemin Shooman (frühere Wissenschaftliche Geschäftsführerin) und Daniel Bax (Pressesprecher). Bax, der einst vorschlug, den Freitag islamkonform als wöchentlichen Ruhetag einzuführen, sieht Kritik am radikalen Islam vor allem als zynisches »Geschäftsmodell« mit »muslimfeindlichen« Motiven. Die von ihm kritisierten Ayaan Hirsi Ali, Necla Kelek und Hamed Abdel-Samad werden seit Jahren von radikalen Moslems mit dem Tod bedroht, während Bax' antirassistisches Geschäftsmodell zu florieren scheint.

Shooman, die auch die Bundesregierung in Sachen »Migration, Flüchtlinge und Integration« berät und über »antimuslimischen Rassismus« promoviert hat, ist der Auffassung, dass »weiße Deutsche« keine Opfer von Rassismus werden können. Für das Jüdische Museum Berlin, für das sie als Programmleiterin tätig war, lud sie den österreichischen Politikwissenschaftler Farid Hafez ein, der den sogenannten »Islamophobie-Report« herausgibt, eine von einer Erdogan-nahen Stiftung finanzierte Schrift, die liberale Islamkritiker denunziert (und dadurch ihr Leben zusätzlich gefährdet). Laut dem Historiker Heiko Heinisch ist Hafez eng mit dem radikalen Islam der Muslimbruderschaft verbunden.

Die Ethnologin Susanne Schröter erkennt in dem Wirken solcher aktivistischen Forscher den konzertierten Versuch, Moslems als Opfer unter besonderen Schutz zu stellen und die Aufnahmegesellschaften im Westen unter Generalverdacht zu stellen. Florence Bergeaud-Blackler beschreibt die Strategie der Muslimbruderschaft in der Europäischen Union wie folgt:

> »Sie tragen Anzüge und bunte Hijabs und geben der angeblich islamophoben Gesellschaft in Europa die Schuld am Terroris-

> mus. Aus ihrer Sicht haben sich die Europäer an ihre Auslegung des Islam anzupassen und nicht umgekehrt. Die Bevölkerung soll sich an ihre fundamentalistischen Normen gewöhnen, von Ess- und Beziehungsvorschriften bis zum Kopftuch.«

Die EU finanziert Projekte gegen »gegenderte Islamophobie« oder für die »Freiheit im Hidschab«, während Frauen im Iran von der islamischen Tugendpolizei totgeprügelt werden, weil sie zu westlich aussehen. Kürzlich stellte Familienministerin Lisa Paus den sogenannten »Nationalen Diskriminierungs- und Rassismusmonitor« (Leitung: Naika Foroutan) vor. »Rassismus gibt es überall, er ist mitten unter uns«, ist dort zu lesen. Dabei ist Rassismus laut World Values Survey, der umfangreichsten globalen Umfrage zu Werten, nirgends weniger verbreitet als im Westen. In islamischen Staaten ist die Diskriminierung von Minderheiten hingegen die Norm. Ungeachtet der Empirie werden die Millionen von »Demokratie leben!« und anderen Programmen auch weiterhin in den wissenschaftlichen Arm des Vielfalts-Regimes fließen.

Wissenschaft ist bekanntlich trocken und viele Bürger sind immer noch nicht mit den blendenden Neologismen aus amerikanischen Eliteuniversitäten vertraut. Damit die unfrohe Botschaft des immer nur schlimmer werdenden Rassismus auch die Massen erreicht, die keine Studien lesen, braucht es den Einsatz der Medien. Organisationen wie »Neue deutsche Medienmacher*innen« (NDM), eine laut Selbstdarstellung »Interessenvertretung für Medienschaffende mit Migrationshintergrund«, helfen dabei, die richtigen Themen zu finden und diese anhand »diskriminierungsfreier« Sprache korrekt einzuordnen.

In einem Glossar erfahren Medienschaffende etwa, dass man das Adjektiv »schwarz« groß, »weiß« hingegen klein schreiben soll. Deutsche ohne Migrationshintergrund sollen als fade »Standard-Deutsche« bezeichnet werden, die Scharia gibt es auch als »verfassungskonforme« Richtlinie, statt von »illegalen Migranten« soll lieber von »papierlosen« oder »illegalisierten Migrant*innen« (was die Feststellung einer Straftat zum eigentlichen Vergehen macht) gesprochen werden. »Fundamentalist*in« mag auf christliche Strömungen zutreffen, in Bezug auf den Islam sollen lieber Formulierungen wie »altherkömmlich gläubige Muslim*innen« verwendet werden. »Dschihad« ist nicht etwa das, was Dschihadisten darunter verstehen, sondern ein innerer »Kampf gegen ›das Böse‹ im Herzen« oder eine »zulässige Verteidigung von Muslim*innen«.

Die reich vom Bundesfamilienministerium, der Bundeszentrale für politische Bildung, dem Auswärtigen Amt und dem Bundesamt für Migration und Flüchtlinge (BAMF) beschenkten NDM haben aber noch mehr im Programm als nur sprachliche Leitfäden: Sie verpflichten die Polizei auf »diskriminierungsfreien Sprachgebrauch«, klären über die »rassistischen Debatten über die Silvesternacht« auf, »sensibilisieren« Medien für »unsere Themen«, fördern die Zusammenarbeit mit »Migrant:innenselbstorganisationen«, bieten »nachhaltige Diversity-Strategien in Medienhäusern« an und setzen sich für eine 30-Prozent-Quote für »Menschen aus Einwandererfamilien« ein. Alles Weitere steht im »intersektionalen Diversity Guide«.

Eine Ahnung, wie genau »Diversity« in den Medien der »postmigrantischen Gesellschaft« aussieht, bekommt man, wenn man sich anschaut, für welche »Medienschaffende« die NDM Partei ergreifen. Etwa für Hengameh Yaghoobifarah, die deutsche Polizisten als Müll entsorgen lassen wollte (und gleich darauf einen Werbevertrag vom KaDeWe erhielt), oder Mely Kiyak, die Thilo Sarrazin eine »zuckende Menschenkarrikatur« nannte oder Bahar Aslan, die Lehrerin für »Interkuturelle Kompetenz«, die über den »ganzen braunen Dreck innerhalb der Sicherheitsbehörden« schrieb, oder auch Nemi El-Hassan, die auf der antisemitischen Al-Kuds Demonstration mitmarschiert war.

An die Kollegen in den Redaktionen geht indes vom NDM die Order: »Recherchiert weiter an den Themen, von denen momentan abgelenkt werden soll: Rassismus – insbesondere struktureller Rassismus bei der Polizei.« Ein Zitat von Karl Marx drängt sich dabei auf:

> »Man muss den wirklichen Druck noch drückender machen, indem man ihm das Bewußtsein des Drucks hinzufügt, die Schmach noch schmachvoller, indem man sie publiziert.«

Das gegen Einheimische gerichtete Schimpfwort »Kartoffel«, das ähnlich wie »Jude« in den letzten Jahren in deutschen Schulklassen große Verbreitung gefunden hat, scheint es den NDM besonders angetan zu haben. Sie verleihen jährlich die »Goldene Kartoffel«, eine Auszeichnung, die an Journalisten verliehen wird, die ein »verzerrtes Bild vom Zusammenleben im Einwanderungsland Deutschland zeichnen, Probleme und Konflikte stark übertreiben, Vorurteile verfestigen und gegen journalistische Standards verstoßen«. 2021 ging sie an »so gut wie alle Medien des bürgerlichen Spektrums«, weil diese in einem politisch unkorrekten Sinne über »linke Identitätspolitik« oder gesellschaftliche Spaltung (laut NDM ein Code für die Delegitimierung von Minderheiten) berichtet haben sollen. 2020 wurde die »verzerrte Berichterstattung« über Clan-Kriminalität prämiert.

Ferda Ataman, »Diversity-Beraterin«, Gründerin und frühere Leiterin der NDM, die rassistische Selektionen in deutschen Krankenhäusern halluzinierte, Islamkritiker verhöhnt und Konzerne dazu nötigen möchte, eine »Bestandsaufnahme« nach sexuellen, ethnischen und geschlechtlichen Kriterien durchzuführen, schaffte es 2022 gegen beträchtlichen Widerstand zur Bundesbeauftragten für Antidiskriminierung.

Auf Diversity-Kurs gebrachte Medien und antirassistische Studien allein reichen natürlich nicht aus. Auch die Wirtschaft muss bereit sein, ihren Teil beizutragen. Nach den Black-Lives-Matter-Ausschreitungen gelobten große amerikanische Unternehmen, verstärkt Nichtweiße einzustellen. Wer diese Ankündigung als reine Imagepflege von Corporate America abtat, wurde eines Besseren belehrt: Laut Bloomberg gingen 2021 von 300 000 neuen Stellen bei den hundert Firmen des S&P-Indexes rund 94 Prozent an Nichtweiße.

Damit sich auch hierzulande ähnliche Ergebnisse einstellen, wurde 2006 die Charta der Vielfalt (CDV) ins Leben gerufen. Initiiert wurde sie von den für ihre Wohltätigkeit bekannten Unternehmen BP, Daimler, Deutsche Bank und Deutsche Telekom. Kanzlerin Angela Merkel übernahm die Schirmherrschaft. 5000 Organisationen haben sich der Charta angeschlossen, der eingetragene Verein behauptet, für 15 Millionen Beschäftigte sprechen zu können. Auf der Website der CDV geht es vor allem bunt und spielerisch zu. Unter der Rubrik Erfolgsgeschichten liest man zum Beispiel Berichte der Robert Bosch GmbH und der Deutschen Bahn AG, die ihre Belegschaft mit Workshops über »Unbewusste Vorurteile« erzogen haben, oder dass die Boston Consulting Group eine LGBT-Quote beschlossen hat.

Unternehmen können auch auf die CDV-eigene Toolbox zur »Antirassistischen Bewusstseinsbildung« zurückgreifen, die eine Anleitung zum »Privilege Walk« und weiterführende Literatur (Mohamed Amjahid: »Unter Weißen«, Kübra Gümüsay: »Sprache und Sein«, Alice Hasters: »Was weiße Menschen nicht über Rassismus hören wollen – aber wissen sollten«) enthält. Laut *Business Insider* hat Amazon in seinen Whole-Foods-Filialen in den USA untersucht, ob ethnische Vielfalt dazu geeignet ist, die Bildung von Gewerkschaften zu erschweren. Divide et impera im Zeitalter des Vielfalts-Regimes.

Vielfalt kann nicht früh genug gefeiert werden, weshalb auch in der Kita über strukturellen Rassismus und weiße Privilegien aufgeklärt werden muss. Hierfür gibt es eine Unmenge an Workshops, Büchern oder Tests, die bereits den Kleinsten das richtige antirassistische Bewusstsein beibringen sollen. Bei seiner Einschulung in eine sogenannte »Schule ohne Rassismus – Schule mit Courage« weiß das Kind dann schon, was BiPOC und »weiße Vormachtstellung« bedeutet, dass es keinen Rassismus gegen Weiße gibt und der Westen dekolonisiert gehört. Der Journalist Alan Posener warf den Schulen vor, »virulenten Antisemitismus arabischer und türkischer Zuwanderer« bewusst zu verschweigen. Ein Schulungsheft des Netzwerkes verbreite eine Weltanschauung, nach der die Bösen »weiß, christlich und rechts; die Guten nichtweiß, islamisch und links« seien. Das Geld hierfür stammt vom Bundesministerium für Arbeit und Soziales.

Wer die antirassistische Kita und die antirassistische Schule durchlaufen hat, ist bereit für die antirassistische Universität, wo sich die antirassistischen Kenntnisse in einen akademischen Titel konvertieren lassen. Warum nicht über Dekolonisierung promovieren und später einem Museum dabei helfen, sein westliches Erbe zu entsorgen? Oder in eine fortschrittliche Partei eintreten, die sich für eine Migrantenquote (von Ferda Ataman erwünscht, aber bislang als grundgesetzwidrig eingestuft) im öffentlichen Dienst einsetzt? Oder als Medienschaffender beim staatlichen Jugendformat *funk* (»Gülcans Kopftuch-Challenge – Hijabi Style Battle!«) oder beim Deutschlandfunk Kultur (»Dekolonisiert euch! Wie können wir unser Denken befreien?«) arbeiten und spannende Reportagen über Populismus produzieren? Oder gleich selbst eine progressive Nichtregierungsorganisation gründen, die dank des geplanten Demokratiefördergesetzes auf finanziell sicheren Beinen steht?

Und wenn der Verdacht aufkommt, dass man nicht mehr »Zivilgesellschaft«, sondern vielmehr eine ideologische Vorfeldorganisation der Regierung ist, beweist man seine demokratische Legitimität, indem man mit 250 000 Gleichgesinnten zur »#unteilbar«-Demonstration über den Berliner Alexanderplatz marschiert. Dass sich dort auch die antisemitische Organisation Samidoun einreiht und von der Bühne herab die »Befreiung von ganz Palästina« gefordert wird, gehört zum Vielfalts-Regime dazu.

Fazit

Die Transformation zum Vielfalts-Regime ist seit der Ausrufung des Aufstandes der Anständigen, dem Bekenntnis zur Einwanderungsgesellschaft und der Weltkonferenz gegen Rassismus in Durban zur dominanten Ideologie der Burnham'schen Manager geworden. Über die ideologische Besetzung des vorpolitischen Raumes – Kunst, Kultur, Bildung, Erziehung – ist es Aktivisten und ihren Förderern gelungen, ihre hyper-liberale Utopie als alternativlos, ihre Behauptungen als Fakten und ihre Tabus als bindend durchzusetzen.

Nicht erst seit der Migrationskrise 2015, deren negative Erscheinungen lange unterdrückt wurden, hat das Narrativ der harmonischen multikulturellen Gesellschaft jedoch sichtbare Risse bekommen. Deutschland ist keine Insel und die Nachrichten aus dem europäischen Ausland dringen über die Sozialen Medien zu uns: Gang-Kriege in Schweden, zehntausendfache Vergewaltigung englischer Mädchen durch pakistanisch-stämmige »Grooming Gangs« in Großbritannien, an den radikalen Islam »verlorene Territorien« in Frankreich, Einflussnahme der Muslimbruderschaft auf Institutionen der Europäischen Union in Brüssel, ermordete Lehrer, ermordete Priester, ermordete Weihnachtsmarktbesucher, ermordete Konzertbesucher, ermordete Schulkinder.

Und in Deutschland: Bewaffnete Auseinandersetzungen zwischen afrikanischen Migranten, tödliche Clan-Fehden und die größten antisemitischen Demonstrationen seit Ende der Shoah. Juden müssen ihr Jüdischsein verbergen, Zuflucht im inneren Ghetto finden oder nach Israel auswandern, während die Antisemiten als spannende Gesprächspartner, kontroverse Künstler oder avantgardistische Gelehrte hofiert, gefördert, gefeiert werden – solange sie aus dem »Globalen Süden« kommen oder sich als progressiv ausweisen können, versteht sich. Wie soll man das nennen, wenn nicht »Staatsversagen«?

Vielfältige Gesellschaften sind, anders als es das zentrale Mantra will, nicht »stark«. Sie sind vielmehr tribalistisch und instabil. Wie Robert Putnam 2007 in seinem Artikel »E Pluribus Unum: Diversity and Community in the Twenty-first Century« darlegte, zerstört Vielfalt das Vertrauen, das Bürger untereinander und gegenüber ihren Institutionen haben. In multikulturellen Gesellschaften werden Minderheiten als Bereicherung präsentiert, als die Subjekte einer glänzenden Zukunft, für die man sich einerseits engagieren muss, die andererseits aber schicksalhaft eintreten wird.

Einheimische hingegen, die gelegentlich als »diejenigen, die schon länger hier leben« klassifiziert werden, gelten als Artefakte einer untergegangenen Ordnung, deren Erinnerung eher Ressentiment als Nostalgie hervorruft. Die Oikophobie, der asymmetrische Multikulturalismus, führt unweigerlich zu Widerstand (was man an der nicht abnehmenden Popularität ehemals tabuisierter rechter Parteien erkennt), welcher die Anhänger des Vielfalts-Regimes nur in ihrer Annahme, die Standard-Deutschen seien Rassisten, bestärkt und zu weiteren Vorstößen anspornt.

David Cameron, Nicolas Sarkozy und Angela Merkel hatten alle recht: Der Multikulturalismus ist gescheitert. Seine Anhänger haben aber so viel in ihn investiert, dass ihnen diese Tatsache als »Hass und Hetze« erscheinen muss. Und gegen Hass und Hetze muss mit Entschlossenheit durchgegriffen werden.

4. Öko-Regime

»Kommunismus – das ist Sowjetmacht plus Elektrifizierung des ganzen Landes.«
Lenin

»Nachhaltigkeit bedeutet: Es gibt kein ›weiter so‹. Wir brauchen für ein gutes Leben nicht immer mehr Ressourcen und Energie.«
Angela Merkel

»Eine Gang junger Männer wird in dein Haus einbrechen und Essen verlangen. Sie werden deine Mutter, deine Schwester, deine Freundin sehen, und sie werden sie auf dem Küchentisch vergewaltigen. Sie werden dich zwingen, dabei zuzusehen, und sie werden dich auslachen. Am Ende werden sie dich beschuldigen, dass du es genossen hast. Sie werden eine Zigarette nehmen und dir damit die Augen ausbrennen. Du wirst nichts mehr sehen können. Das ist die Realität des Klimawandels.«
Roger Hallam, Gründer von Extinction Rebellion

»Es ist schrecklich, das sagen zu müssen. Die Weltbevölkerung muss stabilisiert werden, und dafür müssten wir täglich 350 000 Menschen eliminieren.«
Jacques-Yves Cousteau, Meeresforscher und Dokumentarfilmer

»Auf lange Sicht sind wir alle tot.«
John Maynard Keynes, Ökonom

Ursprünglich kennzeichnete das Bindi, das von Anhängern des Hinduismus auf der Stirn getragene Zeichen, das sechste Chakra, den Ort des geheimen Wissens. Wenn man von der beachtlichen Größe des Bindis auf die Menge des geheimen Wissens schließen kann, täte die Welt gut daran, die vielen ökologischen Lehren Vandana Shivas, die laut der linken Zeitung *Neues Deutschland* die »wichtigste globalisierungskritische Stimme aus Indien« und eine »unbequeme Mahnerin« ist, zu beherzigen. Wenn man sich die Verkaufszahlen ihrer Bücher (»Erd-Demokratie – Alternativen zur neoliberalen Globalisierung«, »Ökofe-

minismus« …) oder die Anzahl ihrer Auftritte auf internationalen Konferenzen und grünen Parteitagen anschaut, scheint das auch der Fall zu sein.
2023 sprach sie auf Einladung des Vatikans an der Seite der deutschen Klimaaktivistin Luisa Neubauer (»Die Wurzeln der Klimakrise liegen in Machthierarchien von Männern über Frauen, von weißen Menschen über People of Color, von Männern über die Natur.«) über die Bedeutung von Netzwerken aus Pilzen und Pflanzenwurzeln für gesunde Böden. Die in Nordindien als Tochter eines Akademikerpaares aus der höchsten Kaste geborene Shiva erhält für Online-Auftritte rund 50 000 US-Dollar (nicht ganz auf dem Niveau eines Barack Obama, den man für 400 000 US-Dollar buchen kann, aber immerhin dreimal mehr als die gegenwärtige Stimme des kommerziellen Antirassismus, Robin DiAngelo).
Shiva wird in Interviews und auf Buchklappen häufig als Quantenphysikerin oder gar als »eine der führendsten Physikerinnen Indiens« vorgestellt, was die Frage aufwirft, woher die Autorin, Aktivistin, Trikont-Weise, Philosophin, Berufsrednerin, Beraterin, Gründerin von Thinktanks und Expertin in landwirtschaftlichen, ökologischen, hydrologischen, geographischen und feministischen Dingen bloß die Zeit zum Forschen findet. Tatsächlich hat Shiva lediglich im Feld der »Wissenschaftsphilosophie« promoviert und nicht etwa in einem naturwissenschaftlichen Fach. Ihre große Leidenschaft ist der Kampf gegen gentechnisch veränderte Organismen (GVO) und die sogenannte Grüne Revolution (die in den 1960er-Jahren begonnene Entwicklung moderner landwirtschaftlicher Hochleistungs- bzw. Hochertragssorten und deren erfolgreiche Verbreitung in Entwicklungsländern). Diese Themen verbindet sie mit allerlei Schlagwörtern, die bei internationalen Aktivisten und den großen karitativen Stiftungen en vogue sind: Dekolonisierung, Feminismus, Wachstums- und Israelkritik.

Das grüne Experiment

In den letzten Jahren betrieb Shiva eine ganze Reihe von Kampagnen, die ihr Prestige und Einkommen mehrten, dabei aber nicht immer im Sinne der vermeintlichen Adressaten handelten. In den 2010ern warnte sie vor genetisch veränderter Bt-Baumwolle (eine Art, die weniger anfällig für Schädlingsbefall ist und deshalb weniger Pestizide benötigt), der sie den qualvollen Tod von Ziegen und einen »epidemischen« Anstieg von Selbstmorden indischer Bauern anlastete. Das amerikanische Food Policy Research Institute ging der Sache auf den Grund und konnte keinen Zusammenhang zwischen der neuen Baumwollart und den Suiziden (die auch nicht zahlenmäßig angestiegen waren) feststellen. Ungeachtet der Widerlegung strahlte die *Deutsche Welle* kurz darauf »Monsanto and the Indian farmer sucides« aus, als ginge es darum, liebgewonnene Feindbilder um jeden Preis zu bewahren.

Auch gegen sogenannten Goldenen Reis (eine patentfreie Sorte, die entwickelt wurde, um das Problem von Vitamin-A-Mangel in Entwicklungsländern zu lindern, und die für ärmere Bauern kostenlos angeboten wird) führte ihre Organisation Navdanya gemeinsam mit Greenpeace und anderen grünen NGOs einen erfolgreichen PR-Kreuzzug. Die weit verbreitete Panik vor »Frankenstein-Pflanzen« oder »genetischer Verschmutzung« führte dazu, dass die Zulassung immer wieder verschoben wurde und militante Bauern Testfelder zerstörten. Rund 800 000 Kinder sterben jährlich an den Folgen von Vitamin-A-Mangel – es steht also durchaus eine Menge auf dem Spiel. In einem offenen Brief haben deshalb über 100 Nobelpreisträger an Greenpeace appelliert, seine wissenschaftsfeindliche Kampagne einzustellen: »Wie viele arme Menschen müssen noch sterben, bevor die Welt dieses ›Verbrechen gegen die Menschheit‹ erkennt?«

Shiva setzt sich jedoch nicht nur gegen genveränderte Pflanzen ein, sondern auch gegen das weltweit meistgenutzte Herbizid,

Glyphosat. Wenn Unkraut nicht chemisch bekämpft werden darf und gleichzeitig keine Pflanzen mit künstlichen Resistenzen hergestellt werden dürfen, bleibt nur noch der ökologische Landbau, der die Bewohner gentrifizierter Viertel in den wohlhabenden Metropolen erfreut, für die Massen in Entwicklungsländern jedoch unerreichbar ist und bleiben wird.

In dem Buch »The Violence of the Green Revolution« rechnet die hochdekorierte und als »Hero for the Green Revolution« titulierte Shiva gleich mit der gesamten Grünen Revolution ab. Dieser war es in den 1960ern nicht nur gelungen, durch den Einsatz neuartiger Sorten, Bewässerungsverfahren und Düngemittel Mangelernährung, Hunger und Kindersterblichkeit in ihrer indischen Heimat stark zu reduzieren, sie hatte auch Millionen von Menschen aus der Armut befreit. Später auftretende Probleme der Grünen Revolution – etwa der erhöhte Pestizideinsatz, die benötigten Wassermengen und die Gefahren durch Versalzung – ließen sich, so argumentieren manche Wissenschaftler, durch gentechnisch veränderte Pflanzen beheben, die resistent gegenüber Insekten sind und weniger Wasser benötigen. Doch das widerspräche Shivas Vorstellung »traditioneller Lebensweisen«, weshalb ihre Lösung nur in einer Abwicklung der Grünen Revolution und einem Zurück in die Vergangenheit bestehen kann. 2021 erhielten Shiva und ihre Organisation Nadanya International erstmals die Gelegenheit, ihre ökologische und landwirtschaftliche Expertise in einem riesigen Feldversuch zur Anwendung zu bringen. Die Frau im roten Sari, stets lächelnd, das Zeichen des geheimen Wissens markant auf der Stirn, die falsche Physikerin, die die Freiheit der Bauern, ihr Saatgut auszuwählen, mit der Freiheit eines potentiellen Vergewaltigungsopfers verglich, konnte nun der Welt den Beweis erbringen, dass traditionelle Landwirtschaft der modernen überlegen ist.

Als Beraterin des Inselstaates Sri Lanka setzte sie sich für ein Verbot von chemischen Düngemitteln, Herbiziden und Pestiziden ein, was der Regierung (die ohnehin knapp an Devisen war) Geld sparen und die Bevölkerung glücklich, wohlhabend und gesund machen sollte:

> »Diese Entscheidung wird den Bauern definitiv zu mehr Wohlstand verhelfen. Der Einsatz von organischem Dünger wird dazu beitragen, nährstoffreiche landwirtschaftliche Erzeugnisse bereitzustellen und gleichzeitig die Fruchtbarkeit des Bodens zu erhalten.«

Als ihre Empfehlungen zum Gesetz wurden, richteten Agrarwissenschaftler und Landwirte, die eindrücklich vor »weitreichenden wirtschaftlichen, sozialen und politischen Auswirkungen« gewarnt hatten, ihren Blick in einer Mischung aus Entsetzen und Erstaunen auf den kleinen agrarisch geprägten Inselstaat (rund 70 Prozent der Einwohner sind direkt oder indirekt auf die Landwirtschaft angewiesen).

Im Juni trat die Wende zum biologischen Landbau ein und bereits im Herbst lagen die ersten Ergebnisse vor: Die Ernten brachen ein, die Preise der Grundnahrungsmittel verdoppelten und die Anbaukosten verzehnfachten sich, Tee und Reis wurden knapp und der Wert der Rupie fiel in den Keller. Schließlich wurde die Armee damit beauftragt, essenzielle Güter wie Treibstoff zu rationieren.

Im Juli noch hatte Präsident Gotabaya Rajapaksa sein Land auf dem UN-Ernährungsgipfel als leuchtendes Beispiel für Nachhaltigkeit, Ernährungssicherheit und Umweltschutz gepriesen, doch nur wenige Wochen darauf musste seine Regierung den Notstand ausrufen. Auf der Suche nach Biodünger wandte man sich an die Volksrepublik China, die aber nur kontaminierte Produkte lieferte. Die angekündigte Weigerung, die Mangelware zu bezahlen, quittierte Peking, bei dem Sri Lanka wegen Projekten der Neuen Seidenstraße bereits Milliardenschulden angehäuft hatte, mit Zurückweisung.

Während das Land den Lebensmittelbedarf nicht mehr decken konnte und große Mengen Reis importieren musste, ging das Verbot künstlicher Dünger, Pestizide und Herbizide, getreu der Logik »versunkener Kosten«, weiter. Erst Ende November kündigte die Regierung an, das Programm einzustellen und Entschädigungszahlungen zu leisten. Präsident Rajapaksa, der grüne Erneuerer Sri Lankas, musste knapp ein Jahr nach Ausrufung der radikalen ökologischen Wende vor Massenprotesten ins maledivische Exil flüchten. Sein hungerndes und wütendes Volk stürmte zur gleichen Zeit einen seiner Paläste, um dort eine ausgelassene Poolparty zu feiern.
Laut eines Berichts des UN-Welternährungsprogramms über Sri Lanka sind 17 Prozent der Kinder unter fünf Jahren unterernährt, die Anzahl an Haushalten, die nicht über genügend Nahrungsmittel verfügen, hat sich im Vergleich zu 2019 verdreifacht. 2019 war unter dem Titel »Auf diese Weise werde ich mein Land bis 2025 reich machen« ein Essay Rajapaksas auf den Seiten des Weltwirtschaftsforums erschienen. In dem mittlerweile gelöschten Text präsentierte der Hoffnungsträger seine Vision eines Sri Lankas nach dem Geschmack internationaler Investoren. Die angekündigten Reformen verschafften seinem Land einen beinahe perfekten ESG-Score von 98.1 (USA: 51).
Das Versprechen der Environment-, Social- and Social-Governance-Kriterien lautet, dass die Einbeziehung von Umweltschutz, sozialer Gerechtigkeit und gesellschaftlicher Verantwortung dabei hilft, langfristige Gewinne zu erzielen und neue Investitionsrisiken und -chancen zu erkennen. Und während das Unternehmen wächst und gedeiht und die Gewinne steigen, soll ganz nebenbei die Welt zu einem nachhaltigen, inklusiven und vielfältigen Ort werden. Die neue unsichtbare Hand des Kapitalismus ist grün.
ESG wurde 2004 auch außerhalb von Finanzkreisen bekannt, als die UN-Initiative Global Compact den von Großbanken in

Auftrag gegebenen Bericht »Who Cares Wins« veröffentlichte. In ihm werden Kriterien genannt, die Unternehmen helfen sollen, ihre Performance zu steigern und die »nachhaltige Entwicklung der Gesellschaften, in denen sie tätig sind« zu sichern. Progressive Ziele – nachhaltige Ressourcenplanung, Klimaschutz, Energieeffizienz, Diversität der Belegschaft, Arbeitnehmerrechte ... – sind zunächst von geschäftlichem Interesse. Gleichzeitig kritisieren manche ESG-Abtrünnige wie der Unternehmer Vivek Ramaswamy, dass große Vermögensverwalter nicht im Sinne der Anleger, sondern einer hyperliberalen Ideologie handeln.

In seinem Jahresbericht 2020 beschrieb der weltgrößte Vermögensverwalter BlackRock, wie er Unternehmen unter Druck setzt, die sich nicht ausreichend für »Vielfalt« oder Klimaschutz engagieren. Konkurrent State Street stimmte in vierhundert Fällen gegen Vorstände, denen es nicht gelungen war, ausreichend Frauen einzustellen. Das Finanzdienstleistungsunternehmen State Street setzt sich auch für ethnische Vielfalts-Quoten in Chefetagen ein. In einem Brief aus dem gleichen Jahr forderte Larry Fink, Vorstandsvorsitzender von BlackRock, alle US-Unternehmen dazu auf, sich die Pariser Klimaziele zu eigen zu machen. Dadurch sollen solche Unternehmen benachteiligt werden, die in der Schwerindustrie tätig sind oder fossile Energieträger extrahieren.

Ramaswamy kritisiert, dass die Verschiebung der treuhänderischen Verantwortung gegenüber Anteilseignern zu sogenannten »Stakeholdern« (potenziell die gesamte Gesellschaft) letztendlich zu einer Vergrößerung der Manager-Macht führt. Die Befürchtung, dass Vermögensverwalter ideologische Dogmen vor die Interessen ihrer Anleger (darunter Millionen von Einzahlern in die Rentenkassen) stellen, hat mehrere amerikanischen Bundesstaaten dazu veranlasst, Anti-ESG-Gesetze zu erlassen.

Für Sri Lanka kam der organisierte Widerstand gegen ESG-Dogmen leider zu spät. Das Land muss den Entwicklungsstand, den es vor seinem grünen Experiment erreicht hatte, mühsam wieder

aufbauen und hoffen, dass die Manager der Nachhaltigkeit in Zukunft an ihm vorbeiziehen.
Die Geschichte des Niedergangs Sri Lankas enthält Figurenarsenal, Dramaturgie, Ton und Thema des Öko-Regimes in nuce. Ein Land, das sich nach mühevollen Jahren ein bescheidenes Maß an Wohlstand und Sicherheit erarbeitet hat, gerät in den Bann hyperliberaler Ideologen, wird einem Programm radikaler Transformationen unterworfen und fällt zurück in Armut und Chaos. Von Reisfeld zu Reisfeld in drei Generationen, wie das japanische Sprichwort lautet.
Experten, die zur Mäßigung aufrufen und vor den Folgen radikaler Schritte warnen, werden kaltgestellt, während Konformisten, Widergänger Trofim Lyssenkos (sowjetischer Agrarwissenschaftler mit großem Einfluss unter Stalin, dessen Anwendung seiner pseudowissenschaftlichen Theorie des Lyssenkoismus zu Missernten und zur Verschärfung von Hungersnöten führte.) und Propheten des Untergangs ihre Botschaften, von einflussreichen und finanzstarken Organisationen unterstützt, unters Volk bringen. Utopisches Denken, Dezisionismus (Theorie, die weniger den Inhalt einer Entscheidung für wichtig hält als die Entscheidung an sich), Machbarkeitswahn, progressiver Narzissmus und autoritäre Lösungen dominieren, während demokratisches Abwägen, Aushandeln und behutsame Reformen als träge, feige oder unzeitgemäß denunziert werden.

Grüne Deals und Klassenkampf

Nicht anders als beim Vielfalts-Regime nehmen die Vereinigten Staaten auch im Hinblick auf die Entwicklung eines Öko-Regimes eine führende Rolle ein, obwohl der Abstand zu Deutschland hier geringer ist. Wir hatten das Glück, mit dem Stadtplaner und laut der *New York Times* »Über-Geographen« Joel Kotkin über Geschichte und Zukunft des Öko-Regimes in Nordamerika sprechen zu können. Dabei interessierte uns vor allem seine

Darstellung aktueller klimapolitischer Maßnahmen als »Klassenkampf« gegen die Mittelschicht und die Folgen des sogenannten Green Deals.
In seinem Buch »The Coming of Neo-Feudalism: A Warning to the Global Middle Class« und in zahlreichen Essays beschreibt Kotkin, wie die soziale und wirtschaftliche Nachkriegsordnung ins Wanken gerät und eine neue Klassenstruktur entsteht:

> »Diese sich herausbildende Klassenstruktur entspricht, wenn auch mit weitaus weniger Hungersnot, den Mustern des Mittelalters, wobei jede Klasse unterschiedliche soziale Funktionen und festgelegte wirtschaftliche Aufgaben wahrnimmt. In dieser neuen Ordnung gibt es zwei aufsteigende Klassen: die Oligarchen und den Klerus. Und es gibt zwei Klassen, die darum kämpfen, den aufsteigenden Klassen zu dienen und für sich selbst einen angemessenen Lebensstandard aufrechtzuerhalten: die Freisassen und die neuen Leibeigenen.«

Zu den neuen Oligarchen gehören u. a. die großen IT-Konzerne wie Apple, Facebook, Amazon, Microsoft und Google, die allein in den ersten vier Lockdown-Monaten Gewinne von rund 250 Milliarden US-Dollar erzielt haben. Der Klerus repräsentiert die Schicht der Manager im Sinne James Burnhams, die vor allem mit Informationen und Symbolen arbeitet und in den Bereichen Bildung, Forschung, Medien, Finanzen oder Unterhaltung tätig ist.
Unter den neuen Freisassen versteht Kotkin die Mittelschicht, die durch Hauserwerb, eine sichere und gut bezahlte Anstellung und durch Bildung sozial aufsteigt und am amerikanischen Traum teilnimmt. Angesichts der Auslandsverlagerung, der zunehmenden Automatisierung, der rapide abnehmenden Quote an Eigentümern und der ausländischen Konkurrenz ist dieser Teil der Bevölkerung, der gegenwärtig noch rund die Hälfte der

Bevölkerung ausmacht, dabei zu schrumpfen. Es ist diese Schicht, die laut Soziologen die Demokratie stabilisiert, sozialen Aufstieg und Partizipation ermöglicht und ein hohes Maß an Gleichheit gewährleistet.

Wie ihre mittelalterlichen Vorgänger zeichnen sich die neuen Leibeigenen dadurch aus, dass ihre Marginalisierung von Dauer ist. Sie sind häufig verschuldet oder leben von Sozialhilfe, gehen schlecht bezahlten und unsicheren 3D-Jobs (dirty, dangerous and demanding) nach und stellen einen Großteil derjenigen, die an sogenannten »Krankheiten der Verzweiflung« zu Grunde gehen (2021 starben über 100 000 Amerikaner an einer Überdosis, häufig von Schmerzmitteln). Der Besitz eines Eigenheimes, das nicht nur eine große symbolische Bedeutung hat, sondern auch den Aufbau intergenerationellen Wohlstands ermöglicht, ist ihnen versperrt, weshalb sie ihren Status weiter vererben und so ein dauerhaftes, vom Staat zu verwaltendes Lumpenproletariat bilden. Ein konstanter Zustrom an billigen Arbeitskräften aus dem Ausland erhöht die Konkurrenz und verschlechtert dadurch ihre Verhandlungsposition zusätzlich. Längst gehören auch Personen mit akademischen Titeln dazu.

Was Oligarchen und Klerus, die ansonsten durch große Reichtumsunterschiede getrennt sind, eint, sind ideologische Vorlieben, die als Ausweis des sozialen Status und der Distinktion gegenüber den unteren Klassen dienen. Zu diesen Vorlieben, die der Autor Rob Henderson auch »Luxusglaubenssätze« nennt, gehören zum einen das Bekenntnis zu Globalisierung, liberaler Identitätspolitik und Masseneinwanderung und zum anderen die Ablehnung von Nationalstaat, Grenzen, Patriotismus, traditionellem Familienbild und westlicher Kultur. Die gegenwärtig wichtigste Weltanschauung, die Oligarchie und Klerus zusammenführt, ist das »Öko-Regime«, das mit Doktrinen von Nachhaltigkeit, Nullwachstum (oder grünem Wachstum), Nullemissionen, urbaner Verdichtung und allerlei grünen Vorstellungen in den Bereichen

Energie, Transport, Verkehr, Konsum, Nahrung, Wohnen oder Reisen verbunden ist.

In diesem Zusammenhang hat sich die Biden-Administration ambitionierte Ziele gesteckt, die denen der Europäischen Union in nichts nachstehen: 100 Prozent »saubere« Energie bis 2035 und eine landesweite Nullemission bis 2050. Die globale Umstellung auf Net-Zero könnte laut einer Studie von McKinsey & Co. pro Jahr rund 6 Billionen US-Dollar verschlingen – etwa ein Drittel der weltweiten jährlichen Steuereinnahmen.

In dem Budget noch nicht enthalten sind die Kosten, die durch die volatile Stromversorgung in der Übergangszeit entstehen und die vor allem arme Menschen und Kleinunternehmer treffen. Der Preis der zunehmenden Abhängigkeit gegenüber ressourcenreichen Despotien (China) oder Ländern, die Weltmarktführer in grünen Technologien wie Solarenergie, Windkraft, Lithium-Akkus oder Elektrofahrzeugen sind (ebenfalls China), lässt sich ebenso schwer berechnen wie die Marktnachteile, die durch die Umstellung auf erneuerbare Energien entstehen.

US-Schatzmeisterin Janet Yellen beschrieb den Klimawandel als »größte ökonomische Gelegenheit unserer Zeit«. Das trifft sicherlich für Investoren zu, die in staatlich geförderte, häufig in China beheimatete grüne Unternehmen (etwa den Autobauer BYD) investieren. Und das kommunistische China, das Unternehmen zur Einrichtung von Parteizellen, zum Studium des »Xi-Jinping-Denkens« und zur Gleichschaltung mit den Staatszielen verpflichtet, darf sich eines baldigen strategischen Vorteils freuen: Mit zunehmender Herausbildung des Öko-Regimes gerät der Westen in eine Abhängigkeit gegenüber Xi Jinping, wie zuvor Deutschland gegenüber Putin.

Es ist nicht lange her, dass US-Präsident Trump vor der UN-Vollversammlung für seine Kritik an der kopflosen Energiepolitik der schwarz-roten Regierung von Außenminister Heiko Maas und dessen Entourage ausgelacht wurde. Auch heute weigern sich die

Anhänger der grünen Transformation, ihr Projekt als Transfer von ökonomischer und folglich politischer Macht an einen totalitären Staat zu sehen, der noch dazu mehr Treibhausgase emittiert als sämtliche entwickelten Länder zusammengenommen. Dass der größte Umweltsünder der Welt zum Motor des Öko-Regimes geworden ist, ist eine der feinen Ironien des heutigen Hyperliberalismus. »Klares Wasser und grüne Berge sind Berge aus Silber und Gold«, versprach Xi Jinping 2021 auf der Biodiversitätskonferenz der Vereinten Nationen. Sein westlicher Partner setzt lieber auf Nullwachstum und Verzicht – zumindest für die Massen.

Austin Williams, der Autor von »Enemies of Progress: Dangers of Sustainability«, bezeichnet den modernen Nachhaltigkeitsgedanken als eine Form von Misanthropie, da der den Menschen weniger als Staatsbürger, sondern als Emittenten von Treibhausgasen, als ökologischen Schädling, sieht. Für Kotkin ist das Öko-Regime zunächst eine soziale Konfrontation im Sinne des bekannten grünen Investors Warren Buffett: »Selbstverständlich gibt es einen Klassenkampf, und es ist meine Klasse, die Klasse der Reichen, die ihn führt und gewinnt.« Insofern ist es nicht »der Mensch«, der stört, sondern nur seine Erscheinung als Mittelschicht und Lumpenproletariat. Das entstehende Öko-Regime stellt ihnen vor allem eine Verschlechterung der Lebenssituation in Aussicht: steigende Energiepreise, die sich auf so ziemlich jedes Produkt und jede Dienstleistung auswirken, Ballung von Wohnraum in Großstädten und die Verkleinerung der Wohnfläche nach den Prinzipien der »urbanen Verdichtung«, Steuerung des Konsumverhaltens durch künstliche Verteuerung »schmutziger« Produkte und Dienstleistungen.

Die massive Förderung von Elektrofahrzeugen und der für sie nötigen Infrastruktur ist ein massives Subventionsprogramm für die oberen Schichten. Für die Klassen im wirtschaftlichen Niedergang, die sich die teuren und im ländlichen Raum unpraktischen Autos nicht leisten können, wird der Individualverkehr zunehmend verunmöglicht, denn immer mehr Bundesstaaten folgen dem Beispiel Kaliforniens, das den Verkauf von klassischen PKWs nach 2035 verboten hat. Die Umstellung auf E-Autos wird aller Voraussicht nach auch nicht zu einem Boom »grüner Jobs« führen, denn die Produktion findet längst andernorts statt. Laut McKinsey werden mittelfristig 30 Prozent aller Arbeitsplätze in der amerikanischen Autoindustrie wegfallen. Rund zwei Drittel aller neu geschaffenen Jobs sind solche im schlecht bezahlten und unsicheren Dienstleistungssektor.

Zudem erschweren die zahlreichen grünen Regulationen und von ideologischen Behörden aufgestellten bürokratischen Hürden den Aufbau einheimischer Kapazitäten. Auch das ist ein Grund für den massenhaften Exodus von Privatpersonen, Investoren und Unternehmen aus Kalifornien, dem Mekka des Öko-Regimes, in unternehmerfreundliche Bundesstaaten wie Texas. 2022 ist der Golden State, der Inbegriff des amerikanischen Drangs nach Westen, um fast 350 000 Menschen geschrumpft. Kalifornier fliehen vor der steigenden Kriminalität und der Verwahrlosung von Städten, die in fossilen Zeiten nicht nur als Traumorte galten, sondern es für Millionen auch waren. Was sie ebenso aus dem Golden State treibt, sind inkompetente Behörden, ideologisierte Schulen und grüne Landnutzungsgesetze, die den Bau von Einfamilienhäusern verbieten (gut für Besitzstandswahrer mit Eigentum, schlecht für Menschen, die vom Leben in der familienfreundlichen Suburb träumen). 2019 erfuhr Kalifornien rund 25 000 Blackouts. Kaum hatte Gouverneur Gavin Newson das Verbot von Autos mit Diesel- oder Benzinantrieb verkündet, musste er an die Bevölkerung appellieren, aus Gründen der Stromknappheit ihre E-Autos nicht aufzuladen.

Woraus Kotkin Hoffnung schöpft, ist die allgemeine Unbeliebtheit des Öko-Regimes, das außerhalb der Küstenmetropolen und Universitätsstädte stetig an Anhängern einbüßt. Wer in einer Fabrik arbeitet, einen Laster fährt oder in der Landwirtschaft tätig ist, sieht die Energiewende vor allem als existenzbedrohend. Laut einer Umfrage von Monmouth sieht lediglich ein Prozent der befragten Arbeiter den Klimawandel als drängendes Problem an. Ein vollständiges Fracking-Verbot würde laut einem Bericht der amerikanischen Handelskammer rund 14 Millionen Jobs kosten. Die Folgen des Öko-Regimes sind auch nicht auf den Westen beschränkt. In Entwicklungsländern, wo rund 3,5 Milliarden Menschen keinen gesicherten Zugang zu Elektrizität haben, setzen die reichen Geberländer ebenfalls auf erneuerbare Energien, ökologischen Landbau und »Nachhaltigkeit«. Der von der EU beschlossene CO2-Zoll (der von manchen auch als Form des Protektionismus beschrieben wird) droht afrikanische Produzenten komplett vom europäischen Markt abzuschneiden. Es sollte niemanden überraschen, dass sich immer mehr arme Länder von westlichen Nationen und ihren ideologischen Entwicklungsprojekten ab- und aufstrebenden Mächten wie China und Russland zuwenden, die Modernisierung ohne Belehrung versprechen. Die grüne Hybris könnte dazu führen, dass der Westen den Rest Einfluss, den er noch in Afrika, Asien und Lateinamerika besitzt, vollends verliert. Immer häufiger wird dort der Vorwurf des »grünen Imperialismus« erhoben.

Absolution zum Preis einer Kugel Eis

»Wir haben gerade noch fünf bis sieben Jahre Zeit.«
Felix Matthes, Forschungskoordinator im Öko-Institut, 2010

»Ein Top-Wissenschaftler warnt, dass der Klimawandel die gesamte Menschheit auslöschen wird, wenn wir in den nächsten fünf Jahren nicht auf fossile Energien verzichten werden.«
Greta Thunberg, Kind, 2018

»Die Welt wird in zwölf Jahren untergehen, wenn wir nichts gegen den Klimawandel unternehmen.«
Alexandria Ocasio-Cortez, US-amerikanische Politikerin der Demokratischen Partei, 2019

Kalifornien mag das weltweite Öko-Regime anführen, aber dem Bundesstaat, dessen offizielles Motto »Eureka!« lautet, stehen weitere 49 gegenüber, deren Verständnis von Klimaschutz, Wirtschaft und Staat sich nicht immer mit den Anforderungen des Öko-Regimes deckt. Nicht wenige haben sich bereit erklärt, die kalifornischen »geknechteten Massen, die sich nach Freiheit sehnen« (so steht es im Sonett von Emma Lazarus auf dem Sockel der Freiheitsstatue), mit offenen Armen aufzunehmen. Die Flucht reicher Individuen und Unternehmen aus Kalifornien, dem Staat mit der höchsten Armutsrate des Landes, in den weniger liberalen Osten wird deutliche Spuren hinterlassen. Selbst kreative Lösungen wie eine Sondersteuer, die auch Weggezogene bezahlen sollen, werden kaum ausreichen, um die angekündigten staatlichen Programme zu finanzieren. Die aktuell debattierte Entschädigung von Afroamerikanern für vergangenes Unrecht stünde laut Ökonomen mit über 800 Milliarden US-Dollar zu Buche.

Was die mit Fanfaren angekündigten Programme zur Transformation von Energie, Transport, Wohnen usw. kosten werden, vermag niemand genau zu sagen. Dem 2021 verabschiedeten California Climate Commitment wurden zumindest 54 Milliarden US-Dollar zur »Bekämpfung des Klimawandels« bewilligt. Vielleicht führt das gegenwärtige Loch im Haushalt von 31 Milliarden US-Dollar (2022 gab es noch ein Plus von 100 Milliarden!) ja dazu, dass der hyperliberale Gouverneur Gavin Newson einlenkt. Die Laufzeitverlängerung des Diablo-Canyon-Kernkraftwerks scheint dafür zu sprechen. Dass leere Kassen, Emigration und Blackouts nicht gut beim Wähler ankommen, dürfte auch der als demokratischer Präsidentschaftskandidat gehandelte Newson wissen.

Und Sri Lanka? Im Inselstaat gibt es kein Silicon Valley, keine global führende Tech-Industrie, deren Steuern die Kosten des Öko-Regimes auffangen könnten. Präsident Rajapaksa konnte noch ein Programm für Hilfsgüter, Lohnzahlungen und den

Import von Düngern aufsetzen, bevor er vor dem Volkszorn floh und schließlich im Juli 2022 zurücktrat. Der Ex-Präsident und zahlreiche seiner Familienmitglieder wurden vom Obersten Gerichtshof Sri Lankas als verantwortlich für die schwerste Wirtschaftskrise seit der Unabhängigkeit schuldig gesprochen.

In Kalifornien bleibt ein totgesagter Reaktor am Netz und in Sri Lanka erhebt sich die Bevölkerung gegen die autoritäre Agrarwende. Sie sind nicht allein. Allem Anschein nach stehen wir vor einer echten Renaissance der Atomkraft. Frankreich plant den Bau eines Kraftwerks pro Jahr, Italien, das nach einer Volksabstimmung 1986 aus der Kernenergie ausgestiegen war, hat den Wiedereinstieg angekündigt, und selbst das EU-Parlament hat für die Aufnahme von Kernkraft in seine Taxonomie »grüner« Investitionen gestimmt. Fast 200 neue Reaktoren befinden sich weltweit im Bau oder in Planung, die meisten in Asien.

Nur Deutschland, das Land, das in der Vorstellung mancher Ausländer und in Memes immer noch als Heimat fleißiger, erfinderischer und glücklicher Ingenieure, Konstrukteure und Planer gilt, hat sich dafür entschieden, die laut Wall Street Journal »dümmste Energiepolitik der Welt« stur fortzusetzen. Was außerhalb der Landesgrenzen gedacht wird, scheint den Architekten und Profiteuren der Energiewende ebenso egal zu sein wie das, was einheimische Kritiker denken. Das Richard Wagner zugeschriebene Bonmot »Deutsch sein heißt, eine Sache um ihrer selbst willen tun« kommt einem in den Sinn, aber der seit Jahrzehnten währende Kampf gegen die Atomkraft wird längst nicht von allen Deutschen und häufig auch nicht aus irregeleitetem Altruismus geführt. Als 2022 nur noch drei Atomkraftwerke am Netz waren, ergab eine Umfrage der ARD, dass die übergroße Mehrheit (59 Prozent gegenüber 34 Prozent) gegen den Ausstieg war.

Wenig später erhielt die breite Öffentlichkeit einen Blick in ein mediales, soziales und politisches Netzwerk, dessen materielle Interessen sich immer mit denen des Klimas oder des Planeten zu decken scheinen. »Die Eule der Minerva beginnt erst mit der einbrechenden Dämmerung ihren Flug«, schrieb Hegel. Kam auch in diesem Fall die Erkenntnis zu spät?

»Berlin ist eine NGO, die einen Staat besitzt«, könnte man in Anspielung an ein Bonmot vom Comte de Mirabeau sagen. Und die Fusion zwischen dem als Zivilgesellschaft geadelten Sektor und Parteien, Behörden und Medien ist seit der Bildung der Ampel-Koalition weiter vorangeschritten. Weil sich dieser Vorgang als Voranschreiten von Vernunft, Wissenschaft und Klimaschutz präsentiert, versagen auch die sonst so lauten Warner vor dem demokratiezersetzenden Lobbyismus.

Die deutsche Organisation LobbyControl etwa, die sich »für Transparenz, eine demokratische Kontrolle und klare Schranken der Einflussnahme auf Politik und Öffentlichkeit« einsetzt. Negative Auszeichnungen verlieh sie in der Vergangenheit vor allem an Autohersteller, Energieunternehmen, Banken, die Atom- und die Agrarwirtschaft; die üblichen Schurken des Kapitalismus sozusagen.

Mit der »Einflussnahme auf Politik« durch NGOs scheint LobbyControl keinerlei Problem zu haben, ganz im Gegenteil. Als die frühere Greenpeace-Chefin Jennifer Morgan von Außenministerin Annalena Baerbock nach einer Blitzeinbürgerung zur Staatssekretärin und Sonderbeauftragten für internationale Klimapolitik ernannt wurde – das dürfte das deutsche Äquivalent zum amerikanischen »Klima-Zar« sein – , frohlockten die Anti-Lobby-Warner: »Mit der Personalie Jennifer Morgan sendet die Außenministerin das Signal, dass konsequenter Klimaschutz künftig oberste Priorität hat, was bisherigen Ankündigungen der Grünen entspricht.«

Mit der Ernennung Morgans gab das grüne Außenministerium der Bevölkerung zu verstehen, dass die Zeit des Abwägens, des rationalen Diskurses und der Offenheit vorbei ist. Die Aktivistin hatte sich deutlich gegen Fracking (»Das ist ausgeschlossen«)

und Atomkraft ausgesprochen und auf dem Weltwirtschaftsforum dazu geraten, die Pandemie als »Rest-Button« zu nutzen. Für die Flutkatastrophe im Ahrtal machte sie nicht etwa inkompetente Beamte wie die rheinland-pfälzische Umweltministerin Anne Spiegel (»Bitte noch gendern: CampingplatzbetreiberInnen. Ansonsten Freigabe.«) verantwortlich, sondern den Klimawandel. Und was genetisch veränderte Produkte wie den bereits erwähnten Golden Rice angeht, scheint sie ganz auf der Linie Vandana Shivas (ein gern gesehener Gast auf grünen Parteitagen) zu sein: »Gentechnik verhindert ökologische Lösungen. Sie ist und bleibt ein Irrweg.« Die Kritik von Nobelpreisträgern scheint sie ebenso wenig zu kümmern wie diejenige Patrick Moores, eines Greenpeace-Gründers, der seiner früheren Organisation »Verbrechen gegen die Menschheit« vorwirft. Der Bevölkerung gibt Morgan mit auf den Weg, mehr über »gutes Leben« und weniger über »Geld und Einkommen« nachzudenken, denn der Lebensstil habe Folgen, »die man am Ende der Welt noch spürt«.

Dank der Recherchen des Wissenschaftsjournalisten Axel Bojanowski sind zumindest einige der abenteuerlichen Verbindungen und Machenschaften der »grünen Lobby« einer breiten Öffentlichkeit bekannt geworden. Der diplomierte Geowissenschaftler zeichnet die Geschichte von Initiativen, Thinktanks, Industrieverbänden und Stiftungen nach, die entweder im Verborgenen agieren oder sich als selbstlose Sachwalter des Planeten inszenieren. Wie Bojanowski zeigt, entspricht dieses Bild kaum der Wirklichkeit. Wichtige Gesetzesinitiativen aus dem Umweltministerium werden zur Begutachtung Umweltorganisationen wie Greenpeace, Germanwatch oder Agora Energiewende vorgelegt, während direkt betroffene Industrieverbände im Dunkeln bleiben müssen. Als 2019 der Ausstieg aus der Kohle besprochen wurde, wurden die Spitzen der grünen NGOs konsultiert, während die Kohleindustrie nicht einmal einen Platz am Katzentisch bekam.

Nichtregierungsorganisationen, die weniger die Interessen der Zivilgesellschaft als diejenigen des Staates vertreten, werden gemeinhin »GONGOs« (Government-operated non-governmental organizations) genannt. Es ist erstaunlich, dass weder ihre finanziellen Ressourcen noch ihre Nähe zur politischen Macht den Ruf der grünen Kolosse nachhaltig beschädigen konnten. Sie begleiten Mitglieder der Bundesregierung auf Auslandsreisen, schreiben Gesetzestexte mit und werden mit der Beschaffung von Gefälligkeitsstudien beauftragt.

Da sie längst die kulturelle Hegemonie in sämtlichen Fragen rund um den Klimawandel – Energie, Verkehr, Landwirtschaft, Ernährung, Transport, Heizen und Wohnen – erlangt haben, haben es andere Organisationen, die etwa stärker Wohlstandsverluste und Unsicherheiten in den Vordergrund rücken, schwer, am Diskurs teilzuhaben. Die Folge ist eine extreme Verengung, eine thematische positive Rückkopplung, die verhindert, dass wichtige Feedbacks durchdringen. Das Risiko einer fundamentalen Erschütterung durch das Auftreten eines unerwarteten oder nicht erwartbaren Ereignisses mit erheblichen Auswirkungen (sogenannte »graue Nashörner«, respektive »schwarze Schwäne«) steigt dadurch beträchtlich.

An der inhaltlichen Verengung des Umweltdiskurses nehmen auch die deutschen Medien im großem Umfang und voller Eifer teil. Nachdem beklagt wurde, das Thema »Klima« würde allzu stiefmütterlich behandelt, untersuchte die *Neue Zürcher Zeitung* die Berichterstattung der *ARD-Tagesschau* und stellte fest, dass kaum ein Thema häufiger behandelt wird. Wahre Randthemen seien viel eher Inflation, Wohnungsnot und Rentenangst. Laut dem Medienforscher Hans Mathias Kepplinger haben sich deutsche Medien nach 2011 auch zum Sprachrohr der Befürworter des Atomausstiegs gemacht. Das Magazin *Stern*, das Fridays for Future eine Ausgabe gestalten ließ, hat sich mit *Spiegel, taz, Deutsche Welle, Correctiv, Al Jazeera, Teen Vogue* und Hunderten von weiteren »Medienpartnern« der von milliardenschweren Stiftungen geförderten Initiative »Covering Climate Now« angeschlossen.

Damit die unfrohe Botschaft der »Klimakrise« noch dem letzten Bürger verkündet wird, wurde 2021 das »Netzwerk Klimajournalismus« ins Leben gerufen. Dessen Ziel besteht darin, ideologisch gefestigte Journalisten zu produzieren, die der »Klimakrise« den gleichen Stellenwert einräumen, den »Rassismus« bei den Neuen Deutschen Medienmachern hat. Bei Themen wie »Klimarassismus« (mit dem hat man es zu tun, wenn Nicht-Weiße von Umweltverschmutzung betroffen sind) oder der Dämonisierung des »globalen Nordens« ergeben sich sogar interessante Synergien mit den staatlich finanzierten antirassistischen Medienwächtern. Mit der »Klimakrise« verhält es sich wie mit dem »strukturellen Rassismus«. Genau wie dieser ist sie kein distinkter Gegenstand, über den nüchtern zu berichten wäre, sondern ein ideologischer Filter, der vor jedes andere Thema geschaltet werden soll: »Die Klimakrise ist kein Thema, sondern – analog zu Demokratie und Menschenrechten – eine Dimension jedes Themas.« In der Charta der Klimajournalisten heißt es raunend:

> »Die Abhängigkeit von fossilen Energien befeuert Kriege und Konflikte. Klimajournalismus macht das transparent und zeigt Wege zu globaler Klimagerechtigkeit auf. Er beleuchtet die Ursachen der gesellschaftlichen Ungleichheit und die Auswirkungen der Klimakrise entlang von Herkunft, Besitz, Geschlecht und weiterer relevanter Merkmale. [...] Kurzfristige ökonomische Interessen gefährden die mittel- und langfristigen Interessen der Menschheit und der Natur. Klimajournalismus vermeidet ›False Balance‹ und enthüllt die Ausweich- und Verschleierungstaktiken von Personen, Unternehmen und Organisationen.«

Auch das Bekenntnis Lorenz Beckhardts, Wissenschaftsredakteur beim WDR, in den *Tagesthemen* lohnt, umfangreich zitiert zu werden:

> »Ich hatte heute Abend ein schönes Stück Fleisch auf dem Grill. Das habe ich öfter. Und wenn ich beruflich reise, nehme ich zwar die Bahn, aber privat steige ich oft ins Auto oder ich fliege um den Globus, weil ich gerne tauche und Korallenriffe liebe. [...] Deshalb die Bitte: Macht Fleisch, Auto fahren und Fliegen so verdammt teuer, dass wir davon herunterkommen. Bitte! Schnell! Dann wählen wir auch euch alle.«

Nicht zu vergessen der Kommentar (ebenfalls in den Tagesthemen) von WDR-Redakteur Detlef Fritz:

> »Er ist da der Preisschock – gut so! Denn nur wenn Öl und Gas spürbar teurer werden, kriegen wir die Erderwärmung in den Griff. Mehr Windräder und Solarenergie? So lange können wir nicht warten. Wir sollten froh sein, dass wir gezwungen werden, Konsum und Produktion zu ändern.«

Besser könnte man die Gleichgültigkeit gegenüber den Leidtragenden der Klimapolitik (»kurzfristige ökonomische Interessen«) oder die Tabuisierung von Kritik (»False Balance«) nicht auf den Punkt bringen.

Eines der zentralen ideologischen Instrumente zur Herstellung einer empfangsbereiten Öffentlichkeit sind die sogenannten »Kipppunkte«. Als Jochem Marotzke, Klimatologe und Direktor am Max-Planck-Institut für Meteorologie, gefragt wurde, welcher Kipppunkt ihn am meisten besorgt, antwortete er schlicht »Keiner. [...] Dass sich diese Kipppunkte so prominent im Bewusstsein festgesetzt haben, führt zu übertriebener Sorge und letztlich dazu, dass man falsche Prioritäten setzt.« Und selbst der

UN-Klimarat macht sich der Verwendung von »Verschleierungstaktiken« schuldig, wenn er in seinem Klimabericht schreibt, es gebe nur »ungenügend Evidenz« für Kipppunkte. Dass diese dennoch als »Konsens« unter Wissenschaftlern erscheinen, liegt am Wirken der Klimajournalisten und ihren mächtigen Förderern. Der einflussreiche »Global Tipping Points Report« wird etwa von Jeff Bezos, dem Weltwirtschaftsforum und der Weltbank finanziert – was das Narrativ des Klima-Davids im Kampf gegen die übermächtige und skrupellose »Fossil-Mafia« nicht wirklich glaubhaft macht.

Wer rechtzeitig in grüne Aktien oder Windparks investiert hat, ein hochpreisiges E-Mobil fährt oder ein solarbestücktes Eigenheim besitzt, darf sich über die Adelung des eigenen Konsum- und Investitionsverhaltens als Kampf fürs Klima und die von unten nach oben umverteilten Subventionen freuen. Allen anderen bleibt nur noch der Weg des Verzichts, um nicht als Klimasünder geächtet zu werden.

Doch das Öko-Regime bietet noch einige weitere Vorteile für Menschen, die im weiten Klimafeld ein Auskommen suchen. Bücher mit apokalyptischem Titel (etwa »Die unbewohnbare Erde« von David Wallace-Wells) oder von liebgewonnenen Klimahelden wie Greta Thunberg oder Luisa Neubauer bringen ihren Autoren sichere Einnahmen wie zahlreiche öffentliche Auftritte. Und was in der medialen Darstellung oftmals als Graswurzelbewegung dargestellt wird, stellt sich häufig im Nachhinein als »Astroturf«, also Kunstrasen heraus. Wenn in westlichen Metropolen Kunstwerke beschädigt und Krankenwagen an der Weiterfahrt gehindert werden, sind häufig bezahlte Aktivisten am Werk, die sich ihre vermeintlich spontanen Protestaktionen vom kalifornischen Climate Emergency Fund finanzieren lassen.

Wer hingegen richtig Karriere machen möchte, tut gut daran, die im Niedergang begriffenen Verbände der fossilen Energie zu meiden, und stattdessen sein Glück in einer der zahlreichen Umwelt-NGOs, Thinktanks oder Interessenvertretungen der Erneuerbaren zu versuchen. Mit ein wenig Geschick und sozialem Kapital gelingt der Sprung von der Nichtregierung in die Regierung, wo man dann sein näheres Umfeld mit lukrativen Aufträgen versorgen kann. Siehe den Fall der Lobbyorganisation Agora Energiewende, deren Gründer Rainer Baake und Direktor Patrick Graichen zu mächtigen Staatssekretären aufstiegen, was ihnen großen Einfluss auf die bundesdeutsche Klimapolitik verschaffte.

Als Graichen seinen Schulfreund und Trauzeugen in den Aufsichtsrat der Deutschen-Energie-Agentur, eines Unternehmens des Bundes zur Förderung der Energiewende, hieven wollte, nahm die sogenannte »Trauzeugenaffäre« ihren Lauf. Dabei erfuhr die Öffentlichkeit, dass Geschwister von Graichen beim privaten Öko-Institut beschäftigt waren, das ebenfalls finanziell von verschiedenen Ministerien abhing. Bevor Graichen aufgrund öffentlichen Drucks geschasst wurde, konnte er noch ein Projekt des Berliner Landesverbandes des BUND für förderwürdig erklären. Vorstandsmitglied und Landesvorsitzende: Seine Schwester Verena Graichen. 2018 erhielt Graichen, dessen Dissertation von mehreren Gutachtern als Plagiat eingestuft wurde, die Auszeichnung »Energiemanager des Jahres«. Der Agora Energiewende hat es nicht geschadet. Sie wurde kürzlich um die Agora Industrie, die Agora Verkehrswende, die Agora Agrar und die Agora Digitale Transformation erweitert.

Das unglückliche Ausscheiden Patrick Graichens dürfte dem Öko-Regime nur einen kurzen Schrecken eingejagt haben. An der Dominanz der bestehenden ideologischen Apparate dürfte dies wenig ändern, werden diese doch nicht nur von staatlichen Stellen – also mit dem Geld der Bürger – gefördert und finanziert, sondern ebenso von den weltgrößten Stiftungen (Bloomberg, Ikea, Mercator, Gates ...). Ein Fall, den Bojanwoski für sein Dossier über grünen Lobbyismus beschreibt, legt eine weitere

Geschäftspraxis der Klimaretter offen: die Verbandsklage. Im geschilderten Beispiel droht der Naturschutzbund (NABU) einem Windparkbetreiber mit einer Klage wegen drohender Schäden an der Vogelpopulation. Durch die Zahlung einer halben Million Euro an den NABU entgeht der Betreiber der Klage. Zum gleichen Zeitpunkt erklärt die Umweltorganisation Windkraft für unbedenklich und setzt sich mit ihrem Strategiepapier »Vogelfrieden« für den Ausbau der Windkraft ein.

Gemäß der Satzung des Bundesverbandes der Windenergie geht das gesamte Vermögen nach Verbandsauflösung an den BUND. Der heutige Staatssekretär im Bundesministerium für wirtschaftliche Zusammenarbeit und frühere Staatssekretär im Bundesumweltministerium Jochen Flasbarth war bis 2003 Präsident des NABU. Die Verbindungen zwischen Ministerien, Industrie und NGOs sind ebenso verschlungen und abenteuerlich wie die ideologische Vermengung von Kolonialismus, Rassismus, Sexismus und Klima.

Für den wissenschaftlichen Klang der Klima-Ideologie sorgen Forschungsinstitute und einige telegene Wissenschaftler des Potsdamer Instituts für Klimafolgenforschung (PIK). Wenn Greta, Rezo und die üblichen »Influencer« die eschatologische Kunde via Tiktok und öffentlichem Rundfunk ins Kinderzimmer senden, können sie sich auf den PIK-Gründer Hans Joachim Schellnhuber beziehen, der bereits 2007 im Pathos eines Extinction-Rebellion-Propheten warnte: »Schafft es die Menschheit nicht bis zum Jahre 2020, den Treibhauseffekt zu stoppen, löscht sie sich selbst aus – unter entsetzlichen Qualen.« Unter Schellnhubers Leitung, der als einer der Begründer des Kipppunkte-Memes gilt, forderte das PIK auch eine »globale Kulturrevolution«. (Die auf das Staatsgebiet Chinas begrenzte Kulturrevolution mit ihren Umerziehungsmaßnahmen und endlosen Mobilisierungen dauerte zehn Jahre und kostete Millionen von Menschenleben. Zahlreiche Grüne der ersten Stunde wie Jürgen Trittin, Antje Vollmer oder Winfried Kretschmann waren einst glühende Anhänger des Massenmörders Mao.)

Warum gemäßigte Meteorologen, Physiker und Geographen oder gar Klimaökonomen so selten zu hören sind, liegt nicht daran, dass Schellnhuber et al. den »Konsens« der Wissenschaft verkörpern, sondern ergibt sich aus der geschlossenen Logik des deutschen Öko-Regimes. Diese erklärt auch, warum Fracking hier verboten ist, obwohl die USA rund 80 Prozent ihre Erdgases auf diese Art gewinnen und selbst die von der Bundesregierung eingesetzte Expertenkommission grünes Licht gab: »Heutzutage kann man Fracking mit einem vertretbaren Restrisiko machen.« Und während der Bundesminister für Wirtschaft und Klimaschutz Robert Habeck erklärt, das gesamte Für und Wider des Atomausstieges nach bestem Wissen und Gewissen und unter Einbeziehung von Experten abgewogen zu haben, stellen Untersuchungen von *WELT* und *Cicero* fest, dass Habeck »gegen die Einschätzung der eigenen Fachleute handelte«. Die ausgewerteten amtlichen Schriftstücke legen den Verdacht nahe, dass das gewünschte Ergebnis bereits vor der Prüfung des Sachverhalts – und ohne Konsultation mit den AKW-Betreibern oder der Bundesnetzagentur – entschieden war. Die Kraftwerke wurden – basta! – runtergefahren. Zu unsicher, zu teuer, zu uneffektiv. Dabei hatte die Bundesnetzagentur den Betrieb als unbedenklich eingeschätzt und die Wirtschaftswissenschaftlerin Veronika Grimm ausgerechnet, die verbleibenden Reaktoren könnten den Strompreis um bis zu zwölf Prozent senken. Auch die bis zu 30 Millionen Tonnen CO2-Einsparungen durch den weiteren Netzbetrieb fanden keinen Eingang in Habecks Memento mori der deutschen Atomkraft.

Umweg am Gesetzgeber vorbei

Wozu die Protagonisten des Öko-Regimes – ob sie nun als Oligarchen, Klerus oder Freisassen, um die Begriffe Joel Kotkins nochmal aufzugreifen, handeln – fähig sind, kann man aus den weiter oben zitierten Äußerungen Lorenz Beckhardts, Detlef Fritz' und Jennifer Morgans erahnen. Es fehlt wahrlich nicht an Akteuren, die bereit sind, dem Volk vorzurechnen, mit welchen »Klimafolgen« sein Wohnen, Fahren, Essen, Reisen, Genießen, schlicht seine Existenz verbunden ist. Gibt es auch nur eine Freiheit, die sich nicht in CO2 aufrechnen ließe?

Dass sich das Öko-Regime kaum durch Abwahl der grünen Parteien abwickeln lassen wird, hat das sogenannte Klima-Urteil des Bundesverfassungsgerichts vom 24. März 2021 bewiesen. Damit urteilte es im Sinne der Kläger (die dabei von den üblichen GONGOs und Verbänden unterstützt wurden), die das Klimaschutzgesetz von 2019 als nicht ausreichend ansahen. In der Pressemitteilung des Gerichts heißt es folglich:

> »Künftig können selbst gravierende Freiheitseinbußen zum Schutz des Klimas verhältnismäßig und verfassungsrechtlich gerechtfertigt sein; gerade deshalb droht dann die Gefahr, erhebliche Freiheitseinbußen hinnehmen zu müssen.«

Und weiter:

> »Die nach 2030 verfassungsrechtlich gebotene Treibhausgasminderungslast wird erheblich sein. Ob sie so einschneidend ausfällt, dass damit aus heutiger Sicht unzumutbare Grundrechtsbeeinträchtigungen verbunden wären, lässt sich zwar nicht feststellen. Das Risiko gravierender Belastungen ist jedoch hoch und kann mit den künftig betroffenen Freiheitsgrundrechten nur in Einklang gebracht werden, wenn dies mit Vorkehrungen zur grundrechtsschonenden Bewältigung der nach 2030 drohenden Reduktionslast verbunden ist. Das verlangt auch, den Übergang zu Klimaneutralität rechtzeitig einzuleiten.«

Der deutsche Staat kann sich auch nicht mit dem Hinweis rausreden, dass der eigene CO2-Ausstoß im Großen und Ganzen irrelevant ist und dass jeder nicht verbrannte fossile Energieträger dann eben via Indien oder China in die Atmosphäre gelangt, denn der Staat darf »sich seiner Verantwortung nicht durch den Hinweis auf die Treibhausgasemissionen in anderen Staaten entziehen«.

Auch die berühmten Kipppunkte fanden Eingang ins Urteil. Manche nennen das grüne Symbolpolitik, man könnte aber auch von der Krönung jahrzehntelanger ökoliberaler Agitation und Subversion sprechen.

Der Staatsrechtler Sebastian Müller-Franken sieht in dem Urteil den Versuch der Grünen, nach der gescheiterten Grundgesetzänderung von 2018 die Pariser Klimaziele verfassungsrechtlich festzuschreiben. Der Bundestag wollte bei der Verfassungsänderung nicht mitgehen, also nahm man den Umweg am Gesetzgeber vorbei. Der bestehende Umweltschutzartikel aus dem Jahr 1994 wird so interpretiert, dass er Klimaneutralität als Ziel formuliert. Mit welchen anderen Zielen diese Klimaneutralität auf dem Weg ins Öko-Regime noch in Konflikt geraten wird, wird sich zeigen.

Fazit

»Die Gedanken der herrschenden Klasse sind in jeder Epoche die herrschenden Gedanken«, schrieben Marx und Engels vor über 170 Jahren in »Die deutsche Ideologie«. Die Gedanken der Herrschenden im 21. Jahrhundert kreisen nicht mehr bloß um die Steigerung der Produktivkräfte oder die Erschließung neuer Märkte, sondern immer öfter um die Rettung des ganzen Planeten – und wenn es dem einen oder anderen Investoren darüber gelingt, seinen Reichtum zu mehren (etwa dank staatlicher Subventionen grüner Technologien, günstiger Steuern oder kostenlosem Marketing), umso besser. Für die schrumpfende Mittelschicht bedeutet all das nichts Gutes. Sie empfindet die »Klimamaßnahmen« zunehmend als autoritär verordnete Kampagnen, die Austerität als wünschenswerten Dauerzustand propagieren. Mittels internationaler Gedenktage wie dem Earth Day, Dokumentationen, Zeitungsberichten (Associated Press und *National Public Radio* haben eigene »Klimajournalisten«, die von der Rockefeller Stiftung finanziert werden), medial geförderter Studien und bewegender Ansprachen von »Klimazaren« wird versucht, auch denjenigen Teil der Bevölkerung zu überzeugen, dem die Radikalkur am meisten zusetzt. Das erinnert bisweilen an die staatlichen Massenmobilisierungen in realsozialistischen Nationen mit ihren Parolen, Helden, Schlachten und umgeschriebenen Geschichten.

Wie viele der Menschen, die mitmarschieren, dies tatsächlich aus Überzeugung tun oder sich nur wie der konformistische Gemüsehändler aus Václav Havels »Die Macht der Ohnmächtigen« verhalten, können wir nicht sagen. Es lässt sich aber feststellen, dass die Folgen der grünen Agenda längst spürbar sind und bei großen Teilen der Bevölkerung auf zunehmenden Widerwillen stoßen. »Die Elite sorgt sich um das Ende der Welt, während wir uns um das Ende des Monats sorgen«, wie es die französischen Gelbwesten treffend formulierten.

Doch während sich zahlreiche Länder wieder von utopischen grünen Dogmen verabschieden und die Errichtung einer zukunftssicheren Infrastruktur in den Vordergrund rücken, scheint Deutschland darum bemüht zu sein, weiter einem Sonderweg zu folgen. Die Ziele, die es sich gesteckt hat, wird es als liberale Demokratie nie erreichen können – wenn überhaupt. Es wundert daher nicht, dass über das parlamentarische System in einer Sprache gesprochen wird, die an die Weimarer Republik erinnert: zu träge, zu wenig flexibel, zu wechselhaft. Zumindest Eric Heymann, ein Analyst der Deutschen Bank mit Klima-Schwerpunkt, macht sich ehrlich:

»Alternativ oder als Ergänzung bräuchte man kräftige ordnungspolitische Eingriffe. Ich weiß, Ökodiktatur ist ein böses Wort. Aber wir müssen uns wohl oder übel fragen, welches Maß an Ökodiktatur (Ordnungsrecht) wir für akzeptabel halten, um uns dem Ziel der Klimaneutralität zu nähern. Eine ganz praktische Frage illustriert das: Was machen wir, wenn Hauseigentümer ihre Häuser nicht in Nullemissionshäuser umwandeln wollen oder sie dafür die finanziellen Mittel nicht haben oder wenn dies technisch nicht möglich ist oder wenn sich das für den Eigentümer nicht rechnet?«

Dito die taz-Redakteurin Ulrike Herrmann:

»Meine Idee ist, dass man es so macht, wie die britische Kriegswirtschaft ab 1939.«

Und den Kleinen sei das Wimmelbilderbuch von Andrea Paluch, der Frau von Robert Habeck, empfohlen. Es trägt den sprechenden Titel »Die besten Weltuntergänge« und erklärt den jungen Lesern in leichter Sprache, dass ihre Zukunft aus Vertrocknen, Ersticken, Ersaufen oder Krankheit bestehen wird. Dann doch lieber Öko-Diktatur.

5. Transhumanismus-Regime

»Lehre uns bedenken, dass wir sterben müssen, auf dass wir klug werden.«
Psalm 90,12 Lutherbibel 2017

In der kasachischen Stadt Karaganda steht eine besondere Fabrik. Sie produziert in kleinen Stückzahlen Luftreinigungsmaschinen, die in Fabrikschornsteinen installiert werden. Der Besitzer der Fabrik behauptet, die Maschinen seien in der Lage, fast den gesamten Kohlenstoff aus Industrieabgasen zu entfernen und reinen Sauerstoff in die Atmosphäre abzugeben. Er setzt sich dafür ein, dass alle kohlenstoffemittierenden Fabriken der Welt seine Geräte übernehmen.

Ihm zufolge würde dies die Menge an Kohlenstoff in der Atmosphäre drastisch reduzieren und auf der Erde die Klimabedingungen wiederherstellen, die vor den Auswirkungen der menschlichen Aktivitäten bestanden. Infolgedessen wird sich seiner Meinung nach das Klima verbessern und Pflanzen, die seit vielen Jahrtausenden ausgestorben sind, werden zurückkehren – und die Erde wird wieder zum Garten Eden werden. Die Menschen werden keine Kleidung mehr brauchen und wir werden alle nackt herumlaufen, prähistorische Pflanzen und Bäume werden reichlich Früchte tragen und wir werden nicht mehr für Nahrung arbeiten müssen.

Ein kosmisches Paradies

Auf den ersten Blick mag das alles völlig wirr klingen. Die Technologie, auf der die Luftfilter aus Karaganda beruhen, wurde allerdings von Alexander Tschischewski entwickelt, einem Mann, der in der Sowjetunion ziemlich ernst genommen wurde. Der 1897 geborene russische Biophysiker begann kurz nach der Oktoberrevolution, sich intensiv mit den Auswirkungen ionisierter Luft auf lebende Organismen zu beschäftigen. Er war überzeugt, dass positiv geladene Luft-Ionen einen negativen Effekt auf Lebewesen haben, während negativ geladene Luft-Ionen positiv wirken, weil sie den Kreislauf und die Atmung verbessern.

Tschischewskis Forschungen wurden von den Bolschewiki gefördert und erweckten sogar das Interesse von Wissenschaftlern und Unternehmen im kapitalistischen Ausland. Der Wissenschaftler lehnte jedoch alle Angebote ausländischer Interessenten für die von ihm entwickelte Ionisatortechnologie ab und überließ seine Erfindungen dem sowjetischen Staat.

Unter Stalin wurde Tschischewski wie so viele seiner sowjetischen Mitbürger verdächtigt, verhaftet und zu Lagerhaft verurteilt. Er verbrachte die Jahre 1943 bis 1950 in verschiedenen Zwangsarbeiterlagern, zuletzt in Karaganda, wo die meisten Häftlinge im Kohleabbau eingesetzt wurden. Die Arbeiter waren ständig krank und viele starben. Tschischewski durfte seine Forschung in Haft fortsetzen und entwickelte unter anderem ionisierende Lampen. Die therapeutischen Geräte, auch »künstliche Sonnen« genannt, erzeugten negativ geladene Sauerstoff-Ionen und sollten die Minenarbeiter heilen.

Nach seiner Entlassung arbeitete Tschischewski unter anderem als Berater für Lufttherapie und Laborleiter bei einer Sanitärtechnikfirma. 1962, zwei Jahre vor seinem Tod, wurde er teilweise rehabilitiert. Den Siegeszug seiner »künstlichen Sonnen«, die ab den 1970er-Jahren in der Sowjetunion massenproduziert wurden und unter anderem in Schulen und Krankenhäusern zum Einsatz kamen, erlebte er nicht mehr. Manche nannten und nennen Tschischewski einen Scharlatan. Ionisatoren sind heutzutage jedoch recht verbreitet und werden unter anderem in Luftreinigern, Haartrocknern, Staubsaugern, Klimaanlagen und Wasserfiltern verbaut, was das menschliche Wohlbefinden steigern soll.

Die kleine Luftfilterfabrik im heutigen Kasachstan und die exzentrischen Versprechungen ihres Tschischewski verehrenden Besitzers sind eines der wenigen Überbleibsel der russisch-sowjetischen avantgardistischen Philosophie namens Biokosmismus in der heutigen Zeit. Vordenker dieser Bewegung war der Bibliothekar Nikolaj Fjodorow, der bereits zu Zarenzeiten seine »Philosophie des gemeinsamen Werkes« entwickelte, eine sehr praktische, buchstäbliche Auslegung des Christentums, die die Überwindung des Todes und die Auferstehung aller Verstorbenen mittels naturwissenschaftlich-technischer Methoden vorsieht. Das Heer an wieder zum Leben erweckten Menschen sollte

nach Fjodorows Vorstellung die Weiten des Weltalls besiedeln, daher der »Kosmismus« im Begriff »Biokosmismus«.
In der Sowjetunion wurde Fjodorows Werk, das zu dessen Lebzeiten wenig Beachtung erfahren hatte, ab den 1920er-Jahren als »materialistisch« wiederentdeckt und weiterentwickelt, unter anderem von Alexander Tschischewski, dessen gutem Freund, dem Pionier der Raketentechnik Konstantin Ziolkowski (1857–1935), dem Schriftsteller Maxim Gorki (1868–1936), dem avantgardistischen Maler Kasimir Malewitsch (1879–1935) und dem Arzt, Philosophen und kommunistischen Revolutionär Alexander Bogdanow (1873–1928).
Letzterer legte bereits vor dem Ersten Weltkrieg mit seiner monumentalen *Tektologie* eine Theorie zur vollkommenen Beherrschung der Natur vor und leitete in der Sowjetunion ein Institut für die Erforschung angeblich verjüngender Bluttransfusionen, bis er sich nach elf erfolgreichen Selbstversuchen mit der Technik aus unklaren Gründen das Blut einer Studentin injizieren lies, die an Malaria und Tuberkulose litt, und an den Folgen verstarb. Ein weiterer russischer Biokosmist, der zunächst mit dem Anarchismus, später mit dem Bolschewismus sympathisierende radikale Dichter Alexander Swjatogor (1889–?, er wurde 1937 als »antisowjetischer Schädling« eingestuft und zu acht Jahren Arbeitslager verurteilt. Über sein weiteres Schicksal ist nichts bekannt.), brachte die Ziele der Bewegung 1922 wie folgt auf den Punkt:

> »Das höchste Gut ist das menschliche Leben im Kosmos. Das größte Übel ist der Tod. […] Eine Gesellschaft, die den Interplanetarismus verwirklicht und Tote auferweckt, wird von jedem bejaht, da sie das höchste Wohl eines jeden verwirklicht.«

Bemerkenswert ist, dass fast alle dieser Denker neben den beiden Zielen Unsterblichkeit und Raumfahrt, die gemeinhin mit dem Biokosmismus in Verbindung gebracht werden, auch nach einer

Menschheit strebten, die auf lange Sicht geschlechtliches Verlangen und Sex überwinden und sich asexuell fortpflanzen würde. Auffällig ist auch der Hang vieler Biokosmisten zu eugenischen Visionen. Der Raketenforscher Ziolkowski etwa schwelgte in detaillierten Beschreibungen der planmäßigen Isolierung und Ausrottung »unwerter« Lebewesen, was aus seiner Sicht notwendig wäre, um das gesamte Universum in ein kosmisches Paradies zu verwandeln.

Die okkulten und magischen Elemente des Biokosmismus standen in starkem Gegensatz zum offiziellen Materialismus der Sowjetunion, und seine Protagonisten stammten, mit wenigen Ausnahmen wie Bogdanow, nicht aus den Kreisen der marxistischen Intelligenz, die nach der Oktoberrevolution an die Macht gekommen war. Ob der Biokosmismus dennoch so etwas wie die inoffizielle »Schattenideologie« des (frühen) Sowjetsystems war, wie etwa der ultrakonservative zeitgenössische russische Denker Alexander Dugin meint, bleibt eine strittige Frage. In jedem Fall harmonierten die Vorstellungen der Biokosmisten gut mit dem Prometheismus des Sowjetmarxismus, der sich etwa auch in den pseudowissenschaftlichen Theorien von Stalins Lieblingsbiologen Trofim Lyssenko über die »Erziehbarkeit« von Pflanzen niederschlug, oder im Traum des Bolschewistenführers Leo Trotzki, durch eugenische Züchtung den »gegenwärtigen, widerspruchsvollen, unharmonischen Menschen« zu überwinden und eine »neue, glücklichere Rasse« zu schaffen.

Staatlich verordneter Transhumanismus

Dem schier grenzenlosen Fortschrittsglauben des real-existierenden Sozialismus begegnen wir heute nur noch in Geschichtsbüchern, in körnigen Schwarz-Weiß-Fotos und alten, flimmernden Videoaufnahmen. Wir wundern und gruseln uns über die todesmutige Primitivität des – im Vergleich zur heutigen Hochglanz-Raumfahrt – düsteren und geheimnisumwobenen sowjetischen Raumfahrtprogramms, über die berüchtigten zweiköpfigen Hunde des Transplantationspioniers Wladimir Demichow und die erfolglosen Versuche von Stalins »Rotem Frankenstein« Ilja Iwanow, durch die Kreuzung von Menschen und Schimpansen superrobuste Arbeiter und Soldaten zu erzeugen.

Freilich: Auch im kapitalistischen Westen gab und gibt es Menschen, die es mit ihrem Fortschrittsoptimismus und ihrem Glauben an die technische Machbarkeit vielleicht ein wenig zu weit treiben, und die deshalb mit einer Mischung aus Faszination und Befremden beäugt werden. Als »Transhumanisten«, »technologischen Posthumanisten«, »Immortalisten« oder »Biohackern« begegnen wir ihnen in mal mehr, mal weniger reißerisch aufgemachten Reportagen und Dokus, etwa von *Vice, Der Standard* oder *Deutschlandfunk Kultur,* um nur einige Quellen zu nennen, die in die Recherche für dieses Kapitel eingeflossen sind. Diese meist wohlhabenden bis reichen Menschen sind besessen von Langlebigkeit, Unsterblichkeit und der Transformation von Körper und Geist durch neuartige biotechnologische Verfahren. Sie lassen sich zum Beispiel das Blutplasma von Teenagern spritzen, eine Stammzellentherapie in Panama verkaufen oder – die ultimative spekulative Investition – ihren Kopf oder gleich den ganzen Körper nach dem Tod einfrieren, in der Hoffnung auf eine Zukunft, in der die Toten wieder zum Leben erweckt werden können.

Viel mediale Beachtung findet derzeit die Tatsache, dass sich transhumanistische Ideen bei einigen Top-Unternehmern des Silicon Valley großer Beliebtheit erfreuen und entsprechende Forschung von diesen zum Teil massiv gefördert wird. Der KI-Unternehmer Sam Altman (OpenAI) hat zum Beispiel 180 Millionen US-Dollar in das Projekt Retro Biosciences gesteckt, das die menschliche Lebensspanne um zehn Jahre verlängern will. Amazon-Gründer Jeff Bezos hat in das kalifornische Unternehmen Altos Labs investiert, das an der zellulären Verjüngung arbeitet, um »Krankheiten, Verletzungen und Behinderungen, die im Laufe des Lebens auftreten können, rückgängig zu machen«. Und Google hat ein eigenes Unsterblichkeitsunternehmen namens Calico gegründet.

Der wachsende Einfluss des Transhumanismus erfüllt viele Menschen mit Sorge. Manche Kommentatoren kritisieren etwa, dass die transhumanistischen Bestrebungen der kalifornischen Tech-Barone Mittel verschlingen, die besser für den Kampf gegen den Klimawandel oder die Armut eingesetzt werden sollten. Andere, wie der israelische Historiker und Bestsellerautor Yuval Noah Harari, warnen vor der Spaltung der Gesellschaft in eine breite Masse nutzloser herkömmlicher Menschen und eine kleine Elite optimierter Übermenschen. Wiederum andere Stimmen äußern Zweifel, dass die transhumanistischen Wunderkuren wirklich wirken, und sprechen von einem Milliardengeschäft mit Pseudowissenschaft und Quacksalberei. Von einer Situation wie in der Sowjetunion, wo prometheischer Machbarkeitswahn ein wesentlicher Bestandteil der offiziellen Staatsideologie war und alle Bürger dem de facto transhumanistischen Ziel der Schaffung des »Neuen Menschen« zu dienen hatten, scheinen wir im heutigen Westen jedoch weit entfernt zu sein.

Oder doch nicht? Auf jeden Fall lässt sich Folgendes feststellen: In den letzten Jahren haben westliche Regierungen zunehmend damit begonnen, offiziell Ideen und Ziele zu propagieren, die nur auf den ersten Blick rational und wissenschaftlich erscheinen. Stets ist es die beträchtliche Diskrepanz zwischen den hochgesteckten Ansprüchen und den kruden, stümperhaften, enttäuschenden realen Ergebnissen, die verrät, dass wir es hier mit einer Renaissance des Prometheismus, Utopismus, Voluntarismus und Szientismus à la Bogdanow, Trotzki oder Lyssenko zu tun haben, im Gegensatz zu »echten«, in der Regel begrüßenswerten Fortschritten in Medizin, Technik und anderen Bereichen.

Trotz oder vielleicht gerade wegen dieses Auseinanderklaffens von Anspruch und Wirklichkeit, macht der Staat es dem Einzelnen zunehmend schwer, sich den neuen Pseudo-Fortschritten zu entziehen.

Nehmen wir etwa die neuartigen Coronaimpfstoffe, die nach einem hastigen Entwicklungsprozess im Dezember 2020 eine bedingte Marktzulassung der EU erhielten. Innerhalb weniger Monate wandelte sich die Rolle dieser Impfungen von einem Angebot an besonders von der Pandemie gefährdete Gruppen zum Haupt-Unterscheidungsmerkmal zwischen »guten« und »schlechten«, weil angeblich gefährlichen, Bürgern. Da die Impfquote aus Sicht der Regierenden trotz des staatlich geförderten moralischen Drucks nicht hoch genug war, wurde schnell zu immer schärferen gesetzlichen Daumenschrauben gegriffen.

Bis zur Jahreswende 2021/2022 hatten viele europäische Staaten beschlossen, die Corona-Schutzimpfung für bestimmte Berufsgruppen de facto oder de jure zur Pflicht zu machen. In der allgemeinen Bevölkerung sorgten diskriminierende »2G«-Zugangsbeschränkungen dafür, dass der Nachweis der Corona-»Vollimmunisierung« (und später auch mindestens einer Auffrischungsimpfung) zur Voraussetzung für die Teilnahme an fast allen Bereichen des öffentlichen Lebens wurde.

In Deutschland wurden Nicht- oder angeblich nicht ausreichend »Immunisierte« unter anderem von Restaurant-, Kneipen-, Imbiss-, Konzert-, Stadion- und Weihnachtsmarktbesuchen ausgeschlossen, aber auch von Angeboten des stationären Einzelhandels, die über die Grundversorgung mit Lebensmitteln, Hygieneartikeln und Medikamenten hinausgehen, zum Beispiel Bekleidungs- und Elektronikgeschäfte. In Österreich ging das Parlament sogar einen Schritt weiter und beschloss eine allgemeine Corona-Impfpflicht mit Geldstrafen von bis zu 3600 Euro. Aufgrund des nachlassenden Infektionsgeschehens wurde das Gesetz nie angewandt und im Juni 2022 wieder aufgehoben.

In dieser Zeit der permanenten Angst- und Notstandsrhetorik und des harten Durchregierens propagierten staatliche Stellen, Politiker und sogar viele medizinische Experten die Vorstellung, die Impfungen würden eine Herdenimmunität in der Bevölkerung erzeugen und damit die Pandemie beenden. Eine Hoffnung, die die neuen Impfstoffe niemals hätten erfüllen können, wie Beobachtern, die sich jenseits der vereinfachenden oder schlicht falschen Behauptungen des Staates und seiner Stichwortgeber vom »Team Vorsicht« mit der Thematik auseinandersetzten, schon früh klar wurde.
So stiegen in Israel, wo die Impfkampagne früh begann und besonders schnell voranschritt, trotz hoher Impfquote die Infektionszahlen. Geimpfte Personen konnten sich offensichtlich infizieren und das Virus auch weitergeben. Bereits im Dezember 2020 stellte der Vorsitzende der Arzneimittelkommission der deutschen Ärzteschaft (AkdÄ), Professor Dr. Wolf-Dieter Ludwig, fest, dass die erhoffte sogenannte sterile Immunität, also ein Abfangen des Virus, bevor es in die Zellen des Körpers eindringen kann, mit den bis dato zugelassenen Impfstoffen »wahrscheinlich gar nicht erreichbar ist«.
Mit der Verbreitung der besonders ansteckenden Covid-Varianten Delta und Omikron wurde die Impf-Herdenimmunität endgültig zur unerreichbaren Utopie. Außerdem stellte sich heraus, dass der mildernde Effekt der neuen Impfungen auf den Krankheitsverlauf höchstens ein paar Monate anhält. Anstatt dies zuzugeben, wählte die Politik, insbesondere in Deutschland, die Flucht nach vorn in Zweit-, Dritt- und permanente Wiederholungsimpfungen. Das Bundesgesundheitsministerium bestellte zwischen der Einführung der Coronaimpfungen Ende 2020 und Januar 2023 nach eigenen Angaben insgesamt 672 Millionen Impfdosen. Umgerechnet bedeutet das, dass für jeden Einwohner in Deutschland, vom Säugling bis zum Greis, rund acht Dosen bestellt wurden – eine Menge, die den Autoren absurd hoch erscheint.

Tatsächlich sind Experten zu dem Schluss gekommen, dass man es mit den Covid-Impfungen übertreiben kann. So warnte die EU-Arzneimittelbehörde EMA am 11. Januar 2022 vor einer »Überforderung« des Immunsystems durch eine »Strategie, die mehrere Impfungen innerhalb einer kurzen Zeit beinhaltet«. Die Vorbereitungen der Bundesregierung in Erwartung einer angeblich notwendigen »Materialschlacht« mit dem Virus erinnern ein wenig an das verzweifelte Ringen der sowjetischen Kolchosverwalter mit der Natur, die, insbesondere in weniger fruchtbaren Gebieten, einen immer großzügigeren Einsatz von Pestiziden und Düngemitteln anordneten, um die überambitionierten staatlichen Produktionsziele zu erreichen – mit ökologischen Folgen, die bis heute nachwirken.

Im Oktober 2022 war schließlich auf *tagesschau.de* eine Art spätes Eingeständnis zu lesen, dass man die Bevölkerung, was das Potenzial der Coronaimpfungen angeht, regelrecht in die Irre geführt hatte. Pascal Siggelkow von der Redaktion ARD-Faktenfinder zitierte Carsten Watzl, Leiter des Forschungsbereichs Immunologie an der TU Dortmund und Generalsekretär der Deutschen Gesellschaft für Immunologie (DGfI), mit der Einschätzung, man habe generell den Fremdschutz durch die Impfung zu sehr in den Vordergrund gestellt. »Impfungen sollen gar nicht so sehr vor der Ansteckung schützen, sondern vor der schweren Erkrankung.« Das, so Watzl, hätte deutlicher kommuniziert werden sollen. Genau ein Jahr später stellte die EMA in ihrer Antwort auf eine parlamentarische Anfrage von mehreren Europaabgeordneten ausdrücklich klar, dass die Coronaimpfstoffe nicht zugelassen wurden, um »die Übertragung von einer Person auf eine andere zu verhindern«, sondern lediglich »zum Schutz der geimpften Personen«.

Das Gros der in Deutschland verabreichten Covid-Impfdosen beruht auf dem neuen mRNA-Prinzip, bei dem, anders als bei »klassischen«, seit Jahrzehnten erprobten Impfungen, kein inaktiviertes oder abgeschwächtes Virus beziehungsweise Bakterium gespritzt wird, um eine Immunreaktion zu erzeugen, sondern gentechnisch hergestellte mRNA mithilfe von Nanopartikeln in den menschlichen Zellstoffwechsel eingeschleust wird, welche Informationen über den genetischen Bauplan eines Bauteils von Sars-Cov-2, dem sogenannten Spike-Protein, enthält. Die Körperzellen werden beim mRNA-Prinzip selbst zu Produktionsstätten des Spike-Proteins. In Folge entwickelt das Immunsystem der Geimpften, wie beim klassischen Impfprinzip, eigene Abwehrstoffe gegen das Virus.

Das mRNA-Prinzip befindet sich seit einigen Jahren in der Entwicklung. Während der Covid-19-Pandemie wurden erstmals mRNA-Impfstoffe durch Regulierungsbehörden in der EU und anderswo zugelassen. Der Eingriff in den Zellstoffwechsel gibt dem neuartigen Verfahren eine transhumanistische Note.

Wir Autoren wollen uns dem Potenzial der Methode bei der Bekämpfung gefährlicher Krankheiten nicht prinzipiell verschließen. Dennoch bleibt die Tatsache, dass eine große Zahl von Menschen unter Androhung des Verlustes vieler ihrer Freiheiten faktisch gezwungen wurde, am eigenen Körper ein neues, zu dem Zeitpunkt nur vorläufig für den Markt zugelassenes Gentechnik-Produkt mit zwangsläufig unerforschten Langzeitwirkungen zu erproben, was in unseren Augen eine beispiellose Grenzüberschreitung in der Geschichte des deutschen Rechtsstaats darstellt. Insbesondere da sich bereits früh abzeichnete, dass die auf diese Weise »Immunisierten« das Virus bestenfalls etwas weniger weiterverbreiten als Ungeimpfte, was das Pochen der Politik auf eine angebliche Pflicht zur »Solidarität« erheblich untergräbt.

Corona ließ sich nicht »wegimpfen« und die neuen Impfstoffe forderten ihrerseits Opfer. Zum Thema Impfschäden ist das letzte Wort noch nicht gesprochen. Allerdings haben nicht nur wir, sondern auch viele andere kritische Kommentatoren den Eindruck gewonnen, dass Politik und Medien (von wenigen Ausnahmen wie »*Welt*« und *Berliner Zeitung* abgesehen) das Thema lange Zeit nicht an die große Glocke hängen wollten, um der offiziellen Botschaft von der angeblich nebenwirkungsfreien Impfung nicht zu widersprechen. Zahlreiche Betroffene berichten von verzweifelten, demütigenden Irrfahrten im Zusammenhang mit der Anerkennung und Entschädigung ihrer Impfschäden, von der Stigmatisierung als eine Art »Nestbeschmutzer« oder »Wehrkraftzersetzer« in der ängstlichen und aufgeheizten Stimmung der Pandemiezeit.

Bei der Betriebskrankenkasse BBK ProVita mit Sitz in München wurde dem Vorstandsmitglied Andreas Schöfbeck im Februar 2022 fristlos gekündigt, nachdem er in einem Schreiben Zweifel an den offiziellen Zahlen des Paul-Ehrlich-Instituts (PEI) geäußert hatte. Eine von Schöfbeck in Auftrag gegebene hausinterne Datenanalyse auf Basis der Abrechnungscodes von gut 10 Millionen Versicherten hatte die Zahl der Impfkomplikationen rund 13-mal höher geschätzt als das PEI, das mit Meldungen von Ärzten arbeitet. Kritiker bemängelten, dass hier Äpfel mit Birnen verglichen würden. Der Zeitaufwand für die Meldung einer Impfkomplikation, für den die Ärzte nicht finanziell entschädigt werden, macht jedoch eine Untererfassung viel wahrscheinlicher als eine Übererfassung.

»Meat-Lego«

Krude, stümperhaft und mit etlichen Komplikationen behaftet wirken auf uns Autoren auch die Ergebnisse der immer beliebter werdenden medizinischen Geschlechtsumwandlungen. In Deutschland hat sich die Zahl der geschlechtsangleichenden Operationen laut dem Statistischen Bundesamt von 419 im Jahr 2007 auf 2598 im Jahr 2021 mehr als versechsfacht.

Die Einzelheiten dieser chirurgischen Eingriffe werden in den Medien nur sehr selten beleuchtet, wohl, weil sie nichts für schwache Nerven sind. Bei der Transition zu einem Transmann werden in einem ersten Schritt die Brüste der Patientin amputiert. Die Brustwarzen werden anschließend wieder eingesetzt. Dann werden in einem weiteren Eingriff Eierstöcke und Gebärmutter entfernt und die Vagina zugenäht. Der Patientin wird ein Teil ihres Harnleiters entnommen und in einen anderen Körperteil, in der Regel den Unterarm, verpflanzt, wo er über Monate mit dem Gewebe verwächst.

Anschließend entfernen Chirurgen die Gewebemasse und formen diese zu einem künstlichen Penis, der in einer Operation mit dem Blutkreislauf und den Nervenenden der Klitoris verbunden wird. Aus dem Material der ehemaligen Schamlippen wird ein künstlicher Hodensack geformt, der mit Hodenprothesen aus Kunststoff gefüllt wird. Es folgt eine weitere Operation, bei der eine Erektionsprothese eingesetzt wird. Der sogenannte Neopenis kann in den erigierten Zustand versetzt werden, indem die Erektionsprothese je nach Modell von Hand verformt oder mit einer Handpumpe aufgepumpt wird, die in einem der künstlichen Hoden platziert wird.

Bei der Transition zu einer Transfrau werden die Hoden entfernt. Der Penis wird in zwei Teile gespalten und in das Innere des Körpers gestülpt. Aus der Eichel wird eine künstliche Klitoris geformt, für die Konstruktion der Schamlippen wird Hodensackgewebe verwendet. Die Harnröhrenmündung wird angepasst. Der künstlich geformte Vaginalschlauch muss bis zum Lebensende mindestens ein- bis zweimal pro Woche durch Geschlechtsverkehr oder sogenannte Dilatatoren gedehnt werden, damit er sich nicht verschließt.

Zu diesen Operationen an den primären und sekundären Geschlechtsteilen kommen bei vielen Transitionierern noch weitere optionale Eingriffe, etwa an den Stimmbändern oder den Schlüsselbeinen oder das Abschleifen von Schädelknochen. Da die natürliche Hormonbildung nach Entfernung der Geschlechtsorgane nicht mehr funktioniert, müssen die Patienten ihr Leben lang künstliche Hormone einnehmen.

Die britische Autorin Mary Harrington nennt die immer populärer werdende Vorstellung, dass menschliche Körperteile und Funktionen nach Belieben ausgetauscht werden können und sollten, »Meat Lego Gnosticism« (Fleisch-Lego-Gnostizismus). Wem das oben beschriebene Transitions-Fleisch-Lego als eine ungenaue und risikoreiche Kunst erscheint, hat den richtigen Eindruck gewonnen. Die Komplikationsrate ist in der Tat sehr hoch. Die Hauptprobleme sind Infektionen, anhaltende Schmerzen und Schwierigkeiten beim Urinieren und Geschlechtsverkehr.

Eine der größten Studien dieser Art, durchgeführt vom Women's College Hospital (WCH) in Ontario, Kanada, ergab 2023, dass mehr als die Hälfte von 80 Transfrauen, die sich einer Penisinversion unterzogen hatten, noch zwei Jahre später so starke Schmerzen hatten, dass sie ärztliche Hilfe benötigten. Einer Neovagina fehlen die Drüsen, die für die Entstehung einer gesunden Scheidenflora notwendig sind. Daher kommt es häufig zu Bakterieninfektionen, unangenehmen Gerüchen, Ausscheidungen und Entzündungen. 2022 ergab eine retrospektive Analyse von 80 Personen, die sich in texanischen Kliniken der Angleichung von der Frau zum Mann unterzogen hatten, dass bei mehr als einem Fünftel die Erektionsprothese innerhalb von neun Monaten wegen schwerwiegender Komplikationen wieder entfernt wurde. Insgesamt 36 Prozent der Patienten mussten erneut operiert werden, etwa weil ihre Prothese verrutschte oder nicht richtig funktionierte.

Nach Angaben des amerikanischen Autors und Aktivisten Scott Newgent, der 2015 zum Mann transitionierte, traten im Zusammenhang mit den sieben dafür notwendigen Operationen eine »massive Lungenembolie«, ein »stressbedingter Herzinfarkt«, eine Sepsis und eine 17 Monate lang wiederkehrende Infektion aufgrund der Verwendung der falschen Haut bei einer fehlgeschlagenen Penis-Konstruktion auf. Außerdem sei seine Blase verletzt worden und er habe an extremen Schmerzen durch Haare an der Innenseite seiner Harnröhre gelitten.

Die Studienlage bezüglich der Frage, ob ein solch »brutaler Prozess« (Newgent) den Betroffenen wirklich hilft, langfristig eine bessere Lebensqualität zu erreichen, ist gemischt. So stellten Lindqvist et al. vom schwedischen Karolinska-Universitätskrankenhaus 2016 einen deutlichen »Honeymoon-Effekt« fest. Das bedeutet, dass es den 190 Transfrauen in ihrer Kohortenstudie kurz nach der Geschlechtsumwandlung psychisch und körperlich besser ging, die Zufriedenheit in allen Aspekten aber nach drei Jahren nachhaltig zu sinken begann.

»Normalerweise dauert es mehrere Jahre, bis sich die Auswirkungen der Transition voll bemerkbar machen«, schreibt Riittakerttu Kaltiala. Die Psychiaterin baute im staatlichen finnischen Gesundheitssystem den ersten Geschlechtsidentitätsdienst für Minderjährige auf. Von einer bedingungslosen Affirmation des Transitionswunsches junger Menschen, wie von Trans-Aktivisten gefordert, ist man dort bereits vor Jahren abgerückt, als man merkte, dass »die überwiegende Mehrheit« der Minderjährigen, die ihr Geschlecht wechseln wollten, »schwere psychiatrische Erkrankungen« aufwies (mehr als ein Viertel waren laut Kaltiala aus dem autistischen Spektrum).

Die Psychiaterin bemerkt weiter: »Bei der überwältigenden Mehrheit der Kinder mit Geschlechtsdysphorie – etwa 80 Prozent – löst sich ihre Dysphorie von selbst, wenn man sie die natürliche Pubertät durchlaufen lässt. Oft erkennen diese Kinder, dass sie schwul sind.« (Letztere Feststellung, die auch viele andere Experten gemacht haben, zeigt eine erschreckende Parallele zur Islamischen Republik Iran, wo viele schwule Männer die staatlich geförderte Option einer medizinischen Geschlechtsumwandlung wählen, um Repressalien gegen Homosexuelle zu entkommen und endlich offen mit Männern zusammen sein zu können.)

In Finnland gilt seit 2016 ein überarbeitetes Behandlungsprotokoll, das Kaltiala so beschreibt: »Wenn junge Menschen nun andere, dringendere Probleme als die Geschlechtsdysphorie haben, die behandelt werden müssen, überwiesen wir diese Patienten umgehend an eine geeignetere Behandlung, wie zum Beispiel eine psychiatrische Beratung, anstatt die Bewertung ihrer Geschlechtsidentität fortzusetzen.«

Newgent, der seine eigene medizinische Transition trotz der vielen schweren Komplikationen nicht bereut, empfiehlt geschlechtsangleichende Eingriffe nur denjenigen, die ohne die Schaffung einer solchen »Illusion« nicht »friedlich durchs Leben gehen« könnten. Auf keinen Fall sollten Entscheidungen in diesem Zusammenhang auf der Grundlage eines »vagen Gefühls« oder einer Abneigung gegen stereotype Geschlechterrollen getroffen werden. Er hat »ernste Bedenken« gegenüber Erwachsenen, die leichtfertig die internetgestützten Selbstdiagnosen von Minderjährigen bestätigen. Akzeptierte, vom gesunden Menschenverstand geleitete Standpunkte, könnte man meinen. Doch insbesondere in der englischsprachigen Welt denunziert eine mächtige Trans-Lobby abwägende Stimmen wie die von Newgent und Kaltiala als menschenfeindlich und stellt ihre Positionen in eine Reihe mit der grassierenden Homophobie vergangener Tage. Unter anderem mit der Parole »Hättest du lieber einen lebenden Sohn oder eine tote Tochter?« (oder umgekehrt) wird Druck auf Erwachsene gemacht, die geäußerten Transitionswünsche junger Menschen bedingungslos zu unterstützen, weil sonst angeblich deren Selbstmord drohe. (Das ist wahrscheinlich Unsinn. 2024 kam eine Langzeitstudie finnischer Forscher zu dem Schluss, dass es keine wissenschaftlichen Beweise für die Behauptung gibt, eine medizinische Geschlechtsumwandlung verhindere Suizide bei Menschen mit Geschlechtsdysphorie.)

In Großbritannien scheint wie in Finnland der Einfluss radikaler Transgender-Ideologen bereits seinen Zenit überschritten zu haben, und es kommt zu einem gewissen Rollback. Dort waren es vor allem die Zustände an der staatlichen Tavistock-Klinik in London, die die Öffentlichkeit aufrüttelten und die Regierung zum Einschreiten bewegten. Die Klinik beherbergte seit 1989 mit dem Gender Identity Development Service (GIDS) die einzige pädiatrische Abteilung in Großbritannien für junge Patienten mit Geschlechtsdysphorie.

Ab 2011 wurde die Verschreibung von Pubertätsblockern an Kinder und Jugendliche, manche nicht älter als neun Jahre, faktisch zum Selbstzweck des GIDS, schreibt die BBC-Journalistin Hannah Barnes in ihrem 2023 erschienenen Buch »Time to Think: The Inside Story of the Collapse of the Tavistock's Gender Service for Children«, welches den Skandal beleuchtet. Insgesamt wurden demnach mehr als 1000 jungen Menschen Pubertätsblocker verabreicht, meist nach nur einer einzigen kurzen Untersuchung durch das Klinikpersonal. Fast allen Patienten wurden außerdem die Sexualhormone Testosteron (Transition zum Mann) oder Östrogen (Transition zur Frau) verschrieben.

Über die langfristigen Auswirkungen von Pubertätsblockern ist wenig bekannt. Fest steht, dass diese Arzneistoffe sich negativ auf die Knochenstärke und das generelle Körperwachstum auswirken. Manche Experten befürchten außerdem eine Beeinträchtigung der Gehirnentwicklung. Auch Sexualhormone sorgen für irreversible körperliche Veränderungen. Wenn Jugendliche pubertätsblockierend und anschließend mit Hormonen behandelt werden, werden sie in den meisten Fällen unfruchtbar. Einige frühere Mitarbeiter haben die Praktiken des GIDS mit dem DDR-Doping verglichen. Andere haben von einer Atmosphäre wie in einem »Tech Start-up« gesprochen.

Im Frühjahr 2023 wurde der GIDS aufgelöst, nachdem ein unabhängiger Untersuchungsbericht ergeben hatte, dass Patienten dort »großen Risiken« für ihre seelische Gesundheit ausgesetzt worden waren. Zahlreiche junge Erwachsene haben inzwischen die Tavistock-Klinik verklagt, weil ihnen als Minderjährige vorschnell suggeriert wurde, sie steckten im »falschen Körper«.

Unbeeindruckt von solchen Entwicklungen propagiert der öffentlich-rechtliche Rundfunk in Deutschland, insbesondere seine Jugendformate, weiterhin die Vorstellung, dass das Geschlecht nicht bei Geburt festgelegt, sondern wandelbar oder fluide ist, und dass das Gefühl, im falschen Körper zu stecken, vergleichsweise häufig vorkommt. So sieht es auch der Queer-Beauftragte der deutschen Bundesregierung, Sven Lehmann. Der Grünen-Politiker mit dem Rang eines Parlamentarischen Staatssekretärs sorgte 2022 für viel Aufsehen mit seiner Behauptung: »Welches Geschlecht ein Mensch hat, kann kein Arzt von außen attestieren.«

Im Oktober 2022 riet das »Regenbogenportal« des Bundes Kindern, die Zweifel an ihrer Geschlechtsidentität haben: »Bist du noch sehr jung? Und bist du noch **nicht** in der Pubertät? Dann kannst du Pubertäts-Blocker nehmen.« (Hervorhebung im Original) Nachdem es einen Aufschrei gab, änderte das Familienministerium den Text in: »Bist du noch sehr jung? Und bist du noch **nicht** in der Pubertät? So kannst du deinen Arzt/deine Ärztin fragen, ob dir Pubertätsblocker vielleicht helfen könnten.«

Die im Juli 2023 veröffentliche Dokumentation »Trans ist Trend« des konservativen Onlinemediums *Nius* zeigt auf, wie Trans-Aktivisten in die staatlichen Schulen vordringen und dort ihre einseitige Sicht auf das Thema verbreiten können. So berichtet ein Schüler über eine Pflichtveranstaltung für Elft- und Zwölftklässler, an der auch eine neunte Klasse seiner Schule teilnahm, dass die Referenten des Lobbyverbandes Deutsche Gesellschaft für Transidentität und Intersexualität (dgti) nicht auf die negativen Seiten des Transitions-Prozesses eingingen: »Es wurde viel mehr darüber geredet, wie toll es doch sei [zu transitionieren], und wie es abläuft. Und es hat im Endeffekt wirklich wie Werbung für Transitionen gewirkt.«

Ein deutsches Pendant zur Tavistock-Klinik, die bis 2022 von transitionswilligen jungen Menschen und ihren Eltern regelrecht überrannt wurde, gibt es nicht. Dennoch ist der Titel der *Nius*-Doku treffend. Auch viele Jugendliche in Deutschland sind vom Trans-Trend erfasst worden. Nach Angaben des Statistischen Bundesamtes hat sich die Zahl der geschlechtsangleichenden Operationen in der Altersgruppe der 15- bis 25-Jährigen zwischen 2007 und 2021 fast versiebzehnfacht. »Im Lehrerzimmer sagt das jeder, dass das ein Jugendtrend ist«, lässt *Nius* einen Lehrer aus Süddeutschland anonym zu Wort kommen. »Wenn du's aber laut sagst, wirst du Probleme kriegen, bei Beförderungen oder Stellenverteilung.« Wie in Großbritannien melden sich auch in Deutschland immer mehr sogenannte Detransitionierer, die sich schlecht beraten fühlen und ihre Geschlechtsumwandlung rückgängig gemacht haben.

Die liberale deutsche Publizistin Sabine Beppler-Spahl prangert in einem aktuellen Meinungsbeitrag für *Novo* die ausgesprochen autoritären Tendenzen des Trans-Aktivismus an. »Da sehr viele Menschen, wahrscheinlich die große Mehrheit der Bevölkerung, [die Transgender-Ideologie] nicht teilt, muss sie von oben herab, mit Zwang durchgesetzt werden«, so Beppler-Spahl. Als Beispiel führt sie an, dass das von der deutschen Ampelkoalition geplante Selbstbestimmungsgesetz hohe Bußgelder für Menschen vorsieht, die eine Transperson wiederholt nicht mit ihrem neuen Namen ansprechen.

Auch die Bundeszentrale für Kinder- und Jugendmedienschutz (BzKJ) ist zu einem Instrument geworden, mit dem Trans-Dogmen autoritär durchgesetzt werden. Im September 2023 setzte die Zensurbehörde die Broschüre »Wegweiser aus dem Transgenderkult« der feministischen Aktivistinnen Stefanie Bode und Rona Duwe auf den Index jugendgefährdender Schriften. Zuvor hatten der Queer-Beauftragte Lehmann und andere Trans-Aktivisten monatelang Druck auf das 12-köpfige Gremium ausgeübt. Die

Broschüre, die sich, wie Duwe in einer Stellungnahme hervorhebt, nicht an Kinder und Jugendliche, sondern an Eltern richtet, darf nun nicht mehr im Netz beworben oder verteilt werden. Wegen des Inhalts der Broschüre ermittelt die Staatsanwaltschaft Dortmund gegen Duwe wegen möglicher Volksverhetzung zum Nachteil von Transpersonen. Bei einer Verurteilung droht der Bloggerin und zweifachen Mutter im schlimmsten Fall eine Haftstrafe. Die 53-Jährige, die nicht vorbestraft ist, konnte sich rechtlich erfolgreich gegen eine polizeiliche Vorladung zur erkennungsdienstlichen Behandlung im Zusammenhang mit den Ermittlungen wehren.

Auch die Jugendämter und Jugendpsychiatrien spielen eine sehr fragwürdige Rolle bei der Durchsetzung der Trans-Ideologie. In der »Trans ist Trend«-Doku klagt eine Mutter, die dem Transitionswunsch ihrer minderjährigen Tochter skeptisch gegenüberstand, dass diese auf eigenen Wunsch vom Jugendamt in Obhut genommen und an einem den Eltern unbekannten Ort untergebracht wurde, ohne dass die Eltern die Möglichkeit hatten, vorher mit dem Kind darüber zu sprechen.

Die Mutter eines anderen Kindes, das während eines stationären Aufenthalts in der Jugendpsychiatrie als trans diagnostiziert wurde, bricht vor der Kamera in Tränen aus. Ihre Tochter lehne ihre eignen Eltern fast schon ab, sagt die verzweifelte Frau, und »das ganze System« unterstütze sie dabei.

Generell scheint es vielen Trans-Aktivisten darum zu gehen, Eltern und Jugendliche gegeneinander auszuspielen und einen Keil zwischen die Generationen zu treiben. Das geplante Selbstbestimmungsgesetz will Jugendlichen ab 14 Jahren erlauben, eine Änderungserklärung für ihren Geschlechtereintrag abzugeben, also ihr angeborenes, biologisches Geschlecht durch einen simplen Sprechakt für nichtig zu erklären. Nach dem Gesetzentwurf müssen Minderjährige die Zustimmung ihrer Sorgeberechtigten einholen. Es ist jedoch vorgesehen, dass deren Zustimmung im

Konfliktfall durch ein Familiengericht ersetzt werden kann – eine weitere Entmachtung der Eltern im Namen der Trans-Revolution.

Wem die oben beschriebenen Auswüchse des zeitgenössischen westlichen Transhumanismus wie der Gipfel der Groteske erscheinen, der sei gewarnt: Die Verfechter vermeintlicher Impf-Wunderwaffen und die Fleisch-Lego-Metzger sind bereits einen Schritt weiter. So äußerte sich der Milliardär Bill Gates, der mit seiner Stiftung diverse Impfkampagnen unterstützt und in verschiedene Pharma- und Biotech-Unternehmen investiert hat, im Februar 2022 zuversichtlich, dass mit Hilfe der mRNA-Technologie die Grippe und sogar die Erkältungen letztlich komplett ausgerottet werden könnten. Vor dem Hintergrund der hohen Mutationsrate dieser Viren und den Erfahrungen mit den Corona-Impfungen, die mit jeder neuen Variante wirkungsloser wurden, eine abenteuerliche Prognose.

In der Genitalchirurgie gibt es unterdessen einen Trend weg von der anatomischen Korrektheit hin zum Chirurgen als Dienstleister, der dem Patienten im Rahmen der Möglichkeiten seiner Kunst jeden Wunsch nach Umgestaltung der Genitalregion erfüllt. Medienberichten zufolge verlangen immer mehr queere Kunden gemischte Genitalien (eine sogenannte »bigenitale« Anatomie) oder eine sogenannte »Nullifikation«, ein vor allem bei Männern durchgeführtes Verfahren, bei dem alle äußeren Geschlechtsorgane entfernt werden, so dass ein weitgehend glatter Genitalbereich mit nur einer kleinen Öffnung zum Urinieren zurückbleibt. Der Trend zu individuelleren Eingriffen lässt das Risiko von Komplikationen weiter steigen. »Ich habe Angst, New York zu verlassen. Was ist, wenn etwas mit meinem Genitalbereich passiert und die Chirurgen nicht wissen, was sie mit mir machen sollen?«, zitiert das Magazin *Vice* den 26-jährigen Performancekünstler und Sexarbeiter Julien alias TS Hermaphrodite, der sowohl einen Penis als auch eine Vagina hat.

Die gute Nachricht? Viele der unheimlichsten und phantastischsten Vorhersagen der transhumanistischen Evangelisten werden genau das bleiben: Unrealisierbare Fantasien. So argumentiert der deutsche Arzt, Mathematiker und KI-Unternehmer Jobst Landgrebe in einem Essay überzeugend, dass die Menschheit wohl nie Cyborgs mit effektiven sensorischen Schnittstellen zwischen Mensch und Maschine bauen wird. Das liege daran, »dass die sensorische Einheit von den peripheren sensorischen Zellen bis zu den Endpunkten der neuronalen Verarbeitung ein fest verdrahtetes, geschlossenes biologisches System bildet, das wir nicht ändern können«.

Vor diesem Hintergrund sei es zum Beispiel durchaus denkbar, eine Brille zu entwickeln, die das Vorhandensein von Radioaktivität wahrnimmt und diese Information in ein Lichtsignal übersetzt, das auf unsere Netzhaut fällt und von unserem Nervensystem weiterverarbeitet werden kann. »Wir können aber beispielsweise unser Nervensystem nicht um ein neues neuronales Subsystem ergänzen, das auf die Verarbeitung von Radioaktivität spezialisiert ist«, so Landgrebe weiter. »Daher können wir auch keine Brain Chips entwickeln, die unser Gehirn ergänzen. Das Gehirn einerseits und auf den Maxwell'schen Gleichungen und der Quantenphysik basierende Schaltkreise andererseits sind im Wesentlichen inkompatibel.«

Aus ähnlichen Gründen hält Landgrebe auch »die transhumanistische Vorstellung, dass es mit Quantensensoren und KI bald möglich sei, Gedanken zu lesen«, und »die transhumanistischen Träume von digitaler Unsterblichkeit« durch Hochladen unseres Geistes in die Cloud für unwissenschaftlich. »Wir verstehen die Prozesse überhaupt nicht, die wir als Bewusstsein oder innere Erfahrung erleben«, schreibt er. »Transhumanismus ist nichts anderes als Neo-Lyssenkoismus, eine ideologische Pseudo-Wissenschaft«, resümiert der Autor. Es ist zu hoffen, dass den Menschen Versuche erspart bleiben, ihnen die zweifelhaften

Segnungen künftiger transhumanistischer »Fortschritte« aufzuzwingen.

Optimierungsbranchen und Dataismus

Im 19. und 20. Jahrhundert wurde die Selbstverwirklichung zu einem kulturellen Megatrend, der zunächst die Oberschicht und später auch die einfachen Bürger im kapitalistischen Westen (und in geringerem Maße auch im sozialistischen Ostblock) erfasste. Viele Kommentatoren unterteilen den Prozess der Individualisierung, der die westliche Moderne kennzeichnet, in verschiedene Phasen.

Die US-amerikanische Wirtschaftswissenschaftlerin Shoshana Zuboff spricht etwa von einer »ersten Moderne«, in der ärmliche und in einem hohen Maße von »Blut und Geographie, Geschlecht und Verwandtschaft, Rang und Religion« vorbestimmte Lebensweisen der von Industriellen wie Henry Ford vorangetriebenen Massenproduktion und dem Massenkonsum wichen und »das Leben für eine große Zahl von Menschen ›individualisiert‹ wurde, da sie sich von traditionellen Normen, Bedeutungen und Regeln lösten«.

In der zweiten Hälfte des 20. Jahrhunderts erkennt Zuboff eine Wende hin zu einer »zweiten Moderne«, in der die weitgehend »kollektiven Lösungen« der ersten Moderne von einer immer stärkeren Individualisierung abgelöst werden, so dass »das Selbst alles ist, was wir haben«. In der zweiten Moderne ist Zuboff zufolge »nichts gegeben«. »Alles muss überprüft, neu verhandelt und unter den Bedingungen rekonstruiert werden, die für uns Sinn ergeben: Familie, Religion, Geschlecht, Gender, Moral, Ehe, Gemeinschaft, Liebe, Natur, soziale Beziehungen, politische Partizipation, Karriere, Essen ...«

Wenn wir verstehen wollen, wie die Idee der Selbstverwirklichung im zeitgenössischen Trend zum Transhumanismus gipfelt, sind neben den oben skizzierten Ausführungen Zuboffs auch die jüngsten Arbeiten von Andrea Komlosy aufschlussreich. Das 2022 erschienene Sachbuch »Zeitenwende: Corona, Big Data und die kybernetische Zukunft« der österreichischen Wirtschaftshistorikerin beschreibt den Übergang des Kapitalismus vom »industriellen« zum »kybernetischen Prinzip«, eine laufende Transformation, die, so die Autorin, wie frühere Umwälzungen der Produktionsprinzipien »sämtliche Grundlagen des menschlichen Zusammenlebens erneut durchrüttelt«.

Komlosys »Kybernetische Revolution«, die zeitlich ungefähr mit Zuboffs zweiter Moderne zusammenfällt, bedeutet demnach »den Übergang von standardisierter industrieller Massenproduktion und Massenkonsum hin zu Waren, die *just-in-time* erzeugt und spezifisch auf einzelne Zielgruppen bzw. Zielpersonen zugeschneidert werden« (Hervorhebung im Original). »Diese Zielpersonen, bzw. wir alle, geben Bedürfnisse und Wünsche über ihr digitales Verhalten bei Internet-Suche, Kommunikation und Spiel preis *(Big Data)*«, führt Komlosy aus (Hervorhebung im Original). »Im Gegenzug verheißt man ihnen bzw. uns Selbstoptimierung bis hin zur Vervollkommnung des Menschen als unsterbliches Wesen menschlich-künstlicher Intelligenz.«

Komlosy misst der Kybernetischen Revolution eine ähnlich große Bedeutung bei wie früheren Produktionsrevolutionen, etwa dem Aufkommen von Ackerbau und Viehzucht in der Jungsteinzeit (der sogenannten Neolithischen Revolution) oder der Industriellen Revolution, die ab der zweiten Hälfte des 18. Jahrhunderts den Übergang von der Agrar- zur Industriegesellschaft einleitete. Aber die Historikerin ordnet die von ihr postulierte neue Produktionsrevolution nicht nur in die sehr langen Zyklen der menschheitsgeschichtlichen Entwicklung ein, sondern auch in die kürzeren Konjunkturzyklen, die den Kapitalismus seit seinen Anfängen kennzeichnen. Seit dem 19. Jahrhundert beschäftigen sich Ökonomen intensiv mit den zyklischen Auf- und Abschwüngen des Kapitalismus, die sich in verschiedenen

Wirtschaftsindikatoren wie Wachstums-, Gewinn-, Lohn- und Arbeitslosigkeitsdaten niederschlagen. Jeder Zyklus ist demnach von jeweils charakteristischen Leitsektoren, Leittechnologien, Energiesystemen und politischen Regulierungsformen geprägt. Die Endphase der Kybernetischen Revolution, die sie und andere Forscher für die Jahre ab 2030 erwarten, wird laut Komlosy auch den Übergang zu einem neuen Konjunkturzyklus des Kapitalismus markieren.

Komlosy zufolge »kommt Informations- und Kommunikationstechnologie, Pharma, Medizin- sowie Biotechnik eine Pionierrolle beim Übergang in die kybernetische Zukunft zu«. Sie verweist ausführlich auf die Arbeiten der russischen Transformationsforscher Leonid Grinin, Anton Grinin und Andrey Korotayev, die die Leitsektoren, die ihrer Meinung nach den kommenden Konjunkturzyklus ausmachen werden, unter dem Kürzel MANBRIC zusammengefasst haben. Das englische Akronym steht für Medical (also den Medizinsektor als »Trägerbranche« des gesamten Zyklus), Additive (dies bezieht sich auf neue Produktionstechniken wie den 3D-Druck, bei denen Einzelteile durch schichtweises Auftragen von Material hergestellt werden), Nanotechnologies (Nanotechnologien), Biotechnologies (Biotechnologien, darunter die Gentechnik), Robo-Technologies (Robotik), Info-Technologies (Informations- und Kommunikationstechnologien) und Cogno-Technologies (kognitive Systeme – damit sind nach einer Definition des Fraunhofer-Instituts technische Systeme gemeint, die dank eigener kognitiver Fähigkeiten wie Kontextverständnis, Adaption und Lernfähigkeit in der Lage sind, eigenständig Lösungen und Strategien für menschliche Aufgaben zu entwickeln).

Auch die Biden-Administration in den USA sieht die Biotechnologie als einen äußerst zukunftsträchtigen Sektor, wie der Wortlaut einer Executive Order des Weißen Hauses vom 12. September 2022 zeigt:

> »Wir müssen Technologien und Verfahren zur Genmanipulation entwickeln, um Schaltkreise für Zellen zu schreiben und die Biologie vorhersehbar zu programmieren, so wie wir Software schreiben und Computer programmieren; [wir müssen] die Macht biologischer Daten freischalten, auch durch Computing-Tools und Künstliche Intelligenz; und [wir müssen] die Wissenschaft der Scale-up-Produktion voranbringen und gleichzeitig die Hürden für die Kommerzialisierung abbauen, so dass innovative Technologien und Produkte schneller auf den Markt kommen.«

Es erscheint wie der perfekte transhumanistische Sturm: Die MANBRIC-Sektoren bringen ständig neue Produkte für eine steigende Zahl von Anwendungsbereichen hervor (Komlosy nennt beispielhaft »künstliche Körperteile, Medikamente, Impfstoffe, Kommunikations-, Steuerungs- und Überwachungsprogramme«). Viele dieser Produkte haben etwas mit körperlicher oder geistiger Selbstoptimierung oder personalisierter Lebenshilfe und -beratung zu tun, was sie für die hyperindividualistischen und nicht selten auch ziemlich orientierungslosen Selbstverwirklicher der zweiten Moderne besonders attraktiv macht.
»Der Medizinbereich erweist sich als jener Schnittpunkt, in dem diese Neuerungen zusammenlaufen und von dem aus sie in einer späteren Phase das gesamte Wirtschaftsleben durchdringen können«, erklärt Komlosy. Die Autorin warnt vor den autoritären Risiken dieser wirtschaftlichen und sozialen Transformation: »Der auf Körper und Gesundheit fokussierte Optimierungsgedanke öffnet gleichzeitig das Einfallstor für Kontroll-, Sicherheits- und Überwachungstechnologien, die nicht nur der individuellen oder der öffentlichen Gesundheit, sondern auch der Beobachtung und Sanktionierung abweichenden Verhaltens dienen.«
Vorhang auf für Corona: Komlosy zufolge hat das Virus – nicht so sehr seine gesundheitliche Dimension, sondern vielmehr die

zu seinem (vermeintlichen) Management ergriffenen Maßnahmen – als »Triebkraft und Katalysator« für den oben beschriebenen Transformationsprozess gewirkt. Sie nennt zum Beispiel Distanzgebote, die als »Schubkraft für digitale Kommunikation, Online-Handel und Home-Office« gewirkt hätten, das Herunterfahren der Wirtschaft durch verordnete Schließungen, das den Umbau auf neue »internationale«, »digitale«, »smarte« und »grüne« Geschäftsfelder begünstigt habe, sowie das Tracking des Gesundheitszustandes und die Nachverfolgung der persönlichen Bewegungsmuster, die als »Schubkraft für digitale Überwachung« gedient hätten.

Bereits 2018 hatte Shoshana Zuboff in ihrem Beststeller »Das Zeitalter des Überwachungskapitalismus« gezeigt, wie unglaublich lukrativ die Verwertung der Verhaltensdaten von Internetnutzern sein kann. So konnte zum Beispiel Google als Pionier des Daten- beziehungsweise Überwachungskapitalismus der Autorin zufolge seinen Umsatz innerhalb von vier Jahren um sagenhafte 3590 Prozent steigern, nachdem sich das Unternehmen 2001 für dieses Geschäftsmodell entschieden hatte.

Die Entwicklung der Geschäftszahlen von Microsoft, Alphabet-Google, Apple und Amazon in den Jahren 2019 bis 2021 offenbart, wie die Pandemie als zusätzliches Doping für diese amerikanischen IT-Konzerne gewirkt hat, die alle, wenn nicht ganz, so doch zumindest zu einem großen Teil von der massenhaften Sammlung und dem Weiterverkauf von Nutzerdaten leben. Wie Andrea Komlosy in »Zeitenwende« feststellt, steigerte Microsoft seinen Umsatz in diesem Zeitraum um 33,6 Prozent und seinen Gewinn um 56,4 Prozent. Bei Alphabet, der Konzernmutter von Google, stieg der Umsatz um 50,7 Prozent und der Gewinn um 121,3 Prozent. Apple verzeichnete ein Umsatzplus von 40,6 Prozent und ein Gewinnplus von 71,7 Prozent. Und Amazon steigerte seinen Umsatz um 66,9 Prozent und seinen Gewinn um 187,9 Prozent.

Wie Jobst Landgrebe hält auch Komlosy viele der transhumanistischen Ideen, die der fortschrittsberauschten Kultur des Silicon Valley entsprungen sind, für pseudowissenschaftlich und nicht realisierbar. Die Vorstellung, »irgendwie sein Gehirn auf eine Platte zu kopieren« und dadurch unsterblich zu werden, könne sie beispielsweise »in keiner Weise ernst nehmen«, sagte die Historikerin den Autoren.

Im Gespräch kam sie immer wieder auf ihre These zurück, dass der Transhumanismus für viele seiner Anhänger als Religionsersatz fungiert – eine Schlussfolgerung, zu der auch viele andere Kritiker des Transhumanismus gekommen sind. Ungeachtet der vielen »obskurantistischen« Vorstellungen, die in transhumanistischen Kreisen mitschwängen, könne man aber durchaus feststellen, dass einige der Dinge, die uns lange Zeit nur in utopischen oder dystopischen Romanen begegneten, nun technisch möglich würden. Technologische Durchbrüche speisten neue »Optimierungsbranchen«, so Komlosy, bei denen Schönheit, Langlebigkeit und in einigen Fällen sogar die »überzogene« Verheißung eines ewigen Lebens im Mittelpunkt stünden.

Gegenüber uns Autoren warnte die Historikerin davor, alle möglichen fragwürdigen Entwicklungen als »transhumanistisch« zu etikettieren. Dennoch vertrat sie die Ansicht, dass aktuelle Entwicklungen in Pharmazie, Biotechnologie und Informationstechnologie »sehr stark« in Richtung eines »neuen Menschen« weisen. Eine zentrale Rolle spielten dabei die Daten, die Menschen in der digitalen Welt »ständig abliefern« und mit denen man sie freiwillig in eine »individuelle Optimierung« hinein motivieren könne.

Euthanasie, Abtreibung, Entkörperlichung

Bisher ging es in diesem Kapitel vor allem um neue Entwicklungen, die eine Verbesserung des menschlichen Körpers versprechen, aber die hohen Erwartungen, die sie wecken, oft nicht erfüllen. Obwohl oder vielleicht gerade weil ihre Ergebnisse zweifelhaft sind, hüllen sich diese Pseudo-Fortschritte in den Mantel der Rationalität und Wissenschaftlichkeit und geben vor, an frühere Errungenschaften der Menschheit anzuknüpfen.

Wie wir gezeigt haben, stecken hinter dem aktuellen Hype um die körperliche Optimierung sowohl mächtige wirtschaftliche Interessen als auch starke kulturelle Trends. Einer ähnlichen Konstellation entspringen drei weitere aktuelle Entwicklungen, die wir hier skizzieren möchten. Ihnen allen ist gemeinsam, dass sie den menschlichen Körper nicht optimieren wollen, sondern ihn in gewisser Weise negieren.

Die derzeitigen Bestrebungen in westlichen Ländern, die Lebensspanne zu verlängern, gehen einher mit einer auf den ersten Blick paradox erscheinenden gesetzlichen Liberalisierung und kulturellen Normalisierung der Euthanasie. In diesem Zusammenhang ist es wichtig, darauf hinzuweisen, dass die Sterbehilfe keineswegs ein neues Phänomen ist, wie man angesichts des in letzter Zeit stark gestiegenen Interesses an diesem Thema annehmen könnte. Ärzte treffen wohl schon seit Jahrhunderten Entscheidungen, die absichtlich zum Tod von Patienten führen – entweder durch die Verabreichung tödlicher Substanzen oder durch das Unterlassen bestimmter lebenserhaltender Maßnahmen. Neu ist, dass das vormals unter dem Radar befindliche Thema aufgetaucht ist und sich in den letzten zweieinhalb Jahrzehnten zur massiven Kulturkampffrage und zum Politikum entwickelt hat.

Ursprünglich versicherten die Aktivisten, die sich für die Legalisierung der aktiven Sterbehilfe einsetzten, dass es ihnen nur darum gehe, unheilbar kranken, aber geistig kompetenten Erwachsenen die Möglichkeit zu geben, selbst über ihr Lebensende zu entscheiden. Die Niederlande (2001) und Belgien (2002) wurden zu Vorreitern einer entsprechenden Gesetzgebung, die es Ärzten erlaubt, den Tod eines Patienten auf dessen Verlangen aktiv herbeizuführen. Doch schon das niederländische Gesetz von 2001 erlaubte die Tötung von Minderjährigen ab 12 Jahren (Patienten zwischen 12 und 16 Jahren benötigen die Zustimmung ihrer Eltern). Seit 2013 ist in den Niederlanden auch die Sterbehilfe bei todkranken Babys legal.

2023 kam eine Untersuchung von Tuffrey-Wijne et al. zu dem Schluss, dass in den Niederlanden wiederholt Sterbehilfe-Anträgen von Patienten stattgegeben wurde, bei denen geistige Behinderungen oder Autismus-Spektrum-Störungen der Hauptgrund für den Antrag waren. Auch in Belgien ist der Kreis der berechtigten Personen auf sehr fragwürdige Fälle ausgeweitet worden. So stimmte das Parlament 2014 für eine Erweiterung des einschlägigen Gesetzes auf Kinder und Jugendliche mit unheilbaren Leiden. »[…] Kinder, denen man noch sagen muss, was sie anzuziehen haben, können ihren Todeswunsch äußern, und wenn sie ihn gut begründen, hört man auf sie«, kommentierte der kanadische Sterbehilfe-Kritiker Kevin Yuill damals schockiert die Entscheidung.

Auch Patienten mit psychischen Leiden werden wie in den Niederlanden auf eigenen Wunsch getötet. 2020 wurden nach einem viel beachteten Prozess drei Ärzte in Belgien freigesprochen. Das Gericht sah keine Beweise dafür, dass die Angeklagten, die einer 38-Jährigen mit Liebeskummer kurz nach ihrer Autismus-Diagnose Sterbehilfe gewährt hatten, gegen gesetzliche Bestimmungen verstoßen hatten. Die Frau war, als sie sich für den Freitod entschied, nicht in psychotherapeutischer Behandlung.

Kanada legalisierte die aktive Sterbehilfe erst 2016, hat aber seitdem mit einer Reihe von radikalen Gesetzesbeschlüssen »das am weitesten geöffnete staatlich geförderte Suizidsystem der Welt« geschaffen, wie Coelho et al. es 2022 in einem Artikel im *World Medical Journal* ausdrückten. 2021 wurde etwa die Anforderung gestrichen, dass Sterbehilfe-Patienten unheilbar krank sein müssen und/oder ihr natürlicher Tod absehbar sein muss, nachdem die obersten Gerichte der Provinzen British Columbia und Quebec diese Bestimmung für verfassungswidrig erklärt hatten. Seitdem reichen eine einfache Behinderung oder körperliche Schmerzen aus, um einen Anspruch auf Sterbehilfe zu begründen.

2022 schockierte der Fall von Amir Farsoud Kanada und die Welt. Der 54-jährige Invalide aus Ontario, der für das staatliche Suizidprogramm in Frage kommt, weil er an starken chronischen Rückenschmerzen leidet, sagte der Zeitung *City News*, dass er eigentlich weiter leben wolle, er aber einen Antrag auf Sterbehilfe gestellt habe, weil ihm der Verlust seiner Wohnung drohe und er die Obdachlosigkeit noch mehr fürchte als den Tod. Nachdem Farsoud mit einer Welle von Sympathiebekundungen und Geldspenden überschwemmt wurde, zog er seinen Antrag zurück.

Im selben Jahr sorgte ein weiterer tragischer Fall für Entsetzen. Medien berichteten über Ermittlungen wegen der ärztlichen Tötung der 61-jährigen Donna Duncan im Vorjahr. Die Patientin hatte nach einem Autounfall mit schweren körperlichen und geistigen Einschränkungen zu kämpfen, die sich nach Angaben ihrer Angehörigen verschlimmerten, weil sie aufgrund langer Wartezeiten keine angemessene Behandlung im staatlichen Gesundheitssystem erhielt. »Das ist inakzeptabel – es dauerte ein Jahr, um eine Behandlung zu bekommen, aber das Sterben kann innerhalb von vier Tagen genehmigt werden«, sagte eine von Duncans Töchtern.

Ebenfalls 2022 kam heraus, dass Jennyfer Hatch, deren Tod durch Sterbehilfe im Alter von 37 Jahren in einem Werbespot der Bekleidungskette Simons gefeiert wurde, eigentlich nicht sterben wollte, sondern in ihrer Heimat, einem ländlichen Teil von British Columbia, keine angemessene Behandlung für ihre schmerzhafte Erbkrankheit Ehlers-Danlos-Syndrom erhalten hatte.

Ende 2022 kam es zu einem weiteren Eklat. Medien berichteten über die Entlassung einer Sachbearbeiterin im Ministerium für Veteranenangelegenheiten, die mehrere Ex-Soldaten zur Sterbehilfe gedrängt haben soll, darunter einen Mann, der Hilfe für seine Posttraumatische Belastungsstörung gesucht hatte. Diese und weitere Skandale scheinen bei den Gesetzgebern kein Umdenken ausgelöst zu haben. 2023 wurde der Anspruch auf Sterbehilfe sogar weiter auf Personen ausgedehnt, die nur an psychischen Krankheiten leiden.

Werden in Kanada arme und behinderte Menschen zunehmend über die Sterbehilfe »entsorgt«, obwohl die schweren Herausforderungen, vor denen sie stehen, prinzipiell lösbar wären? »Traurigerweise ja«, sagte Kevin Yuill uns. Der Historiker, Autor und Aktivist, der sich nach eigenen Angaben aus linker und humanistischer Perspektive gegen den internationalen Trend zur Normalisierung der Euthanasie einsetzt, führt die regelrechte Explosion der Sterbehilfetoten in seinem Land Kanada auch darauf zurück, dass die Ärzte dort – anders als etwa in den Niederlanden – nicht verpflichtet sind, zunächst andere medizinische oder psychosoziale Maßnahmen für die Probleme der Patienten zu prüfen und Sterbehilfe nur als letzten Ausweg in Betracht zu ziehen.

Yuill wies uns auch darauf hin, dass das Büro des parlamentarischen Haushaltsbeauftragten in einer Kostenabschätzung für den Gesetzesentwurf, der 2021 zu einer erheblichen Ausweitung des sterbehilfeberechtigten Personenkreises führte, zu dem Schluss gekommen war, dass die Provinzregierungen durch diese Reform rund 87 Millionen kanadische Dollar einsparen würden.

Wie die Leiterin der amerikanischen Patientenschutz-NGO *Patients Rights Council,* Rita L. Marker, 2012 in einem Meinungsartikel in der *New York Times* bemerkte, ist die Sterbehilfe auch aus Sicht der Krankenkassen die billigste Form der »medizinischen Behandlung«, die es gibt. Im Bundesstaat Oregon, der in den USA Vorreiter bei der Liberalisierung der Sterbehilfe war, gebe es bereits erste Versicherungen, die die Kosten von lebensverlängernden Behandlungen wie Chemotherapie nicht übernähmen, die Kosten der Sterbehilfe hingegen schon, warnte sie damals.

Die Liberalisierung der Sterbehilfegesetze geht häufig mit einer Kommerzialisierung einher, auch in Staaten wie der Schweiz, in denen nicht die aktive Sterbehilfe, sondern nur die Beihilfe zur Selbsttötung legalisiert wurde. Um eine solche Entwicklung in Deutschland, wo ebenfalls nur der sogenannte assistierte Suizid erlaubt ist, zu verhindern, verabschiedete der Bundestag 2015 ein Gesetz, das die »geschäftsmäßige Förderung der Selbsttötung« unter Strafe stellte.

Doch das Bundesverfassungsgericht erklärte diese Ergänzung zum Strafgesetzbuch 2020 für nichtig, indem es ein angebliches Grundrecht auf Hilfe beim selbstbestimmten Sterben erfand. Seitdem können Sterbehilfevereine nach Schweizer Vorbild auch in Deutschland ungehindert ihre Dienste anbieten. Weil zwei Gesetzesentwürfe zur Neuregelung der Sterbehilfe 2023 im Bundestag scheiterten, bleibt die Arbeit dieser Vereine weitgehend unreguliert. So bleibt ihnen zum Beispiel selbst überlassen, wie sie den Sterbewillen ihrer Klienten überprüfen.

Im an Paradoxien reichen hyperliberalen Zeitalter sticht der Trend zur Enttabuisierung und staatlichen Förderung der Euthanasie als besonders paradox hervor. Erstens scheint er dem oben beschriebenen Streben nach ewigem Leben zu widersprechen, wobei sich dieser Widerspruch wohl auflösen lässt, wenn man bedenkt, dass der Transhumanismus auch nach ewiger Jugend strebt. Vor diesem Hintergrund werden alte und kranke Körper schnell zu vermeintlichen Totalschäden, die abgeschrieben werden müssen, damit die Selbstoptimierer nicht durch die Erinnerung an ihre eigene Vergänglichkeit verunsichert werden.

Zweitens, und das erscheint ein stärkerer Widerspruch, richtet sich die Sterbehilfe-Agenda, wie sie an »progressiven« Orten wie den Niederlanden, Oregon und insbesondere Kanada umgesetzt wird, offensichtlich gegen die Interessen von Behinderten und Armen, die Progressiven angeblich besonders am Herzen liegen.

Laut einer repräsentativen Umfrage vom April 2023 sind 27 Prozent der Kanadier der Meinung, dass die Sterbehilfe auf Menschen in Armut ausgedehnt werden sollte – eine Zahl, die in der Altersgruppe der 18- bis 34-Jährigen auf kolossale 41 Prozent ansteigt. 28 Prozent sind der Meinung, dass Sterbehilfe aufgrund von Obdachlosigkeit gewährt werden sollte. 43 Prozent befürworten die Sterbehilfe aufgrund psychischer Erkrankungen und 50 Prozent aufgrund von Behinderungen.

Wären in Kanada Rechtspopulisten an der Macht und das Thema noch nicht als »progressiv« besetzt, würden linke Kommentatoren wohl eine extreme Verrohung der gesellschaftlichen Verhältnisse beklagen und schlimme historische Vergleiche anstellen. Doch den Befürwortern einer immer weitergehenden Ausweitung der Sterbehilfe ist es gelungen, dieses Anliegen als Kampf für die neuen heiligen Werte Autonomie und Selbstbestimmung zu framen, dem sich nur das Schreckgespenst der *religiösen Rechten* widersetzt. Damit sind die Fronten im Kulturkampf geklärt, und die übliche »progressive« Koalition (beim Thema Sterbehilfe mischen, wie wir gesehen haben, »aktivistische« Gerichte mit, aber auch woke Unternehmen) macht ihre Arbeit.

Es gibt einige Parallelen zwischen der Sterbehilfe- und der Abtreibungsdebatte, wenngleich letztere aus Gründen, deren Erörterung den Rahmen dieses Textes sprengen würde, unter allen westlichen Industrienationen allein in den USA in einen zutiefst verbitterten Kulturkampf ausgeartet ist.

Die amerikanische Linke vertrat in der Frage lange Zeit mehrheitlich eine gemäßigte Haltung, zusammengefasst in Bill Clintons einprägsamem Diktum von 1992: »Sicher. Legal. Selten.« Doch in den letzten zehn Jahren haben prominente Democrats, linke NGOs, Medien, College-Gruppen und so weiter diese mehrheitsfähigen Haltungen zugunsten radikaler, provozierender Positionen aufgegeben, die selbst auf viele linke Wähler befremdlich wirken.

Linke Kreise in den USA argumentieren zunehmend, dass Schwangerschaftsabbrüche ein medizinisches Verfahren wie jedes andere seien, verwischen immer mehr den Unterschied zwischen Früh- und Spätabtreibungen und zeichnen ein schreckliches Bild der möglichen Risiken und Unannehmlichkeiten einer Schwangerschaft, so dass man, wie die feministische Kolumnistin Kat Rosenfield über die ihrer Meinung nach kontraproduktive Horrorprosa witzelt, »zu dem Schluss kommen könnte, […] dass keine Frau bei klarem Verstand eine Schwangerschaft bis zum Ende austragen würde, es sei denn, sie hätte eine Art Todeswunsch.«
Der neue Ansatz scheint nicht besonders gut zu funktionieren. Jedenfalls kam Donald Trump an die Macht und änderte die Zusammensetzung des Supreme Courts, das daraufhin den Bundesstaaten das Recht gab, Abtreibungen ganz zu verbieten oder den Zugang dazu stark einzuschränken, wovon bereits rund die Hälfte Gebrauch gemacht haben.
In Deutschland ist das Thema weit weniger emotional aufgeladen. Mit der 1993 in Kraft getretenen Fristenregelung, die Abtreibungen bis zur 14. Schwangerschaftswoche entkriminalisiert, sofern ein Beratungsgespräch wahrgenommen und eine dreitägige Bedenkzeit eingehalten wurde, schien ein weithin akzeptierter Kompromiss zwischen eher konservativen und eher linken Positionen gefunden worden zu sein, und das Thema spielte in der Politik keine große Rolle mehr.
Doch die Ampelregierung, die offenbar in jedem Lebensbereich ihren unbedingten Progressivismus unter Beweis stellen will, hat sich in ihrem Koalitionsvertrag dazu verpflichtet, »Regulierungen für den Schwangerschaftsabbruch außerhalb des Strafgesetzbuchs« zu prüfen. Dazu wurde im März 2023 eine Expertenkommission einberufen, deren Zusammensetzung die Union als einseitig kritisiert. Der Rat der Evangelischen Kirche in Deutschland (EKD) und die EKD-nahe Diakonie haben bereits Stellungnahmen abgegeben, in denen sie darauf drängen, Abtreibungen

bis zur 22. Woche nach Empfängnis zu erlauben. Der Abschlussbericht der Kommission mit konkreten Gesetzesvorschlägen soll Ende 2024 vorgelegt werden.

Ob das Ampel-Vorhaben mit früheren Entscheidungen des Bundesverfassungsgerichts zum verfassungsrechtlich gebotenen Schutz des ungeborenen Lebens kollidiert, wie Parlamentarier von CDU und CSU im Herbst 2023 in einem Schreiben warnten, ist von Juristen zu klären. In jedem Fall droht, um es mit den Worten der Unions-Abgeordneten zu sagen, durch den »ideologischen Aktivismus« der Ampel bei diesem Thema eine »unverantwortliche Spaltung« der Gesellschaft.

Bei aller Liberalisierung der Einstellungen zu Abtreibung und Verhütung verbreiten einflussreiche Institutionen heute die Botschaft, dass es vor allem für junge Menschen und Frauen die beste und sicherste Option sein kann, intime Begegnungen mit anderen lebenden Menschenkörpern zu vermeiden und lieber zu masturbieren.

So wertet ein aktueller Artikel im *Gesundheitsmagazin* der AOK die Selbstbefriedigung zu einer »eigenständigen Form der Sexualität« auf, bei der allerdings »eine Schwangerschaft [...] oder eine Infektion mit sexuell übertragbaren Krankheiten ausgeschlossen« seien, so dass sich Frauen »ganz auf ihre Bedürfnisse konzentrieren« könnten. In Großbritannien erklärte die Kampagne »Respect Yourself« des staatlichen Gesundheitssystems NHS Jugendlichen, dass Selbstbefriedigung »im Grunde genommen Sex mit sich selbst« sei und »kaum Risiken« berge: »Du kannst nicht schwanger werden oder dir beim Wichsen eine sexuell übertragbare Infektion einfangen.«

Auch die amerikanische Non-Profit-Organisation Planned Parenthood, die rund 650 Kliniken für Sexualmedizin, Gynäkologie und Familienplanung betreibt, preist auf ihrer Webseite Masturbation an als »die sicherste Art, sexuelles Vergnügen zu haben, die es gibt«. Zur Problematisierung sexueller Annäherungen, insbesondere zwischen Männern und Frauen, trägt auch der zeitgenössische Feminismus bei, etwa in Form der #MeToo-Hexenjagden oder umstrittenen »Nur Ja heißt Ja«-Gesetzen wie in Schweden oder Spanien.

Tatsächlich legen Studien aus den USA nahe, dass junge Menschen heute weniger Sex haben als noch vor 25 oder 30 Jahren. Doch der Rückzug aus der körperlichen Intimität ist nicht der einzige Rückzug, den junge Leute heute antreten. Die Statistikbehörden der Industrienationen melden eine wachsende Zahl junger Menschen, die NEET sind. Das Akronym steht für Not in Education, Employment or Training (nicht in Ausbildung, Arbeit oder Schulung).

Anders als in einigen Entwicklungs- und Schwellenländern ist ökonomische Inaktivität junger Erwachsener in der Ersten Welt in der Regel nicht auf einen Mangel an Arbeit zurückzuführen, sondern auf eine fehlende Motivation, sich um einen Arbeitsplatz zu bemühen. Oft weigern sich NEETs, *jede* angebotene Arbeit anzunehmen. Möglich machen das »Hotel Mama« und Sozialleistungen. Die vielfältigen Möglichkeiten des Internets und immer ausgefeiltere elektronische Spielzeuge, von fesselnden Konsolenspielen über billiges Serienstreaming bis kostenlosen Websites mit Millionen von Pornos, aber auch Drogen- und Medikamentenmissbrauch (in den USA gipfelnd in einer verheerenden Opioidkrise), sorgen für das Simulakrum eines glücklichen Lebens.

Man muss kein kulturpessimistischer Verächter jeglicher Unterhaltungselektronik, kein spießiger Ablehner aller künstlich erzeugten Bewusstseinszustände und jeder Selbstbefriedigung, kein libertärer Minimalstaatler und kein Fetischist von Arbeit und Leistung sein, um zu erkennen, dass sich hier ein gefährlicher Mix zusammenbraut.

Denn von der Gegenwart lässt sich ohne viel Fantasie extrapolieren in eine Zukunft, in der aus den aktuellen Videospielen ultrarealistische virtuelle Welten geworden sind, immer lebensechtere Sexpuppen und -roboter den Rückzug aus der zwischenmenschlichen Intimität vorantreiben, die Bevölkerung pharmakologisch ruhiggestellt wird und der aktuelle Trend zum »sanktionsfreien« Sozialstaat in einem bedingungslosen Grundeinkommen gipfelt. Die Folge könnte ein grassierendes *Hikikomori*-tum sein, um den Begriff zu nutzen, mit dem in Japan Erwachsene bezeichnet werden, die sich freiwillig über Jahre in ihrer Wohnung oder ihrem Zimmer im Elternhaus isolieren und ihren Kontakt zur Gesellschaft auf ein Minimum reduzieren – ein erstaunlich häufiges Phänomen, von dem nach Schätzungen von Experten mehr als eine Million Menschen in der High-Tech-Nation betroffen sind und das es, wie eine wachsende Zahl von Forschungsarbeiten warnt, auch in anderen Ländern gibt, die nur noch keinen eigenen Begriff dafür haben.

Wenn sich die Sexualität zunehmend von stabilen, liebevollen Beziehungen und der Fortpflanzung entkoppelt, so ist der umgekehrte Trend, das heißt die Entkopplung der Fortpflanzung von Sexualität und Beziehungen, wohl noch viel beunruhigender. Mit dem Boom eines undurchsichtigen Marktes für kommerzielle Leihmutterschaften seit den 1990er-Jahren setzt sich in reichen Industriegesellschaften immer mehr die Vorstellung durch, dass jeder Mensch und jedes (hetero- oder homosexuelle) Paar quasi ein Grundrecht auf Elternschaft besitzt.

In Europa war bis zum russischen Einmarsch 2022 die Ukraine einer der größten Player auf dem sogenannten »Repromarkt«. Vor dem Krieg wurden hier laut einem BBC-Bericht jährlich über 2000 Kinder per Leihmutterschaft ausgetragen, in mehr als 50 Reproduktionskliniken. Die Wunscheltern reisen vor allem aus Westeuropa und Nordamerika in das arme osteuropäische Land, wo *All-inclusive-Pakete* ab rund 30 000 Euro angeboten werden, von denen rund 10 000 Euro an die Leihmutter gehen.

Das Geschäft mit der Reproduktion ist unter anderem umstritten, weil die Leihmütter in der Regel jung und in finanzieller Not sind, der weibliche Körper und seine Gebärfunktion zur käuflichen Ware werden und die künstliche Befruchtung die Abstammung des Kindes von *einem* Vater und *einer* Mutter aufspaltet. Teilweise sind die Leihmütter vertraglich zur emotionalen Distanzierung von dem auszutragenden Kind verpflichtet.
In den USA ist es nicht unüblich, dass Leihmütter vertraglich dazu verpflichtet werden, das Kind auf Wunsch der Besteller abzutreiben. Auch dass Kinder von den Bestellern nicht angenommen werden, weil sie nicht der Erwartung entsprechen (behindert, Mädchen statt Junge, Drillinge) kommt immer wieder vor. In Thailand war der Fall von Eltern aus Australien, die einen Zwilling mit Down-Syndrom im Land zurückließen und nur das nicht-behinderte Geschwisterkind mitnahmen, einer von mehreren Skandalen, die 2015 zu einem Verbot der kommerziellen Leihmutterschaft führten.
In Spanien, wo die kommerzielle Leihmutterschaft ebenfalls verboten ist, löste der Fall der damals 69-jährigen Ana Obregón 2023 eine breite Verurteilung aus verschiedenen politischen Lagern aus. Die TV-Persönlichkeit bekam ein Baby, das von einer Leihmutter in den USA ausgetragen wurde. Der Vater war Obregóns Sohn, dessen Sperma vor seinem Krebstod eingefroren worden war, und die Mutter war eine Eizellspenderin. Im spanischen Familienregister ließ sich Obregón als die Mutter ihrer Enkelin eintragen. »Wenn dieses Kind zehn ist, wird ihre Mutter fast 80 sein«, wetterte die spanische Spitzenathletin Ana Peleteiro nach Bekanntwerden der Nachricht.
Auch in Deutschland ist die kommerzielle Leihmutterschaft verboten und das Thema ist mehr oder weniger tabuisiert. Das Interesse ist dennoch groß. Laut einer Mitarbeiterin der deutschen Botschaft in Kiew, die Ende der 2010er-Jahre für ein soziologisches Forschungsprojekt interviewt wurde, war die bürokratische

Abwicklung von Leihmutterschaften vor dem Ukraine-Krieg für das Botschaftspersonal »Fließbandarbeit«.

Fazit

Im fünften Jahrhundert vor Christus soll ein Seher dem nordindischen Herrscher Shuddhodana prophezeit haben, dass sein Sohn Siddhartha einmal ein großer König oder, wenn er das Leid der Welt erkennen würde, ein großer heiliger Mann werden würde. Shuddhodana, der seinen Sohn zu einem König machen wollte, ließ diesen der Überlieferung nach weder religiös unterweisen noch den elterlichen Palast verlassen. Viele Jahre soll Siddhartha dort ein luxuriöses aber weitgehend von der Außenwelt abgeschirmtes Leben geführt haben.

Doch im Alter von 29 Jahren wagte der Prinz der Legende nach vier Ausfahrten. Auf den ersten drei soll er erstmals mit den Schattenseiten des Lebens in Berührung gekommen sein. Er sah demnach einen verkrüppelten Greis, einen Fieberkranken und einen verwesenden Leichnam. Bei der vierten Ausfahrt traf er der Überlieferung zufolge auf einen Asketen, eine Begegnung, die Siddhartha zu einer eigenen Sinnsuche inspiriert haben soll, aus der schließlich die von ihm begründete Lehre des Buddhismus hervorging.

Die Frage nach dem Leid und unserem Umgang damit spielt in fast allen Religionen und in vielen philosophischen Strömungen eine zentrale Rolle, denn Krankheit, Schmerz, Tod, Verlust und Siechtum sind seit jeher trauriger Teil der menschlichen Existenz. Aber die Religion hat, vor allem im Westen, in den letzten Jahrhunderten zunehmend an Bedeutung verloren, parallel zu einem Prozess der Aufklärung, der uns eine immer bessere Beherrschung von natürlichen Vorgängen, natürlichen Zuständen und Lebewesen ermöglicht hat. Aufklärung verfolgt nach einer einprägsamen Bestimmung von Max Horkheimer und Theodor W. Adorno das Ziel, »den Menschen die Furcht zu nehmen und sie als Herren einzusetzen«. Das rasante Fortschreiten dieses Prozesses in der Moderne hat immer wieder zu ekstatischen Vorhersagen geführt, dass das Leid bald aus der Welt verbannt sein wird und immanent paradiesische Zustände auf der Erde einkehren werden.

Welche pseudowissenschaftlichen Blüten ein solches Denken treiben kann, das in der Regel von der linken Seite des politischen Spektrums kommt (vielleicht weil »Linkssein in gewissem Sinne auch eine Art von Religionsersatz ist«, wie Andrea Komlosy gegenüber den Autoren bemerkte), haben wir zu Beginn dieses Kapitels am Beispiel der Sowjetunion gezeigt.

Der Machbarkeitswahn und Quasi-Transhumanismus der sowjetischen »Wissenschaft« scheint heute eine Renaissance zu erleben. Es ist schlimm genug, dass tonangebende Kreise im Westen in diesem Zusammenhang Tatsachen ausblenden oder negieren, die bis vor kurzem unter Fachexperten oder in der Allgemeinbevölkerung sogar Allgemeinwissen waren oder es noch sind.

Etwa, dass hochansteckende, ständig mutierende Atemwegsviren nicht durch ein manisches Stakkato von Wiederholungsimpfungen ausgerottet werden können, dass die biologische Realität der sexuellen Fortpflanzung auf zwei und nicht auf 60 verschiedenen Geschlechtern beruht, oder dass die meisten Heranwachsenden sich ihrer Identität nicht sicher sind und mit ihrem sich verändernden Körper fremdeln, ohne dass dies in der überwältigenden Mehrheit der Fälle ein Grund für tiefgreifende pharmakologisch-chirurgische Interventionen mit einem hohen Risiko für Komplikationen ist. Noch schlimmer erscheint uns, dass besagte Kreise zunehmend auf staatlichen Zwang setzen, um ihre unwissenschaftlichen Ideen in der Gesellschaft durchzusetzen, während ausgerechnet sie Andersdenkende als »Schwurbler« denunzieren.

Der Hyperliberalismus will alle Begrenzungen sprengen. Er muss daher Krankheit, Alter und Tod, die drei Dinge also, deren Unausweichlichkeit wir dem Buddhismus zufolge als ersten Schritt zu geistiger Reife und innerem Frieden akzeptieren müssen, als unerträgliche Zumutungen betrachten.

Das konnte man in der Pandemiezeit gut beobachten. So fixiert waren die Regierenden auf das utopische Ziel einer »coronafreien« Welt (oder, anders ausgedrückt, auf ein vermeintliches Recht auf Freiheit von Corona), dass sie nicht nur völlig unrealistische Erwartungen in die neuen Impfstoffe projizierten, sondern auch immer wieder zu dem bis dahin unerprobten und in der Fachwelt höchst umstrittenen Instrument der harten Lockdowns griffen. Der Ausgang ist bekannt: Fast jeder steckte sich (oft sogar mehrfach) an, das Virus wurde endemisch, und die Lockdowns richteten mehr Leid und Schaden an, als sie verhinderten.

Aber auch weitgehend gesunde Körper sind aus Sicht des Hyperliberalismus eine unzumutbare Beschränkung, da sie den Einzelnen unter anderem auf ein bestimmtes Aussehen und Geschlecht festlegen. Wie wir hier aufgezeigt haben, wird der gesunde Körper immer mehr zum Gegenstand von Bearbeitung, Optimierung und Personalisierung, nicht selten mit Methoden, die noch sehr unausgereift erscheinen.

Auch wenn viele transhumanistische Zukunftsvisionen unerreichbare Fantasien bleiben werden, weil sie auf pseudowissenschaftlichen Annahmen beruhen, zeichnet sich heute so etwas wie ein »neuer Mensch« ab. Die Entstehung des neuen Menschen kann als ein Prozess der Entkopplung des menschlichen Körpers von seinen traditionellen Funktionen wie Fortpflanzung, körperlicher Arbeit und wahrscheinlich bald– dank KI, Chatbots und Co – auch von vielen Formen geistiger Arbeit verstanden werden. Treibende Kräfte sind der kulturelle Megatrend der Selbstverwirklichung und der technologische Fortschritt in einem Kapitalismus, der Experten zufolge an der Schwelle zu einem neuen, von Big Data und Optimierungsbranchen getriebenen Akkumulationszyklus steht.

Trotz aller Fortschritte, die die Zukunft bringen mag, wird der Mensch begrenzt und vergänglich bleiben. Es ist bedauerlich, dass es uns im Westen zunehmend schwerfällt, dieser einfachen Wahrheit offen ins Auge zu sehen. Der hohe Entwicklungsstand unserer Gesellschaften hat uns bequem und nicht selten sogar größenwahnsinnig gemacht, und die Beschäftigung mit Dingen, die verunsichern – das vermitteln wir dem Nachwuchs schon in der Schule –, halten wir für unzumutbar.
Und so verdrängen wir Krankheit, körperlichen Verfall und Tod, indem wir sie immer geschickter kaschieren oder aus dem Alltag an bestimmte Orte wie Krankenhäuser, Heime und Bestattungsunternehmen verbannen, so dass wir jetzt alle in gewisser Weise dem jungen Siddhartha in seinem goldenen Käfig ähneln. Aber es bleibt unwiderlegbar, was der Buddha später im Leben feststellte:

> »Niemand kann erreichen, dass das, was dem Altern unterworfen ist, der Krankheit, dem Sterben, dem Untergang, nicht altert, krank wird, stirbt und untergeht.«

Eine wirklich reife Gesellschaft würde nicht in eine Schlacht gegen die Vergänglichkeit ziehen, die trotz aller technischen Anstrengungen letztlich nicht zu gewinnen ist, sondern Trost in unserer gemeinsamen menschlichen Erfahrung suchen. Denn wie es in einer überlieferten Lehrrede des Buddha heißt:

> »Wer Trauer empfindet über Alter, Krankheit und Tod […] sollte sich klarmachen: Ich bin nicht der Einzige, der das erfährt. Im Gegenteil, alle erfahren das.«

Teil III: Antipoden des Hyperliberalismus

Die spätliberale Ordnung versteht sich als ein universelles, globales System. Wer noch nicht dazugehört, der wird es bald, von Damaskus bis Pjöngjang, so die teleologische Gewissheit, die in tonangebenden westlichen Kreisen trotz aller Rückschläge immer noch populär ist.

Dabei muss man als Westeuropäer oft nur ein paar Dutzend bis einige hundert Kilometer zurücklegen, um an Orte zu gelangen, die nie Teil des liberalen Systems waren oder sich bewusst gegen einige oder die meisten seiner ideologischen Prämissen entschieden haben. Bei einigen dieser Orte handelt es sich um Gebiete in Europa, in denen sich aus verschiedenen Gründen traditionelle, präliberale Einflüsse erhalten haben, die auf den Liberalismus einwirken und seine utopischsten Impulse dämpfen. Andere sind vom Westen eigenständige Kultur- und Zivilisationsräume mit Hunderten von Millionen oder gar Milliarden von Einwohnern.

In den folgenden Kapiteln stellen wir die relevantesten Ideologien, Bewegungen und Gesellschaftsmodelle vor, die sich als Alternativen zum (Hyper-)Liberalismus begreifen und Hinweise darauf geben, was auf diesen folgen könnte.

6. Sozial-Konservatismus

»Wir wollen unser Land lediglich von ein paar Krankheiten heilen. Eine neue Mischung von Kulturen und Rassen, eine Welt aus Radfahrern und Vegetariern, die nur noch auf erneuerbare Energien setzen und gegen jede Form der Religion kämpfen. Das hat mit traditionellen, polnischen Werten nichts mehr zu tun.«
Witold Waszczykowski, polnischer Außenminister, 2016

»Immer wieder bin ich in den letzten Jahren in den Osten gereist. Mir gefiel die Atmosphäre in Krakau, Brünn und Prag, in Warschau und ja – auch in Budapest«, schreibt der deutsche Schriftsteller Finn Job. »Es war nie perfekt, aber man hat den Menschen angemerkt, wie sehr sie sich anstrengen, in Freiheit zu leben, westlich zu leben, wie sehr sie sich anstrengen, den Jahrhunderte alten Einfluss der Russen endlich loszuwerden. Überall gab es fröhliche und intelligente Menschen in Cafés, Menschen, die das Leben feierten, auch wenn sie weniger Geld hatten als wir. Außerdem war es an den genannten Orten für Schwule sicherer als auf den Straßen von Paris und London – ich selbst zumindest bekam deutlich weniger böse Blicke zu spüren.«
Sicherheit für Schwule, ausgerechnet in einem Teil der Welt, dessen Herrscher oft erklärte Linksliberalenschrecks wie der eingangs zitierte ehemalige polnische Außenminister Witold Waszczykowski sind? Leute, die ein Problem mit Atheisten haben, mit Vegetariern und Radfahrern und der Vermischung von Kulturen und Rassen, wie der Politiker der nationalkonservativen damaligen polnischen Regierungspartei PiS (kurz für *Prawo i Sfiedliwość,* Recht und Gerechtigkeit) 2016 im Interview mit der *BILD* gestand.
Dass er sich als schwuler Mann in Osteuropa sicherer fühlte als in manchen westeuropäischen Metropolen, hängt für Job vor allem mit der »Islamisierung« der letzteren zusammen. Er erklärt: »Anstatt zu dekonstruieren, zu demontieren, anstatt Menschengrup-

pen identitär gegeneinander aufzuhetzen und die eigentliche Gefahr zu verkennen, weiß man im Osten, was die Bedingungen von Freiheit sind. Die Russen sind noch nicht lange fort und in fast jeder Familie gab es jemanden, den der KGB zur Strecke gebracht hat. Und deshalb ist man auch für andere Gefahren hellsichtiger; deshalb gibt es kaum Ehrenmorde und keine Szenen wie in den Banlieues, in Malmö oder am Hermannplatz. Anstelle von Messerattacken und Enthauptungen gibt es zumindest in den Städten eine Sicherheit von Juden, wie man sie sich hier schon lange nicht mehr vorstellen kann. Denn insbesondere die Visegrád-Länder (die postkommunistischen Staaten Polen, Tschechien, Slowakei und Ungarn, die nach einer vielzitierten Formulierung der Wissenschaftler Marcel Schütz und Finn-Rasmus Bull als »halboffizielles Binnenbündnis« innerhalb der Europäischen Union gemeinsame Interessen verfolgen, Anm. d. Autoren) haben frühzeitig verstanden, wie Islamisierung funktioniert und sich dagegen erfolgreich zur Wehr gesetzt.«

Die Mentalität, die Job skizziert, das ausgeprägte Bewusstsein für »die Bedingungen von Freiheit«, könnte man – vielleicht etwas pathetisch – einen spezifisch osteuropäischen Antitotalitarismus nennen, geboren aus Jahrzehnten unter der Knute Moskaus, stärker geworden mit jedem Mal, wenn russische Panzerketten ihn niederwalzten.

Die russischen Panzer, sie stellen heute noch immer eine Bedrohung dar. Und viele Osteuropäer und Balten setzten ihnen nun, da sie wieder Herren im eigenen Hause sind, eine eiserne Entschlossenheit entgegen, die eigene Lebensweise zu verteidigen. Eine Lebensweise, die irgendwie konservativ, aber auch dezidiert freiheitlich, ja sogar mondän ist, wie Job anmerkt, und damit etwas ganz anderes ist als die russische Gesellschaft, deren autoritätshörige, fatalistische Art des Konservatismus im 21. Jahrhundert immer noch fast feudal wirkt (siehe Kapitel 8 »Neofaschismus«).

Polen: Wolkenkratzer und Wohnungsbau

Den »Tag der Armee« in Warschau beschreibt Finn Job wie folgt: »Es gab eine schöne, bunte und freundliche Militärparade. Die Sonne schien und Kinder spielten im Schatten der amerikanisch anmutenden Wolkenkratzer auf Panzern. Anstelle einer Militärkapelle spielte eine Big Band.« Die Momentaufnahme aus dem Sommer 2021 fasst das zeitgenössische Polen gut zusammen: Eine traditionelle Grundhaltung integriert recht unverkrampft moderne Elemente. Materiell geht es für die meisten Menschen aufwärts. Und die Gesellschaft ist wehrhaft gegenüber äußeren Bedrohungen.

Die Skyline aus futuristischen gläsernen Bürotürmen ist eines der auffälligsten Merkmale Warschaus. Die meisten wurden in den 1990er-Jahren gebaut. Sie sind sichtbarer Ausdruck der sehr erfolgreichen polnischen Wirtschaftspolitik seit dem Fall des Kommunismus, die zu einem regelrechten Wirtschaftswunder geführt hat. Das Bruttoinlandsprodukt konnte in den Jahren von 1990 bis 2022 verzehnfacht werden: von 67 Milliarden auf 675 Milliarden US-Dollar. Polen ist heute die sechstgrößte Volkswirtschaft in der Europäischen Union und rangiert im Ranking der größten Exporteure von Waren und Dienstleistungen weltweit auf Platz 20. Das Land hat inzwischen den größten Bankensektor in Mitteleuropa und war die einzige Volkswirtschaft in der EU, die in der globalen Finanzkrise ab 2008 nicht in eine Rezession rutschte. Auch die Coronakrise meisterte die polnische Wirtschaft im europäischen Vergleich gut. Laut Eurostat betrug die Arbeitslosigkeit Stand Oktober 2023 nur 2,8 Prozent – der zweitniedrigste Wert in der EU.

»Wie Umfragen der Deutsch-Polnischen Auslandshandelskammer (AHK Polen) Jahr um Jahr belegen, sehen internationale Investoren Polen regelmäßig auf einem Spitzenplatz unter den Investitionsstandorten im östlichen Teil der EU«, schreibt Rolf Nikel, von 2014 bis 2020 deutscher Botschafter in Warschau und heute Vizepräsident des Deutschen Polen-Instituts, in seinem Buch »Feinde, Fremde, Freunde. Polen und die Deutschen«. Standortvorteile seien unter anderem die Zugehörigkeit zur EU, der große polnische Binnenmarkt mit seinen 38 Millionen Einwohnern, die relativ gute Ausbildung und Produktivität der Fachkräfte, die moderne Infrastruktur und die Nähe zu den Märkten in Westeuropa.

Ein bloßer »Lieferant billiger Arbeitskräfte«, ein »Zulieferer und verlängerte Werkbank für große deutsche Konzerne«? Auf diese Rolle will sich Polen nicht mehr reduzieren lassen, wie der damalige Außenminister Waszczykowski 2016 im *BILD*-Interview selbstbewusst erklärte. Tatsächlich sind heute Informationstechnologien und künstliche Intelligenz wichtige Wachstumsbereiche der polnischen Wirtschaft, sagt Lars Gutheil, geschäftsführender Vorstand der AHK Polen. Polnische Softwareentwicklungen seien weltweit gefragt. Gutheil weist darauf hin, dass zum Beispiel die Sprachsynthese-Technologie, die in Amazons Alexa steckt, aus Polen stammt. Stand 2020 entwickelten und programmierten nach Daten der Deutschen Bank rund 300 kleine bis mittlere polnische Studios Computerspiele wie die weltweit beliebte Action-Serie »The Witcher« und erwirtschafteten damit einen Umsatz von rund 500 Millionen Euro im Jahr. »Aber auch in den vermeintlich alten Industrien haben polnische Unternehmen eine große Fertigungstiefe erreicht«, bilanziert Gutheil.

Nicht, dass das polnische ökonomische Modell keine Schwächen hätte. Der Wirtschaftsboom seit der Wende ist nach Einschätzung vieler Ökonomen vor allem auf den von der ersten nichtkommunistischen Regierung durchgesetzten Balcerowicz-Plan zurückzuführen, mit dem die Zentralplanwirtschaft Polens ab 1989 mittels einer »Schocktherapie« auf die Marktwirtschaft umgestellt wurde. Der damalige Vizepremier und Finanzminister Leszek Balcerowicz »setzte […] praktisch über Nacht die Aufhebung der planwirtschaftlichen Regulierung und die Aufhebung der Außenhandelsmonopols sowie die freie Konvertibilität des Zloty durch. Die Preise wurden freigegeben und die meisten Subventionen abgeschafft«, schreibt Botschafter Nikel.

Die Gesellschaft zahlte anfangs einen hohen Preis für diese radikalen Schritte. »Die Wirtschaft stürzte ab, die Preise explodierten, die in den Staaten des früheren Warschauer Paktes unbekannte Arbeitslosigkeit stieg sprunghaft an, und die Realeinkommen sanken«, so Nikel weiter. Erst mit der Zeit stellte sich die oben skizzierte beeindruckende Entwicklung ein, angetrieben auch durch die Zugehörigkeit zum europäischen Binnenmarkt und den Zugang zu EU-Hilfen ab 2004 (Polen ist seit dem EU-Beitritt der größte Nettoempfänger von Zuwendungen aus dem EU-Haushalt).

Obwohl die PiS nach ihrem Amtsantritt 2015 eine Abkehr vom Wirtschaftsliberalismus ihrer Vorgänger vollzog, entwickelte sich die Wirtschaft weiterhin positiv. Die Wirtschaftspolitik der im Herbst 2023 wieder abgewählten nationalkonservativen Partei mit ihren kostspieligen Sozialprogrammen charakterisiert Nikel, der auch studierter Volkswirt ist, als »keynesianisch«. Vor allem das 2016 eingeführte großzügige Kindergeld »Familie 500+« habe »den privaten Konsum stimuliert und dadurch das Wachstum angekurbelt«. Allerdings schränke die geringe private Investitionsneigung der Bevölkerung das Wachstumspotential der polnischen Wirtschaft mittelfristig ein.

Strukturell leidet Polen unter einer niedrigen Geburtenrate und einer hohen Abwanderung in andere europäische Länder. Das produziert mit den Worten von Rolf Nikel ein »massives Demografieproblem«. Fachkräfte seien knapp und müssten in zunehmendem Maße mit attraktiven Löhnen gebunden werden. Der komparative Vorteil gegenüber Westeuropa schwinde so dahin.

Nikel nennt das Kindergeld »Familie 500+« das sozialpolitische »Flaggschiff« der PiS. Seit 2016 können Eltern monatlich 500 Zloty beantragen. Anfangs galt das nur für Paare mit zwei oder mehr

Kindern. Später wurde das Programm auf alle Familien ausgeweitet. Zum Zeitpunkt der Einführung lag der Durchschnittsbruttolohn bei 5100 Zloty (circa 1100 Euro) im Monat, in ländlichen Regionen noch niedriger. Die Löhne sind gestiegen, während das Kindergeld gleich geblieben ist, aber noch zum Zeitpunkt der polnischen Parlamentswahlen im Herbst 2019 entsprachen die Zahlungen »in etwa einer Lohnerhöhung von 10% gegenüber dem polnischen Durchschnittslohn«, bemerkt der britische Journalist Oliver Whitfield-Mocic. Die PiS hob auch die staatlichen Renten und den Mindestlohn an und senkte entgegen dem europäischen Trend das Rentenalter. Arbeitnehmer unter 26 Jahren sind in den meisten Fällen von der Einkommensteuer befreit.

Ein weiterer sozialpolitischer Schwerpunkt der PiS war bezahlbares Wohnen. 2016 lief das »Wohnung+«-Programm an, das die Errichtung von insgesamt rund 100 000 preisgünstigen Mietwohnungen mit einer späteren Kaufoption zum Ziel hatte. Unter der PiS erwarb der Staat auch Tausende Wohnungen in den urbanen Zentren und vermietete diese deutlich unter Marktpreisen an besonders armutsgefährdete Personen. Außerdem führte die Partei das Programm »Wohnen für junge Leute« ein, mit dem junge Familien unterstützt werden. Ein Programm des Umweltministeriums nutzt einen Teil der enormen Holzproduktion des Landes für den Bau von Tausenden skandinavisch anmutenden Holzhäusern auf Grundstücken des Staatsforstbetriebs. Diese billigen standardisierten Bauten sollen unter anderem wegen ihrer Energieeffizienz besonders nachhaltig sein.

Die PiS profilierte sich als Anwalt der einfachen Menschen abseits der großen Städte, die die von der liberalen Platforma Obywatelska (Bürgerplattform) dominierten Vorgängerregierungen bei ihrem Fokus auf radikalen wirtschaftlichen Umbau und gesellschaftliche Modernisierung »zu einem gewissen Grad übersehen« hätten, schreibt die polnische Autorin Sophie Delest in *Novo*.

Den Eindruck einer Politik, die pragmatisch die Sorgen und Belange der sogenannten »kleinen Leute« angehen will, hatte auch einer von uns Autoren, als er im Herbst 2021 in Warschau an der Konferenz »Polen – ein großes Projekt« der gleichnamigen PiS-nahen Stiftung teilnahm. In den Redebeiträgen und Podiumsdiskussionen ging es um die Bilanz und Zukunft der oben beschriebenen Sozialprogramme, aber auch um relative Detailfragen wie das offenbar weit verbreitete Problem von Rattenbefall in Discount-Supermärkten. Alles in allem ein erfrischender Kontrast zu Westeuropa, wo das »linke« politische und kulturelle Establishment die einfachen Menschen zunehmend nicht mehr als Entität betrachtet, deren Interessen es zu verteidigen gilt, sondern als lästiges Hindernis für den gesellschaftlichen Fortschritt, die europäische Integration, den Klimaschutz und so weiter.

Nach der Coronakrise legte die PiS ein Wirtschafts- und Sozialprogramm mit dem Namen »Polish Deal« vor, das weitere Unterstützung für Hauskäufer, Rentner und Familien sowie Steuersenkungen für Gering- und Mittelverdiener vorsieht. Das unverblümt materialistische Versprechen des Polish Deal, »Mittelschicht für alle«, steht in einem krassen Gegensatz zum ergrünten politischen Mainstream in Westeuropa, wo sogar Konservative inzwischen »Degrowth«-Konferenzen mitorganisieren, wie die Mitarbeit von drei Europaabgeordneten der EVP im Organisationskomitee der vom Europaparlament ausgerichteten und von EU-Kommissionspräsidentin Ursula von der Leyen eröffneten »Beyond Growth 2023 Conference« zeigt (siehe auch Kapitel 4 »Öko-Regime«).

Bei der Verfolgung ihrer linkspopulistischen ökonomischen Agenda scheint die PiS das einflussreiche neoliberale Skript verlegt zu haben, wonach klassisch keynesianisch-sozialdemokratische Ansätze in der heutigen hyperglobalisierten Welt langfristig nicht tragbar sind oder gar zum wirtschaftlichen Zusammenbruch führen. Abgesehen von der Inflation, die für europäische

Verhältnisse zeitweise außergewöhnlich hoch war, aber gut ein Jahr nach dem russischen Einmarsch in der Ukraine wieder deutlich zu sinken begann, gab es, was die polnische Wirtschaft angeht, jedoch keine besonders beunruhigenden Entwicklungen zu vermelden.

Konservative Revolution

Innenpolitisch führte die PiS ein strenges Regiment. Mit ihrem Amtsantritt 2015 leitete die Partei einen tiefgreifenden Transformationsprozess ein, dem ihr langjähriger Vorsitzender und Vordenker Jarosław Kaczyński den Namen »konservative Revolution« gab. Diese fußte ideologisch auf einem etwas unscharf definierten Wertekanon, unter anderem bestehend aus »Patriotismus, Katholischer Kirche und einem gewissen polnischen Exzeptionalismus, basierend auf einer tragischen historischen Erfahrung«, wie Rolf Nikel den Autoren erklärte. Wichtiger als das (behauptete) Ideengerüst der konservativen Revolution war jedoch die fundamentale *strukturelle* Umgestaltung von Staat und Gesellschaft, die diese absichern sollte.

Aus ihrer früheren, kürzeren Zeit an der Regierung 2005 bis 2007 zog die PiS laut Nikel die Lehre, dass sie damals die Macht wieder verlor, weil es ihr nicht gelang, Polen schnell, radikal und kompromisslos genug umzubauen. Nach der gewonnenen Parlamentswahl Ende 2015, die der PiS und zwei kleineren verbündeten Parteien eine Mehrheit in beiden Kammern des Parlaments bescherte, begann die nationalkonservative Partei folglich mit einem massiven Elitenaustausch in der Verwaltung und den Staatsbetrieben.

Staatliche Posten wurden »vom Präsidenten abwärts« bis in die unteren Hierarchieebenen mit Gefolgsleuten neu besetzt, schreibt Nikel. Eine besondere Priorität hatte für die PiS der systematische Umbau des Justizwesens. Auf allen Ebenen der Rechtsprechung war das Vorgehen der Regierung tendenziell das gleiche, erklärt der Botschafter. Die Mechanismen, mit denen Richter nominiert und diszipliniert werden, wurden umgestaltet, mit dem Ziel einer politischen Kontrolle der Richterschaft. Das Regierungslager argumentierte, der Umbau der Justiz sei unter anderem erforderlich gewesen, weil das System noch immer von alten Kadern aus der Zeit des Kommunismus durchsetzt gewesen sei. Dieses Argument steht auf äußerst dünnen Beinen. Wie Nikel bemerkt, waren zum Zeitpunkt des Beginns der Justizreform 2015 knapp 95 Prozent der Richter erst nach 1990 ins Amt gekommen.

Insbesondere die Einrichtung einer sogenannten »Disziplinarkammer« beim Obersten Gericht, mit der unliebsame Richter und Staatsanwälte aus dem Amt entfernt werden konnten, brachte die Regierung auf Kollisionskurs mit den Institutionen der Europäischen Union, die Polen schwere Verletzungen der Rechtsstaatlichkeit vorwarfen. Die Kammer wurde schließlich im Juni 2022 aufgelöst und durch eine »Kammer für berufliche Verantwortung« ersetzt. Die EU-Kommission hatte die Auszahlung von milliardenschweren Coronahilfen von der Abschaffung der Disziplinarkammer abhängig gemacht. Weil die polnische Regierung die Wiedereinsetzung entlassener Richter verweigerte, blieben die EU-Mittel dennoch blockiert. Sie wurden erst Anfang 2024, also nach Abwahl der PiS, von der EU-Kommission freigegeben.

Auch die Medienlandschaft baute die PiS bis zu einem gewissen Grad in ihrem Sinne um. Seit 2016 unterstehen der öffentlich-rechtliche Rundfunk und die führende polnische Nachrichtenagentur PAP einem neugeschaffenen »Nationalen Medienrat«, der aus drei von der Regierung und zwei von der Opposition ernannten Personen besteht. Beim staatlichen Fernsehen TVP und dem staatlichen Radio PR tauschten die neuen Machthaber das Management und die Führungsspitze der Sender aus.

Von einer Gleichschaltung der gesamten Medienlandschaft wie in einer Diktatur konnte unter der PiS jedoch keine Rede sein.

Es gab und gibt in Polen eine große Zahl privater Print-, Online- und Rundfunkmedien, die frei berichten und kommentieren und dabei ein sehr breites politisches Spektrum abdecken. Pläne für eine »lex pilot«, ein bizarres Gesetzesvorhaben, das sicherstellen sollte, dass die TVP-Sender auf der Fernbedienung (polnisch: »pilot«) zwangsweise die ersten Plätze belegen, legten die Nationalkonservativen im April 2023 auf Eis.

Die PiS reformierte auch die Schullehrpläne. Sie sollten nach dem Willen der nationalkonservativen Regierung »Patriotismus, die polnische Opferbereitschaft und Heldentum, wie sie sich in den großen historischen Auseinandersetzungen, insbesondere den Weltkriegen, zeigten«, sowie »ein traditionelles Familienbild mit den Lehren der Katholischen Kirche im Zentrum« befördern, schreibt Rolf Nikel. Nach Russlands Angriff auf die Ukraine wurde für Acht- und Neuntklässler das Pflichtfach »Sicherheitsausbildung« eingeführt, mit Schießtrainings, Waffenkunde und einem Erste-Hilfe-Kurs. Die ähnlichen Programme »Trainiere mit der Armee« (eintägig) und »Trainiere wie ein Soldat« (16-tägig) des Verteidigungsministeriums richten sich an erwachsene Männer und Frauen. Die freiwilligen Angebote stoßen Medienberichten zufolge auf reges Interesse in der Bevölkerung.

Das nach der Überwindung des kommunistischen Polizeistaats verabschiedete Strafgesetzbuch erschien vielen Polen zu lax. Die PiS verschärfte das Strafrecht mehrfach wieder. Die Inhaftierungsquote ist höher als in Deutschland. Bei bestimmten Sexualstraftaten strich die PiS die Verjährungsfristen. Die ganze Abschreckung scheint zu wirken: Die Kriminalitätsrate ist in den letzten Jahren zurückgegangen. Die polnischen Städte sind sehr sicher. Manchen in der PiS gingen diese Erfolge jedoch nicht weit genug. Vertreter der Partei spielten immer wieder mit der Wiedereinführung der Todesstrafe, die nach der EU-Grundrechtecharta außer in Kriegszeiten oder bei unmittelbarer Kriegsgefahr verboten ist.

Zur konservativen Revolution gehörte auch ein Kulturkampf gegen westliche »liberale« Einflüsse, die die PiS als schädlich betrachtet. Die Partei positioniert sich fundamental gegen die Abtreibung, selbst wenn das Leben oder die Gesundheit der Frau in Gefahr ist. Das von der PiS eingeführte, nahezu vollständige Abtreibungsverbot hatte Stand November 2022 zu tödlichen medizinischen Komplikationen bei mindestens sechs Schwangeren geführt.

Die Partei betreibt auch schrille Stimmungsmache gegen die »LGBT-Ideologie«. Für besonders negative Schlagzeilen im westlichen Ausland haben die sogenannten »LGBT-ideologiefreien Zonen« gesorgt. In diesem Zusammenhang muss allerdings angemerkt werden, dass diese insbesondere von Regionen im erzkonservativen Südosten und Zentrum des Landes deklarierten Zonen vor allem symbolischen Charakter haben und juristisch nicht durchsetzbar sind. LGBTQ-Personen unterliegen in Polen »keiner unmittelbaren gesetzlichen Diskriminierung«, betont Botschafter Nikel.

Viele der Deklarationen verwenden als Vorlage die »Kommunale Charta der Rechte von Familien«. Aus deren erstem Artikel geht hervor, dass sich die unterzeichnenden Gemeinden auf den Schutz der Familie und des Familienlebens, der Ehe »als Beziehung zwischen Mann und Frau«, der Elternschaft, der Mutterschaft und des Rechts der Eltern auf Kindererziehung »in Übereinstimmung mit ihren eigenen Überzeugungen« verpflichten, sowie auf den Schutz von Kindern vor »Demoralisierung«, was auch immer das heißen mag.

Wie viel von dem Abwehrkampf polnischer Konservativer gegen alles, was mit »LGBT« zu tun hat, ist berechtigte Sorge vor Entwicklungen im Westen, die auch uns Autoren beunruhigen (siehe Kapitel 5 »Transhumanismus-Regime«), wie viel diffuses Ressentiment gegen sexuelle Minderheiten, die vermeintlich die heilige Heimat »verschwuchteln«? Das ist schwer zu sagen. Die oben wiedergegebenen Eindrücke des Schriftstellers Finn Job legen nahe, dass die polnischen Städte wegen des Widerstandes gegen die Masseneinwanderung aus dem islamischen Kulturraum paradoxerweise sogar sicherer für Schwule und Lesben seien könnten als die Metropolen in Westeuropa.

Bei der Einwanderung hat die PiS eine klare Linie. Migration aus islamisch geprägten Kulturen wird nahezu kategorisch abgelehnt. Viel offener sind die Nationalkonservativen hingegen für andere Arten der Einwanderung. Schon vor dem russischen Einmarsch in der Ukraine lebten und arbeiteten circa eine bis eineinhalb Millionen Bürger des slawischen Nachbarlandes in Polen. Sprachliche und kulturelle Nähe sorgen für eine einfache Integration. Zu den Ukrainern kommen viele Menschen aus Georgien und Moldau, aber auch Asiaten und Afrikaner. Einige gehen einfachen Tätigkeiten nach, zum Beispiel als Taxifahrer oder bei Lieferdiensten. 2018 wurde eine großzügige Regelung für die saisonale Beschäftigung eingeführt, die ausländischen Arbeitnehmern einen Aufenthalt von bis zu neun Monaten innerhalb eines Jahres ermöglicht. Mit englischsprachigen Studienangeboten für technische Fächer warb die PiS-Regierung um ausländische Fachkräfte etwa aus Indien. Viele der Absolventen blieben dauerhaft im Land.

Die polnische Blockadehaltung bei der EU-Zwangsverteilung von Asylbewerbern aus dem Nahen Osten, Nordafrika und Afghanistan ab 2015 war ein Hauptstreitpunkt zwischen Warschau auf der einen Seite und den Brüsseler Institutionen und westeuropäischen Partnern auf der anderen. Im Laufe der Zeit haben sich letztere offenbar mit der PiS-Linie arrangiert. Ein Urteil des Europäischen Gerichtshofs von 2020, das Polen zum Mitmachen zwingen sollte, blieb faktisch nicht mehr als Symbolpolitik.

Der Angriffskrieg gegen die Ukraine ab Anfang 2022 führte zu einer völlig anderen Situation. Mit den Worten von Rolf Nikel kümmerte sich die polnische Zivilgesellschaft »in einer Aktion bewundernswerter Solidarität« um die ukrainischen Flüchtlinge. Ihnen wurde unbürokratisch Zugang zum polnischen Arbeitsmarkt und zu kostenloser Krankenversorgung gewährt. Viele Polen nahmen Ukrainer bei sich zu Hause auf, Mobilfunkbetreiber verteilten kostenlose SIM-Karten an die Neuankömmlinge. Wie die Einheimischen erhalten ukrainische Familien das Kindergeld »500+«.

Von den rund 9,5 Millionen nach der Invasion in Polen registrierten Flüchtlingen, fast ausschließlich Frauen und minderjährige Kinder, waren Stand November 2023 knapp eine Million im Land verblieben und genossen einen vorübergehenden Schutzstatus. Jedoch ist ein Beschluss vom März 2023, der ukrainische Flüchtlinge dazu verpflichtet, außer in Härtefällen zwischen 50 und 75 Prozent der Kosten für die Unterbringung in Gemeinschaftsunterkünften zu tragen, wohl ein Zeichen dafür, dass die Großzügigkeit des polnischen Sozialstaats an ihre Grenzen stößt. Westlichen Kritikern, die der PiS Inkonsistenz im Umgang mit Flüchtlingen aus verschiedenen Herkunftsländern vorwerfen, kann die Partei mit Fug und Recht entgegenhalten, dass es im Gegenteil sie selbst ist, die in ihrem Beharren auf dem Prinzip der Freiwilligkeit stets konsequent geblieben ist. Die nationalkonservative Regierung versuchte nie, den westlichen Partnern verpflichtende Aufnahmequoten für Ukraine-Flüchtlinge aufzuzwingen. Warschau beließ es dabei, EU-Finanzmittel zur Bewältigung der Krise zu fordern.

Liberale Gegenrevolution

Bei den nationalen Wahlen im Herbst 2023 wurde die PiS zwar wieder stärkste Kraft, sie verlor allerdings ihre absolute Mehrheit im Parlament. Selbst mit den Mandaten der relativ neuen rechtslibertären Anti-Establishment-Partei Konfederacja, die ohnehin nicht mit der PiS koalieren will, würde keine rechte Regierungsmehrheit zustande kommen. Polens konservative Revolution ist also (vorerst) gestoppt. Unter großem Jubel und Erleichterung in Berlin, Brüssel und anderswo gelang es Donald Tusk von der liberalen Bürgerplattform, der bereits von 2007 bis 2014 das Land regiert hatte, sich auf eine mehrheitsfähige Dreierkoalition mit der zentristischen Partei Dritter Weg und dem Linksbündnis Lewica zu einigen.

Die PiS hat die Macht mit einem gewissen Widerwillen an die neue Regierung übergeben, deren Programm sich im Wesentlichen am westeuropäischen liberalen und globalistischen Mainstream ausrichtet. (Polens PiS-naher Staatspräsident Andrzej Duda ernannte zunächst eine PiS-Regierung, die vorhersehbar beim Parlament durchfiel. Kritiker sagen, dass es bei der Aktion, die die Machtübergabe um rund zwei Wochen verzögerte, wohl vor allem darum ging, PiS-Funktionären noch etwas mehr Zeit für die Vernichtung kompromittierender Akten zu geben.)

Fast unmittelbar nach seinem Amtsantritt hat Tusk ein umfassendes Programm der Ent-PiS-ifizierung in Angriff genommen. Ihre plumpe, rechtlich fragwürdige Vorgehensweise hat die neue Regierung in Konflikt mit dem nach wie vor konservativ dominierten Verfassungsgerichtshof und Präsident Duda gebracht und das Land in eine Verfassungskrise gestürzt. So versuchten Tusk und seine Mitstreiter beispielsweise, den amtierenden PiS-nahen Zentralbankgouverneur Adam Glapiński unter anderem wegen (wohl politisch motivierter) Zinssenkungen während des Wahlkampfs strafrechtlich zu verfolgen. Das Verfassungsgericht erklärte dies für eindeutig rechtswidrig. Auch die EZB-Präsidentin Christine Lagarde sah im Vorgehen des Tusk-Lagers einen Rechtsbruch und sagte Glapiński ihre Unterstützung zu.

Der neue polnische Justizminister Adam Bodnar versuchte, den Generalstaatsanwalt Dariusz Barski zu entlassen, was aber laut Verfassung der Zustimmung des Präsidenten bedarf. Als Duda diese verweigerte, erklärte Bodnar einfach, Barski sei »ohne ordnungsgemäße Rechtsgrundlage« ernannt worden und habe sein Amt daher nie wirklich ausgeübt. Bei Redaktionsschluss befand sich Barksi in einem seltsamen Schwebezustand und war entweder Generalstaatsanwalt Polens oder nicht, je nachdem, welches politische Lager man fragt.

Wie zuvor die PiS hat die Regierung Tusk den Landesrat für Gerichtswesen (ein Verfassungsorgan, das die polnischen Richter beaufsichtigt) mit eigenen Gefolgsleuten besetzt. Im Dezember 2023 startete Tusk seine Ent-PiS-ifizierungskampagne mit der Entlassung der Führung der öffentlich-rechtlichen Medien. Als das Verfassungsgericht entschied, dass dies rechtswidrig sei und Entscheidungen über die Geschäftsführung vom Nationalen Medienrat und nicht von der Regierung getroffen werden müssten, wies die Regierung Tusk die Entscheidung als unrechtmäßig zurück, da mindestens einer der beteiligten Richter von der PiS ernannt worden war.

Die Regierung erklärte, sie werde von nun an einfach alle Entscheidungen von Gremien ignorieren, die ihrer Meinung nach mit PiS-Sympathisanten besetzt sind. Weitere tiefe Verfassungskrisen sind daher fast unvermeidlich. Bei Redaktionsschluss zeichnete sich bereits ein Konflikt über die Zusammensetzung des Verfassungsgerichts selbst ab. Das Tusk-Lager will sämtliche Verfassungsrichter mit einem Parlamentsbeschluss zum Rücktritt drängen. Gelingt dies nicht, soll das Gericht mit den Worten des neuen Justizministers Bodnar durch eine Verfassungsänderung »auf null gestellt« werden. Ein Veto von Präsident Duda gegen die geplanten Gesetze wäre allerdings nur schwer zu überstimmen.

Bedeuten diese jüngsten Entwicklungen, dass Polens Zukunft »woke« ist? Wird so etwas wie die konservative Revolution der PiS angesichts des Einrückens jüngerer Menschen mit linksliberaleren Einstellungen ins wahlfähige Alter nie wieder eine Mehrheit finden? Das ist nicht so einfach zu sagen.

Zwar stimmt es, dass Polen eine der sich am schnellsten säkularisierenden jungen Bevölkerungen in Europa hat. Laut einer Umfrage von 2020 hatten nur neun Prozent der Befragen zwischen 18 und 29 Jahren ein positives Bild der Katholischen Kirche. Insbesondere unter jungen Frauen ist die PiS unter anderem wegen ihrer Positionen zur Abtreibung verhasst und Lewica, die das gesamte hyperliberale Programm des westlichen Progressivismus übernommen zu haben scheint, einschließlich der Selbstbestimmung des Geschlechts, die beliebteste Partei.
Allerdings sind junge Männer in Polen mehrheitlich wertkonservativ. Je nach Umfrage unterstützen zwischen 40 und 50 Prozent von ihnen inzwischen die rechte Konfederacja, deren Hauptunterschied zur PiS in der deutlich liberaleren Wirtschaftspolitik liegt. Diese gegensätzlichen Trends haben zu einer extremen politischen Spaltung nach Geschlecht geführt, wie sie derzeit auch in anderen demokratischen Industrienationen wie den USA, Deutschland, Großbritannien und Südkorea zu beobachten ist. Gegen eine bevorstehende komplette Abwicklung der konservativen Revolution spricht ferner, dass junge Polen, selbst wenn sie sie sich als links identifizieren, Umfragen zufolge der Aufnahme von Flüchtlingen sehr kritisch gegenüberstehen.

Ungarn: Vom Osten lernen

Polen und Ungarn, wo seit 2010 die nationalkonservative Fidesz (Akronym aus Fiatal Demokraták Szövetsége, d. h. Bund Junger Demokraten und zugleich eine Anspielung auf das lateinische Wort *fides,* d. h. Treue, Glaube) unter dem Ministerpräsidenten und langjährigen Parteivorsitzenden Viktor Orbán an der Macht ist, werden oft in einem Atemzug genannt, wenn es um den Sozial-Konservatismus in Osteuropa geht. Tatsächlich gibt es viele Parallelen.
Wie die PiS hat auch die Fidesz eine Ideologie formuliert, die sich in Abgrenzung zum westeuropäischen »Liberalismus« definiert,

der nach Ansicht der Parteivertreter zu Verfall und Dekadenz führt. Wie die PiS positioniert sich auch die Fidesz gegen Abtreibung und »LGBT-Ideologie«. Gemeinsam mit Polen und Tschechien weigerte sich Ungarn ab 2015, Verteilungsquoten für Asylbewerber aus islamischen Ländern umzusetzen, und brachte dieses EU-Projekt zum Scheitern. Wie die PiS ist auch die ungarische Regierung besorgt über die niedrige Geburtenrate und die Abwanderung in den Westen und versucht, diesen Trends entgegenzuwirken.

Wie die PiS hat auch die Fidesz Gesetze verabschiedet, die weithin als Angriffe auf die Unabhängigkeit der Justiz betrachtet werden. Das ungarische Regierungslager setzte wie die PiS rechtliche und informelle Mittel ein, um die Medienlandschaft in seinem Sinne umzuformen, wobei auch hier der Hinweis nicht fehlen darf, dass Ungarn keine Diktatur ist und zahlreiche oppositionelle Medien die Regierung lautstark kritisieren. Wenn die EU den östlichen Mitgliedstaaten Verstöße wie mangelnde Rechtsstaatlichkeit oder unzureichende Korruptionsbekämpfung vorwarf, arbeiteten Warschau und Budapest zusammen, um Sanktionen zu verhindern. Wie die PiS kann sich auch die Fidesz auf die Unterstützung großer Teile der Wählerschaft stützen und oft mit einer absoluten Mehrheit regieren.

Es gibt aber auch wichtige Unterschiede. Ungarn steht wirtschaftlich insgesamt schlechter da als Polen. Korruption und Vetternwirtschaft sind ein viel größeres Problem. Große öffentliche Aufträge und Konzessionen gehen meist an einen wechselnden Kreis von zehn bis 15 Geschäftsleuten, die der regierungsnahe Intellektuelle Andras Lanczi als eine für die wirtschaftliche Entwicklung unverzichtbare »patriotische Kohorte von Unternehmern« darstellt. Wer die Gunst des Ministerpräsidenten verliert, geht leer aus.

Ausländische Unternehmen werfen der Regierung bereits seit geraumer Zeit vor, sie mit unlauteren Methoden aus dem Markt zu drängen, damit Orbán-nahe Oligarchen lukrative Industriezweige aufkaufen können. Der Ost-Ausschuss der Deutschen Wirtschaft beklagt sich über ein »Drehbuch« aus Sondersteuern, verweigerten Genehmigungen und weiteren willkürlichen, schikanösen Regularien. Am Ende des Prozesses stehe ein Übernahmeangebot von regierungsnahen Konsortien. Die CSU-Politikerin und Vorsitzende des Haushaltsausschusses im EU-Parlament Monika Hohlmeier spricht in diesem Zusammenhang von »fast enteignungsgleichen Machenschaften«.

EU-Fördergelder werden oft für protzige Infrastrukturprojekte mit hohen Instandhaltungskosten wie Sportstadien eingesetzt. Überall im Land sind neue Fußballstadien hochgezogen worden. Für besonders scharfe Kritik seitens der linksliberalen Opposition sorgte der Bau der Pancho Arena nahe dem Ort Felcsút. »Das Stadion ist, wenn man die Baukosten durch die durchschnittliche Zuschauerzahl von 1000 teilt, pro Zuschauer das teuerste in Ungarn«, bemerkte 2015 der *WELT*-Autor Boris Kalnóky. Es dient als Heimstätte des Puskás Akadémia FC. Orbán kommt aus der Gegend und spielte als junger Mann selbst für den Verein, schaffte es aber trotz eines gewissen Talents nicht zum Profifußballer. Als Ministerpräsident hat er eine Regelung erlassen, durch die Unternehmen Steuern sparen können, wenn sie für diverse Mannschaftssportarten spenden. Wer klug war, steckte sein Geld in die Pancho Arena und die angeschlossene Fußballakademie.

Generell ist das ökonomische Modell ein anderes als in Polen. Die ungarische Wirtschaft ist recht einseitig auf das verarbeitende Gewerbe ausgerichtet, was sie krisenanfälliger macht. Wie für die PiS hat die freie Marktwirtschaft für die Fidesz keinen hohen Stellenwert, schon gar nicht wird sie zum ideologischen Dogma erhoben. Die unorthodoxe Wirtschaftspolitik der Partei setzt auf einen massiven Staatsinterventionismus.

Dieser wird allerdings mit einem »neoliberalen« Rationalisierungsstreben verbunden. Ein Gesetz vom November 2018 erlaubt etwa Arbeitgebern, von ihren Angestellten bis zu 400 Überstunden im Jahr zu verlangen und sie erst nach drei Jahren zu bezahlen. Die Fidesz hat außerdem den Kündigungsschutz gelockert und das Streikrecht so eingeschränkt, dass Arbeitskampfmaßnahmen faktisch nur noch in sehr großen Betrieben mit starken Gewerkschaften möglich sind.

Die Körperschaftssteuer wurde 2017 radikal gesenkt, von 19 auf neun Prozent, der niedrigste Wert in der EU. Ungarn punktet im europäischen Vergleich mit niedrigen Löhnen. Die neoliberalen Maßnahmen dienen wohl vor allem dazu, die Attraktivität des Standorts für ausländische Investoren weiter zu erhöhen. Kritiker des Überstundengesetzes sprechen von einer »Lex BMW«, in Anspielung auf das Riesenwerk, das der deutsche Autokonzern derzeit nahe der ungarischen Stadt Debrecen baut. Anders als Polen will Ungarn (noch) nicht weg vom Modell »verlängerte Werkbank des Westens«.

Die Politik der Fidesz richtet sich nicht in erster Linie an die Arbeiter- und untere Mittelschicht wie die der PiS. Die Zielgruppe ist bürgerlicher. Diese Klientel profitiert von der einheitlichen Einkommenssteuer (flat tax), die auf vergleichsweise niedrige 15 Prozent festgesetzt ist, und kann am ehesten die mit 27 Prozent höchste Mehrwertsteuer in der EU verkraften. Gemeinsam haben PiS und Fidesz die Taktik, mit großzügigen Sozialleistungen die wichtige Wählergruppe der Rentner an sich zu binden.

Im Vergleich zu Westeuropa ist Ungarn immer noch ein armes Land. Die Inflationsrate ist unter Orban zeitweise auf horrende Werte von über 25 Prozent gestiegen. Stand Oktober 2023 war die Teuerungsrate auf 9,6 Prozent gesunken, was immer noch der höchste Wert in der EU ist. Die übrigen makroökonomischen Zahlen können sich jedoch sehen lassen. Die Wirtschaft wächst jährlich um mehrere Prozentpunkte, lediglich Corona brachte eine inzwischen überwundene Rezession. Vor der Coronakrise schaffte es Ungarn, seine Staatsschulden langsam aber stetig abzubauen. Das jährliche Haushaltsdefizit lag zwischen 2012 und 2019 stets deutlich unter drei Prozent. In den Coronajahren wurden zwar, wie in vielen anderen Ländern, mehr Schulden aufgenommen. Mittelfristig wird man aber wohl zur gewohnten fiskalischen Disziplin zurückkehren können. Stand Oktober 2023 lag die Arbeitslosigkeit laut Eurostat bei 4,1 Prozent. Nur sechs EU-Länder hatten eine niedrigere Arbeitslosenquote.

Die Haltung Ungarns zum Ukraine-Krieg weicht stark von der polnischen und tschechischen Position ab. Während Polen und Tschechien dem angegriffenen Land schwere Rüstungsgüter wie Panzer und Kampfflugzeuge liefern, lehnt Ungarn jegliche Waffenlieferungen ab und erlaubt auch nicht, dass von anderen Ländern gelieferte Waffen Ungarns Grenze zur Ukraine überqueren. Wenn Polen immer mehr EU-Sanktionen gegen Russland fordert, bremst Ungarn. Orbán erstritt für sein Land allerlei Ausnahmen und Sonderregelungen beim EU-Ölembargo gegen Russland. Budapest fordert einen sofortigen Waffenstillstand und einen Verhandlungsfrieden – für viele andere Regierungen in Osteuropa und dem Baltikum wäre eine solche Lösung Verrat und Appeasement. Im Gegensatz zu allen anderen Nato-Anführern will Orbán nicht von einem »Krieg« gegen die Ukraine sprechen, sondern macht sich das Framing des Kremls von einer angeblichen »Operation« zu eigen. Auf dem EU-Gipfel im Dezember 2023 verließ der ungarische Ministerpräsident während der Abstimmung über die Aufnahme von Beitrittsverhandlungen mit der Ukraine demonstrativ den Raum. Er verzichtete jedoch darauf, von seinem Vetorecht Gebrauch zu machen, wie zuvor angedroht.

Die PiS ist in Polen zwar abgewählt. Durch den jüngsten Regierungswechsel in der Slowakei hat Orbán jedoch einen neuen Verbündeten in der EU gewonnen. Der vierte Visegrád-Staat folgte in Bezug auf die Ukraine lange der polnischen und tschechischen Linie. Allerdings war die militärische Unterstützung der Ukraine in der slowakischen Bevölkerung nie so populär wie in den beiden anderen Ländern. Seit Oktober 2023 hat die Slowakei eine neue Regierung unter dem linkspopulistischen Ministerpräsidenten Robert Fico, der sich im Wahlkampf die Anti-Militärhilfe-Stimmung zunutze machte und ausdrücklich versprach, dem Beispiel Ungarns zu folgen. Nach der Bekanntgabe des Wahlsiegers erklärte Orbán auf Twitter, er freue sich auf die Zusammenarbeit mit dem »Patrioten« Fico. Wie erwartet, hat die neue slowakische Regierung die Militärhilfe für die Ukraine gestoppt. Gegen einen möglichen Nato-Beitritt der Ukraine will Bratislava ein Veto einzulegen, da dies, so Fico wörtlich, »die Grundlage für einen Dritten Weltkrieg« wäre.

Die engen, fast freundschaftlichen Beziehungen zwischen Ungarn und Russland sind Gegenstand vieler Diskussionen und Kritik. Seit Russlands Einmarsch in die Ukraine hat der ungarische Außenminister Peter Szijjártó mehrmals Moskau besucht. Er verhandelte dort unter anderem über neue Gaslieferverträge und die Modernisierung des ungarischen Kernkraftwerks Paks. Der russische Staatskonzern Rosatom erweitert die Anlage derzeit um zwei neue Reaktorblöcke. Das Projekt wird zu einem großen Teil über einen Kredit aus Russland finanziert.

Europaweit werde versucht, die erfolgreiche nukleare Zusammenarbeit zwischen Ungarn und Russland »mit politischen Mitteln und illegalen Entscheidungen« zu behindern, beklagte sich Szijjártó im April 2023. Im Oktober 2023 traf Orbán am Rande eines Gipfels zur sogenannten »Neuen Seidenstraße« in Peking mit Wladimir Putin zusammen und sprach mit dem russischen Präsidenten unter anderem über die Zusammenarbeit im Energiebereich. Es war das erste Treffen eines EU-Regierungschefs mit Putin seit April 2022, als der österreichische Bundeskanzler Karl Nehammer in einer Art Friedensmission zu Putin nach Moskau reiste, ohne jedoch, wie später Orbán, Bilder des Treffens, einschließlich Händedrucks mit dem Kremlchef, öffentlich zu verbreiten.

Dabei ähnelt die ungarische Erfahrung mit russischer Fremd- und Gewaltherrschaft der vieler anderer postkommunistischer osteuropäischer Staaten, wie Orbán selbst einräumt. »Uns Ungarn braucht man nichts von der Brutalität der russischen Armee erzählen. Diese konnten wir mehr als jedes andere Land der (Europäischen) Union erst 1956 erleben. Unser Selenskyj wurde damals gehängt, hingerichtet. Wir wissen, wie es ist, mit Russland im Krieg zu sein«, sagte der Ministerpräsident im Oktober 2022 dem Magazin *Tichys Einblick,* in Anspielung auf den von Sowjettruppen niedergeschlagenen ungarischen Volksaufstand und dessen zum Tode verurteilten Idol Imre Nagy.
Orbán versucht, seinen Umgang mit dem Ukraine-Konflikt als eine Art humanistischen Realismus zu verkaufen. Er sagt Dinge wie »tausend Stunden Verhandlung sind besser als eine einzige Kugel« und zitiert so unterschiedliche Persönlichkeiten wie Henry Kissinger, Jürgen Habermas und Papst Franziskus als angebliche Brüder im Geiste. Tatsächlich sind die Motive der Regierung in Budapest wohl etwas prosaischer. Man hat sich schlicht und einfach in eine große energiepolitische Abhängigkeit von Moskau begeben und hat nun Angst, dass die Lichter ausgehen und die Heizung kalt bleibt.
Fragwürdig ist auch Ungarns enge Zusammenarbeit mit China. Milliardenkredite aus dem Reich der Mitte finanzieren unter anderem den Ausbau der Bahnverbindung zwischen Budapest und Belgrad im Rahmen der Neuen Seidenstraße und die Schaffung eines Außenpostens der chinesischen Eliteuniversität Fudan in Budapest. Mit rund 1,7 Milliarden Euro kostet der Edelcampus mehr, als Ungarn jährlich für sein gesamtes restliches Hochschulsystem ausgibt.
Der chinesische Batteriehersteller CATL hat 2022 entschieden, eine Gigafabrik in Debrecen zu bauen. Mit einem Volumen von circa 6,7 Milliarden Euro ist es die größte Auslandsinvestition in der Geschichte Ungarns. Auch andere chinesische Konzerne in-

vestieren massiv in das kleine Land. Das wegen Spionagevorwürfen umstrittene chinesische Tech-Unternehmen Huawei betreibt in Ungarn Teile des digitalen Netzes, eine große Produktionsanlage und ein Forschungszentrum.

Ungarn ist das einzige EU-Land, das sich nicht an der amerikanischen Clean-Network-Initiative beteiligt, die Huawei von der Weiterentwicklung der digitalen Infrastruktur der westlichen Welt ausschließen will. Wichtig ist jedoch die Bemerkung, dass die Machtübernahme der Fidesz keinen neuen Kurs gegenüber China begründete. Auch die Vorgängerregierungen seit dem Fall des Kommunismus waren sehr China-freundlich.

Ideologisch gehe es Orbán vor allem darum, »ein starkes Gefühl der nationalen Einheit und der nationalen Souveränität« in Ungarn zu schaffen, erklärte Frank Furedi den Autoren. Der ungarisch-kanadische Soziologe ist Gründungsdirektor von MCC Brussels. Die 2022 entstandene Denkfabrik, mit der Ungarn seinen politischen Einfluss in der EU-Hauptstadt ausbauen will, ist eine Dependance der ungarischen Bildungseinrichtung Mathias Corvinus Collegium (MCC), die als Kaderschmiede der Fidesz gilt.

Furedi charakterisiert Orbán als einen »Ideenmenschen«, der eine »Zukunftsvision« nicht nur für Ungarn, sondern für Europa im Allgemeinen vorantreibt. Sein besonderes Interesse gelte »der Entwicklung eines alternativen kulturellen Narrativs zu dem im Westen existierenden«, weshalb der Ministerpräsident den »Kulturkämpfen« so viel Aufmerksamkeit widme. Für Orbán bestehe eine zentrale Aufgabe darin »die traditionellen Werte der Vergangenheit, zu bewahren und zu pflegen«, sagte Furedi den Autoren. »Ich glaube, Orbán ist einer der wenigen, die wirklich verstehen, dass der heutige Kulturkampf vor allem ein Krieg gegen die Vergangenheit ist, in dem es darum geht, die Gesellschaft von ihren Verbindungen zur Vergangenheit zu lösen«, so der Soziologe. Dem von »woken Ideologen« im Namen von Identitätspolitik,

Postkolonialismus und verwandten Ideen propagierten Kampf gegen die Vergangenheit eine »positive Alternative« entgegenzusetzen, sei etwas, was die Fidesz sehr ernstnähme, insbesondere »die Bedeutung der Wahrung eines Gefühls der historischen Kontinuität«.

Die Botschaft der vielbeachteten Grundsatzrede von Băile Tuşnad, in der sich Orbán 2014 für einen »illiberalen Staat« in Ungarn aussprach, wird in den liberalen westlichen Medien leider oft stark verkürzt wiedergegeben. Schaut man sich die entsprechenden Passagen an, wird deutlich, dass der Ministerpräsident unter dem »Liberalismus« nicht in erster Linie Bürgerrechte wie die Presse- oder Versammlungsfreiheit versteht, sondern ein System, in dem in der Praxis stets der Stärkere bestimmt, ab wann etwas die Freiheit eines anderen Menschen einschränkt. Ein solches System habe Ungarn zwischen 1990 und seinem eigenen Amtsantritt 2010 geprägt, mit schwerwiegenden Folgen, erklärte Orbán den Teilnehmern einer Sommerakademie in dem rumänischen Kurort. Die Ungarn hätten in dieser Zeit »ununterbrochen gespürt, dass der Schwächere niedergetrampelt wird«. Viele »ausgelieferte, schwache Personen und Familien« hätten in den 20 Jahren nach dem Zusammenbruch des Kommunismus stets aufs Neue die Erfahrung gemacht, dass der Stärkere in der von Westeuropa übernommenen liberalen Gesellschaftsordnung immer recht hat. Deshalb dürfe der Liberalismus nicht als Organisationsprinzip der ungarischen Gesellschaft dienen. Vielmehr sollte die Goldene Regel »Was du nicht willst, was man dir tu, das füg‘ auch keinem andern zu« die Grundlage der Gesellschaft bilden.

Das hört sich nach einer linken, christlichen oder humanistischen Kritik an einem rücksichtslosen Turbokapitalismus an, wie sie auch viele andere äußern. Orbáns Worte dürften vielen Osteuropäern aus der Seele sprechen. In jedem Fall klingen sie nicht besonders kontrovers. Der Titel der Rede von Băile Tuşnad war »Die Epoche des arbeitsbasierten Staates bricht an«. Mit den Worten der ungarischen Soziologin und Journalistin Edit Zgut-Przybylska ging es in der Rede vor allem um »die Idee, eine auf Arbeit basierende Demokratie aufzubauen, in der zum Beispiel Sozialleistungen nicht direkt an Bedürftige vergeben werden sollten, sondern in der vielmehr Gelegenheitsstrukturen für die Arbeit geschaffen werden müssten«. Das klingt dann schon weniger links, ist aber auch nicht der Grund, weshalb die Rede vom westeuropäischen politischen und medialen Establishment nahezu einhellig verurteilt wurde.

Die größte Empörung löste wohl die Tatsache aus, dass Orbán in seiner Rede die Staaten Indien, Singapur, Russland, Türkei und China als »Stars der internationalen Analysen« hervorhob, von denen Ungarn viel lernen könne. Bis auf Indien werden alle diese Länder autoritär bis totalitär regiert. »Das Verstehen derjenigen Systeme [...], die nicht westlich, nicht liberal, und keine liberalen Demokratien, vielleicht nicht einmal Demokratien sind, und trotzdem Nationen erfolgreich machen« sei zu einem der wichtigsten Themen der heutigen Zeit geworden, behauptete der Ministerpräsident in Băile Tuşnad. »Indem wir uns von den in Westeuropa akzeptierten Dogmen und Ideologien lossagen und uns von ihnen unabhängig machen, versuchen wir, die Organisationsform der Gemeinschaft, den neuen ungarischen Staat zu finden, der imstande ist, unsere Gemeinschaft in der Perspektive von Jahrzehnten im großen Wettlauf der Welt wettbewerbsfähig zu machen«, führte Orbán weiter aus.

Seit der berühmt-berüchtigten Grundsatzrede sind zehn Jahre vergangen. Orbán hat seine Ankündigung wahrgemacht, aus Ungarn einen nicht primär wohlfahrts- sondern arbeitsbasierten Staat zu machen, der im internationalen Vergleich tatsächlich ziemlich wettbewerbsfähig ist. Es ist offensichtlich, dass diese ökonomische Rationalisierung in einem gewissen Zielkonflikt mit dem anderen in der Rede formulierten Anspruch steht, eine

Gesellschaft zu schaffen, die auch und gerade für die Schwächeren da ist.
Während Polen unter der PiS bisweilen wie Europas gewiefter Türsteher wirkte, der frustriert versucht, das Bewusstsein der »weltfremden« und »verweichlichten« westeuropäischen Vettern für die Gefahren des Islams und Russlands zu wecken, könnte Ungarn auf einen wesentlich radikaleren Bruch mit dem westlichen Mainstream zusteuern. Schon heute gibt es viele Parallelen zwischen Ungarn und dem geschmeidigen Stadtstaat Singapur unter der langjährigen Führung der People's Action Party (PAP), de facto ein Herrschaftsinstrument der fast allmächtigen Gründerdynastie Lee.
Auch die Ideologen der PAP lehnen die westliche Liberale Demokratie ab. Ihr vom Denken Konfuzius' inspiriertes wertkonservatives und kommunitaristisches Gegenprogramm, manchmal »asiatische Werte« genannt, hat mehr als nur eine gewisse Ähnlichkeit mit den Ideen von Viktor Orbán (siehe Kapitel 7 »Der autoritäre Stadtstaat«). Es scheint denkbar, dass die systematische Benachteiligung der Opposition in Ungarn in Zukunft ein Ausmaß annehmen wird, das das Land trotz (wie in Singapur) formell demokratischer Strukturen näher an eine Autokratie als an eine Demokratie im klassischen westlichen Sinne rückt.
Die Rhetorik des ungarischen Regierungslagers gegen »den Westen« war in letzter Zeit besonders martialisch. So zeigte etwa im Herbst 2022 eine staatliche Plakat- und Onlinekampagne das Motiv einer Bombe, die mit dem Wort »Sanktionen« beschriftet ist. »Die Brüsseler Sanktionen (gegen Russland, Anm. d. Autoren) ruinieren uns«, hieß es auf den Plakaten. Laut einem CIA-Bericht, der im Rahmen der sogenannten Pentagon-Leaks durchsickerte, bezeichnete Orbán die USA als einen der »drei größten Gegner« seines Landes. Trotz der zunehmenden Abkopplung vom westlichen Mainstream wolle Ungarn aber Teil der EU bleiben, sagte Frank Furedi den Autoren (Das EU-Recht sieht kei-

ne Möglichkeit vor, einen Staat zum Verlassen des Verbundes zu zwingen, wenn dieser es nicht selbst will.).

Laut Furedi sieht Orbán in der neuen rechtspopulistischen Regierung in Italien unter Ministerpräsidentin Giorgia Meloni (Fratelli d'Italia) den wichtigsten Verbündeten bei der Umsetzung seines politischen und intellektuellen Projekts für Europa. Viele amerikanische (National-)Konservative bewundern Orbán. Bekannte Figuren wie der ehemalige Trump-Berater Steve Bannon, der Fernsehmoderator Tucker Carlson und der Politikwissenschaftler Patrick Deneen haben sich mit dem Ministerpräsidenten getroffen und wollen seine politische Vision in einen »amerikanischen Orbánismus« übertragen. Der einflussreiche christliche Autor Rod Dreher ist sogar von den USA nach Budapest gezogen, um für die Fidesz-nahe Denkfabrik Danube Institute zu arbeiten. Die Orbán-Regierung pflegt auch gute Kontakte zur Galionsfigur des niederländischen Rechtspopulismus Geert Wilders (Partij voor de Vrijheid). Ungarns konservative Revolution ist, anders als die der PiS, ausdrücklich auch als Exportprodukt gedacht.

Alpenpopulismus

Das Tessin ist der südlichste Kanton der Schweiz. Mit seinen malerischen Landschaften und seinem milden, fast mediterranen Klima ist das Tessin ein beliebtes Touristenziel. Im Mittelpunkt der internationalen Aufmerksamkeit steht es jedoch selten. Dabei ist der italienischsprachige Kanton wie Polen und Ungarn ein wichtiges Fallbeispiel, wenn man den Sozial-Konservatismus in Europa besser verstehen will. Die Schweizer Journalistin Florence Vuichard nennt das Tessin das »rechte Labor der Schweiz«. Die auf den sogenannten Südkanton beschränkte Partei Lega dei Ticinesi entwickelte hier bereits ab den frühen 1990er-Jahren ein rechtspopulistisches Programm, das zum Modell für populistische Kräfte in der Restschweiz und anderen europäischen Ländern wurde und, glaubt man dem Parteiblatt *Mattino della Domenica,* sogar die Trump-Bewegung in den USA inspirierte.

Die Tatsache, dass das Tessin für Schweizer Verhältnisse eine arme Bevölkerung hat, die Löhne aber selbst für einfache Tätigkeiten im Vergleich zur benachbarten italienischen Region Lombardei weit überdurchschnittlich sind, dürfte wesentlich zum Erfolg der Lega, wie die Partei im Alltag fast immer genannt wird, beigetragen haben. Wie die PiS sprengt die Lega das klassische Links-Rechts-Schema. Eines der wichtigsten Anliegen ist die Reduzierung der sogenannten »Grenzgänger«, täglich aus Italien pendelnder Arbeitnehmer, die viel niedrigere Löhne gewohnt sind und von den geringeren Lebenshaltungskosten in ihrem Heimatland profitieren. Stand 2022 ging laut dem Schweizer Bundesamt für Statistik jeder dritte Job im Südkanton an einen Grenzgänger aus Italien. Das Lohndumping bedroht vor allem Tessiner Arbeitnehmer in der dominierenden Tourismusbranche und anderen Dienstleistungsjobs.

Darüber hinaus kämpfte die Lega seit ihrer Gründung 1991 mit mehr oder weniger Erfolg unter anderem für die Einführung eines Mindestlohns, eine so genannte 13. Monatsrente, Steuersenkungen am unteren Ende der Einkommensverteilung, eine kantonale Einheitskrankenkasse und niedrigere Krankenkassenprämien. Diese »linken« Anliegen wurden mit der Forderung nach einem Burka-Verbot kombiniert, das das Tessin 2013 als erster Schweizer Kanton in die Kantonsverfassung schrieb, sowie mit Getöse gegen »die Eliten« in Bern, Rom und Brüssel, »die Wirtschaft« und Umweltschützer, die man laut dem Parteigründer Giuliano Bignasca »in eine Telefonkabine sperren und dann auslöschen sollte wie den serbischen Premier Zoran Djindjic« (der Politiker wurde 2003 in Belgrad auf offener Straße erschossen, Anm. d. Autoren).

»Die Lega ist eine rechtspopulistische Bewegung mit Sensibilität für soziale Anliegen«, bringt Michele Foletti, Bürgermeister der größten Tessiner Stadt Lugano und Legist der ersten Stunde, das Parteiprogramm auf den Punkt.

Lange trieb die Lega das von der FDP angeführte politische Establishment im Südkanton vor sich her. Die Freisinnigen, wie die größte liberale Partei der Schweiz auch genannt wird, waren im Tessin gezwungen, viele Programmpunkte der Rechtspopulisten zu übernehmen. Der Tod von charismatischen Figuren wie Giuliano Bignasca († 2013), seinem Bruder Attilio Bignasca († 2020) und dem langjährigen Bürgermeister von Lugano Marco Borradori († 2021), die die Lega autokratisch wie einen Clan geführt hatten, stützte die Partei allerdings in eine gewisse Krise. Bei den Wahlen zum Kantonsparlament im April 2023 wurde sie nur noch drittstärkste Kraft, nach der FDP und der zentristischen Partei Die Mitte. Aus den gleichzeitig abgehaltenen Direktwahlen zur Kantonsregierung gingen die Rechtspopulisten jedoch als Sieger hervor. Legisten kontrollieren derzeit zwei von fünf Ressorts der nach Proporz besetzten Tessiner Regierung.

Der Stern der Lega dei Ticinesi mag sinken, aber die Partei hat im Alpenraum mehrere sehr erfolgreiche Schwestern, so dass schon seit vielen Jahren die gesamte Region als eine Art rechtes Labor fungiert. Lange vor dem Siegeszug der Nationalkonservativen in Osteuropa und dem Brexit-Beben in Großbritannien wurden die Schweiz, Österreich und Norditalien zur Hochburg für EU- und migrationsskeptische nationalkonservative und rechtspopulistische Parteien, die hier regelmäßig stärkste beziehungsweise zweit- oder drittstärkste Kraft bei Wahlen werden. Die Parteien unterscheiden sich vor allem darin, inwieweit sie »soziale« Anliegen in ihr Programm aufnehmen und inwieweit rechtsradikale und neonazistische Akteure in ihren Reihen geduldet werden. So ist die Schweizerische Volkspartei (SVP), die im Tessin mehr oder weniger um dieselben Wähler wie die Lega wirbt, deutlich marktliberaler als ihr auf den Kanton beschränkter Konkurrent. Die 1971 gegründete nationalkonservative Partei wurde in den frühen 1990er-Jahren unter dem Einfluss des Unternehmers und Großfinanciers Christoph Blocher strukturell modernisiert und programmatisch nach rechts gerückt. Das zahlte sich aus. Die SVP ist seit 1999 durchgehend die stärkste Kraft nach Sitzen im Schweizer Unterhaus (Nationalrat).

Anders als die Schweiz ist das benachbarte Österreich keine Konsensdemokratie mit nach Proporz verteilten Regierungsposten, sondern wie Deutschland eine Konkurrenzdemokratie mit wechselnden Parteienbündnissen. Die Freiheitliche Partei Österreichs (FPÖ) war dort seit 1983 bereits viermal als kleiner Koalitionspartner in einer Bundesregierung vertreten, zuletzt von 2017 bis 2019. Im Gegensatz zu SVP und Lega dei Ticinesi hat die 1955 unter Beteiligung von Altnazis gegründete FPÖ eine mehr als punktuelle Nähe zum Rechtsextremismus, wie zahlreiche Skandale belegen, obwohl es auch liberale Persönlichkeiten in der Partei gibt, wie Norbert Steger, Bundesvorsitzender von 1980 bis 1986 und ehemaliger österreichischer Vizekanzler, der den »Kellernazis« in den eigenen Reihen den Kampf ansagte.

Von 1986 bis 2000 führte der Exzentriker Jörg Haider die FPÖ. Er hievte Rechtsextreme in wichtige Ämter und pflegte Freundschaften zu arabischen Despoten wie Saddam Hussein, rückte die Partei aber auch wirtschaftspolitisch nach links, um im Arbeitermilieu neue Wähler zu gewinnen. Als die Haider-FPÖ im Jahr 2000 zum Juniorpartner von Bundeskanzler Wolfgang Schüssel (Österreichische Volkspartei, ÖVP) wurde, reduzierten die Regierungen der übrigen damals 14 EU-Staaten in einer konzertierten Aktion ihre Kontakte zur österreichischen Bundesregierung auf ein Minimum. Die Sanktionen der »EU-14« wurden jedoch binnen weniger Monate aufgehoben, nachdem ein sogenannter Weisenbericht keine schwerwiegenden Verstöße gegen »europäische Werte« oder die Rechte von Minderheiten in Österreich festgestellt hatte. Seitdem werden Koalitionen der Mitte-Rechts ÖVP mit der FPÖ vom europäischen Mainstream im Großen und Ganzen gelassen hingenommen. Sowohl die FPÖ als auch die SVP stehen in einem Austausch mit den nationalkonservativen Parteien in den Visegrád-Ländern, wobei die Kontakte der Österreicher etwas intensiver sind.

Auch in Italien gibt es eine starke rechtspopulistische Kraft namens Lega. Die Partei wurde 1989 als *Lega Nord* gegründet und setzte sich anfangs für die Sezession des vergleichsweise wohlhabenden Norditaliens (im Parteisprech »Padanien«) vom ärmeren Süden ein. Ab 2000 rückte die Lega Nord allmählich von dieser Extremforderung ab und wandte sich einem gemäßigteren politischen und fiskalischen Regionalismus zu. Seit 2018 trägt die Partei nur noch den Namen Lega.

Das verbleibende »padanistische« Gehabe (Lega-Chef Matteo Salvini weigert sich etwa noch immer, die italienische Nationalhymne mitzusingen) ist heute kaum mehr als Folklore. Seit Oktober 2022 ist die Partei offiziell Juniorpartner der 2012 gegründeten nationalistischen Fratelli d'Italia (Brüder Italiens), die sich ab 2018 aus der relativen Bedeutungslosigkeit zum Platzhirsch unter den italienischen Rechten hochgearbeitet haben und heute mit Giorgia Meloni die italienische Ministerpräsidentin stellen.

Abgesehen vom Regionalismus und dem unkritischeren Verhältnis der Lega-Prominenz zu Russland gibt es kaum inhaltliche Unterschiede zwischen den beiden Koalitionspartnern. Lega und Fratelli d'Italia gehören zu den eher wirtschaftsliberalen rechtspopulistischen Parteien in Europa, obwohl beide in letzter Zeit ökonomisch etwas nach links gerückt sind.

Zweiter Juniorpartner in der Regierung Meloni ist die von Silvio Berlusconi gegründete und von ihm bis zu seinem Tod im Juni 2023 geführte Forza Italia. Der bei allem exzentrischen, hedonistischen Auftreten knallharte Mailänder Medienmogul und Politiker schuf die erste konservativ-populistische Kraft, die in Italien auf nationaler Ebene erfolgreich war. Zwischen 1994 und 2011 hatte Berlusconi in vier Regierungen das Amt des Ministerpräsidenten inne. Die letzte Amtszeit des »Cavaliere« endete mit dessen Entmachtung durch den EU-Technokraten Mario Monti, ein Schlag, von dem sich der Berlusconismus nie wirklich erholte. Warum wurden die Schweiz, Österreich und Italien zu Seismographen für politische Entwicklungen, die anderswo erst später sichtbar wurden? Zum einen ist es wohl die geographische Nähe zum Mittelmeer als Transitraum für Armuts- und Fluchtmigration sowie zum Balkan, der in dieser Hinsicht sowohl Transit- als auch Quellraum ist. Hinzu kommt, dass die Menschen in diesen Ländern, wie die Bevölkerung Osteuropas, eher konservativ und traditionsbewusst sind, insbesondere im Falle Italiens und des Tessins auch mit einem Hang zum Anarchischen verbunden, der sich nur bedingt mit woker und grüner Volkserziehung verträgt.

Konservativer Turn in Skandinavien

Neben Osteuropa sowie Italien und den Alpen gibt es noch eine dritte Region in Europa, die sich derzeit vom (links-)liberalen westeuropäischen Mainstream wegbewegt, wobei der Bruch hier weniger extrem ist als in den beiden anderen Fällen. Die Rede ist von Skandinavien. Dänemark, Schweden und Norwegen haben viele Gemeinsamkeiten, was Geschichte, Kultur, Politik und Wirtschaft angeht. Auffallend ist, dass in allen drei Ländern nie eine starke marxistische Linke entstand. Die linken Kräfte blieben »konservativ« in dem Sinne, dass sie auf Stabilität, Kontinuität und Zusammenarbeit der gesellschaftlichen Klassen statt auf Klassenkampf und Revolution setzten. Ein großzügiger Wohlfahrtsstaat soll sicherstellen, dass der Staat für alle seine Bürger ein »gutes Heim« ist (Volksheim-Gedanke).

Der umfassende Wohlfahrtsstaat macht alle drei Länder ähnlich verwundbar durch Einwanderung von gering qualifizierten Arbeitskräften. Dennoch wurden Fragen der Einwanderung und der kulturellen Vielfalt in den einzelnen Ländern lange Zeit sehr unterschiedlich behandelt. Schweden gab sich ab den

1970er-Jahren äußerst inklusiv. Zugewanderte Ethnien erhielten ein Recht auf Grundschulunterricht in der eigenen Sprache und wurden vom Staat beim Aufbau und Unterhalt kultureller und religiöser Vereinigungen unterstützt. Die Asyl- und Familienmigrationspolitik war liberal. Im Gegensatz dazu verfolgt Dänemark bis heute eine sehr strenge Asylpolitik und besteht wie kaum ein anderes Land in Westeuropa auf der kulturellen Assimilation von Zuwanderern. Norwegen stand lange irgendwo zwischen diesen beiden Ansätzen, wobei sich das Land in den letzten Jahrzehnten zunehmend am dänischen Modell orientiert hat.

Angesichts wachsender Probleme mit Parallelgesellschaften und eskalierenden Bandenkriegen in den Städten, die, abgesehen von eingefleischten Multikulti-Romantikern, kaum noch jemand leugnet, schwenkt nun seit einigen Jahren auch Schweden auf den restriktiven Kurs des kleinen Vetters auf der anderen Seite des Kattegat ein. In Folge der rekordhohen Asylzuwanderung 2015 schränkte das schwedische Parlament im Juni 2016 das Bleiberecht von anerkannten Flüchtlingen und Personen mit sogenanntem Subsidiären Schutz sowie die Möglichkeiten zur Familienzusammenführung erheblich ein. Das Gesetz wurde mit den Stimmen der regierenden Sozialdemokraten und Grünen sowie des bürgerlichen Lagers und der rechtspopulistischen Schwedendemokraten verabschiedet. Bei den Wahlen zum schwedischen Parlament *(Reichstag)* im September 2022 wurden die Schwedendemokraten stärkste Kraft. Das linke Lager gab die Macht an eine bürgerliche Minderheitsregierung unter Ministerpräsident Ulf Kristersson ab, die von den Schwedendemokraten unterstützt wird. Ein Novum, denn bis dahin hatten die etablierten Parteien jede Zusammenarbeit mit der rechtspopulistischen Konkurrenz vermieden.

Im Oktober 2023 schrieben die Chefs der schwedischen Drei-Parteien-Koalition sowie der Schwedendemokraten in einem gemeinsamen Meinungsbeitrag, dass Nicht-EU-Migranten eine gespaltene Gesellschaft geschaffen hätten und man dieser Gruppe schnellstmöglich den Zugang zu Sozialleistungen verwehren oder deutlich erschweren werde. Zudem sollen die Zuwanderer verpflichtet werden, Schwedisch zu lernen und sich eine Arbeit zu suchen.

Über die dänische Asylpolitik sagt Kristersson: »Die Zeit hat gezeigt, dass Dänemark Recht hatte.« Der schwedische Regierungschef ist sehr an der Möglichkeit interessiert, künftig alle Asylbewerber automatisch nach Ruanda abzuschieben und ihre Anträge nur noch dort zu prüfen. Er folgt dabei dem Ansatz Großbritanniens, das bereits ein entsprechendes Abkommen mit dem kleinen afrikanischen Land abgeschlossen hat. Auch Dänemarks sozialdemokratische Ministerpräsidentin Mette Frederiksen hatte entsprechende Pläne, die jedoch im Januar 2023 zu Gunsten der Suche nach einer EU-weiten Lösung auf Eis gelegt wurden. Sollte der im Dezember 2023 erzielte EU-Asylkompromiss die irreguläre Migration jedoch nicht wirksam eindämmen, könnten die Ruanda-Pläne schnell wieder aktiviert werden. Viele Beobachter haben bemerkt, dass es beim Thema Migration nicht mehr sehr viele Unterschiede zwischen den in Dänemark seit 2019 regierenden Sozialdemokraten und der rechtspopulistischen Dänischen Volkspartei gibt. Ohne eine »harte Ausländerpolitik« seien keine linken Mehrheiten zu gewinnen, sagt Frederiksen.

Die konservative Vorgängerregierung unter Ministerpräsident Lars Løkke Rasmussen sorgte 2018 mit ihrem sogenannten »Ghetto-Gesetz« international für Aufsehen. Es schrieb vor, dass der Anteil »nicht westlicher« Einwohner in sozial benachteiligten Stadtteilen nicht mehr als 50 Prozent betragen darf. Bei Erreichen dieses Schwellenwerts konnten Bewohner umgesiedelt, Wohnungen abgerissen und Kinder zum Besuch einer dänischsprachigen Kita verpflichtet werden.

Die Sozialdemokraten verschärften das Gesetz nach ihrer Amtsübernahme sogar. Es wurde auf mehr Stadtteile ausgeweitet und die Zielmarke auf 30 Prozent gesenkt. Seit 2021 ist es ein offizielles Staatsziel, die Zahl der neuen Asylbewerber auf null zu reduzieren. Die Regierung setzt auf Sachleistungen statt Geld, erschwerten Familiennachzug und die Beschlagnahmung von Wertgegenständen (»Schmuckgesetz«) bei Asylbewerbern, um deren Unterbringung zu finanzieren. Die Abschreckung wirkt: 2022 suchten nur rund 4600 Menschen in Dänemark Asyl. Ansonsten haben wir es in Dänemark mit einer klassisch sozialdemokratischen Regierung zu tun, die ihre sozialpolitischen Vorhaben unter anderem durch eine hohe Besteuerung von Konzernen finanziert.

Keine Frage: Man kann von einer spezifisch skandinavischen Variante des Sozial- oder Nationalkonservatismus sprechen. Dieser entspricht dem kulturellen Charakter der Region, in der konservative und linke Elemente seit Jahrzehnten auf bemerkenswert harmonische Weise miteinander verwoben sind. Anders als PiS und Fidesz hegen die Regierungen in Dänemark und Schweden keine »illiberalen« Absichten in Bezug auf die Unabhängigkeit der Justiz oder die Freiheit und Vielfalt der Presse, was ihr politisches Modell innerhalb der EU wesentlich anschlussfähiger macht.

In der Migrationsfrage vertreten Kopenhagen und Stockholm selbstbewusst ihre restriktiven Ansätze, was in Brüssel zuweilen für Irritationen sorgt, aber noch keinen größeren Eklat provoziert hat.

Forderungen, die bestehende EU in ein loseres »Europa der Vaterländer« umzuwandeln, spielen in Dänemark und Schweden eine viel geringere Rolle als in Osteuropa und Italien, wobei die beiden skandinavischen Staaten durch ihr Festhalten an nationalen Währungen eine gewisse Distanz zum EU-Zentralismus wahren (Das Verhältnis Norwegens zur EU stellt wegen des Ölreichtums des Landes einen Sonderfall dar und soll hier nicht weiter behandelt werden.).

Somewheres und Anywheres

Gibt es auch einen deutschen Sozial-Konservatismus? Ist er in Deutschland vielleicht sogar eine maßgebliche politische Kraft, so wie in Skandinavien? Ja, sagen zumindest zwei namhafte britische Kommentatoren, die Deutschland genau dafür bewundern. Der erste ist Maurice Glasman, Abgeordneter für die Labour Party im britischen Oberhaus (House of Lords), Hochschullehrer und politischer Theoretiker. Glasman, der nach eigener Aussage stark von seinem jüdischen Glauben und dem »katholischen Sozialgedanken« inspiriert ist, prägte 2009 den Begriff Blue Labour (In Großbritannien wird die Farbe Blau mit Konservatismus assoziiert.) für eine Sozialdemokratie, die die konservativen Werte, denen viele Menschen aus der Arbeiterklasse anhängen, nicht bekämpft sondern einbindet.

Inzwischen versteht man unter Blue Labour eine Strömung innerhalb der Labour Party mit festen Organisationsstrukturen und regelmäßig erscheinenden Publikationen. Das Blue-Labour-Lager ist eine heterogene Gruppe, die mal mehr und mal weniger Einfluss auf die Ausrichtung der Partei als Ganzes hatte. Zentral sind Forderungen nach einer Verringerung der Einwanderung und einem harten Vorgehen gegen die Kriminalität sowie die Ablehnung spaltender Identitätspolitik zu Gunsten einer Politik, die den Bürger- und Gemeinsinn fördert. Diese »konservativen« Positionen werden mit einem Einsatz für Arbeitnehmerrechte und eine linke Wirtschaftspolitik verbunden.

Die Autoren hatten die Gelegenheit, mit Maurice Glasman über Blue Labour, Deutschland und das Potenzial einer »konservativen« Sozialdemokratie in Europa zu sprechen. »Deutschland war immer ein sehr, sehr wichtiges Land, ein wichtiger Inspirationspunkt für Blue Labour«, sagt Glasman. Der Politiker hebt insbesondere die betriebliche Mitbestimmung, die Achtung und den rechtlichen Schutz des Handwerks, die duale berufliche Ausbildung sowie die in den Sparkassen verkörperte Tradition der gemeinnützigen, kommunalen Kreditinstitute als vorbildliche deutsche Institutionen hervor, die im Vereinigten Königreich nach 1945 weitgehend abgeschafft wurden oder dort nie existierten.

Glasman ist bestürzt darüber, dass Deutschland seinen beträchtlichen Einfluss in der EU nicht nutzt, um sein eigenes Modell mit Betriebsräten, Handwerk und Co. als »Grundlage für die EU« durchzusetzen. Stattdessen sei mit deutscher Billigung und Beteiligung eine EU der »unverwässerten Märkte« entstanden, welche »die Institutionen, die das Fundament der deutschen Nachkriegsgesellschaft bilden«, aktiv bekämpfe.

Dennoch ist der linkskonservative Denker optimistisch, denn ab 2016 habe eine Reihe von Ereignissen, gipfelnd in der Pandemie, gezeigt, dass »die Ära der universellen Globalisierung« am Ende ist. Zunehmend setze sich in der britischen Politik und anderswo die Erkenntnis durch, dass der Nationalstaat eine weitaus größere Rolle in der Gestaltung der Wirtschaft spielen sollte und dass es ein Fehler war, so viele Industriejobs nach China auszulagern. Wahlen würden zunehmend durch die bis vor Kurzem für obsolet erklärte westliche Arbeiterklasse entschieden und an den Orten, an denen diese lebt. In Großbritannien habe sich die seit 2019 regierende Conservative Party mit der »Levelling-up«-Politik den Kampf gegen soziale Ungleichheit und für die Herstellung gleichwertiger Lebensverhältnisse in allen Landesteilen auf die Fahnen geschrieben, lobt der Labour-Abgeordnete den politischen Konkurrenten.

Die westliche Tradition der bürgerlichen Freiheiten ist eine Stärke und hat eine Zukunft, sagte Glasman den Autoren, nicht aber der *Liberalismus,* wenn damit eine »metaphysische Position« gemeint ist, die »die individuelle Selbstbefreiung von den Zwängen der Gesellschaft« propagiert und »Solidarität, gemeinsame Ziele, politische Demokratie und das Gemeinwohl« verachtet. Die westliche »Woke«-Bewegung ist für Glasman Ausdruck einer fragwürdigen Vorstellung im Liberalismus, wonach das Individuum von der Tradition und »allen sozialen Bindungen« befreit werden müsse. Diese Vorstellung habe dazu geführt, »dass der Liberalismus antidemokratisch und in vielerlei Hinsicht autoritär geworden ist«. In der von einschlägigen Kreisen propagierten Transgender-Ideologie, der »verrückten« Idee, »dass man sich aussuchen kann, welches Geschlecht man hat«, sieht Glasman auch eine Verbindung zum »Hyper-Konsum«.

Noch überschwänglicher in seinem Lob für Deutschland als ein Land, dessen politische und gesellschaftliche Ordnung konservative und linke Elemente erfolgreich miteinander verbindet, ist David Goodhart. Der britische Publizist galt als linksliberaler Kommentator, bevor er wegen seiner unverblümten Kritik an der Masseneinwanderung in diesen Kreisen mehr oder weniger in Ungnade fiel. Mit »The Road to Somewhere« landete Goodhart 2017 einen Bestseller-Erfolg. Das Sachbuch behandelt den Konflikt zwischen gebildeteren, wohlhabenderen, mobileren Überall-Menschen (Anywheres) und weniger gebildeten, tendenziell ärmeren, lokal oder regional verwurzelten Irgendwo-Menschen (Somewheres) im Vereinigten Königreich, wobei dieser fundamentale politische und normative Konflikt laut dem Autor auch andere westliche Demokratien prägt und neben dem Brexit-Votum zum Beispiel auch die Trump-Wahl erklärt.

Goodhart sieht Deutschland, insbesondere das CSU-regierte Bayern, als den Ort in Europa, der die beste Balance zwischen den Interessen und Prioritäten der Anywheres und denen der Somewheres gefunden hat. Wie Glasman lobt Goodhart, der von 1988 bis 1991 als Korrespondent der Financial Times in Deutschland lebte, die betriebliche Mitbestimmung und das duale Ausbildungssystem. Im Gegensatz zu Großbritannien sei Deutschland viel lokaler und föderaler strukturiert, es gäbe dort keine übermächtige Hauptstadt wie London und keine »globalen Universitäten«, die der Autor als Inkubatoren des zunehmend abgehobenen Anywhere-Weltbilds ausmacht.

Zwar habe die Flüchtlingskrise 2015 gezeigt, dass es auch in der deutschen Politik und Medienwelt viele Anywheres gebe, die »einem normalen Nationalgefühl misstrauen und zu postnationaler politischer Korrektheit neigen«. Aber insbesondere Bayern habe es geschafft, sich teilweise von diesem Trend zu isolieren. Laut Goodhart zeigt das prosperierende Bundesland, ähnlich wie die Schweiz und Österreich, dass sich Wertekonservatismus und wirtschaftliche Dynamik nicht ausschließen.

Fazit

Der Sozial-Konservatismus in seinen vielfältigen Formen ist nach unserer Einschätzung die Reaktion auf die Krise des Liberalismus, die sich, neben der inneren Emigration (siehe Kapitel 9 »Revolte und Resignation«), in Europa langfristig am ehesten durchsetzen wird. Er spricht Menschen im Westen sowie im postkommunistischen Osten des Kontinents an. Auf den fruchtbarsten Boden ist er bisher dort gefallen, wo Menschen mit konservativer Grundhaltung Verteilungskonflikte, Lohndumping und/oder einen Verlust an Lebensqualität durch Masseneinwanderung befürchten, und die die vor allem vom westeuropäischen Establishment vorangetriebene »woke« Kulturrevolution als Angriff auf ihre Werte sehen. Manchmal geht es den Wählern sozial-konservativer Parteien auch darum, Wohlstandsverluste durch eine als übertrieben angesehene Klima- und Öko-Politik zu verhindern.

Die von Sozial-Konservativen verfolgte Wirtschaftspolitik kann von klassisch sozialdemokratisch bis marktliberal oder »pro Business« reichen, wobei auch die beiden letzteren Ansätze nach Darstellung ihrer Protagonisten »sozial« sind, etwa weil sie, wie das Programm der italienischen Lega, kleine Familienunternehmen entlasten oder, wie das Programm der ungarischen Fidesz, den Anschluss an das Wohlstandsniveau des Westens ermöglichen sollen. Das Beispiel Polen veranschaulicht, dass auch eine sehr linke Wirtschaftspolitik langfristig tragbar sein kann, wenn auch mit hoher Inflation verbunden.

Die in diesem Kapitel vorgestellten Fallbeispiele zeigen, dass eine sozial-konservative Herrschaft von populistischen Kräften ausgehen kann, die sich als radikale Gegenspieler eines realitäts- und volksfernen Establishments profilieren. Eine sozial-konservative Regierung kann aber auch wie in Dänemark aus einer etablierten Partei bestehen, die sich Anliegen der Populisten wie Migrationsbeschränkung und den Kampf gegen Parallelgesellschaften zu eigen macht. Österreich und Schweden zeigen mit der Koalition beziehungsweise losen parlamentarischen Zusammenarbeit von etablierten bürgerlichen Kräften und Populisten einen Mittelweg auf.

In Deutschland ist die AfD derzeit als einzige populistische Kraft in der Lage, eine bedeutende Anzahl von Wählern zu mobilisieren. Zu der rechtspopulistischen Partei gesellt sich seit Kurzem das linkspopulistische Bündnis Sahra Wagenknecht, dessen Potenzial noch schwer einzuschätzen ist. Die beliebte Linkspartei-Abtrünnige und Co-Vorsitzende der im Aufbau befindlichen Partei bezeichnet ihr wirtschaftspolitisch linkes, gegen Masseneinwanderung und Identitätspolitik gerichtetes Programm selbst als »linkskonservativ«.

Eine Regierungsbeteiligung der AfD scheint vorerst ausgeschlossen. Während in anderen europäischen Ländern, wie der *WELT*-Journalist Robin Alexander anmerkt, »Lager gegen Lager« steht und immer wieder rechtspopulistische Parteien in konservative Koalitionen integriert werden, weil nur so der Sieg über »links mit linksaußen«-Bündnisse möglich ist, bleibt die AfD extrem politisch isoliert. Für die sogenannte »Brandmauer« gibt es spezifisch deutsche historische Gründe. Die AfD hat sich aber auch selbst in Abseits manövriert, weil sie radikaler als die meisten ihrer europäischen Vettern auftritt und, mit den Worten Alexanders, »immer mehr ins völkisch-esoterische Nirwana« driftet.

Die Wagenknecht-Partei dürfte für den politischen Mainstream etwas satisfaktionsfähiger sein, wobei auch hier kein auf Anhieb geeigneter Koalitionspartner in Sicht ist. Dass die AfD oder eine linkspopulistische Partei allein die absolute Mehrheit im Bundestag erringen wird, erscheint sehr unwahrscheinlich. Auf Landesebene ist es aber, besonders im Osten, durchaus denkbar.

Für den »dänischen Weg« eines vom Establishment getragenen Sozial-Konservatismus kommen aus Sicht der Autoren derzeit nur CDU, CSU und Freie Wähler in Frage. Der Einfluss der beiden letztgenannten Parteien ist de jure beziehungsweise de facto auf Bayern beschränkt. Die Union müsste, um eine echte sozialkonservative Kraft zu werden, mit einer deutlich restriktiveren Haltung in Migrationsfragen überzeugen und wohl auch (wie in den letzten Jahren die britischen Tories) wirtschaftspolitisch nach links rücken. Immerhin scheint dies viel wahrscheinlicher, als dass die SPD den dänischen Weg einschlägt. Trotz der aktuell auch aus dieser Partei zu vernehmenden Lippenbekenntnisse zu einer reduzierten und besser gesteuerten Migration würden die erwoketen deutschen Sozialdemokraten wohl eher das Willy-Brandt-Haus in Brand setzen, als wirklich etwas von der dänischen Schwesterpartei zu lernen.

Die oben zitierten Ausführungen der britischen Denker Maurice Glasman und David Goodhart zeigen, dass Deutschland sehr gute institutionelle Voraussetzungen für eine sozial-konservative Politik hat. Kann es dem deutschen Establishment-Konservatismus gelingen, auf dieser Basis einen neuen Gesellschaftsvertrag zu schmieden, der die Arbeiter- und untere Mittelschicht »mitnimmt«? Kann er gleichzeitig dem großen Druck widerstehen, der von Teilen der Eliten aufgebaut wird, sich zu einer Vielzahl von als alternativlos deklarierten »progressiven« Dogmen zu bekennen? Dogmen, die wohlgemerkt von einer großen Mehrheit der Bevölkerung abgelehnt werden. Die Zukunft des sozialen Friedens in Deutschland könnte davon abhängen.

7. Der autoritäre Stadtstaat

*»I didn't see a single ‚bad' girl in Singapore.
And I missed her.«*
William Gibson, »Disneyland with the Death Penalty«, 1993

Der im Jahr 2015 öffentlich gemachte Prostata-Tumor des Premierministers war ein nationales Medienereignis. Anhand von Infografiken und medizinischer Bildgebung konnte die Bevölkerung Singapurs bis ins kleinste Detail die Entwicklung des Karzinoms von Lee Hsien Loong und schließlich dessen Entfernung mittels einer robotergestützten Schlüsselloch-OP mitverfolgen. Die maximale Transparenz sollte einer möglichen Verunsicherung der Bevölkerung entgegenwirken. In dem 5,7 Millionen Einwohner zählenden asiatischen Stadtstaat überlässt man so wenig wie möglich dem Zufall.

Das gilt auch für die Sexualität und Fortpflanzung, wie der amerikanische Journalist und Science-Fiction-Autor William Gibson 1993 bei einem Besuch feststellte. Der alte Rotlichtbezirk aus Singapurs Kolonialzeit war da bereits durch den Bau einer Metro-Station dem Erdboden gleichgemacht worden, seine einst berühmten transvestitischen Prostituierten nur noch in einer Reihe von Wandbildern präsent.

Prinzipiell hat die wertkonservative Autokratie an der Südspitze der malaiischen Halbinsel jedoch kein Problem mit der Sexarbeit, solange es sich um heterosexuelle Begegnungen handelt. Sie sorgte 1993 wie heute praktischerweise dafür, dass reichlich einschlägige »Massagesalons« und »Spas« direkt in der schier endlosen Parade an Einkaufszentren arbeiten können, die den Stadtstaat auszeichnen. Den höheren sozialen Zweck von Bordellen zwischen Reebok-Outlets und Rolex-Händlern konnte Gibson nicht ganz verstehen. Aber der westliche Besucher war sich sicher, dass es einen gibt. Denn es gebe »bemerkenswert wenig im heutigen

Singapur, das nicht das Ergebnis einer bewussten und zweifellos sorgfältig durchdachten Sozialpolitik ist«.

Im Kampf gegen eine befürchtete Überbevölkerung wurde der Stadtstaat (ähnlich wie China) zum Opfer seines eigenen Erfolgs. Mitte der 1980er-Jahre vollzog Singapurs Regierung daher eine Kehrtwende weg von der »Zwei-Kind-Politik« und hin zur Propagierung des Kinderreichtums. Seitdem ist auch das Dating-Leben der Singapurer Gegenstand einer bewussten Sozialpolitik. Gibson bemerkte in den 1990ern die Institutionalisierung von »obligatorischen Kennenlerntreffen« für Singles, wobei ihm der »eugenische Aspekt« (Zuständigkeit unterschiedlicher Behörden für »Yuppies« und »weniger gebildete Menschen«) sowie die Tatsache, dass die Verweigerung der Teilnahme zu einem Anruf beim Arbeitgeber führen konnte, sauer aufstießen.

In den 2000ern gab es die in Zusammenarbeit mit der Privatwirtschaft und Universitäten organisierte Kampagne »Romancing Singapore«, die mehr Raum für Romantik im hektischen Alltag der singapurischen Leistungsgesellschaft schaffen sollte. Seit 2009 ermutigt der Staat *alle* Singapurer, unabhängig von ihrer sozialen Herkunft, sich gleichermaßen fortzupflanzen. Mittel der Wahl sind finanzielle Anreize und, Sie ahnen es vielleicht, staatliche Kampagnen.

Lim Tin Seng von der Singapurischen Nationalbibliothek nennt seine Heimat eine »Stadt der Kampagnen«. Unter anderem gab es bereits Kampagnen für Höflichkeit, für regelmäßiges Händewaschen, für korrektes Englisch, für die Verwendung von Mandarin statt chinesischer Dialekte, für mehr Produktivität am Arbeitsplatz und für einen sportlichen Lebensstil, sogar eine Kampagne, die Hochzeitsgäste dazu aufforderte, pünktlich zu erscheinen.

Singapur: »Disneyland mit Todesstrafe«

Der ausgeprägte Hang der singapurischen Führung zu paternalistischem Mikromanagement der Gesellschaft hat viel mit dem multiethnischen und multireligiösen Charakter des Stadtstaats zu tun. Nach offiziellen Daten von 2020 waren rund 77 Prozent der Staatsbürger und Einwohner mit dauerhafter Aufenthaltserlaubnis Chinesen, 14 Prozent Malaien und acht Prozent Inder. Offizielle Amtssprachen sind Malaiisch, Englisch, Mandarin-Chinesisch und Tamil, wobei im Alltag die von der Regierung geschmähte Kreolsprache Singlisch mit Elementen aller vier Amtssprachen mindestens genauso verbreitet ist wie Mandarin. Die verschiedenen Ethnien werden nach einem ausgeklügelten Quotensystem auf die Sozialwohnungen des Housing and Development Board (HDB) verteilt, in denen fast alle Menschen in Singapur leben. So soll vermieden werden, dass sich einzelne Wohnblöcke oder Gegenden zu ethnisch segregierten Zonen entwickeln.

Singapurs Regierung lehnt den in vielen Teilen des Westens praktizieren »liberalen« Säkularismus ab und setzt stattdessen auf einen »wehrhaften« Säkularismus (englisch: »muscular secularism«). Faktisch geht es vor allem um den Umgang mit den rund 16 Prozent der Bevölkerung, die muslimischen Glaubens sind. Lee Kuan Yew, Staatsgründer und Vater des jetzigen Premiers Lee Hsien Loong, beäugte den Islam mit besonderem Misstrauen, und Gesetze gegen jede Form des religiösen Fundamentalismus oder missionarische Tätigkeit werden auch heute konsequent durchgesetzt.

Singapurs ethnische Gruppen leben seit vielen Jahrzehnten in Frieden zusammen, auch wenn sie bis heute recht selten untereinander heiraten. Wie William Gibson 1993 bemerkte, trieb der staatliche Rundfunk die Harmonie mit einem ständigen Strom an bemüht volkspädagogischen TV-Dramen voran, in denen chinesische, malaiische oder indische Modellfamilien die Bräuche ihrer jeweiligen Kultur in aller Ausführlichkeit erklären und dabei super-gesunde Snacks verzehren. Der Titel der Reisereportage des amerikanischen Science-Fiction-Autors, »Disneyland with the Death Penalty« (Disneyland mit der Todesstrafe), die zuerst im Wired-Magazin veröffentlicht wurde, bezieht sich auf die großzügige Anwendung der Todesstrafe in dem Stadtstaat (gemessen an der Bevölkerungszahl hat Singapur seit Jahren die höchste Hinrichtungsrate der Welt) und auf den sauberen, biederen und konformistischen Eindruck, den Gibson von dem Ort gewinnt.

Der selbst nach den entspannteren Maßstäben der 1990er-Jahre ziemlich politisch inkorrekte Reisebericht endet mit einer Art Nervenzusammenbruch des Autors. Tagelang sucht Gibson in Singapur nach Spuren von urbaner Schroffheit und Rebellion. Er findet jedoch nur eine glatte, pseudowestliche Metropole vor, welche die Sicherheits- und Zensurbehörden unter anderem von Dogenkonsum, Punk Rock und Heavy Metal gesäubert haben, sodass nur die austauschbaren Shopping Malls mit westlichen Markenartikeln blieben. Ein steriler Raum, bevölkert von perfekt gekleideten, schlanken Menschen, ungefähr so gegenkulturell wie ein internationales Kongresszentrum.

Die lokale Berichterstattung über die nächsten geplanten Hinrichtungen, darunter ein malaysischer Staatsbürger, der wegen des Einschmuggelns von einem Kilogramm Cannabis gehängt werden soll (die meisten Todesurteile in Singapur werden wegen Drogendelikten verhängt), verstört den Autor schließlich so sehr, dass er hastig zum Flughafen aufbricht. Als er in den ansonsten makellosen Fluren der Changi Airtropolis ein zerknülltes Stück Papier sieht, dreht Gibson nach eigener Aussage durch und fängt an, es zu fotografieren, bis Polizisten mit »teuren österreichischen Maschinenpistolen« und finsteren Blicken auftauchen, um den anstößigen Gegenstand wegzutragen.

Singapur ist auch heute noch eines der Länder mit dem strengsten Rechtssystem der Welt. Wer Müll oder Zigarettenkippen auf die Straße wirft oder auf den Boden spuckt, muss mit einer hohen Geldstrafe und vielen Sozialstunden rechnen. Die Wahrscheinlichkeit, erwischt zu werden, ist hoch, denn der öffentliche Raum wird flächendeckend videoüberwacht. Der Kauf, Gebrauch und Besitz von E-Zigaretten ist komplett verboten. Für Kaugummi galt das lange auch, heutzutage ist der Kauf zumindest in Apotheken möglich, wenn man ein Arztrezept vorlegt. Wer widerrechtlich E-Zigaretten oder Kaugummi in den Stadtstaat einführt, kann zu mehreren Jahren Haft verurteilt werden.

Auf die Einfuhr selbst kleiner Mengen harter oder weicher Drogen steht die Todesstrafe. Viele Delikte, darunter Vandalismus und Graffiti, werden noch immer mit der Prügelstrafe geahndet. Die schweren Schläge mit einem Rohrstock auf das entblößte Gesäß hinterlassen meist bleibende Narben. Immerhin: Gesetze gegen schwulen Sex werden seit 2007 nicht mehr angewendet und wurden 2022 komplett gestrichen (Sex zwischen Frauen war in Singapur nie illegal). 2007 wurde außerdem das Verbot des Oral- und Analverkehrs aufgehoben, das auch für verheiratete heterosexuelle Paare galt.

Singapur mag autoritär und langweilig sein, nach vielen Maßstäben ist der Stadtstaat jedoch eine große Erfolgsgeschichte. Nach der Abspaltung von Malaysia 1965 schaffte Singapur innerhalb einer Generation den Sprung von einem obskuren Entwicklungsland in den Weiten des zerfallenden britischen Kolonialreichs zu einer Industrienation, um dann zu einem der reichsten und am höchsten entwickelten Staaten der Welt aufzusteigen. Die Freihandelspolitik, niedrige Steuern und eine stark deregulierte Wirtschaft locken seit Jahrzehnten multinationale Konzerne an. Singapur ist heute neben Hongkong das wichtigste Finanzzentrum Asiens. Die verschiedenen Frachthäfen des Stadtstaats bilden zusammen den nach Tonnage, Güterumschlag und Umladung größten Hafen der Welt. Neben Finanzdienstleistungen und Warenumschlag sind Erdölraffinade, Produktion elektronischer Bauteile und Tourismus die wichtigsten Standbeine der gut diversifizierten Wirtschaft. Nach Daten der Weltbank betrug das jährliche BIP-Wachstum des Landes seit der Unabhängigkeit im

Durchschnitt 7,7 Prozent und in den ersten 25 Jahren über 9,2 Prozent. Der maritime Staat ohne Hinterland oder nennenswerte natürliche Ressourcen ist seit der Unabhängigkeit auch buchstäblich gewachsen, um rund 25 Prozent, durch umfangreiche Projekte zur Landgewinnung.

Trotz der großen wirtschaftlichen Freiheiten machen die subventionierten Versorgungsleistungen, Schulen, Universitäten, medizinischen Einrichtungen und Nahverkehrssysteme Singapur zu einem Sozialstaat. Der Wohnungsmarkt ist stark reguliert. Die allermeisten Singapurer leben in Wohnblöcken, die von der staatlichen Behörde für sozialen Wohnungsbau HDB gebaut wurden. Seit den späten 1960er-Jahren können die Bewohner von HDB-Wohnungen diese in vielen Fällen auf der Grundlage eines 99-jährigen Erbvertrags pachten.

Derzeit leben mehr als 90 Prozent der Bevölkerung in solchen gepachteten Sozialwohnungen, mit Rechten, die in vielerlei Hinsicht denen eines Immobilieneigentümers entsprechen. Bei allen offiziellen Bekenntnissen zur freien Marktwirtschaft lässt es sich der Staat nicht nehmen, selbst ein wichtiger Wirtschaftsakteur zu sein. Unter anderem über das rund 465 Milliarden Euro schwere Konglomerat Temasek Holdings tritt der Staat als Unternehmer auf und steuert die wirtschaftliche Entwicklung.

Singapurs unorthodoxer Turbokapitalismus mit sozialistischen Elementen unter einem de facto diktatorischen politischen System hat ein Land hervorgebracht, das laut Transparency International das am wenigsten korrupte Land in Asien ist und seit Jahren internationale Spitzenplätze einnimmt, egal ob es um Bildung, Wissenschaft, Gesundheitsversorgung, Lebenserwartung, Lebensqualität oder persönliche Sicherheit geht. Kritiker weisen jedoch darauf hin, dass die soziale Ungleichheit hoch ist und es unter anderem wegen der hohen Lebenshaltungskosten und des fehlenden Mindestlohns eine recht große Schicht von Erwerbsarmen gibt. Eine wachsende Zahl von Rentnern leidet ebenfalls unter Armut und ist mitunter gezwungen, schwere körperliche Jobs anzunehmen, um über die Runden zu kommen.

Obwohl formell eine parlamentarische Republik auf Basis des britischen Westminster-Modells, wird die Politik in Singapur seit der Unabhängigkeit 1965 faktisch durch den Lee-Clan monopolisiert. Staatsgründer Lee »Harry« Kuan Yew wurde von seinem Vater (einem Mitarbeiter des amerikanischen Ölkonzerns Shell), seiner Mutter und seinem als Purser auf britischen Schiffen angestellten Großvater, allesamt ethnische Chinesen, englischsprachig und ausgesprochen »westlich« erzogen und besuchte in England die London School of Economics und die Universität Cambridge.

Als postkolonialer Führer machte er jedoch keinen Hehl daraus, dass er die westliche Demokratie verachtete und sie als besonders ungeeignet für asiatische Kulturen betrachtete. Eine Regierung könne nicht ernsthaft auf die Stimmen von Eiswasser-Verkäufern und Menschen, die noch nicht einmal die sechste Klasse abgeschlossen haben, hören, sagte Lee in einem 1998 veröffentlichten Interview. Sein neuer Staat, das machte er von Anfang an klar, würde keine Pressefreiheit haben und eine Expertokratie sein, in der die Menschen im Einklang mit vage definierten »asiatischen Werten« erzogen werden. Als Premierminister manipulierte Lee Wahlen, bankrottierte politische Gegner durch Klagen, inhaftierte Menschenrechtsaktivisten und schaltete Medien und Gewerkschaften gleich, so dass eine von seiner People's Action Party (PAP) dominierte Pseudo-Demokratie entstand.

Singapurs Regierung rechtfertigt die im internationalen Vergleich extrem hohen Gehälter für den Premierminister, die Minister und Staatssekretäre damals wie heute damit, dass sie die besten Talente der Stadt und der Welt anziehen will. Kritiker sprechen von Selbstbereicherung und einem nepotistischen System. Lee Seniors Sohn Lee Hsien Loong, der 2004 Premierminister von Singapur wurde, ist heute mit einem Jahresgehalt von rund 2,2 Millionen US-Dollar der höchstbezahlte Regierungschef der Welt, obwohl sein tatsächliches Einkommen dank umfangreicher Unternehmensbeteiligungen und Immobilienanlagen wahrscheinlich noch viel höher ist.

Zwischen Vater und Sohn regierte 14 Jahre lang Goh Chok Tong, ein hochrangiger PAP-Funktionär, der nicht zur Familie Lee gehört, wobei der Clan auch in dieser Zeit die Strippen zog, nicht zuletzt weil der alternde Lee Senior »Senior Minister« im Kabinett blieb. Lee Hsien Loong sitzt nach seinem Sieg über den Krebs fest im Sattel, wird sich aber wohl Mitte der 2020er vom Amt des Premierministers zurückziehen, zugunsten des jetzigen Vize-Premiers und Finanzministers Lawrence Wong, den die PAP derzeit als Nachfolger aufbaut.

Die PAP knüppelte von Anfang an alles nieder, was auch nur ein bisschen nach Kommunismus roch. Die chinesische KP verzieh ihr, beziehungsweise war recht schnell bereit, darüber hinwegzublicken, denn Lee Kuan Yews entschiedener Antikolonialismus machte seinen Antikommunismus aus Pekinger Sicht mehr als wett.

Aus Nichteinmischung und pragmatischer Zusammenarbeit ist mit der Zeit ein recht enges Verhältnis zwischen dem immer kapitalistischer gewordenen Riesenreich und dem kleinen Stadtstaat geworden. Die jeweiligen politischen Systeme haben zwar Wurzeln, die unterschiedlicher nicht seien könnten (maoistischer Einparteienstaat im Falle Chinas, formeller Parlamentarismus nach Vorbild des britischen Westminster-Systems im Falle Singapurs), aber es gibt auch viele Gemeinsamkeiten, von ethnischen Banden über die Ablehnung der westlichen Liberalen Demokratie bis zur starken Neigung zu technokratisch-paternalistischer Gesellschaftsformung.

Ein Wendepunkt in den Beziehungen war der Besuch von Deng Xiaoping in Singapur im Jahr 1978. Lee Kuan Yew schmeichelte dem Anführer der Volksrepublik mit einer Rede, in der er betonte, dass auch die Singapurer von armen, ungebildeten Bauern abstammten und dass, wenn das kleine Singapur Wohlstand erreichen könne, China dies mit der richtigen Politik erst recht könne. Der Anekdote nach folgte ein symbolträchtiger Austausch. Der militante Nichtraucher Lee soll dem Kettenraucher Deng einen Aschenbecher hingestellt und ihn eingeladen haben, zu rauchen. Dennoch soll der Besucher während seines gesamten Aufenthalts im Regierungspalast auf die verpönte Gewohnheit verzichtet haben.

Deng Xiaoping kehrte mit einer Faszination für das Wirtschaftssystem Singapurs nach Hause zurück und im Jahr 2018 ehrte die chinesische KP Lee Kuan Yew offiziell als eine der zehn ausländischen Persönlichkeiten, die eine entscheidende Rolle beim Aufstieg der Volksrepublik zur wirtschaftlichen Großmacht gespielt hätten. Aber Singapur pflegt auch freundliche Beziehungen zum Westen. Der Stadtstaat unterstützt im Großen und Ganzen das US-geführte Bündnissystem in Asien und die Präsenz des US-Militärs im Indopazifik und erlaubt diesem, seine Infrastruktur zu nutzen. Im Gegenzug bilden die USA das singapurische Militär aus. Eine enge militärische Zusammenarbeit besteht auch zwischen Singapur und Israel. Mit dem ehemaligen Kolonialherren Großbritannien hat sich Singapur schon vor langer Zeit ausgesöhnt. In den seltenen Fällen, in denen Singapurs Regierung vom Westen kritisiert wird, greift sie auf die Kulturrelativismus-Karte zurück. Bürgerrechte, Menschenrechte und Demokratie spielten im »asiatischen« Wertekanon einfach nicht dieselbe Rolle wie im »westlichen«, heißt es dann, und damit ist die Diskussion meist beendet.

Die wohlhabende »Offshore-Kapsel am Fuße von Malaysia« (William Gibson) ist der geschäftig vor sich hin tickende Beweis dafür, dass man »everybody's darling« sein kann ohne unbedingt, wie Franz Josef Strauß behauptete, »everybody's Depp« zu sein (hilfreich in dieser Hinsicht ist sicherlich die geringe Größe Singapurs, die bedeutet, dass der Staatstaat weder für China noch für den Westen ein bedrohlicher Machtrivale ist). In den letzten Jahren haben so unterschiedliche Persönlichkeiten wie Viktor Orbán (siehe Kapitel 6 »Sozial-Konservatismus«) und Barack Obama ein Loblied auf Singapur gesungen. Der frühere US-Präsident ließ sich im 2020 erschienenen ersten Band seiner Memoiren sogar dazu hinreißen, die »notorisch strenge politische und soziale Kontrolle« im Stadtstaat als eine Quelle des Erfolgs von Singapur zu würdigen. Je dysfunktionaler der Westen wird, desto mehr wird die Zahl der Bewunderer Singapurs wachsen.

Dubai: Der Basar des Grauens

Singapur und Dubai haben viele Gemeinsamkeiten. Beide sind ehemals arme, verschlafene Ecken des britischen Empire, die sich nach der Unabhängigkeit in ultra-moderne Metropolen verwandelt haben und dabei fast alle physischen Spuren des traditionellen Lebens vor den Wolkenkratzern eingeebnet haben. Beide sind keine Demokratien, beide haben wertkonservative Herrscher, die eine Nulltoleranz-Politik gegenüber Drogen durchsetzen, mit harten Strafen bis zur Todesstrafe. In Dubai sind wie in Singapur körperliche Züchtigungen wie die Prügelstrafe ein wichtiger Teil des Rechtssystems.

Beide Stadtstaaten setzen auf den Freihandel, beide sind Drehscheiben für Frachtschifffahrt und Luftverkehr sowie wichtige Finanzplätze. Wie Singapur wirkt Dubai, zumindest in den Gegenden, in denen sich Besucher aus dem Westen überwiegend aufhalten, reich, sauber, sicher, konsumbesessen und irgendwie künstlich, was, wie im Fall von Singapur, zu Vergleichen mit Disneyland einlädt.

Doch bei näherer Betrachtung zeigt sich, dass Dubai etwas viel Finstereres ist als Singapur. Wenn Singapur harmonisches Feng Shui verkörpert, atmet Dubai eine neureiche Bling-Bling-Attitüde. Wenn Singapur nach Sigmund Freud in der peniblen analen Phase verharrt, so stecken die Einwohner Dubais – zumindest

die »Gewinner« dieser sehr ungleichen Gesellschaft – in der noch primitiveren oralen Phase fest, dekadent und auf unmittelbare Bedürfnisbefriedigung fixiert.
Wenn Singapur (ähnlich wie Polen unter der PiS) beweist, dass Länder zum näheren Orbit der westlichen Welt gehören können, selbst wenn sie ausdrücklich nicht liberal und vielleicht noch nicht einmal Demokratien sind, so offenbart Dubai etwas viel Furchtbareres. Und zwar, dass zahlreiche westliche »Expatriates« (die in Dubai eine viel wichtigere Rolle spielen als in Singapur) bereit sind, es sich in einer Gesellschaft bequem zu machen, deren absolutistische Erbherrschaft und grausames Scharia-Recht an das europäische Mittelalter und deren Sklavenhalterwirtschaft an das alte Rom erinnern. Zumindest, wenn man für die Expatriates luxuriöse Enklaven baut, mit eigenen, liberaleren Regeln und Versatzstücken einer »westlichen« Lebensweise wie Bars und Nachtclubs.
Im Grunde gibt es nicht ein, sondern drei Dubais. Erstens das Dubai der einheimischen Emiratis, für die das etwas seltsame föderale Staatsgebilde »Vereinigte Arabische Emirate« (VAE), zu dem sich Dubai und sechs weitere absolute Monarchien am Persischen Golf 1971–1972 zusammenschlossen, eine Art allgegenwärtiger Weihnachtsmann ist, der ihnen milde Gaben wie kostenlose Grundstücke und Häuser verteilt, ohne ihr Einkommen zu besteuern. Emiratis machen etwa 8,6 Prozent der Bevölkerung Dubais und 11,5 Prozent der Bevölkerung der VAE insgesamt aus. Als Kaste von Beamten und Militärangehörigen halten sie den Staatsapparat am Laufen. Nun, mehr oder weniger, denn die örtlichen Gesetze machen es, außer in Fällen gröbster Inkompetenz, unmöglich, einen Emirati zu feuern.
Das zweite Dubai ist das Dubai der privilegierten Expatriates. Schon früh erkannte der Al-Maktum-Clan, der über die Stadt herrscht, dass er eine Art faustischen Pakt mit dieser Gruppe würde schließen müssen, um Dubai zu Wohlstand zu bringen.

Das liegt daran, dass Dubai, anders als etwa Saudi-Arabien, Kuwait oder der VAE-Bundesbruder Abu Dhabi, nur über recht geringe Ölreserven verfügt.

Nach eigener Darstellung lockten die Al Maktums Talente aus der ganzen Welt nach Dubai, um zwischen Meer und Wüste ein pulsierendes Zentrum für Handel, Finanzen und Tourismus zu schaffen. Das stimmt so wohl nicht ganz, denn Berichte aus der Glitzermetropole legen nahe, dass multinationale Konzerne dazu neigen, ihr eher mittelmäßiges Personal nach Dubai zu entsenden. Wie dem auch sei – wenn die Emiratis die Verwaltungselite Dubais bilden, so sind die Expatriates die Wirtschaftselite des Stadtstaates.

Die Öffnung zur Welt hat Dubai tatsächlich reich gemacht, allerdings um den Preis, dass die vielen Fremden ihre unislamischen Lebensgewohnheiten mitbringen. Die viel konservativeren Einheimischen müssen diese notgedrungen tolerieren und in ihr eigenes Leben vordringen lassen. Sie befinden sich Berichten zufolge in einer ständigen Identitätskrise, immer in Angst, der traditionelle arabische und islamische Charakter ihrer turbomodernisierten Heimat könnte durch die Internationalisierung vollends ausgelöscht werden.

In seinem 1995 erschienenen Sachbuch »The Revolt of the Elites« (auf Deutsch erschienen als »Die blinde Elite: Macht ohne Verantwortung«) beschrieb der amerikanische Historiker Christopher Lasch Weltbild und Lebensstil einer entstehenden ultramobilen, globalen und gehobenen Mittelschicht. Er meinte im Wesentlichen dasselbe Milieu, für das der britische Autor David Goodhart später den prägnanten Begriff »Anywheres« prägte (siehe Kapitel 6 – »Sozial-Konservatismus«).

Die Wurzellosigkeit dieser Kaste mache sie unverantwortlich, so Laschs Argument. Mit Patriotismus könne die neue »Begabungsaristokratie« wenig anfangen, schrieb er, unter anderem wohl auch deshalb, weil Patriotismus auch gewisse Verpflichtungen der Eliten gegenüber weniger begünstigten Mitgliedern der Gesellschaft mit sich bringt. Der Multikulturalismus hingegen passe perfekt zu dieser Schicht, »denn er beschwört das angenehme Bild eines globalen Basars herauf, auf dem exotische Küchen, exotische Kleidungsstile, exotische Musik und exotische Stammesbräuche wahllos genossen werden können, ohne Fragen zu stellen und ohne Verpflichtungen einzugehen«.

Das Dubai der Expatriates ist gewissermaßen Laschs »globaler Basar« in seiner höchsten Form. Doch wer nur ein wenig an der schmucken Fassade kratzt, entdeckt, dass der funkelnde Stadtstaat ein Basar des Grauens ist. Denn es gibt noch das dritte Dubai. Es ist das Dubai der Hunderttausenden zumeist südasiatischen Arbeiter, die noch bei über 40 Grad im Schatten lange Stunden auf den Großbaustellen schuften und nicht selten bei ihrer harten, gefährlichen Arbeit ums Leben kommen.

Auch sie nennt die Regierung »Expatriates«. Das Wort »Sklaven« wäre in vielen Fällen angemessener, denn die Arbeiter müssen oft Tausende Euro vorstrecken, um überhaupt Jobs im Baugewerbe der Luxusmetropole annehmen zu können, und verschulden sich nicht selten weiter bei ihren Arbeitgebern, weil der geringe (und oft ohnehin nur sporadisch ausgezahlte) Lohn nicht ausreicht, um sich Lebensmittel zu kaufen. Vielen Berichten zufolge ist es gang und gäbe, dass Baufirmen die Reisepässe der Arbeiter einbehalten, um so eine Flucht zu verhindern. Die südasiatischen Sklaven wohnen eingepfercht in tristen Betonkasernen am Rande der Wüste, fern von den Touristenströmen und den schönen Wohnvierteln der Expatriates und Emiratis.

Das dritte Dubai, es ist auch das Dubai der schlecht bezahlten philippinischen Verkäuferinnen, die den ganzen Tag ein professionelles Lächeln aufsetzen müssen, obwohl sie das Land und das Leben, in dem sie gelandet sind, Berichten zufolge oft hassen. Es ist nicht zuletzt auch das Dubai der Abertausenden im Stillen leidenden Dienstmägde – junge, zumeist philippinische oder afrikanische Frauen, die Emirati- und Expatriate-Haushalte an sieben Tagen in der Woche rund um die Uhr bedienen müssen und geschlagen werden, wenn sie nicht gehorchen. Auch diesen Sklavinnen werden oft ihre Pässe abgenommen.

Kann man sich als im Westen sozialisierter Mensch wirklich zu Hause fühlen an einem Ort, der so fremd ist, von Scharia bis Sklavenhaltung, von absoluter Monarchie bis Arabisch als Amtssprache? In jedem Fall investieren die Herrscher der VAE beträchtliche Mittel, um ihr Land zu einer Art aufgetakeltem Zerrbild des Westens zu formen. Zu den bereits erwähnten Shopping Malls, Bars und Nachtclubs kommen seit jüngstem auch Ableger westlicher Museen, die in Baujuwelen westlicher Stararchitekten untergebracht sind. In der Bundeshauptstadt Abu Dhabi gibt es bereits eine Zweigstelle des Louvre. Das »Guggenheim Abu Dhabi« befand sich bei Redaktionsschluss noch im Bau.

Auch Satellitencampus westlicher Universitäten sprießen in den VAE wie Pilze aus dem Boden. Stand Juni 2023 betrieben die New York University, die American University, die Michigan State University, das Rochester Institute of Technology, die Hult International Business School, die London Business School, die City University of London, die University of Manchester, die University of Birmingham, die University of Bradford, die University of Exeter, die Middlesex University, die Lincoln University, die University of Edinburgh, die University of Glasgow, die Heriot-Watt University, das Royal College of Surgeons in Ireland, die australischen Einrichtungen Curtin University, University of South Wales, University of Wollongong und Murdoch University, die österreichische Modul University, die Pariser Sorbonne sowie die französische Elite-Businessschule INSEAD Standorte für Forschung, aber vor allem für lukrativ vergoltene Lehre, in Dubai oder Abu Dhabi.

Ob im »Louvre Abu Dhabi« oder den unzähligen Metastasen westlicher Universitäten, mit denen sich die VAE schmücken –

die emiratischen Herrscher feiern sich selbst für die Schaffung einer faden, kastrierten Pseudomoderne. Akademische Freiheit? Ja, solange es um autonomes Fahren oder die sechste Generation des Mobilfunks geht. Künstlerische Freiheit? Ja, solange die künstlerischen Darstellungen dem »Ministerium für Kultur und Wissensentwicklung« und dem »Ministerium für Toleranz und Koexistenz« gefallen. Aber es ist ja nicht so, dass es im Westen derzeit besonders gut um diese Werte bestellt ist. Der Westen ist im Niedergang begriffen, die Emirate haben wenigstens Geld.

Das Beste an Dubai, so die Meinung *aller* 2009 von dem britischen Journalisten Johann Hari in der Glitzermetropole interviewten westlichen Expatriates mit Ausnahme einer desillusionierten Amerikanerin, seien jedoch die Hausangestellten. Das reichliche Angebot an billigen Arbeitskräften, die die Hausarbeit erledigen, bedeutet, dass Westler in Dubai viel mehr Freizeit haben als in ihrer alten Heimat, erklärt Hari. Wenn sie gerade nicht arbeiten, können sie im Grunde die ganze Zeit shoppen oder in ihren Enklaven Party machen, Möglichkeiten, die sie laut Hari ausgiebig nutzen. Auf die Frage des Journalisten nach dem völligen Fehlen von Demokratie in dem Stadtstaat antwortete ein junger Engländer mit einem dekorativen Hirschgeweih: »It's the Arab way!«, bevor er sich wieder der Aufgabe zuwandte, seinem auf dem Rücken liegenden Kumpel Bier in den Mund zu schütten.

In Dubai können wir besichtigen, wie westliche Anywheres, deren in Europa und Nordamerika verbliebene Zeitgenossen gerade en Masse den Kampf um »soziale Gerechtigkeit« und »Antirassismus« zur »neuen Glaubenskultur« (Jan Fleischhauer) erheben, in einer Gesellschaft gedeihen, die von extremer Ungleichheit geprägt ist, und deren autochthone Bevölkerung, im Gegensatz zur westlichen, tatsächlich mehrheitlich rassistisch, homophob und misogyn ist. Materielle Anreize und der radikale Kulturrelativismus, der in westlichen Elitenkreisen

Teil der weltanschaulichen DNA geworden ist, machen das offenbar möglich.

Die dunkle Aufklärung

Ist eine Welt aus lauter Stadt- und Kleinstaaten, die jeweils wie ein Unternehmen von einem CEO oder Vorstand geführt werden, das beste und zukunftsfähigste politische Modell? Ja, sagt zumindest die international vernetzte Bewegung für Privatstädte (englisch: »free private cities«, »enterprise cities«). Oft fällt in diesen Kreisen der Name Singapur als Beispiel für einen erfolgreichen Kleinstaat, der faktisch bereits nach diesem Prinzip geführt werde.

Einer der bekanntesten Vertreter des Privatstadt-Konzepts ist Titus Gebel, ein deutscher Jurist, Unternehmer und Aktivist, der seinen Wohnsitz derzeit im Zwergstaat Monaco hat. Der Mitbegründer der Deutschen Rohstoff AG skizziert in seinem 2018 erschienenen Sachbuch »Freie Privatstädte – mehr Wettbewerb im wichtigsten Markt der Welt« sein Modell einer Stadt, in der hoheitliche Aufgaben der Kommune beziehungsweise des Staates von einem privaten Unternehmen übernommen werden, das den Bewohnern seine Dienste als »Staatsdienstleister« anbietet. Die sogenannten »Vertragsbürger« zahlen einen vertraglich fixierten Jahresbeitrag für diese Leistungen.

Privatstädte, die die zugesagten Leistungen nicht oder nur mangelhaft erbringen, würden ihre Kunden durch Abwanderung verlieren und schnell insolvent gehen, so Gebels Argument. Der Autor ist überzeugt, dass sein Konzept besser vor Misswirtschaft und Machtmissbrauch schützt als die Demokratie. Bereits existierende politische Gebilde, die Gebel als vorbildhaft betrachtet, sind unter anderem Liechtenstein, Monaco, Hongkong und Singapur.

Diese Stadt- und Kleinstaaten lieferten Denkanstöße dafür, »wie Menschen einen erfolgreichen Staat organisieren können«, schreibt er, wobei er sich im Falle Singapurs von der »semi-autoritären Regierungsform« und der »überbordenden Einmischung des Staates in private Angelegenheiten« distanziert.

Mit dem völligen Fehlen von Demokratie in Hongkong, egal ob unter britischer oder später unter chinesischer Verwaltung, hat Gebel allerdings kein Problem, denn gerade dieses Merkmal habe den Herrschern des Stadtstaates freie Hand gegeben, über Jahrzehnte das Regime aus Marktwirtschaft, Freihandel und niedrigen Steuern aufrechtzuhalten, welches der Schlüssel zum heutigen Wohlstand Hongkongs sei. »Angesichts der Tendenz der Mehrheit, vom Staat Eingriffe aller Art zu verlangen, erscheint die dauerhafte Gewährleistung einer freien Marktwirtschaft nach dem Modell Hongkongs in Demokratien nicht möglich«, konstatiert er.

Gebels Überlegungen weisen erhebliche Parallelen zum Denken von Curtis Yarvin auf, einem US-amerikanischen Softwareentwickler und Blogger, dessen kontroverse Standpunkte zwar weniger anschlussfähig sind als die des deutschen Unternehmers, der aber insbesondere auf die US-Rechte und einige Top-Führungskräfte im Silicon Valley einen beachtlichen Einfluss entwickeln konnte.

Der in einer säkularen jüdischen Familie aufgewachsene Yarvin vertritt die Auffassung, dass sich demokratische Gesellschaften, insbesondere wenn sie vom protestantischen Christentum geprägt sind, unweigerlich in Richtung einer linksgerichteten und immer »progressiveren« Politik entwickeln. Vorangetrieben werde dieser Trend von einem Zusammenschluss etablierter Universitäten und der Massenmedien, den er »die Kathedrale« nennt. Im Versuch, ihre universalistischen und progressiven Prinzipien zu verwirklichen, sorgt die Kathedrale laut Yarvin für einen immer aufgeblähteren Staat und wachsende Verschwendung und Ineffizienz. Funktionierendes und effizientes Regieren ist dem Blogger zufolge daher nur in monarchistischen und absolutistischen Regimen möglich. Yarvin spricht sich für die Umwandlung der bestehenden Nationalstaaten in eine Vielzahl von Kleinstaaten aus, die als private Aktiengesellschaften geführt werden und deren Aktionäre die Politik ohne Beteiligung der Bevölkerung bestimmen. Als Vorbild hebt er wie Gebel Singapur hervor.

Yarvin nennt die von ihm formulierte antiegalitäre und antidemokratische politische Philosophie »restaurativ« und »formalistisch«. Viel gebräuchlicher für Yarvins Denken ist jedoch die von Arnold Kling geprägte Bezeichnung »neoreaktionär« (englisch: »neoreactionary«, kurz: NRx). Yarvin beeinflusste maßgeblich den britischen Philosophen Nick Land, der jedoch den Begriff »dunkle Aufklärung« (englisch: »Dark Enlightenment«) für diese Ideen bevorzugt. Die Begriffe neoreaktionär und dunkle Aufklärung werden heute quasi synonym benutzt.

Land hat sich in den letzten 25 Jahren immer mehr dem Rechtsextremismus zugewandt und sich faktisch in die gesellschaftliche Bedeutungslosigkeit manövriert. Der ehemalige Philosophieprofessor an der Universität Warwick lebt heute in Schanghai, von wo er in Blogbeiträgen für seine bizarre eugenische Agenda namens »Hyperrassismus« wirbt und seltsame Lobeshymnen auf Chinas totalitären Staatskapitalismus verfasst. Der erfolgreiche Softwareentwickler Yarvin tritt, zumindest in der Öffentlichkeit, gemäßigter auf, wobei auch er inzwischen, unter anderem wegen diffamierender Äußerungen über Afroamerikaner (sie stammten von »jüngeren Jägern und Sammlern« ab und seien »nicht gerade für ihre robuste Moral bekannt«) als äußerst umstrittene Figur gilt.

Yarvins Beziehung zu dem milliardenschweren deutsch-amerikanischen Unternehmer, Investor und libertären politischen Aktivisten Peter Thiel ist wahrscheinlich seine wichtigste Verbindung. Thiel investierte in Yarvins Unternehmen Tlon, und der Blogger und Softwareentwickler behauptete im Jahr 2016, Thiel privat »gecoacht« zu haben. Aber schon Jahre vorher vertrat der Technologieinvestor Ansichten, die das Weltbild der dunklen Aufklärung widerspiegeln. So schrieb Thiel 2009 in einem politi-

schen Essay: »Ich glaube nicht mehr, dass Freiheit und Demokratie miteinander vereinbar sind. […] Seit 1920 haben die enorme Zunahme von Sozialhilfeempfängern und die Ausweitung des Wahlrechts auf Frauen – zwei Wählergruppen, die für Libertäre notorisch schwierig sind – den Begriff der ›kapitalistischen Demokratie‹ zu einem Oxymoron werden lassen.«
Auch der US-Investor Balaji Srinivasan steht im Austausch mit Yarvin und hat einige seiner Ideen aufgegriffen. In einer 2013 gehaltenen Rede sprach sich Srinivasan für einen »endgültigen Ausstieg« des Silicon Valley aus den Vereinigten Staaten aus. Amerikanische Tech-Unternehmen, so sein Aufruf, sollten sich außerhalb der USA niederlassen und dort eine »Opt-in-Gesellschaft« schaffen, die von ihnen selbst regiert wird.
Nach Donald Trumps Wahl zum US-Präsidenten 2016 dementierte Curtis Yarvin immer wieder Berichte, wonach er in einem engen Kontakt mit Trumps damaligem Chefstrategen Steve Bannon stehe. Tatsächlich gibt es wenig Überschneidungspunkte zwischen dem auf charismatische Führung und Mobilisierung der Massen setzten Trumpismus und Yarvins ultra-elitärem Weltbild, außer dass beides Reaktionen gegen den links-progressiven Mainstream sind. Der für einen CEO-König plädierende neoreaktionäre Blogger konnte der Kampagne des vulgären New Yorker Immobilienmoguls wenig abgewinnen und schrieb 2016: »Trump ist ein Rückfall in die Vergangenheit, kein Vorzeichen für die Zukunft.«
Seit Trump die Tragfähigkeit seines populistischen Ansatzes bewiesen hat, hat das Interesse am neoreaktionären Denken innerhalb der US-Rechten stark nachgelassen. Das bedeutet jedoch nicht, dass es keine einschlägigen Netzwerke oder Projekte mehr gibt. Eine wichtige Rolle spielt gegenwärtig die »Free Cities Foundation«, deren Präsident Titus Gebel ist. Die Stiftung unterstützt verschiedene Initiativen für Privatstädte und fördert den Austausch untereinander.

Am weitesten fortgeschritten ist ein solches Projekt in Honduras, wo der Staat im Jahr 2013 die Hoheitsrechte über einen Teil der vorgelagerten Insel Roatán für 50 Jahre an das US-Unternehmen Honduras Próspera Inc. abgetreten hat. Rechtliche Grundlage war ein umstrittenes Gesetz, welches die Schaffung von autonomen Investoren-Enklaven, offiziell »Zone für Beschäftigung und wirtschaftliche Entwicklung« (spanisch: »Zona de empleo y desarrollo económico«, kurz ZEDE), fördern sollte. Das ZEDE-Gesetz, entstanden unter Mitwirkung von Gebel, modifiziert das »Charter City«-Konzept des früheren Weltbank-Chefs Paul Romer, bei dem keine internationalen Investoren, sondern Beamte aus Erste-Welt-Staaten Sonderwirtschaftszonen in Entwicklungs- und Schwellenländern verwalten, was diese in Leuchttürme des Wohlstands und der guten Regierungsführung verwandeln soll. Dieses Konzept, von Romer zusammengefasst als »Kanada entwickelt ein Hongkong in Kuba«, wurde in der Praxis nie umgesetzt. Der amerikanische Ökonom beriet allerdings die honduranische Regierung bei der Ausarbeitung der ZEDE-Gesetzgebung, bis er sich 2012 mit ihr überwarf.

Honduras Próspera Inc. wird von Pronomos Capital finanziert, einer Risikokapitalgesellschaft, die von Patri Friedman, einem Anhänger der neoreaktionären Philosophie und Enkel des neoliberalen amerikanischen Ökonomen Milton Friedman, gegründet wurde. Einer der größten Investoren in die geplante Privatstadt, die wie das Betreiberunternehmen Próspera (spanisch für »Wohlstand«) heißen soll, ist Peter Thiel. Auch Titus Gebel hat in das Projekt investiert.

Das Konzept ist relativ einfach. In Próspera kann sich jeder ansiedeln, der bereit ist, eine Gebühr von 1300 US-Dollar pro Jahr zu zahlen (Honduraner zahlen einen ermäßigten Satz von 260 US-Dollar) und die vertraglich festgelegten Regeln der Privatstadt zu akzeptieren. Niedrige Steuersätze (zehn Prozent Einkommenssteuer, ein Prozent Grundstücksteuer) sollen Unternehmen und wohlhabende Privatpersonen anziehen. Bildung, Gesundheit, Polizei – alles wird in Próspera zu einer privaten Leistung. Im Streitfall entscheiden nicht honduranische Gerichte, sondern private Schiedsgerichte. Die Regierung der autonomen Enklave ist eine Art Vorstand, dessen Mitglieder teils von Unternehmen bestimmt, teils von den »Vertragsbürgern« gewählt werden.

Anfang 2021 wurde mit dem Bau erster Gebäude in Próspera begonnen. Die architektonische Entwicklung und Gestaltung liegt bei Zaha Hadid Architects unter der Leitung des deutschen Stararchitekten Patrik Schumacher, der wie die Initiatoren des Projekts mit minimalstaatlichen Ideen sympathisiert.

Über ein paar Rohbauten im Palmendschungel ist die Privatstadt allerdings noch nicht hinausgekommen. Seit der Machtübernahme der linksgerichteten Präsidentin Xiomara Castro in Honduras Anfang 2022 befindet sich das Projekt in einer Krise. Castro hatte die Abschaffung des ZEDE-Gesetzes zu einem ihrer großen Wahlkampfthemen gemacht. Im April 2022 setzte der Nationalkongress das Gesetz außer Kraft und entzog damit Próspera und drei weiteren ähnlichen Projekten, die sich noch in der Planungsphase befinden, die Rechtsgrundlage. Das von der konservativen Vorgängerregierung beschlossene ZEDE-Gesetz ist verfassungswidrig, behauptet das politische Lager um die Präsidentin. Honduras hat Vertragsbruch begangen, sagen die Initiatoren von Próspera. Sie verklagen Honduras derzeit auf 10,7 Milliarden US-Dollar Schadenersatz, eine Summe, die mehr als einem Drittel des Bruttoinlandsprodukts des Landes entspricht.

Die Bewegung für freie Privatstädte sieht sich bereits nach neuen Orten um, an denen sie ihre Vision verwirklichen kann. Das maßgeblich von Peter Thiel finanzierte Unternehmen Praxis Society mit Sitz in New York City zum Beispiel plant, eine Privatstadt im Mittelmeerraum zu errichten. Man richtet sich explizit an ein junges Publikum, das von den Internet-Subkulturen der Alt-Right und der Kryptowährungs-Enthusiasten geprägt ist.

Laut dem CEO von Praxis, Dryden Brown, soll die neue Metropole einen »Heldenfuturismus« ausstrahlen und die Ästhetik des sogenannten »Gilded Age«, also der wirtschaftlichen Blütezeit der USA im späten 19. Jahrhundert, evozieren. Brown steht in einem engen Austausch mit Curtis Yarvin.

Kann man in Entwicklungs- und Schwellenländern wirklich die Samen für das Aufblühen Dutzender Singapurs und Dubais in all ihrer Pracht säen, wie die libertären und neoreaktionären Denker und Aktivisten glauben? Und werden solche »Privatstädte« (oder, noch verstiegener, dauerhafte Wohn- und Lebensräume auf Plattformen in internationalen Gewässern – ein Konzept, das als »Seasteading« bekannt ist und ebenfalls von Thiel, Friedman, Gebel und anderen Persönlichkeiten in deren Umfeld wie dem ChatGPT-Erfinder Sam Altman vorangetrieben wird) in Zukunft »the place to be« sein, während die etablierten Nationalstaaten weiter verfallen?

Mindestens ebenso plausibel erscheint uns ein Szenario, in dem die Privatstadt-Bewegung nichts weiter hervorbringt als eine Reihe kleiner, etwas schmieriger Steueroasen unter Palmen. Orte mit einer Bevölkerung im maximal sechsstelligen Bereich, darunter womöglich viele junge, von den steigenden Lebenshaltungskosten im Westen vertriebene digitale Nomaden, die wie heute in Goa oder Bali das Abenteuer suchen und deren materiellen Ansprüche nicht allzu hoch sind, und einer Wirtschaft, die neben mehr oder weniger respektablen Dienstleistungen für diese Gruppe vielleicht noch aus Briefkastenfirmen und Servern für Darknet-Marktplätze besteht.

Abschließend noch ein wichtiger Punkt: »Privatstädte« sind fast per Definition überdimensionierte Gated Communities, d. h., sie haben Zugangsbeschränkungen. Die Tatsache, dass Gebel sie ausdrücklich als ein Mittel zur Bewältigung der globalen Migrationskrise anpreist, unterstreicht, dass die Exklusivität ein wesentliches Verkaufsargument für das Konzept ist.

Auch Yarvins Begriff des »Patchwork-Staats« verweist darauf, dass die angestrebte neue politische Ordnung selbst im günstigsten Fall bruchstückhaft wäre. Was wird dann aber aus dem Niemandsland, der unbeanspruchten Terra Nullius zwischen den abgeschlossenen Oasen des Wohlstands und des Rechts? In einer libertären, neoreaktionären Zukunft wird man diese Gebiete wohl einfach ihrem Schicksal überlassen, so wie man es heute schon mit gescheiterten Staaten wie Somalia oder der Demokratischen Republik Kongo tut – und zunehmend auch mit jenen Regionen westlicher Staaten, die nur unter größten Schwierigkeiten wirtschaftlich wiederbelebt und/oder kulturell integriert werden können – und lediglich nach Bedarf Rohmaterialien und billige Arbeitskräfte von dort importieren.

Eine solche räumliche Entwicklung entspräche dem von Fred Scholz eingeführten »Modell der globalen Fragmentierung«. Der Geograph an der Freien Universität Berlin postulierte 2012, dass die vertraute Aufteilung der Welt in einen wohlhabenden Norden und einen armen, aber aufholenden Süden durch die fortschreitende Globalisierung einer globalen Fragmentierung in globale und globalisierte Orte einerseits und eine »abgehängte Restwelt« andererseits weichen werde. Letztere beschreibt Scholz bildlich als »Ozean der Armut«.

In seinem 1986 veröffentlichten Lied »The Boy in the Bubble«, einer lebhaften Gegenüberstellung der beflügelnden und gewaltsam disruptiven Aspekte der modernen Welt, entstanden unter dem Eindruck einer Reise in das Südafrika der Apartheid, textete Paul Simon: »These are the days of lasers in the jungle, lasers in the jungle somewhere«. In einer neoreaktionären Welt, so viel ist sicher, würden die Laser im Dschungel nicht nur von den Scannern der Vermessungsingenieure ausgehen, die Traumstädte in die Wildnis projizieren, sondern auch von Zielfernrohren, auf jede Bedrohung gerichtet, die von jenseits der Stadtmauern kommen könnte.

Fazit

Zum Zeitpunkt der Niederschrift dieses Kapitels fuhr der öffentlich-rechtliche Rundfunk in Deutschland eine Art Kampagne gegen Titus Gebel. Denn dessen Free Cities Foundation ist derzeit nicht nur an entlegenen Orten wie Honduras aktiv, sondern auch viel näher an der Heimat. Im sächsischen Städtchen Döbeln berät der umtriebige Jurist die »Bürgergenossenschaft Mittelsachsen«. Die Gruppe hat nach eigenen Angaben rund 20 Mitglieder. Unter dem Motto »Nehmen wir unser Leben selbst in die Hand!« strebt sie eine weitgehende Abkopplung von staatlichen Strukturen an, etwa in den Bereichen »soziale Sicherung«, »Altersvorsorge«, »Wohnen«, »Energieautarkie« und »freie Schulen«. In einem Interview mit dem libertären Ludwig von Mises-Institut hat Gebel das Projekt als eine »faktische Privatstadt« in kleinem Maßstab bezeichnet.

Bei der ARD ist man angefressen, dass diese Gruppierung mit erkennbar bürgerlich-konservativen Werten und Verbindungen »ausgerechnet« *(tagesschau.de)* das Genossenschaftsgesetz als Rechtsgrundlage gewählt hat. In einem Beitrag von *Reschke Fernsehen,* einer ARD-Infotainment-Sendung mit gequält humoristischen Elementen, erfahren wir, dass das Genossenschaftsgesetz ein »sozialistisches Konstrukt« ist, welches die Bürgergenossenschaft Mittelsachsen »geklaut« habe, um eine »kapitalistische Individualidee durchzuboxen«. Das Framing der gleichnamigen Moderatorin mit Vornamen Anja ist reichlich verkürzt, denn wenn man sich ansieht, wie sich das Projekt online präsentiert, stellt man fest, dass die Mitglieder durchaus vom Solidargedanken motiviert zu sein scheinen. Sie benutzen sogar buchstäblich diesen Begriff.

Selbst Reschke muss einräumen, dass in Döbeln keine Milliardäre »am Start« sind, sondern, soweit sie das beurteilen kann, ganz normale Bürger. Trotzdem bleiben sie Feindbild. In dem Beitrag kommt der Landrat im Landkreis Mittelsachsen, Dirk

Neubauer (parteilos), mit der Einschätzung zu Wort, die Genossenschaftsmitglieder verfolgten das »sehr klare Ziel«, die staatlichen Strukturen zu »zersetzen«, was »schon Brisanz« habe. Dann wird Reschke pathetisch. Der »gewählte Politiker« Neubauer, erfahren wir, setze im Gegensatz zu den Mitgliedern der Bürgergenossenschaft auf »etwas sehr Unspektakuläres«, auf etwas, »das nicht perfekt ist und ganz schön viel Arbeit macht«, und zwar die Demokratie. In einer Einblendung sagt der Landrat: »Es gibt eigentlich keinen Abend, wo ich nicht in irgendeinem Ort in einer Gesprächsrunde bin, mit Unternehmern, mit Bürgern. Das ist ja genau der Versuch, den Leuten zu sagen: Leute, es macht hier keiner für uns, wir müssen das gemeinsam machen.« Reschke pflichtet bei: »Gemeinsam, darum geht's!«

In einem Artikel, der am selben Tag wie die Reschke-Ausstrahlung auf *tagesschau.de* veröffentlicht wurde, wirkt Landrat Neubauer so ratlos, dass er einem fast leidtun könnte. Es gehe ihm nicht darum, gegen die Bürgergenossenschaft vorzugehen, wird er dort zitiert. Handlungsoptionen habe er ohnehin wenige, sofern nicht »strafrechtlich relevante Tätigkeiten« nachzuweisen sind. »Aber ich finde, darum geht es gar nicht. Ich finde, wir müssen von Anfang überhaupt erst mal zugucken, warum kann sowas eigentlich Leute begeistern? Und das ist der Punkt, der wehtut.«

Dass die Demokratie in den vergangenen Jahren und Jahrzehnten tatsächlich zunehmend ausgehöhlt wurde, vor allem durch die Übertragung von immer mehr Kompetenzen auf nicht gewählte »Räte« und supranationale Institutionen mit handverlesenem Personal, dass sie manchmal, wie etwa bei der Berliner Chaoswahl mit ihren massenhaft fehlenden Wahlscheinen und teilweise geschätzten Meldeergebnissen, regelrecht mit Füßen getreten wird, und dass das politische Establishment entgegen seiner Selbstdarstellung als Hüter der Demokratie die alleinige Schuld an diesen Fehlentwicklungen trägt, davon hören wir bei Reschke Fernsehen natürlich nichts. Dass Bürger heute regelmäßig dämonisiert werden, wenn sie Meinungen vertreten, die weder randständig noch extremistisch sind, sondern einfach nur – wie der Wunsch nach einer reduzierten und/oder besser gesteuerten Zuwanderung – den Überzeugungen eines selbsternannten »progressiven« Mainstreams widersprechen – auch nicht erwähnenswert. Dass dieser Mainstream, anders als von Neubauer und Reschke behauptet, gerade nicht für das Gemeinsame steht, sondern zunehmend für eine aus angloamerikanischen Elitenkreisen übernommene radikale Identitätspolitik, die alles Verbindende und Verbindliche auflösen will – auf diesen Gedanken kommt man in der öffentlich-rechtlichen Blase offenbar nicht. Dass der Staat in vielen Bereichen immer schlechter funktioniert, dafür aber immer übergriffiger erzieht, ermahnt und reguliert – aus Sicht von Haltungsjournalisten vom Typus Reschke wohl kein Problem oder sogar erstrebenswert. Dass die Politik im Namen ökologistischer Dogmen das Leben ihrer Bürger stetig verteuert – bitte gehen Sie weiter, hier gibt es nichts zu sehen.

Die politischen Visionen der Libertären und Neoreaktionären mögen zunächst absonderlich klingen, aber solange sich an den obigen Tatsachen nichts ändert, werden Ideen von Abkopplung, Selbstverwaltung und dem Staat als eine Art unideologischen unternehmerischen Dienstleister für Menschen in Deutschland attraktiv bleiben. In Initiativen wie der Bürgergenossenschaft Mittelsachsen sehen wir, wie in die innere Emigration (siehe Kapitel 9 »Revolte und Resignation«) gegangene Bürger sich vernetzen und zum Teil staatsähnliche Strukturen schaffen. Gegenüber tagesschau.de hat Titus Gebel betont, dass es bei dem von ihm unterstützen Projekt, im Gegensatz etwa zur Reichsbürger-Bewegung, gewaltfrei, gesetzestreu und ohne umstürzlerische Absichten zugehe. Bürgergenossenschaften nennt er »ein politisches Friedensangebot in unseren turbulenten Zeiten«. Das Establishment wird darin wohl eher eine weitere bedrohliche Abweichung vom zulässigen Skript sehen. Eskalation programmiert.

8. Neofaschismus

»Unsere Sowjetunion wird bestrafen,
Die ganze Welt von Europa bis zur Newa bis zum Osten.
Über der Erde wird überall gesungen:
Hauptstadt, Wodka, unser Sowjetbär!«
Sowjetischer Marsch, »Command & Conquer: Alarmstufe Rot 3«
Soundtrack, 2008

»You aren't going to like what comes after America«
Leonard Cohen

Jelanski (die Einheimischen nennen es einfach Jelan) ist eine »geschlossene«, also nur mit offizieller Genehmigung betretbare Garnisonssiedlung in der russischen Oblast Swerdlowsk. Als es Journalistinnen des Oppositionsmediums *Nowaja Wkladka* im Februar 2023 gelang, das Militärstädtchen zu besuchen, war der Schnee auf dem Boden an vielen Stellen mit Körperflüssigkeiten getränkt. In ihrem Bericht lesen wir von »Urinpfützen und Kotzlachen alle paar Meter«, »festgefrorenem Blut auf dem Asphalt« und »Schnee voller Kippen und Rotzspuren«. Auch leere Bierdosen und Wodkaflaschen ragten demnach überall aus den Schneehaufen. In Jelan wird dem Bericht zufolge exzessiv gesoffen und gekämpft. »Die hiesige Chirurgie ist überfüllt – [die Soldaten] prügeln sich, brechen sich alle Arme und Beine, stechen sich gegenseitig mit dem Messer ab, manchmal sich selbst. Es ist ein Albtraum. […] Sie rotten sich selbst aus.«, erzählte ein örtlicher Hausmeister den Autorinnen.

Jelan ist seit Beginn der russischen Invasion der Ukraine eine Zwischenstation für die sogenannten Mobilisierten auf ihrem Weg an die Front. Diese Gruppe besteht aus Söldnern und Soldaten, die vom Verteidigungsministerium rekrutiert werden. Manche werden faktisch zum Kriegsdienst gezwungen, andere lockt die Aussicht auf einen Sold von umgerechnet 2500 Euro im Monat, ein Vielfaches des Medianeinkommens in Russland.

Auch sogenannte Kontraktniki – also Berufssoldaten der regulären Streitkräfte – warten in Jelan darauf, in den Krieg zu ziehen. Schließlich sind in der Siedlung noch viele sogenannte Srotschniki untergebracht. Damit sind junge Männer zwischen 18 und 30 gemeint, die ihren einjährigen Pflichtwehrdienst ableisten. Sie werden offiziellen Angaben zufolge nicht in der Ukraine eingesetzt, wobei zahlreiche Berichte unabhängiger Medien Zweifel an dieser Behauptung des russischen Regimes aufkommen lassen.
Wie die Übersetzerinnen Ruth Altenhofer und Jennie Seitz in ihrer eigenen Einleitung zum drastischen Bericht der *Nowaja Wkladka* erklären, besteht die russische Militärtaktik vielerorts »aus Wellen von Frontalangriffen mit immensen personellen Verlusten«. Die Erlasse zur Teilmobilmachung sehen keine Frist für den Einsatz in der Ukraine vor, bemerken die Autorinnen der Primärquelle. Von den Einberufenen verlässt die Front also faktisch nur, wer als sogenannte »Fracht 200« (nicht mehr dienstfähiger Schwerverletzter) oder »Fracht 300« (Leiche im Zinksarg) aus dem Kriegsgebiet abtransportiert wird.
Die Männer wissen das. In Jelan ist mit den Worten von Altenhofer und Seitz ein »eigentümliches Soziotop« entstanden, geprägt von »Angst, Verzweiflung und einer gewissen Abgestumpftheit«. Nach offizieller Statistik waren Stand Februar 2023 sechs in der Siedlung stationierte Mobilisierte durch Alkoholkonsum, gewalttätige Auseinandersetzungen oder Selbstmord ums Leben gekommen, schreibt die *Nowaja Wkladka,* wobei Aussagen von Einheimischen auf weitere nicht erfasste Todesfälle unter diesen Männern hindeuteten, die abgesehen von ein paar Stunden Exerzieren am Tag und Holzhacken zur Beheizung ihrer Zelte kaum etwas zu tun hätten, außer zu warten auf ihren Einsatz.

Russisches Trauma

Warum hält das russische Volk im Großen und Ganzen weiterhin seinem Oberbefehlshaber Wladimir Putin die Treue, obwohl dieser einen ungerechtfertigten, grausamen, völkerrechtswidrigen Eroberungskrieg gegen das Nachbarland losgetreten hat, wegen dem Russland zunehmend isoliert dasteht, mit Sanktionen belegt und sogar von internationalen Sportwettkämpfen ausgeschlossen wird? Obwohl immer mehr Männer als Fracht 300 aus der Ukraine heimkehren, weil sie die lebensverachtende Taktik der »menschlichen Wellen« nicht überlebt haben? Obwohl Russland kaum eines seiner ursprünglichen Kriegsziele erreicht hat und mancherorts sogar in die Defensive geraten ist? Obwohl die Kosten des ursprünglich auf wenige Tage angelegten Feldzugs explodieren und inzwischen selbst bis zum hintersten Dorf in Sibirien durchgedrungen sein dürfte, dass die russischen Truppen schlecht ausgerüstet und oft unter völlig inkompetenter Führung in den Kampf ziehen?

Wie der in Russland geborene britische Satiriker, Podcaster und Autor Konstantin Kisin in einem Blogbeitrag erklärt, korreliert die Unterstützung für Putin in der russischen Bevölkerung stark mit dem Alter. Meinungsumfragen zeigen: Je länger die Befragten unter der Sowjetherrschaft gelebt haben, desto höher ist die Zustimmung zur Politik des amtierenden russischen Präsidenten.

Ältere Generationen von Russen, schreibt Kisin, erlebten die Sowjetunion als einen stabilen Staat fast ohne Verbrechen und Arbeitslosigkeit. Die Sowjetunion sei eine Gesellschaft gewesen, in der Karrierewege und das Leben im Allgemeinen gut planbar waren. Ein Staat, der im Vergleich zum Westen zwar arm und unfrei war, aber immerhin eine globale Supermacht, eine ernstzunehmende Größe. Letzteres sei für viele Russen besonders wichtig gewesen, erklärt der 1982 in Moskau geborene Autor, der im Alter von elf Jahren mit seinen Eltern ins Vereinigte Königreich auswanderte.

Mit dem Zusammenbruch der Sowjetunion, den Wladimir Putin im Jahr 2005 bekanntlich als »die größte geopolitische Katastrophe des 20. Jahrhunderts« bezeichnete, änderte sich all das schlagartig. Mit westlicher Hilfe sollte Russland eine liberale, kapitalistische Demokratie werden.

Die Erwartungen waren hoch. Aber Russland wurde kein neues Schweden oder Kanada. Vielmehr verschlechterte sich das Leben der meisten Menschen in fast jeder Hinsicht. Die abrupte Aufhebung aller Preiskontrollen löste eine Hyperinflation aus. Viele Menschen verloren fast über Nacht ihre gesamten Ersparnisse und zudem ihren Job.

Binnen eines Jahres, schreibt Kisin, konnte man vom angesehenen Wissenschaftler, Offizier oder Beamten mit Auto und Dreizimmerwohnung abstürzen in eine prekäre Existenz, in der man bereit war, egal welche Arbeit anzunehmen, um über die Runden zu kommen, und für ein paar Rubel extra sein Hab und Gut vor der örtlichen Metrostation verkaufte. Nicht wenige Familien verloren Töchter an die Prostitution und Söhne an den beginnenden Kriegseinsatz im abtrünnigen muslimischen Gliedstaat Tschetschenien.

Die Privatisierung der staatlichen Konglomerate mittels eines schlecht durchdachten Couponsystems schuf die Klasse der »neuen Russen«, Unternehmer mit wenig Skrupeln und mafiösen Verbindungen, die in vielen Bereichen die Kontrolle übernahmen und sich schamlos bereicherten, während die normale Bevölkerung Probleme hatte, sich genug zu essen zu leisten. Die öffentliche Sicherheit verschlechterte sich dramatisch und islamistische Terroranschläge wurden zu einer allgegenwärtigen Bedrohung. Unzählige Leben wurden in dieser Zeit durch Selbstmord und Alkoholmissbrauch ausgelöscht. »Nur sehr wenige Menschen im Westen haben eine Vorstellung davon, wie traumatisch die 1990er-Jahre für die einfachen Russen waren«, betont Kisin.

1999 betrat Wladimir Putin die nationale Bühne. Der bis dahin politisch unbekannte ehemalige Chef des russischen Inlandsgeheimdienstes FSB und frühere KGB-Offizier wurde von einer Gruppe einflussreicher Oligarchen als Nachfolger des unfähigen, alkoholkranken Präsidenten Boris Jelzin aufgebaut. Als Präsident dämmte Putin die schlimmsten Exzesse der kriminellen Oligarchen ein. Mithilfe sprudelnder Öl- und Gaseinnahmen richtete er das kollabierende Land wieder auf. Milliarden flossen in die Verbesserung der Infrastruktur und den Wiederaufbau des Militärs.

Der neue Kremlchef redete Klartext. Er versprach martialisch, die Terroristen »wie Ratten« zu vernichten. »Notfalls machen wir sie auf dem Scheißhaus kalt.« Putin stellte die staatliche Kontrolle über Tschetschenien wieder her und beendete den dortigen Konflikt.

Gewiss, Putins Feinde »landen im Gefängnis, sterben bei seltsamen Unfällen oder werden einfach ermordet«. Seine Freunde »werden unvorstellbar reich« (Kisin). Der neue Präsident demontiert systematisch alle Spuren von Rechtsstaatsstaatlichkeit, Gewaltenteilung und Pressefreiheit und macht damit jede Hoffnung auf eine demokratische Entwicklung Russlands zunichte. Aber für die einfachen Bürger wurde unter Putin das Leben wieder stabil und berechenbar. Kann man es Menschen, für die »Demokratisierung« und »Liberalisierung« nur Chaos, Armut und Demütigung bedeuten, verdenken, dass sie alles tun, damit ihr Land nie wieder »demokratisiert« und »liberalisiert« wird?

Russische Würde?

In einem Meinungsbeitrag, erschienen in *Tichys Einblick* in den ersten Wochen nach dem russischen Überfall auf die Ukraine, plädiert der konservative deutsche Publizist Gerd Held dafür, von einer beliebten westlichen Erzählung Abstand zu nehmen, wonach Russland keine produktiven Fähigkeiten habe und deshalb zu Gewalt und Krieg neige. In einer fast poetischen Passage führt er aus:

> »Die Erzählung von der ewigen Rückständigkeit Russlands verkennt die Tatsache, dass auch dieses Land Fortschritte macht und große Aufbauleistungen aufzuweisen hat. Es ist Teil der modernen Zivilisation, auch wenn seine Fortschritte langsamer sind und nicht die ganze Weite des Landes gleichermaßen erfassen. Es hat Arbeits- und Lebensformen hervorgebracht, die mit der Härte der dortigen Bedingungen zu tun haben. Dazu gehört eine größere Fähigkeit, Widrigkeiten des Klimas zu ertragen, karge Landschaften, Einsamkeit, Monotonie, kurzes Glück. [...]
> Fakt ist, dass das ›marode‹ Russland Lebens- und Arbeitssituationen aushält (ohne Bittermiene und Abgestumpftheit), für die in westlichen Gesellschaften kaum jemand zu motivieren ist. [...] Es wäre also wichtig, dort noch einmal genauer hinzusehen, wo unsere neuere Russland-Erzählung nur ›autokratische‹ Unterdrückung zu sehen vermag. Ist das russische Element mehr als nur eine ewig rückständige Moderne? Ist es eine eigene Pionierleistung, moralisch, ästhetisch, und das Tag für Tag?«

Es ehrt den Autor, dass er allzu simplen Russland-Erzählungen ein differenzierteres Bild entgegensetzen und dem Land, seinen Menschen und seiner Kultur bei aller aktuell aufgeheizten Stimmung einen Rest an Würde (Held selbst spricht in seinem Text lieber von »Respekt«) zugestehen will.
Tatsächlich wird Russland (beziehungsweise der Vorgängerstaat Sowjetunion) im Westen oft in einer Weise dargestellt, die es lächerlich macht und seine durchaus beachtlichen »Aufbauleistungen« (Held) negiert (man denke nur an Helmut Schmidts berühmte Bemerkung vom »Obervolta mit Atomraketen«).
Held verkennt jedoch, dass es derzeit die russische Führung selbst ist, die das Land zur Selbstparodie überformt, zu einem wandelnden Klischee des finsterbösen Russentums, das ein fes-

ter Bestandteil der westlichen Kulturproduktion ist, von James Bond bis zur Command & Conquer-Strategiespielreihe, aus welcher der zu Beginn dieses Kapitels zitierte Nonsens-Liedtext stammt.

Russische Wandelbarkeit

In »Nationalism and Tradition: Russia According to Putin«, einer Doku aus dem Jahr 2018, präsentieren die französischen Filmemacher Sébastien Bardos und Guillaume Dumant dem Zuschauer einen bunten Kessel an Dingen, die irgendwie nationalistisch, traditionell, patriarchalisch und/oder mit dem russisch-orthodoxen Glauben zu tun haben und deshalb von der russischen Regierung oder ihr nahestehenden Individuen gefördert werden. Unter anderem begegnen wir Menschen, die zum russisch-orthodoxen Dreikönigsfest am 19. Januar in einem Eisloch baden, ein traditionelles Ritual, an dem regelmäßig auch Wladimir Putin teilnimmt, wie Beiträge des Staatsfernsehens zeigen. Das Ganze habe etwas mit der russischen Seele und Stärke zu tun, erklären Teilnehmer in Moskau etwas unbeholfen der Filmcrew.

Wir begegnen auch dem russischen Oligarchen Konstantin Malofejew, Betreiber des erzkonservativen privaten Fernsehsenders *Zargrad TV*, der offiziell monarchistisch ausgerichtet, aber de facto voll auf Putin-Linie ist. Der konservative, gläubige und autokratische Präsident komme einem echten Zaren am nächsten, erklärt Malofejew in der Doku, und sei von Gott gesandt, um Russland wieder zu Tradition und früherer Größe zurückzuführen. Der Oligarch ist auch Gründer des privaten Gymnasiums Sankt Basilius der Große in Moskau. Die Doku zeigt Schüler beim verpflichtenden Kirchenslawisch-Unterricht und bei der Vorbereitung auf einen formellen Ball nach dem Vorbild des russischen Zarenhofs.

Als nächstes nehmen uns die Filmemacher mit nach Rostow am Don, in eine der vielen staatlichen russischen Kadettenschulen, in denen junge Angehörige des Kosakenvolks auf Karrieren in speziellen Kosakenverbänden des Militärs vorbereitet werden. Die Kultur der Volksgruppe wurde zu Sowjetzeiten und noch unter Boris Jelzin unterdrückt. Putin hat sie allerdings als ein aus seiner Sicht fördernswertes traditionelles und konservatives Element der Gesellschaft entdeckt und es verstanden, die Kosaken in Russland zu einer der stärksten Stützen seines Regimes zu machen.

(Auch die ukrainische Regierung beansprucht für sich, das Kosakentum zu repräsentieren. Eine Diskussion dieser Thematik würde aber den Rahmen dieses Buches sprengen.)

Bardos und Dumant zeigen, wie kosakische Internatsschüler im Teenageralter bei minus 15 Grad stundenlang im Schnee exerzieren und historische Schlachten nachspielen, an denen ihr Volk beteiligt war. Sie seien jederzeit bereit, für ihr russisches Vaterland zu sterben, erklären die Jungen dem westlichen Filmteam in feierlichem Tonfall.

Die Doku schwenkt zurück nach Moskau, wo sie Angehörige der Gruppierung »Vierzig mal Vierzig« beim Fitness- und Kampfsport-Training begleitet. Im Wesentlichen handelt es sich um einen Schlägertrupp der kremlnahen Russisch-Orthodoxen Kirche. Der Name ist ein Bezug auf die 1600 Kirchen, die in Moskau vor der bolschewistischen Revolution existiert haben sollen. Wir sehen, wie Vierzig-mal-Vierzig-Anhänger helfen, eine Messe mit dem damaligen russischen Premierminister Dmitri Medwedjew in Moskaus größter Kathedrale zu sichern. Die Filmemacher interviewen auch Anwohner eines Parks, die friedlich dagegen protestieren, dass ein Teil von diesem einem Kirchenneubau weichen soll. In der Gegend gebe es bereits vier Kirchen, man brauche keine fünfte, sagen die Demonstranten. Immer wieder würden sie bei ihren Protesten von den Vierzig-mal-Vierzig-Schlägern verprügelt. Doch die Moskauer Polizei sei nicht bereit, die Gewalttaten zu verfolgen, sondern übe selbst Repressalien gegen die Anführer der Demonstranten aus.

Schließlich begegnen wir noch einem bulligen Juwelier in Sankt Petersburg, der in seiner Freizeit die Social-Media-Profile von russischen Lehrern auf Hinweise eines schwulen oder lesbischen Lebensstils durchforstet. Er meldet die betreffenden Personen dem Innenministerium, die daraufhin auf der Grundlage des sogenannten »Schwulenpropaganda-Gesetzes« von 2013 ihren Job verlieren. Er habe so bereits die Entlassung von rund 70 Lehrkräften bewirkt, behauptet der Mann stolz. Der ansonsten völlig unbedeutende Kunsthandwerker wurde wegen seiner schwulenfeindlichen Aktivitäten sogar von den USA und der EU auf Sanktionslisten gesetzt, erfahren wir aus dem Off.

Der Zuschauer gewinnt den Eindruck einer Gesellschaft, die zwar nicht unbedingt totalitär gleichgeschaltet, aber weitgehend einer Gehirnwäsche unterzogen wurde. Wobei selbst letzterer Begriff möglicherweise zu weit geht. Der niederländische Journalist und Russlandexperte Jelle Brandt Corstius hielt 2015, also ein Jahr nach der russischen Annexion der Krim, verschiedene Äußerungen von Nationalismus und Putin-Begeisterung in dem Land auf Kamera fest. Viele davon scheinen eher Ausdruck spontanen Enthusiasmus' als unmittelbarer staatlicher Anleitung oder gar von Zwang zu sein.

So filmte er eine Gruppe von Oberstufenschülerinnen, die in Putin-Sweatshirts gekleidet vor einem Moskauer Denkmal gegen Kindesmissbrauch einen Tanz aufführten. Die Mädchen hätten zuvor eine ähnliche Flashmob-Aktion auf der Krim veranstaltet, gekleidet in »Putinkinis«, also Bikinis mit Putin-Aufdruck, erklärt der Gruppenleiter. Laut Corstius sind in Russland verschiedene Jugendorganisationen entstanden, die sich für einen aus ihrer Sicht »gesunden und traditionellen« Lebensstil einsetzen. »Es wäre zu einfach, diese Mädchen als Zombies abzustempeln, die durch die Fernsehpropaganda einer Gehirnwäsche unterzogen wurden«, bemerkt der Filmemacher über die Moskauer Schülerinnen. »Vielleicht sind wir in den Niederlanden nicht gewöhnt,

Menschen zu sehen, die ihr Land und ihren Präsidenten lieben und sich nicht scheuen, dies zu zeigen.«
Der zweite Eindruck, der sich beim Betrachten der Russland-Dokumentationen von Bardos/Dumant und Corstius aufdrängt, ist der einer gewissen Beliebigkeit und Improvisiertheit. Diese Eigenschaft des putinistischen Russlands ist auch dem ehemaligen Leiter des ARD-Studios in Moskau, Udo Lielischkies, aufgefallen. Kurz nach dem russischen Einmarsch in die Ukraine im Februar 2022 schrieb er im *Focus:*

> »Für sein russisches Gegenmodell zum Westen hat Putin ein eher krudes Potpourri zusammengerührt: ein bisschen Kirche, etwas Glorifizierung der alten Sowjetunion und daraus abgeleiteter Hass gegen die Staaten und ihre Führer, die sich von Russland abgewandt haben, Männerbündnisse bis hin zu Rockerbanden – all das soll irgendwie eine Staatsidee hergeben.«

Mit Rockerbanden meint Lielischkies wohl vor allem die »Nachtwölfe«, Russlands größten Motorrad- und Rockerclub, der vom Kreml unterstützt wird, weil er für nationalistische, christlich-orthodoxe und anti-westliche Ansichten eintritt. Clubpräsident Alexander Saldostanow gilt als Putin-Vertrauter. Die offizielle Unterstützung geht sogar so weit, dass Shows der Nachtwölfe, bei denen unter anderem Stalin-Reden abgespielt werden, im russischen Staatsfernsehen übertragen werden. Einem deutschen Publikum ist die Gruppierung wohl vor allem wegen ihrer traditionellen jährlichen Frühlingsfahrt von Moskau nach Berlin bekannt. In der Bundeshauptstadt feiern Delegierte der Nachtwölfe, sofern sie von deutschen oder osteuropäischen Behörden nicht an der Ein- beziehungsweise Durchreise gehindert wurden, am 9. Mai den »Tag des Sieges« der Sowjetunion über Nazideutschland. Einer der Kommentatoren, der sich am intensivsten mit dem fluiden, widersprüchlichen, fast amorphen Charakter von Russland unter Putin beschäftigt hat, ist der britisch-ukrainische Journalist Peter Pomerantsev. Viele Beobachter haben bemerkt, dass der Kremlchef lange versuchte, den Russlandkritikern und -skeptikern im Westen und der liberalen Opposition im eigenen Land zumindest noch eine pseudodemokratische Fassade zu präsentieren. Dabei setzte das Regime laut Pomerantsev bewusst auf ein ständiges, verwirrendes, fast absurdes Formwandeln.

Eine zentrale Rolle bei dieser Inszenierung spielte nach Einschätzung des Journalisten und anderer Russlandkenner der enge Putin-Vertraute Wladislaw Surkow. Bevor er 2020 beim Kremlchef in Ungnade fiel, gestaltete der ehemalige Theaterregisseur und PR-Mann als sogenannter »politischer Technologe« quasi die gesamte russische Innenpolitik und die inhaltliche Ausrichtung der russischen staatlichen und staatsnahen Medien. (Der Begriff »politische Technologie« ist auch in anderen Staaten des ehemaligen Ostblocks gebräuchlich und bezeichnet die Manipulation formell demokratischer Verfahren, um die Herrschaft semi-autoritärer Machthaber abzusichern. Ein klassisches Beispiel für politische Technologie ist die Schaffung von »falschen«, also vom Regime gelenkten Oppositionsparteien.)

In einer vielzitierten Passage über Surkow schrieb Pomerantsev 2014:

> »Zu einem Zeitpunkt finanziert Surkow Bürgerforen und Menschenrechtsorganisationen, im nächsten Moment unterstützt er geräuschlos nationalistische Bewegungen, die die NGOs als Werkzeuge des Westens anprangern. Mit großer Geste sponsert er aufwendige Kunstfestivals für provokative Künstler der Moderne in Moskau, dann unterstützt er orthodoxe Fundamentalisten, ganz in schwarz gekleidet und Kreuze tragend, die wiederum die modernen Kunstausstellungen angreifen. Es ist die Idee des Kreml, alle Formen des politischen Diskurses in Besitz zu nehmen, damit sich keiner-

lei unabhängige Bewegungen außerhalb seiner Mauern entwickeln können. Sein Moskau kann sich anfühlen wie eine Oligarchie am Morgen und eine Demokratie am Nachmittag, eine Monarchie für das Abendessen und ein totalitärer Staat nach dem Schlafengehen.«

Russischer Faschismus

Aus unserer Autorensicht gibt es keinen Zweifel: Putins Staatspotpourri bleibt krude, aber es härtet zunehmend aus und findet seine wohl endgültige Form. Eine pseudodemokratische Fassade ist heute kaum noch nötig, denn der zeitgenössische Putinismus versteht sich viel stärker als noch in den frühen 2000er-Jahren als expliziter Gegenpol zur westlichen »Liberalen Demokratie«. Wie ist es dazu gekommen?

Als Wladimir Putin 1999 die Amtsgeschäfte von Boris Jelzin übernahm, war das aus Sicht des Westens eine im Großen und Ganzen begrüßenswerte Entwicklung, denn der scheidende Präsident hatte den Ruf eines inkompetenten Alkoholikers und der neue war von Jelzins Umfeld als Nachfolger ausgesucht worden, was Stabilität und Kontinuität versprach.

Putin machte sich indes daran, im Westen Verständnis für sein äußerst brutales militärisches Vorgehen in Tschetschenien zu wecken. Dabei kam dem Kremlchef zupass, dass ideologische und personelle Verbindungen bestanden zwischen den von ihm bekämpften tschetschenischen Aufständischen und der Terrororganisation Al Qaida, die für die Anschläge auf die Twin Towers und das Pentagon am 11. September 2001 verantwortlich war. Außerdem spielte ihm in die Karten, dass auch der Westen in dieser Zeit im War on Terror nicht gerade zimperlich vorging.

Einer der Höhepunkte des westlich-russischen Honeymoons war Putins Rede im Deutschen Bundestag im September 2001, in der er in fließendem Deutsch für engere Beziehungen und eine weltweite Antiterrorallianz warb, was das Publikum mit stehendem

Applaus quittierte. Zur Nato hatte Putin damals ein derart entspanntes Verhältnis, dass er Anfang der 2000er-Jahre sogar (wie sein Vorgänger Jelzin) einen russischen Beitritt zum Militärbündnis erwog.

Putins Haltung gegenüber dem Westen änderte sich drastisch, als die USA und andere staatliche und nicht-staatliche Akteure im Westen eine Reihe sogenannter Farbenrevolutionen in den ehemaligen Sowjetrepubliken gegen kleptokratische, semi-autoritäre Herrscher und deren Wahlmanipulationen unterstützten. Der Kremlchef betrachtete die westliche Beteiligung an der »Rosenrevolution« in Georgien (2003), der »Tulpenrevolution« in Kirgistan (2005) und insbesondere der »Orangen« Revolution im großen und bevölkerungsreichen Nachbarland Ukraine (2004) als unzulässige Einmischung in die eigene Einflusssphäre, als ernste und unmittelbare Bedrohung für die eigene Macht, und, weil sie von Regierungen ausging, die er als Partner gesehen hatte, wohl auch als persönliche Kränkung. In der Folge radikalisierte sich Putin in Wort und Tat.

Im Februar 2007 geißelte Putin in der ersten Rede eines russischen Präsidenten auf der Münchner Sicherheitskonferenz scharf die unipolare, amerikanisch dominierte Weltordnung und warf dem Westen Wortbruch bei der Nato-Osterweiterung vor. 2008 intervenierte er militärisch in Georgien und vollendete damit die Umwandlung von zwei separatistischen Teilrepubliken des damals stark westlich orientierten Staates in russische Marionettenregime. Im Jahr 2014 annektierte Russland völkerrechtswidrig die zur Ukraine gehörende Krim und entsandte massenhaft paramilitärische Truppen zur Unterstützung sezessionistischer Bewegungen in der Ostukraine. Die Region geriet in einen militärischen Konflikt, der bis heute andauert.

Ideologisch begann Putin zunehmend, Russland als Hüter von »Werten«, »Tradition« und »Glaube« darzustellen, im Gegensatz zum westlichen »Liberalismus«, »Individualismus«, »Materialismus« und westlicher »Dekadenz«. In diesem Zusammenhang fällt oft der Name Alexander Dugin. Der im Jahr 1962 geborene russische Politologe und Philosoph wird in westlichen Analysen regelmäßig als »Putins Chefideologe«, »Putins Gehirn«, »Putins Rasputin« oder Ähnliches dargestellt. Andere westliche Beobachter halten das für einen Hype und meinen, Dugins Einfluss auf die Kreml-Ideologie werde weit überschätzt.

Tatsächlich liegt die Wahrheit wohl irgendwo dazwischen. Dugins Werk »Grundlagen der Geopolitik« von 1997 ist bereits seit der Jelzin-Ära Pflichtlektüre an der Generalstabsakademie, wo Russlands militärische Führungskräfte ausgebildet werden. Während des Krieges mit Georgien 2008 war Dugin regelmäßig im Staatsfernsehen zu sehen, wo er die russische Darstellung des Konfliktes maßgeblich prägte. Gut belegt ist auch, dass der erzkonservative Denker in der Vergangenheit immer wieder als eine Art inoffizieller Diplomat für das Putin-Regime fungiert hat, etwa beim Austausch mit Regierungsvertretern der Türkei, des Irans und Pakistans oder bei der Pflege der Beziehungen zu Rechtsradikalen in Europa.

Andererseits ist Dugin aufgrund seines Ultranationalismus aus Sicht des Kreml wohl eine unberechenbare Größe und damit eine gewisse Belastung. Der Philosoph kritisiert Putin regelmäßig, weil der Kremlchef seiner Meinung nach zu liberal und nicht militaristisch genug ist. Dugins Aufruf im Jahr 2014, ethnische Ukrainer im Donbass zu »töten, töten, töten«, kostete ihn seine Professur an der Staatlichen Lomonossow-Universität Moskau. Regelmäßigen persönlichen Kontakt zu Putin hat Dugin wohl nicht (mehr).

Der amerikanische Ethnograph Benjamin R. Teitelbaum sieht Dugins Rolle in der »Narrativisierung« und »Charakterisierung« Russlands. Der Politologe und Philosoph habe den Anführern des Landes nach deren Abwendung vom Westen in Büchern, Vorträgen und Medienauftritten erklärt, was Russland angeblich einst war und wieder werden müsste: nicht nur eine Großmacht, sondern eine *spirituelle* Macht, ein Bollwerk der Tradition, spirituellen Wahrheit und Ordnung gegen den seelenlosen Materialismus, liberalen Individualismus, relativistischen Nihilismus und moralischen Verfall des Westens.

In seinem Sachbuch »War for Eternity« (2020) schreibt Teitelbaum, dass sich Dugin bei der Entwicklung dieses Weltbilds seinerseits von den esoterischen Schriftstellern René Guénon (1886–1951) und Julius Evola (1898–1974) inspirieren ließ. Der Franzose Guénon war stark vom zyklischen Zeitverständnis im Hinduismus geprägt. Er betrachtete die rationalistische Moderne als ein dunkles Zeitalter, einen regressiven Abfall von universellen spirituellen Wahrheiten, auf das ein Zeitalter der Hinwendung zur Tradition und spirituellen Erneuerung folgen würde.

Sein Schüler, der Italiener Evola, gab diesem Denken eine explizit tagespolitische Komponente, indem er die Umwandlung des Westens in eine hierarchische Gesellschaft nach dem Vorbild des europäischen Mittelalters oder der Antike forderte und in den faschistischen Bewegungen von Adolf Hitler und Benito Mussolini die politische Kraft erkannte, die diese Vision verwirklichen könnte.

Teitelbaum zufolge ist die wichtigste Neuerung, die Dugin in das Denken von Guénon und Evola einführte, ein geographisches Element. Bereits in »Grundlagen der Geopolitik« (1997), dem ersten Werk, das Dugin zu größerer Bekanntheit verhalf, habe der Russe einen fundamentalen Konflikt beschrieben zwischen westlichen, seefahrenden Zivilisationen wie den USA und Großbritannien auf der einen und östlichen, landbasierten Zivilisationen wie Russland auf der anderen Seite, erklärt der Ethnologe in einem Interview. Der Duginismus ist nach Teitelbaum eine Art metaphysische Geographie, in der der Westen Guénons »dunkles Zeitalter« verkörpert und »das Gegenteil der Moderne, die Tradition, im Osten beheimatet ist«.

Ein weiterer russischer Denker, der nach Ansicht vieler Experten die Ideologie des Putinismus maßgeblich geprägt hat, ist Iwan Iljin. Der 1954 im Schweizerischen Exil verstorbene Gegner der Bolschewiki, Anhänger der Weißen Armee und ultrakonservative Monarchist unterstützte nach seiner Flucht nach Westeuropa den deutschen und italienischen Faschismus.

Nach dem Zweiten Weltkrieg distanzierte er sich von Hitlers »Atheismus« und der Judenvernichtung, schrieb allerdings auch: »Der Faschismus ist ein komplexes, vielschichtiges Phänomen und, historisch gesehen, weit davon entfernt, überlebt zu werden.« Iljin sah die europäischen Demokratien als dem Untergang geweiht an und entwarf für Russland eine alternative Gesellschaftsphilosophie für die Zeit nach dem Zusammenbruch des Kommunismus.

Es müsse in Russland eine »erzieherische und wiedergebärende Diktatur« eingerichtet werden, schrieb Iljin in seinem »Grundgesetz des Russischen Imperiums« (1939). Gegenstände der »nationalen Erziehung« in dieser Aristokratie sollten neben Geschichte, Armee, Territorium und Wirtschaft auch Gebete, Märchen und Heiligenlegenden sein. Seit 2012 hat Putin in seinen Reden immer häufiger auf Iljin Bezug genommen. Die russische Präsidialverwaltung verteilte 2014 »Unsere Aufgaben«, einen Sammelband von Iljin-Essays, an Gouverneure, wichtige Beamte und die Kader der Regierungspartei Einiges Russland. Der amerikanische Politikhistoriker Timothy Snyder nennt Iljin in einem Interview mit der *Zeit* »Putins Lieblingsautor«. Als die Gebeine des Philosophen 2005 in der Schweiz exhumiert und in Moskau neu bestattet wurden, soll Putin Berichten zufolge den Grabstein aus eigener Tasche bezahlt haben.

Der russische Präsident gilt auch als Bewunderer des 1992 verstorbenen russisch-sowjetischen Historikers und Ethnologen Lew Gumiljow und bekennt sich öffentlich zu dessen Theorie der »Passionarität«, die davon ausgeht, dass ethnische Gruppen im

Laufe ihrer Entwicklung verschiedene Phasen mit unterschiedlich hoher »Leidenschaft« durchlaufen. In die Phasen mit der höchsten »nationalen Leidenschaft« fallen nach Gumiljow die größten Eroberungen der jeweiligen Völker. Der Autor ist nicht nur umstritten, weil das weithin als pseudowissenschaftlicher Unsinn angesehen wird, sondern auch, weil seine Theorie ähnlich der Ideologie der Nationalsozialisten die Juden als ein bedrohliches, parasitäres Element der Gesellschaft ausmacht.

Bei aller Beschäftigung mit der Ideologie, die derzeit vom Kreml propagiert wird, sollte man nie aus den Augen verlieren, dass diese kein Selbstzweck ist, sondern vor allem dem Machterhalt von Wladimir Putin dient. Ob der russische Diktator wirklich an Tradition, Orthodoxie und all den Rest glaubt, ist unbekannt. Die »Ost ist Ost und West ist West«-Leier des Regimes sendet allerdings eine unmissverständliche doppelte Botschaft. An die eigene Bevölkerung: »Schaut nicht über den Tellerrand.« An den Westen: »Mischt euch nicht ein.« Putin erläuterte den letzteren Punkt ausführlich in einer Rede, die er im Oktober 2022 beim Internationalen Diskussionsklub »Waldai« hielt, einer Art intellektuellen Retreats, der seit 2004 jährlich in Russland stattfindet:

> »Ich bin überzeugt, dass echte Demokratie in einer multipolaren Welt in erster Linie die Fähigkeit jeder Nation – ich betone – jeder Gesellschaft oder jeder Zivilisation bedeutet, ihren eigenen Weg zu gehen und ihr eigenes sozio-politisches System zu organisieren. Wenn die Vereinigten Staaten oder die EU-Länder dieses Recht haben, dann haben die Länder Asiens, die islamischen Staaten, die Monarchien am Persischen Golf und die Länder auf anderen Kontinenten sicherlich auch dieses Recht. Natürlich hat auch unser Land, Russland, dieses Recht, und niemand wird unserem Volk jemals vorschreiben können, welche Art von Gesellschaft wir aufbauen und welche Prinzipien ihr zugrunde liegen sollen.«

In seiner Rede erhob Putin eine nicht ganz unbegründete Litanei von Vorwürfen gegen den Westen. Dieser glätte und lösche alle Unterschiede aus, zwinge anderen seine Werte auf, presse alle in dasselbe Schema, führe allerlei »Coups« und »Farbenrevolutionen« durch, blockiere die freie Entwicklung von Zivilisationen und verhalte sich gar »neokolonial« und »rassistisch« gegenüber dem Rest der Welt, sagte der Kremlchef laut einem englischen Transkript seines Vortrags, welches auf der Webseite der russischen Präsidialverwaltung zu finden ist.

Nicht ohne Grund fürchtet Putin den »Regime Change«. Um diese Gefahr zu bannen, versucht er, mit grausamsten militärischen Mitteln eine eigenständige Entwicklung der zunehmend westlich orientierten Ukraine zu verhindern (womit er genau die Art von imperialistischer Politik betreibt, die er dem Westen vorwirft) und schaltet die eigene Gesellschaft im Sinne einer Ideologie gleich, die man mit Fug und Recht als faschistisch bezeichnen kann.

In Putins Russland sind fast alle Elemente vorhanden, die wir von den Faschismen des 20. Jahrhunderts kennen. Zum einen Revanchismus, mystischer Ultranationalismus und militärischer Expansionismus, ein Personenkult um die aktuelle Führung und ein Totenkult um die Gefallenen, insbesondere des »Großen Vaterländischen Krieges« von 1941–45. (Wenn Putin über den Tod spricht, klingt er bisweilen wie ein islamistischer Prediger. Als der Kremlchef 2018 beim Diskussionsklub »Waldai« nach den Risiken eines Atomkriegs gefragt wurde, entgegnete er nonchalant: »[Die Westler] werden einfach verrecken, aber wir kommen in den Himmel.«)

Diese Elemente werden verbunden mit ressentimentgeladener Rhetorik und Terror gegen (vermeintliche) Feinde im In- und Ausland. Tausende Ukrainer sind in den von Russland besetzten Gebieten festgenommen und ohne Gerichtsverfahren zur Zwangsarbeit verpflichtet worden, etwa zum Ausheben von

Schützengräben an der Front oder zur Arbeit in Fabriken tief im russischen Landesinneren. An der Bevölkerung der Ukraine soll zwar kein buchstäblicher, aber zumindest ein kultureller Genozid verübt werden, wozu wie im deutschen Nationalsozialismus auch die Verschleppung und Umerziehung Tausender Kinder gehört. Auch eine nicht unerhebliche antisemitische Komponente ist im Putinismus vorhanden, zumindest bei einigen ideologischen Vordenkern des Regimes, das lautstark behauptet, sein Nachbarland zu »entnazifizieren«. Lediglich regelmäßige, mit Pathos inszenierte Massenmobilisierungen nach Art der Nürnberger Reichsparteitage sind dem Putinismus fremd. Als Minimum reicht es ihm offenbar, dass seine Untertanen ihn passiv akzeptieren.

Russische Kompensation

Im November 2021 veröffentlichte der zu diesem Zeitpunkt bereits vom Kreml geschasste Wladislaw Surkow einen bemerkenswerten Essay mit dem Titel »Wo ist das Chaos geblieben? Stabilität auspacken« im russischen Medium *Aktualnje Kommentarii.* In dem vor Physik-Metaphern strotzenden Text stellte der Mitarchitekt des Putinismus die These auf, dass die einzige Möglichkeit, Russland von einer Implosion zu bewahren, der Export von »Chaos« nach außen sei. »Die soziale Entropie ist sehr giftig. Es ist nicht empfehlenswert, mit ihr zu Hause zu arbeiten. Sie muss an einen anderen Ort gebracht werden. Export zum Recycling in ein fremdes Gebiet«, führte Surkow in dem prophetischen Artikel aus.

Surkow erklärt nicht näher, was genau er unter der »sozialen Entropie« versteht, die ihm zufolge die Stabilität des zeitgenössischen Russlands bedroht. Aber wir können fundierte Vermutungen anstellen. Zum Beispiel besaß Stand 2022 das reichste ein Prozent der Russen fast die Hälfte des nationalen Wohlstands, so die *World Inequality Database,* ein Statistikportal, das von einer Forschergruppe um den Wirtschaftswissenschaftler Thomas

Piketty betrieben wird. Russland gehört damit neben Südafrika, Chile, Brasilien und dem Libanon zu den fünf Ländern mit der größten Ungleichheit der Welt. In anderen ehemaligen Sowjetrepubliken ist der Wohlstand viel gleichmäßiger verteilt. In der Ukraine und in Georgien besitzt das reichste ein Prozent etwa rund 28, in Kasachstan 29 Prozent des Gesamtwohlstands.

»Wissen Sie, was mich daran stört, auf so reichem Boden in Armut zu leben?«, beklagte sich ein Einwohner eines sibirischen Dorfes, der sich offen in der kleinen, von den Behörden erbittert verfolgten Bewegung für einen unabhängigen sibirischen Staat engagierte, gegenüber dem niederländischen Dokumentarfilmer Jelle Brandt Corstius. »Sie könnten einen Film über die [Oktober] Revolution hier drehen. Die Häuser sind immer noch die gleichen. Es sieht aus wie ein Film aus der Sowjetzeit. Nichts verändert sich. [...] Dort drüben ist eine Außentoilette. Die Menschen benutzen sie, selbst wenn es minus 30 oder 40 Grad ist. Ich verstehe es einfach nicht.«

Sibirien hat mehr Erdöl und Erdgas als Saudi-Arabien, erklärt Corstius in seiner Russland-Doku von 2015, und doch könnten sich die meisten Menschen dort nicht einmal eine Innentoilette leisten. Dass der enorme natürliche Reichtum Sibiriens vor allem den Eliten in Moskau und Sankt Petersburg zugutekommt, ist eine häufige Klage in der riesigen, immer noch vergleichsweise armen und unterentwickelten Region.

»Soziale Mobilität gibt es kaum noch«, bemerkt der in Moskau lebende Anti-Putin-Aktivist Alexey Sakhnin in einem Gastbeitrag für die deutsche *taz.* »Untersuchungen zeigen, dass die reichsten 10 Prozent der russischen Stadtbewohner in 70 Prozent der Fälle ihren Reichtum von ihren Eltern geerbt haben. Eine solche Sozialstruktur macht wirtschaftliches Wachstum unmöglich. Das durchschnittliche BIP-Wachstum betrug in den 2010er-Jahren weniger als ein Prozent pro Jahr. Die Einkommen der Bevölkerung sind seit 2014 rückläufig.«

Über all dieser Ungleichheit und Stagnation thront ein korrupter Großvater, dessen ehemals geheimer Palast am Schwarzen Meer 2021 durch einen YouTube-Film des Dissidenten Alexei Nawalny einem Millionenpublikum bekannt wurde. Putins Residenz verschlang demnach umgerechnet 1,1 Milliarden Euro an Steuergeldern. Sie steht angeblich auf einem privaten Grundstück, das rund 40 Mal so groß ist wie das Fürstentum Monaco. Wenn der Putinismus dem Einzelnen Opferbereitschaft und materielle Genügsamkeit abverlangt und ihn mit »Glaube«, »Tradition« und »Werten« entlohnt, so liegt das auch wesentlich daran, dass das Regime seinen Bürgern derzeit nicht viel mehr zu bieten hat als das. Russland ist nun einmal ärmer, korrupter, ungleicher und dysfunktionaler als große Teile des zum großen Antagonisten stilisierten Westens, und der Kreml weiß, dass das nicht so leicht zu ändern ist.

»Alle Versuche [Putins], eine autoritäre Modernisierung nach chinesischem Vorbild voranzutreiben, scheiterten, weil sie die etablierte Verteilung von Macht und Reichtum, die Kontrolle über die wichtigsten Güter des Landes, untergruben«, bemerkt der junge Dissident Sakhnin. Das heutige Russland ist dem Westen, China und einigen anderen Teilen der Welt in vielerlei Hinsicht unterlegen. Der Putinismus ist eine Ideologie des Überkompensierens.

Russlands Verbündete

Obwohl das putinistische Russland kaum ein Erfolgsmodell mit globaler Strahlkraft ist, so ist es doch in der Lage, ein erhebliches Maß an harter und weicher Macht in der Welt auszuüben. Dabei stützt sich Russland auf seine beträchtlichen militärischen Kapazitäten – nuklear wie konventionell –, aber auch auf ein Netz an Vasallen- und Klientenstaaten, (Zweck-)Verbündeten, und ideologisch nahestehenden politischen Bewegungen und Multiplikatoren in anderen Staaten.

Da gibt es zum einen die zwerghaften russischen De-facto-Protektorate Abchasien, Südossetien und Transnistrien, die mit massiver Hilfe Moskaus aus den ehemaligen Sowjetrepubliken Georgien und Moldau regelrecht herausgeschnitten wurden und deren angebliche Unabhängigkeit lediglich von Russland und einer Handvoll seiner Verbündeten anerkannt wird. Bis vor Kurzem fielen auch die völkerrechtlich zur Ukraine gehörenden Territorien »Volksrepublik Donezk« und »Volksrepublik Lugansk« in diese Kategorie. Seit der Durchführung von umstrittenen Referenden im September 2022 betrachtet Russland Donezk und Lugansk allerdings als Teil seines eigenen Territoriums. Auch das wird von kaum einem Land der Welt anerkannt.

Russlands engster Verbündeter ist das Regime von Aljaksandr Lukaschenka in Belarus. Gemeinsam hat man eine diktatorische Regierungsform, die Ablehnung des Westens, das sowjetische Erbe und eine Führung, die konservative und anti-liberale Werte vertritt. Große Unterschiede bestehen allerdings in Bezug auf das wirtschaftliche Modell, denn Belarus hat die Staatsplanwirtschaft nach 1991 weitgehend beibehalten, und das Land gehört in scharfem Gegensatz zu Russland nicht zu den Ländern mit der ungleichsten, sondern mit der gleichsten Wohlstandsverteilung der Welt.

Die Massenproteste gegen die manipulierte Präsidentschaftswahl in Belarus 2020–2021 haben Lukaschenka verängstigt und in eine tiefere Abhängigkeit von Putin getrieben. Belarus unterstützt Russlands Krieg gegen die Ukraine logistisch, aber nicht mit eigenen Truppen. Eine Reform der belarussischen Verfassung machte 2022 den Weg frei für die Stationierung russischer Atomraketen auf dem Territorium des Verbündeten.

Offiziell gibt es bereits seit der Jelzin-Ära bilateral gebilligte Pläne für einen russisch-belarussischen Unionsstaat. Faktisch wird dieses Vorhaben allerdings von Lukaschenka stark ausgebremst. Der alternde Diktator will wohl Putins Verbündeter, aber nicht dessen Vasall sein. Anfang 2023 berichteten mehrere Medien über ein angeblich durchgestochenes Dokument der russischen Präsidialverwaltung aus dem Sommer 2021, das zeigen soll, wie Russland Belarus politisch, wirtschaftlich und militärisch unterwandern und bis 2030 annektieren will. Westliche Geheimdienste halten das Strategiepapier für authentisch.

Gegenüber dem christlichen Armenien, einer weiteren ehemaligen Sowjetrepublik, trat Russland lange als eine Art Schutzmacht auf. Im Bergkarabach-Konflikt mit dem von der Türkei unterstützten islamischen Aserbaidschan reduzierte Russland sein bis dato zugunsten der armenischen Bevölkerung Bergkarabachs ausgeübtes Engagement nach Beginn der Ukraine-Invasion jedoch stark. Schließlich ließ Moskau den bisherigen Schützling komplett fallen und gab dem aserbaidschanischen Autokraten Ilham Alijew faktisch grünes Licht für die Eroberung von Bergkarabach. Die Beziehungen zwischen Russland und Armenien sind seitdem zerrüttet und das Land wendet sich zunehmend dem Westen zu.

Serbien ist Russlands Außenposten auf dem Balkan. Die prorussische Haltung der serbischen Regierung und großer Teile der Bevölkerung speist sich wohl vor allem aus den sehr negativen Erfahrungen des Landes mit dem Interventionismus von USA und Nato in den späten 1990er-Jahren. Belgrad spekuliert offenbar darauf, mit russischer Rückendeckung das Kosovo zurückzuerobern. Trotz aller Skepsis gegenüber dem Westen strebt Serbien offiziell einen EU-Beitritt an.

Putin und seine Staatspropagandisten und -ideologen sprechen bereits seit den frühen 2000ern von einer »Russki Mir«, zu Deutsch einer »Russischen Welt«, die aus dem Kerngebiet Russland plus Belarus plus Ukraine bestehen soll, und darüber hinaus aus Orten, die von russischen Minderheiten maßgeblich geprägt sind (etwa Kasachstan, die baltischen Staaten, Transnistrien). Man muss konstatieren, dass es Moskau in letzter Zeit zunehmend gelungen ist, dieses problematische ideologische Konzept, welches die imperialistische russische Außenpolitik legitimiert und Ukrainern und Belarussen ihre kulturelle Eigenständigkeit abspricht, von einer »diffusen mentalen Landkarte« (Thomas Bremer, 2016) in eine harte geopolitische Realität zu verwandeln.

Allerdings ist auch festzustellen, dass selbst in Belarus, also dem Land, das derzeit am engsten mit Russland verbunden ist, weder die Staatsführung noch mehr als ein verschwindend kleiner Anteil der Bevölkerung der spezifisch putinistischen Variante des Neofaschismus anhängen, mit ihrem Fokus auf Tradition, Orthodoxie, Mystik und Imperium und ihrem ausdrücklichen Ziel, eine High-Tech-Gegenmoderne zu schaffen.

Einige Staaten arbeiten vor allem deshalb eng mit Russland zusammen, weil sie die US-Hegemonie überwinden wollen. In diese Kategorie fällt China, das mit Russland unter anderem gemeinsame Militärübungen abhält, aber nach eigenen Angaben keine Waffen für den Krieg gegen die Ukraine liefert. Peking sieht Moskau wohl als eine Art Juniorpartner auf dem eigenen Weg zur Weltmacht (der Leiter der Münchner Sicherheitskonferenz, Christoph Heusgen, spricht weniger schmeichelhaft von einer »Discount-Tankstelle«).

Eher auf Augenhöhe ist Russlands Beziehung zum fanatisch anti-westlichen Mullah-Regime im Iran. Die Islamische Republik exportiert Waffen und Munition nach Russland, darunter große Stückzahlen sogenannter Kamikaze-Drohnen, die in der Ukraine Verwüstung anrichten. Umgekehrt kann sich Teheran der Rückendeckung Moskaus bei der Realisierung seiner eigenen geopolitischen Ambitionen sicher sein. Auch zu Teherans terroristischen Stellvertretertruppen im Nahen Osten pflegt Moskau enge Beziehungen, wie mehrere Treffen führender Köpfe der Hamas, des »Islamischen Dschihad« und der libanesischen Hisbollah mit hochrangigen Vertretern der russischen Regierung zeigen.

Zu dieser antiwestlichen Achse gehört mit Nordkorea auch die wohl grauenvollste Diktatur der Welt. Das Regime in Pjöngjang, das das völkische, ultramilitaristische Denken seiner ehemaligen japanischen Kolonialherren übernommen hat, beliefert Moskau massiv mit Waffen, darunter ballistischen Raketen. In jüngster Zeit hat es eine Reihe von Treffen auf höchster Ebene gegeben.

Auch manche demokratisch gewählte linke Regierungen streben eine »multipolare«, nicht mehr von den USA dominierte Weltordnung an. Solche strammen »Antiimperialisten«, die etwa in Brasilien und Südafrika an der Macht sind, dazu zu bringen, den aggressiven russischen Imperialismus verbal zu verurteilen, ist schwierig, sie zu überzeugen, die westlichen Sanktionen gegen Russland mitzutragen, fast unmöglich.

Ein besonderer Fall ist Indien. Das Land, oft als »größte Demokratie der Welt« bezeichnet, pflegt eine enge Rüstungskooperation mit Russland, schickt Soldaten zu gemeinsamen Großmanövern und hat nach dem Angriff auf die Ukraine seine Importe von russischem Rohöl, das Moskau wegen der Sanktionen nur noch schwer loswird, um ein vielfaches gesteigert. Bemerkenswert ist, dass diese Russland-Politik die traditionell gute Zusammenarbeit zwischen Delhi und Washington bisher kaum beeinträchtigt hat. Indien weiß, dass der Westen es als Gegengewicht zu China braucht, und lässt sich als geopolitischer »Swing State« umwerben.

Nationalkonservativen und populistischen Bewegungen im Westen bietet sich Russland aktiv als Partner an. Jenseits des Atlantiks sind es vor allem die sogenannten Paläokonservativen, also wertkonservative Persönlichkeiten, die (im Unterschied zu den sogenannten Neokonservativen) für ein Ende der interventionistischen US-Außenpolitik eintreten, die im Putinismus einen ideologischen Verbündeten erkannt haben.

»Ist Wladimir Putin ein Paläokonservativer?«, fragte etwa der frühere Nixon-Redenschreiber, republikanische Präsidentschaftskandidat und Spiritus Rektor des Paläokonservatismus Pat Buchanan 2013 in einer vielbeachteten Kolumne. »Ist er im Kulturkampf um die Zukunft der Menschheit einer von uns?« Buchanan beantwortete diese rhetorischen Fragen seinerzeit mit Ja. Ganz so positiv äußert sich der paläokonservative Denker seit dem Angriff auf die Ukraine nicht mehr über Putin. Die USA sollten sich aber seiner Ansicht nach mit dem Kremlchef arrangieren und komplett aus dem »Territorialstreit« zwischen Russland und der Ukraine raushalten. Schließlich sei Putin, »was immer man von ihm halten mag«, kein Stalin, der Millionen ermordete und ein Archipel Gulag schuf.

Ähnlich verhält es sich mit der amerikanischen Fernsehpersönlichkeit Tucker Carlson. Der Meinungsmacher, der oft dem Paläokonservatismus zugerechnet wird, hat zwar Putins Angriff auf die Ukraine verurteilt. In seinen Sendungen verbreitet er aber oft prorussische Erzählungen und Propagandabehauptungen. Das russische Staatsfernsehen bettet seinerseits regelmäßig Carlson-Clips in seine Berichte ein, offenbar auf ausdrückliche Anweisung des Kremls, wie ein im März 2022 durchgestochenes offizielles Dokument zeigen soll.

Endgültig zu einem nützlichem Idioten des Regimes wurde Carlson im Februar 2024, als er in Moskau Wladimir Putin gut zwei Stunden lang so sanft und unkritisch interviewte, dass selbst der Kremlchef anschließend seine Enttäuschung über den Mangel an »Aggressivität« und »scharfen Fragen« zum Ausdruck brachte. Carlsons andere Videos von seinem Russland-Trip, in denen er unter anderem, untermalt von pathetischer Ballettmusik, Lobeshymnen auf die Sicherheit, Sauberkeit und Schönheit der Moskauer Metro sang, veranlassten entsetzte Establishment-Konservative, Vergleiche mit den westlichen Stalin-Apologeten der 1930er-Jahre zu ziehen.

In Europa setzen sich unter anderem das französische Rassemblement National, die italienische Lega, die österreichische FPÖ, die ungarische Fidesz, die Schweizer SVP und die deutsche AfD für prorussische Positionen ein und/oder bekämpfen Sanktionen gegen Russland. Die deutsche Linkspartei war in der Frage des Umgangs mit der russischen Aggression lange gespalten, wobei vor allem die Positionen des Flügels um Sahra Wagenknecht, der im Herbst 2023 beschloss, als eigenständige Partei weiterzumachen, denen der AfD ähnelten.

Im Mai 2023 sorgte der Besuch von Vertretern von Linkspartei und AfD, darunter der AfD-Co-Vorsitzende Tino Chrupalla, bei einem Empfang der russischen Botschaft in Berlin anlässlich des Jahrestages des Sieges über Nazideutschland für viel Kritik. Auffällig sind auch die häufigen Reisen von AfD-Abgeordneten nach Russland und in die russisch besetzten Teile der Ukraine, sowohl vor als auch nach dem großen Einmarsch im Februar 2022. Die AfD-Bundestagsabgeordneten Steffen Kortré und Eugen Schmidt traten nach Russlands Einmarsch in der Talkshow des einflussreichen Kreml-Propagandisten Wladimir Solowjow auf und äußerten sich bestürzt über die Russland- und Ukraine-Politik der Ampel-Regierung.

In welchem Umfang die genannten Parteien finanzielle Unterstützung vom russischen Staat erhalten haben oder in persönlichem Austausch mit diesem stehen, wird die Öffentlichkeit wohl nie erfahren.

Fazit

Wenn sich Menschen in Europa Putin verbunden fühlen, so hat dies oft damit zu tun, dass sie Wertvorstellungen mit dem Kremlchef teilen beziehungsweise zu teilen glauben. So erklärte der Fraktionsvorsitzende der AfD Thüringen, Björn Höcke, im Oktober 2022 in einer Rede zum Tag der Deutschen Einheit:

> »Aber wenn ich mich jetzt für das deutsche Volk entscheiden müsste zwischen dem Regenbogenimperium, zwischen dem

> neuen Westen, zwischen dem globalistischen Westen und dem traditionellen Osten, ich wählte in dieser Lage den Osten.«

Der Spitzenkandidat der AfD für die Europawahl 2024, Maximilian Krah, behauptet in seinem Buch »Politik von rechts – ein Manifest«, dass Russland, aber auch China, Indien, Afrika und die islamische Welt, letztlich nur »defensiv gegen den universalen Machtanspruch des woken Westens« agierten. Die enge Kooperation zwischen Kiew und Washington hält er für einen unzumutbaren Angriff auf die Souveränität Russlands. Bei der russischen Invasion gehe es darum, die USA zurückzudrängen. Dem Magazin *The American Conservative* erklärte Krah:

> »Entweder haben wir eine Pax Americana, die meines Erachtens zwangsläufig woke und kriegerisch ist, oder wir haben keine alleinige globale Hegemonie, sondern stattdessen regionale Hegemonen, die nach ihren eigenen lokalen Präferenzen regieren.«

Das Vorwort für »Politik von rechts«, das im Juni 2023, also mehr als ein Jahr nach Russlands Einmarsch in der Ukraine, erschien, verfasste der AfD-Altvordere Alexander Gauland, der ebenfalls für seine prorussischen Positionen bekannt ist. Die Zuneigung ist gegenseitig. Die Stiftung des engen Putin-Vertrauten und *Zargrad-TV*-Gründers Konstantin Malofejew lud Gauland etwa 2015 nach Sankt Petersburg ein, unter anderem aus Dankbarkeit dafür, dass sich der AfD-Mitbegründer nach der russischen Annexion der Krim 2014 auf die Seite Putins gestellt hatte. Über den deutschen Gast sagte Malofejew anerkennend: »Die Auftritte Doktor Gaulands signalisieren, dass Deutschland wieder zu Deutschland wird, so wie Russland unter Putin wieder Russland wird.«

Nun stimmt es natürlich, dass sich der »woke Westen« vom Wahren, Schönen, Guten und allerlei anderen Dingen entfernt hat, die Konservativen etwas wert sind. Westliche Putin-Fans sollten sich jedoch fragen, wie schön das Erbrochene von Rekruten im Schnee ist, wie anmutig die zerfetzten Leiber und heraushängenden Gedärme, die derzeit die Felder der Ukraine zieren (oder, im Übrigen, wie konservativ Russlands himmelhohe Rate an Abtreibungen und Scheidungen ist).
Ein weiterer Grund, warum nicht wenige Menschen in Europa trotz des brutalen und ungerechtfertigten Angriffskrieges gegen die Ukraine nicht von ihrer Putin-Verteidigung abrücken, ist, dass Corona, oder vielmehr der Umgang damit, »die politische Statik grundlegend verändert hat«. So drückt es die liberal-konservative, pro-ukrainische deutsche Publizistin Annette Heinisch aus, die in ihrem Essay »Das Dilemma der Ukraine-Debatte« in der *Achse des Guten* 2023 weiter ausführt:

> »Nach Corona ist nichts mehr, wie es war. War das Vertrauen in die Politik schon vorher erschüttert, so ist es nun bei vielen vollends verschwunden. Sagt die Regierung hü, muss hott richtig sein, so die landläufige Meinung. Sind führende Vertreter des harten Corona-Kurses nun für Waffenlieferungen an die Ukraine, dann muss das falsch sein. Schließlich haben diese Herrschaften ihr mangelndes Urteilsvermögen hinreichend unter Beweis gestellt.«

Dass Deutschland sich energiepolitisch von Putins Russland abhängig gemacht und mit Gaseinkäufen dessen Kriegskasse prall gefüllt hat, hat freilich nichts mit der AfD zu tun, denn diese Außenseiter waren noch nie an der Regierung. Es war das politische Establishment, das die Dutzende mysteriöser Morde und Todesfälle unter Putins Kritikern, die innenpolitische Repression und Gleichschaltung, die Kriegsverbrechen in Tschetschenien und

Syrien und die imperialistischen, völkerrechtswidrigen Angriffe auf die Ukraine und Georgien jahrelang ausblendete oder sich schönredete. Der Feuilletonchef der NZZ, Benedict Neff, meint, dass der deutsche Antiamerikanismus dabei eine wichtige Rolle spielte. Er schreibt:

> »Viele deutsche Politiker trauen noch lieber Russland als Amerika. Handel durch Wandel, ein dritter Weg zwischen Ost und West – solche deutschen Selbstbeschwörungen führten mit in die Katastrophe. Ihren historischen Schuldkomplex haben viele deutsche Politiker seltsamerweise sehr einseitig auf Russland bezogen, während sie die Sorgen und Ängste der Polen, Balten und Ukrainer nicht ernst nahmen, obschon Deutschland auch diese Länder im Zweiten Weltkrieg in grausamer Weise versehrt hat. Aber was interessieren die kleinen Länder? Es spielte die deutschrussische Achse.«

Diejenigen, die sich jetzt im Nachhinein wohlig vor der AfD als Putins fünfter Kolonne gruseln und ansonsten zum Tagesgeschäft übergehen wollen, machen es sich zu einfach. Wer von den Russland-Freunden bei der AfD spricht, darf von Schröder, Steinmeier, Merkel, Gabriel, Schwesig, Scholz und Platzek nicht schweigen.

9. Revolte und Resignation

»Eigentlich habe ich mich in Deutschland ziemlich wohlgefühlt, jedenfalls von 1989 bis 2010. Ich würde jetzt wohl nur weggehen, wenn mein Leben bedroht wäre. Mit 81 geht man nicht mehr so einfach in ein anderes Land. Jetzt fahre ich in mein Dorf, wenn es mir in Berlin mal wieder reicht. Da gibt es 14 Häuser, der Himmel ist riesig, und sonst ist dort nicht viel. Es ist ein Ort, wo ich schon zu DDR-Zeiten dachte: Gut, über den Himmel entscheiden sie nicht.«
Monika Maron im Interview mit der »Welt«, Juli 2022

Die Niederlande galten lange als tolerante Konsensgesellschaft mit ausgeglichenen Emotionen, in der Probleme vernünftig am runden Tisch gelöst werden. So waren die Unruhen, die am 6. Juli 2022 in den gezielten Schüssen eines Polizisten auf den damals 16-jährigen Bauernsohn Jouke Hospes gipfelten, eine außergewöhnliche Eskalation. Der Junglandwirt war zusammen mit einem anderen Fahrer aus einer Kolonne gestoppter Traktoren ausgeschert und hatte versucht, auf der Gegenfahrbahn an einer Polizeisperre vorbei auf die A32 bei Heerenveen zu gelangen.
Ein anwesender Beamter interpretierte das Verhalten des Jungen, wie die Polizei später auf Twitter mitteilte, als einen Versuch, »in Polizeibeamte und Dienstfahrzeuge zu fahren«, und feuerte nach Abgabe mehrerer Warnschüsse gezielt auf Hospes' Fahrerkabine. Eine Kugel schlug in einer Kabinenstrebe ein. Hospes blieb unverletzt und wurde wenig später zusammen mit zwei älteren Landwirten wegen Verdachts auf versuchten Totschlag festgenommen.

Wütende Bauern

Die Nerven der niederländischen Polizisten lagen in diesen Tagen blank, denn seit Wochen hatten Tausende Landwirte Autobahnen, Brücken und Logistikzentren blockiert und entlang der Straßen Strohballen und Abfallcontainer in Brand gesetzt, um gegen die strenge Klima- und Umweltpolitik von Ministerpräsident Mark Rutte zu demonstrieren. Viele der Transparente, die die aufgebrachten Bauern an ihren Fahrzeugen anbrachten, riefen unverhohlen zum »Krieg« gegen die Regierung auf.

Bereits im Herbst 2019 war es in den Niederlanden zu beispiellosen Szenen gekommen, als Ruttes Koalitionspartner von der linksliberalen Partei D66 vorschlugen, den Viehbestand des Landes aus Klimaschutzgründen um rund die Hälfte zu reduzieren. Auch damals nutzten die sogenannten »boze boeren« (wütenden Bauern) Treckerblockaden, um den Verkehr im gesamten Land lahmzulegen. Dem Automobilclub ANWB zufolge erreichten die Staus eine Gesamtlänge von mehr als 1000 Kilometern, ein Rekord in der niederländischen Geschichte.

In acht der zwölf Provinzen kam es zu gewaltsamen Zusammenstößen zwischen Landwirten und der Polizei. Besonders eindrucksvolle Pressefotos entstanden in der Stadt Groningen, wo Bauern mit einem Traktor das Portal des Verwaltungsgebäudes der gleichnamigen Provinz aus den Angeln zogen und sich im Eingangsbereich mit Polizisten prügelten.

Die damalige Landwirtschaftsministerin Carola Schouten verurteilte die Aktion in Groningen, äußerte aber ansonsten »volles Verständnis« für die Sorgen der Bauern. Warme Worte von Regierungsvertretern können den seit 2019 schwelenden Konflikt jedoch ebenso wenig entschärfen wie die runden Tische, die mehrere Provinzen nach der ersten Protestwelle einführten. Denn die Politik hat kaum Handlungsspielräume, um den Bauern entgegenzukommen.

Die Niederlande sind nach den USA der zweitgrößte Agrarexporteur der Welt. Nirgendwo sonst auf der Welt ist der Nutztierbestand so dicht wie in diesem relativ kleinen Land. Aber die Niederlande sind auch Teil der EU, die bis 2050 »klimaneutral«

werden will, unter anderem durch eine erhebliche Verringerung der Stickstoffemissionen. Im Hinblick auf die EU-Klimaziele sind die niederländischen Stickstoffemissionen eindeutig zu hoch. In der EU gibt es zudem mit dem sogenannten Natura-2000-Netzwerk Tausende Naturschutzgebiete, in denen besonders strenge Regeln für die Stickstoffbelastung gelten. Stand Mai 2023 lagen in 123 der 161 niederländischen Natura-2000 Gebiete die Stickstoffwerte über den EU-Grenzwerten.

Eine Zeit lang bedienten sich die Niederlande einer rechnerischen Finesse und bezogen bei der Genehmigung von Tätigkeiten, die Stickstoffemissionen freisetzen, auch künftige Emissionsminderungen mit ein. Doch das oberste Verwaltungsgericht des Landes (Raad van State) erklärte diese Praxis im Mai 2019 überraschend für rechtswidrig. Rund 2500 landwirtschaftliche Betriebe wurden durch das Urteil von einem Tag auf den anderen zu Rechtsbrechern. Auch viele bereits erteilte Baugenehmigungen waren infolge des Urteils nichtig, sodass landesweit rund 18 000 Bauvorhaben vorläufig auf Eis gelegt wurden.

Zwar wird die Regierung den radikalen Vorschlag der D66-Partei, der die Bauern 2019 zum ersten Mal auf die Barrikaden trieb, nicht buchstäblich umsetzen, aber die harten Schritte, die Den Haag und die Provinzregierungen planen, um die niederländischen Stickstoffemissionen im Einklang mit den EU-Zielen bis 2030 um 50 Prozent zu senken, laufen mehr oder weniger auf dasselbe hinaus.

Im Juni 2022 präsentierten die Behörden eine Landkarte mit den angestrebten Emissionszielen. Wer in den dort ausgewiesenen Reduktionsgebieten wirtschaftet, muss seine Stickstoffemissionen demnach um 70 Prozent, in der Nähe bestimmter Natura-2000-Schutzgebiete sogar um 95 Prozent senken. Die Folge war die zweite Welle von Massenprotesten und Blockaden, bei der es zu den potenziell lebensgefährlichen Polizeischüssen auf den Bauernsohn Jouke Hospes kam.

Für viele der Bauern geht es um ihre Existenz, denn selbst die Regierung gibt zu, dass die Durchsetzung der Stickstoffziele eine Reduzierung des Viehbestands der Niederlande um 30 bis 50 Prozent und die Schließung von etwa 30 Prozent der landwirtschaftlichen Betriebe nach sich ziehen wird.

Aufstand der Peripherie

Im Jahr 2023 hielten die Protestaktionen der niederländischen Bauern an. Anders als in den Vorjahren setzten die Behörden bei den Massenprotesten, die im März 2023 in Den Haag stattfanden, ein rigoroses Traktorenverbot durch, sodass dieses Mal nicht Tausende dieser riesigen Gefährte die Straßen der politischen Hauptstadt einnahmen.

Auch in anderen Ländern setzen wütende Bauern auf martialisch anmutende Aufmärsche von Hunderten bis Tausenden von Traktoren in die städtischen Zentren, um ihren Forderungen Nachdruck zu verleihen. Etwa zeitgleich zu den Protesten in Den Haag im März 2023 fuhren zum Beispiel rund 2700 Trecker in Brüssel ein. Auch hier ging es um einen Streit um Emissionsziele. Im Oktober 2019 blockierten französische Landwirte mit rund 650 Traktoren die Autobahnen rund um die Europametropole Straßburg und versammelten sich mit weiteren Hunderten dieser Fahrzeuge in Paris, um nach eigenen Angaben gegen Freihandelsabkommen, Pestizid-Verordnungen und »Agribashing«, also pauschale Angriffe auf den Berufsstand der Bauern, zu protestieren.

Am 26. November 2019 erlebten wir Autoren, wie am Ende einer gewaltigen Sternfahrt rund 40 000 Bauern aus allen Ecken der Bundesrepublik mit ihren rund 8600 Traktoren und anderen Fahrzeugen in Berlin zusammenkamen. Die Blechlawine aus Traktoren, Sattelschleppern, Tiertransportern und Pick-up-Trucks erstreckte sich kilometerlang auf der sechs- bis achtspurigen Straße des 17. Juni.

Der Protest richtete sich vor allem gegen die Pläne der damaligen Bundesregierung für ein neues Agrarpaket, das den Einsatz von Insektiziden, Unkrautvernichtungsmitteln und anderen Tier- und Pflanzenschutzmitteln weiter einschränken sollte. Die Redner auf der Abschlusskundgebung vor dem Brandenburger Tor thematisierten aber auch das Höfesterben, die Nebenjobs, die viele Bauern annehmen müssten, um wirtschaftlich zu überleben, und das Mobbing von Bauernkindern, angeheizt auch durch Lehrer und Erzieher, die die Ideologie von »radikalen NGOs« in die Klassenzimmer trügen.

In den folgenden Jahren gab es immer wieder kleinere Treckerumzüge und -blockaden in verschiedenen Teilen Deutschlands. Demonstriert wurde unter anderem gegen die Düngeverordnung und das Insektenschutzgesetz.

Anfang 2024 kam es in Europa zu einer regelrechten Explosion der Bauernproteste. Unter anderem in Belgien, Deutschland, Frankreich, Griechenland, Italien, Lettland, den Niederlanden, Polen, Rumänien und Spanien gab es Treckerkorsos und -blockaden mit oft Tausenden von Teilnehmern. Ihre Wut richtete sich unter anderem gegen Kürzungen von Agrarsubventionen der nationalen Regierungen, Bürokratisierung, Freihandelsabkommen der EU mit Mercosur und der Ukraine, Flächenstilllegungen sowie weitere Vorgaben des European Green Deal der EU.

In Brüssel eskalierten die Proteste am 1. Februar zu fast bürgerkriegsartigen Szenen, als aufgebrachte Bauern aus mehreren Ländern mit rund 1500 Traktoren in die EU-Hauptstadt kamen und während des EU-Gipfels die Zentrale der Europäischen Kommission mit ihren Fahrzeugen und brennenden Barrikaden blockierten und das Gebäude mit Steinen und Feuerwerkskörpern bewarfen. Auch Rauchbomben wurden gezündet. Die Polizei reagierte, indem sie den Tagungsort mit Stacheldraht abriegelte und Tränengas gegen die Randalierer einsetzte. Wenige Wochen später eskalierten die Krawalle erneut am Rande eines Treffens der

EU-Agrarminister in Brüssel. Einigen Bauern gelang es, mit ihren Traktoren Polizeisperren im Europaviertel zu durchbrechen. Auch in Frankreich, Deutschland, Italien und Griechenland kam es im Zuge der jüngsten Bauernproteste zu Ausschreitungen.
In Deutschland waren der Dezember 2023 und der Januar und Februar 2024 geprägt von Hunderten Straßenblockaden, Treckerkolonnen und Schleichfahrten, denen sich zum Teil auch Spediteure, Handwerker, Jäger, Waldbesitzer, Fischer und Taxiunternehmer anschlossen. Die Aktionen verursachten teils kilometerlange Staus. Der jüngste Unmut der deutschen Bauern entzündete sich vor allem an den Plänen der Bundesregierung, die Vergünstigung von Agrardiesel abzuschaffen und eine Kfz-Steuer in der Landwirtschaft einzuführen.
Für besonderes Aufsehen sorgten mehr als hundert Bauern, die am 4. Januar Bundeswirtschaftsminister Robert Habeck (Grüne) am Fährhafen Schlüttsiel in Nordfriesland daran hinderten, nach einem Urlaub auf der Hallig Hooge auf das Festland zurückzukehren, und sich Rangeleien mit der Polizei lieferten. Medienrecherchen zufolge hatte ein Paar im Umfeld der AfD von Habecks Reiseplänen erfahren und die Information in den sozialen Medien weiterverbreiten lassen.
Der Staatsschutz ermittelt aufgrund der Blockade wegen des Verdachts der Beleidigung, der Nötigung und des Landfriedensbruchs. Entgegen des früheren Framings vieler Medien kam der NDR am 11. Januar zu dem Schluss, dass es keinen Versuch gab, die Fähre zu stürmen.
Auch in Biberach nahmen die Protestierenden speziell die Grünen ins Visier. Die Partei entschied, ihre traditionelle Veranstaltung zum Politischen Aschermittwoch in der oberschwäbischen Stadt am 14. Februar abzusagen, nachdem es zu massiven Protesten und Krawallen von Bauern und anderen Störern gekommen war.
Ihren vorläufigen Höhepunkt hatten die jüngsten Proteste bereits rund einen Monat zuvor erreicht, als eine Aktionswoche

des Bauernverbandes am 15. Januar in einer Großdemonstration mit mehr als 10 000 Teilnehmern und rund 6000 Fahrzeugen vor dem Brandenburger Tor gipfelte. Als Bundesfinanzminister Christian Linder (FDP) versuchte, eine Rede zu halten, wurde er von der Menge gnadenlos ausgepfiffen, obwohl seine Regierung erst wenige Tage zuvor das Zugeständnis gemacht hatte, die geplante Kfz-Steuer zurückzunehmen und die Vergünstigung von Agrardiesel schrittweise statt auf einen Schlag abzuschaffen.

Insgesamt sind die Reaktionen der etablierten deutschen Parteien und Medien auf die Bauernproteste gemischt. Zum Teil wird versucht, diese (wie zuvor die Corona-Proteste) pauschal als AfD-nah, »rechts« und von »Staatsdelegitimierern« unterwandert zu framen. Andererseits haben sich insbesondere Union und Freie Wähler (aber auch einige Vertreter der SPD) mit den Forderungen solidarisiert und Auswüchse wie Krawalle, Umsturzaufrufe, das Zeigen von Galgen oder die Blockade der Fähre mit Habeck als verurteilenswerte Randphänomene dargestellt.

Laut einer repräsentativen Umfrage der Forschungsgruppe Wahlen von Mitte Januar 2024 haben 68 Prozent der Menschen in Deutschland Verständnis für die Bauernproteste, die bei Redaktionsschluss andauerten. Auch in anderen europäischen Ländern wie Frankreich hielten die Proteste bei Redaktionsschluss an, obwohl die EU-Kommission die Vorgabe, dass europaweit vier Prozent der landwirtschaftlichen Flächen ungenutzt oder brach liegen müssen, für 2024 ausgesetzt und eine Pestizidverordnung zurückgezogen hat.

In Kanada waren es Anfang 2022 nicht Bauern, sondern Tausende wütende Trucker, die die Hauptstadt Ottawa mit ihren riesigen Sattelschleppern mehr als einen Monat lahmlegten. Auslöser des sogenannten »Freedom Convoy« war eine Verordnung der kanadischen Bundesregierung, wonach Trucker, die die Grenze zwischen den USA und Kanada überquerten, gegen Corona geimpft sein mussten, wenn sie nicht nach jeder Fahrt 14 Tage in Quarantäne gehen wollten. Für die Trucker bedeutete die neue Regelung eine De-facto-Impfpflicht, denn einen zweiwöchigen Verdienstausfall kann sich im harten Speditionsgewerbe kaum einer der Fahrer leisten, die meist als selbständige Unternehmer arbeiten und ihre teuren Arbeitsgeräte, genannt »Big Rig«, über Jahre abbezahlen.

Die Proteste, an denen sich nach Schätzungen der kanadischen Polizei zeitweise bis zu 18 000 Personen beteiligten, entwickelten sich schnell zu einem grenzüberschreitenden Kultur- und Stellvertreterkrieg über die Angemessenheit der Coronamaßnahmen. Konservative und populistische Organisationen und Persönlichkeiten in Kanada und den USA, darunter Donald Trump, stellten sich auf die Seite der Trucker, während der linksliberale mediale Mainstream keine Mühen scheute, die Protestteilnehmer in die rechte Ecke zu stellen, und die Technologiekonzerne des Silicon Valley ihre Muskeln spielen ließen, um den Freedom Convoy zu sabotieren.

So stoppte die Crowdfunding-Plattform GoFundMe einen Spendenaufruf, mit dem die Organisatoren des Protestes Kraftstoff, Lebensmittel und Unterkünfte für die bei Minusgraden in Ottawa kampierenden Fahrer bezuschussen wollten, und begründete dies nebulös mit der Eindämmung von »Gewalt und Belästigung«. Die bereits gesammelten Gelder, die sich auf etwa 10 Millionen kanadische Dollar beliefen, wurden den Spendern zurückerstattet, wenn sie ein Formular ausfüllten, oder an von GoFundMe ausgewählte Wohltätigkeitsorganisationen weitergegeben. Facebook löschte eine Seite, die für den Freedom Convoy warb, und sperrte das persönliche Konto des Truckers, der sie eingerichtet hatte.

Am 14. Februar 2022 beschloss der kanadische Premier Justin Trudeau schließlich, die »Belagerung« der Hauptstadt und die Blockade mehrerer wichtiger Grenzübergänge durch die Trucker und ihre Fahrzeuge zu brechen, indem er ein bisher nie angewandtes Notstandsgesetz für ganz Kanada ausrief, das der Regierung weitreichende Befugnisse gab. Trudeau erklärte die Proteste für illegal und machte von seinem Recht Gebrauch, Bankkonten, die im Verdacht standen, zur Unterstützung der Proteste verwendet worden zu sein, ohne Gerichtsbeschluss einzufrieren. Die Proteste lösten sich auf, ohne dass die Regierung den Teilnehmern irgendwelche Zugeständnisse in der Frage der Impfungen machen musste.

Die wachsende ökonomische und normative Separierung in den westlichen Staaten zwischen gut situierten, meist akademisch gebildeten Globalisierungsgewinnern, denen »progressive«, »postmaterialistische« Anliegen wie Umweltschutz, Identitätspolitik oder globale soziale Gerechtigkeit am wichtigsten sind, und den in der Regel deutlich konservativeren Angehörigen der abstiegsbedrohten Arbeiterklasse und unteren Mittelschicht ist auch eine geographische Separierung. Autoren wie der französische Geograph Christophe Guilluy und der britische Politikwissenschaftler Matthew Goodwin haben die gewachsene Diskrepanz zwischen wirtschaftlich dynamischen Ballungszentren und der Situation in den zunehmend abgehängten Gebieten, die sie als »Peripherie« bezeichnen, analysiert.

Guilluy, der die wütenden Gelbwesten-Proteste in Frankreich vorhersagte, sagte Anfang 2019 in einem Interview:

> »Technisch gesehen funktioniert unser globalisiertes Wirtschaftsmodell gut. Es bringt viel Reichtum hervor. Aber es braucht nicht die Mehrheit der Bevölkerung, um zu funktionieren. Es hat keinen wirklichen Bedarf an Handwerkern, Werktätigen und sogar Kleinunternehmern außerhalb der Großstädte. Paris schafft genug Reichtum für ganz Frankreich, und London tut dasselbe in Großbritannien. Aber man kann keine Gesellschaft darauf aufbauen. Die Gelbwesten

> sind eine Revolte der Arbeiterklasse, die an diesen Orten lebt. […]
>
> Auch die Städte selbst sind sehr ungleich geworden. Die Pariser Wirtschaft braucht Führungskräfte und qualifizierte Fachkräfte. Sie braucht auch Arbeitskräfte, vor allem Einwanderer, für die Bauindustrie und die Gastronomie etc. Das Geschäft stützt sich auf diesen sehr spezifischen demografischen Mix. Das Problem ist, dass ›die Menschen‹ außerhalb davon immer noch existieren.«

Guilluy beobachtet einen Exodus der einheimischen unteren Mittelschicht und Arbeiterklasse aus europäischen Metropolen, die immer teurer werden und deren bezahlbare Viertel von Einwanderern besetzt werden.

Wie wir in Kapitel 6 »Sozial-Konservatismus« gesehen haben, kann sich der Unmut der für obsolet erklärten »kleinen Leute« an der Wahlurne entladen und zu Phänomenen wie dem Brexit oder der Trump-Präsidentschaft führen. Die Beispiele im vorliegenden Kapitel zeigen, dass unzufriedene Menschenmassen aus der Peripherie auch buchstäblich in die urbanen Zentren eindringen können, um sich bei den Herrschenden Gehör zu verschaffen. In solchen Fällen ist die Dynamik zwischen den technokratischen Entscheidungsträgern und den oft wirtschaftlich prekären Betroffenen besonders vergiftet. Das liegt wohl daran, dass der symbolische Stellenwert ökologistischer Dogmen (oder im kanadischen Beispiel der Corona-Eindämmung) im politischen Handeln jedes sachliche Abwägen und Aushandeln mit den direkt Betroffenen erschwert, weshalb die Kritik der Peripherie nicht selten auf politische Grundsätze zielt.

Besonders eindrucksvoll war dies auch im Fall des bereits erwähnten Aufstands der Gelbwesten in Frankreich zu beobachten. An den Kundgebungen, Besetzungen, Blockadeaktionen und Krawallen nahmen zwischen Ende 2018 und Anfang 2019 rund drei Millionen Menschen teil. Umfragen zufolge unterstützten zeitweise bis zu 75 Prozent der französischen Bevölkerung die Forderungen der populistischen Graswurzelbewegung nach der Rücknahme einer Ökosteuer-Erhöhung auf fossile Kraftstoffe und einer Verbesserung der Lebensverhältnisse der Arbeiterklasse und unteren Mittelschicht, insbesondere im ländlichen Raum. Man kann also von einer echten Volksbewegung sprechen.

Zahlreiche Kommentatoren wiesen damals darauf hin, dass die deutliche Anhebung der sogenannten »taxe carbone« von einer politischen Klasse beschlossen wurde, die mehrheitlich in Paris lebt und daher viel leichter auf Alternativen zum privaten Auto umsteigen kann als die Landbevölkerung. Nach dreieinhalb Wochen der Proteste beugte sich die Regierung dem Druck der Straße und kippte die verhassten Steuererhöhungen auf Kraftstoff, wobei sie der Bewegung weitere Zugeständnisse machte. Die Krawalle und anderen Proteste flauten ab. Die Popularität von Präsident Emmanuel Macron sank jedoch trotz der Zugeständnisse in den Keller und hat sich bis heute nicht wirklich erholt.

Die Peripherie drängt ins Parlament?

Mit der BoerBurgerBeweging (BBB, Bauern-Bürger-Bewegung) wurde eine Partei, die erst 2019 aus den Bauernprotesten hervorgegangen war, überraschend stärkste Kraft bei den niederländischen Provinzwahlen im März 2023. Da die Provinzwahlen über die Zusammensetzung des Oberhauses des Parlaments, der sogenannten Eerste Kamer, entscheiden, kontrolliert die junge Partei nun 16 der 75 Sitze in diesem Gremium, das weitgehend vergleichbar mit dem deutschen Bundesrat ist. Bei den Neuwahlen zum niederländischen Unterhaus (Tweede Kamer, vergleichbar mit dem Deutschen Bundestag) am 22. November 2023 errang die BBB mit rund fünf Prozent zwar deutlich weniger Stimmen, aber immerhin einen beträchtlichen Zuwachs gegenüber ihrem Ergebnis bei den vorherigen Wahlen zur Zweiten Kammer im Jahr 2021.

Der deutsche Politologe Christoph Lövenich, der in den Niederlanden gelebt und über die Geschichte des Rechtspopulismus in diesem Land promoviert hat, führt die Erfolge der BBB unter anderem auf die hohe politische Unzufriedenheit und elektorale Volatilität in den Niederlanden zurück. Außerdem sei es der neuen Partei gelungen, an gewisse Heimat- und Traditionsgefühle anzuknüpfen, die die Allgemeinbevölkerung mit dem Bauernstand und der Lebensmittelherstellung im eigenen Land verbinde, sagte Lövenich den Autoren.

Als Protestpartei werde die BBB vor allem in den »etwas weniger urbanen« Provinzen gewählt, insbesondere in den fünf im Norden und Osten der Niederlande. Die Bewohner dieser Peripherie fühlten sich zwar im Großen und Ganzen nicht wirtschaftlich vom westlichen Landeszentrum abgehängt, so Lövenich. Allerdings lehnten viele die »elitistische«, gegen den »gesunden Menschenverstand« gerichtete Agrarpolitik ab, die von einem relativ homogenen, »globalistisch« orientierten Establishment in der Randstad beschlossen werde. Als Randstad wird die große, wirtschaftlich, politisch und kulturell dominierende Metropolregion im Westen des Landes bezeichnet, die unter anderem die urbanen Gebiete in und um die vier größten Städte Amsterdam, Rotterdam, Den Haag und Utrecht umfasst und in der sich die Sitze der Regierung, des Parlaments, des Königshauses und der meisten nationalen Medien befinden.

Laut Lövenich ist es der BBB jedoch gelungen, mehr zu sein als nur eine auf Agrarthemen beschränkte Protestpartei. Relativ schnell habe die BBB »eine gewisse Eigenständigkeit gegenüber den Organisatoren der Bauernproteste« entwickelt und begonnen, auf vielen Politikfeldern, zum Beispiel der Einwanderung, Politik zu machen und eigene Positionen zu entwickeln. »Interessanterweise gibt es unter den Politikern der BBB kaum Bauern«, ergänzt Lövenich. »Es gibt Leute, die auf verschiedene Art und Weise mit dem Agrarsektor zu tun haben, so wie die Parteichefin und Parlamentsabgeordnete Caroline van der Plas, die früher im Agrarjournalismus tätig war. Aber wenn man sich die BBB-Vertreter in beiden Parlamentskammern anschaut, sind davon die wenigsten tatsächlich selbst Bauern.«

Das aktuelle Programm der BBB charakterisiert der Politologe als einen »gemäßigten Konservatismus«, der ideologisch nicht unbedingt konsistent sei. »Da kommen verschiedene Dinge zusammen. Man findet bei der BBB liberale Elemente, man findet aber auch soziale Elemente. Die Wirtschafts-, Finanz- und Sozialpolitik der Partei lässt sich nicht so einfach auf einen Nenner bringen«, führt Lövenich aus.

Die BBB bedient laut dem Politologen ein breites Bedürfnis in der niederländischen Bevölkerung nach einem »bodenständigen, in gewisser Weise heimatverbundenen Konservatismus«. In dieselbe Marktlücke stoße auch die im August 2023 gegründete Partei Nieuw Sociaal Contract (NSC, Neuer Gesellschaftsvertrag) des Ex-Christdemokraten Pieter Omtzigt, die bei den jüngsten Parlamentswahlen aus dem Stand heraus rund 13 Prozent holte. Lövenich differenziert klar zwischen den beiden neuen Anti-Establishment-Parteien BBB und NSC auf der einen Seite und dem niederländischen Rechtspopulismus auf der anderen Seite, der sich »insbesondere programmatisch und in der Art und Weise des Auftretens« von diesen gemäßigt rechten Kräften unterscheide – wenngleich sich Geert Wilders‘ Partij voor de Vrijheid (PVV, Partei für die Freiheit) um den Wahlsieg bei der Parlamentswahl 2023 herum moderater präsentierte als früher.

Die BBB zur parteipolitischen Vertretung der niederländischen Peripherie zu erklären, wäre wohl eine allzu grobe Vereinfachung. Nach dem Wissen der Autoren ist sie jedoch die einzige einigermaßen erfolgreiche politische Partei im Westen, deren

Ursprünge direkt auf eine Protestbewegung aus der Peripherie zurückgehen (verschiedene »Gelbwesten-Parteien« erwiesen sich allesamt als Fehlzündungen). Das wohl einzigartige Beispiel der BBB legt nahe, dass der Unmut der Peripherie, wenn er in ein Parteiprogramm umgesetzt wird, zum Sozial-Konservatismus tendiert, den wir im gleichnamigen Kapitel vorgestellt haben.

Innere Emigration

Die Bewegung der Gelbwesten brachte Millionen gegen die Klimapolitik von Emmanuel Macron auf die Straße – aber Macron ist noch immer Präsident. Als der italienische Innenminister Matteo Salvini sich weigerte, illegale Migranten an Land gehen zu lassen, was er seinen Wählern versprochen hatte, verklagte ihn ein Gericht wegen angeblichen »Kidnappings Minderjähriger«. Als der Prozess auseinanderfiel, wurde er gleich ein weiteres Mal verklagt. Wer etwas gegen illegale Einwanderung unternimmt, macht sich also strafbar und die Einwanderungspolitik ist faktisch eine Sache der Richter und nicht gewählter Repräsentanten. Mit der dänischen Politikerin Inger Stojberg verhielt es sich nicht anders. Als Migrationsministerin setzte sie sich dafür ein, dass eingewanderte Paare getrennt untergebracht werden sollen, wenn ein Teil minderjährig ist. Gegner Stojbergs entschieden, das Vorgehen verstoße gegen die Europäische Menschenrechtskonvention. Sie wurde zu 60 Tagen Gefängnis verurteilt.
Die Zweifel wachsen, dass sich mit den herkömmlichen politischen Instrumenten – Protesten oder Wahlen – noch spürbare Veränderungen bewirken lassen. Vor allem bei den Themen Klima, Islam und Migration scheint nur noch ein Kurs übrig zu bleiben, der von der breiten Mehrheit der Bevölkerung abgelehnt wird. Migrationskritische Bücher verkaufen sich millionenfach, populistische Parteien und Politiker gewinnen Wahlen und bilden Regierungen, Hundertausende gehen auf die Straße – und alles bleibt beim Alten.

Wobei manches sich doch ändert. Etwa die Spanne dessen, was man noch sagen darf, ohne gefeuert, verbannt, verurteilt oder gar eingesperrt zu werden. Das sogenannte Selbstbestimmungsgesetz sieht eine Strafe von bis zu 10 000 Euro für Personen vor, die das Dogma der geschlechtlichen Transmutation nicht teilen und transitionierte Frauen weiterhin als Männer ansprechen. »Compelled speech« nennt man das in den USA, »erzwungene Rede«. Und das einst so tolerante Irland plant ein Gesetz gegen »Hassrede«, das bereits den Besitz bestimmter Memes, die geeignet seien, Minderheiten »unsicher zu machen«, mit Haftstrafen ahndet.

Bei der Übermacht staatlicher und internationaler Agenturen, den heraufziehenden Zensur- und Blasphemiegesetzen und der Vergeblichkeit von Widerstand kann man Mitmenschen verstehen, die es christlichen Sowjetbürgern früherer Zeiten gleichtun und die hyperliberale Zeit zu überwintern versuchen. Der Marsch durch die Institutionen ist vollzogen, der sanfte Totalitarismus hat gesiegt.

Jetzt bleibt all denjenigen, die wie Alexander Solschenizyn es ausdrückte »in Wahrheit leben« möchten, nur noch der Rückzug ins Private, wo man sich mit Gleichgesinnten umgibt, die Werte der alten Welt kultiviert und sich den neuen Herrschern nicht mehr andient, als es zum Überleben sein muss. Rod Dreher hat diesen Gedanken mit seinem Buch »Die Benedikt-Option: Eine Strategie für Christen in einer nachchristlichen Welt« auch in Deutschland populär gemacht. Der amerikanische Autor fasst seine Analyse und sein Programm der inneren Emigration wie folgt zusammen:

> »Heute herrscht eine neue nachchristliche Barbarei. Viele Gläubige erkennen das jedoch nicht, und ihre Kirchen sind zu schwach, um Widerstand zu leisten. Die Politik bietet wenig Hilfe in dieser geistlichen Krise. Was wir brauchen, ist die

> Benedikt-Option, eine Strategie, die sich auf die Autorität der Heiligen Schrift und die Weisheit der alten Kirche stützt. Das Ziel: das Exil von der Mainstream-Kultur annehmen und eine widerstandsfähige Gegenkultur aufbauen.«

Drehers Bücher richten sich vor allem an amerikanische Christen, die es dort noch in einer gewissen Zahl gibt. Doch das Gefühl, dass der Westen auf einem unguten Weg ist und sich durch nichts von diesem abbringen lassen wird, werden auch viele Agnostiker und Atheisten teilen, die dennoch ahnen, dass die Vorzüge ihrer Gesellschaften ohne christliche Tugenden und Institutionen nicht zu haben sind. Auch sie dürften sich von Drehers Programm angesprochen fühlen.

Addendum: Notizen aus Nie-Wieder-Deutschland

»Zerstörer aus Berufung, Sadist reinen Herzens, ist der Antisemit in der Tiefe seines Herzens ein Verbrecher. Was er wünscht, was er vorbereitet, ist der Tod des Juden. Gewiss fordern nicht alle Feinde des Juden lauthals seinen Tod, die Maßnahmen jedoch, die sie vorschlagen und die alle auf seine Erniedrigung, seine Demütigung, seine Verbannung abzielen, sind ein Ersatz für den Mord, den sie im Sinn haben: es sind symbolische Morde. Der Antisemit hat jedoch ein gutes Gewissen: er ist Verbrecher aus guter Absicht.«
Jean-Paul Sartre

»Wieder sind die öffentlichen Angelegenheiten zum Privileg weniger geworden: mit der Folge, dass das Volk dazu verdammt ist, entweder in Lethargie zu versinken, welcher der Tod der öffentlichen Freiheit auf dem Fuß folgt, oder, den Geist des Widerstandes gegen jede von ihnen gewählte Staatsmacht zu bewahren.«
Hannah Arendt

»Wir müssen in die Umkleidekabinen, in die Stammtische, in die Dörfer ... Das Geld fließt vor Ort in zivilgesellschaftliche Organisationen der Partnerschaft für Demokratie, zusammen mit politischen Parteien, Amtsträgern, Polizei.«
Ricarda Lang

Das Manuskript zum vorliegenden Buch wurde vor den Ereignissen des 7. Oktober eingereicht. Aufgrund der Bedeutung des Pogroms und des anschließenden antisemitischen Deliriums seien noch die folgenden Seiten beigefügt.
Ein bekanntes Zitat, das Lenin zugesprochenes wird, lautet:

> »Es gibt Jahrzehnte in denen nichts passiert und es gibt Wochen in denen Jahrzehnte passieren.«

In den Monaten seit dem 7. Oktober, dem größten antisemitischen Massenmord seit dem Novemberpogrom 1938, fanden »morbide Erscheinungen«, wie Antonio Gramsci sie nannte, eine dramatische Beschleunigung.

Aber lässt sich auch behaupten, dass seitdem sprichwörtliche Jahrzehnte passiert sind? Einerseits nein, denn der Antisemitismus, ob er sich auf den Straßen der westlichen Metropolen austobt, Akte des kleinen und des großen Terrors begeht, sich die Galerien, Museen und Kunstfestivals Untertan macht, in den Schulen und Jugendzentren rekrutiert oder den Uniseminaren die Inhalte diktiert (der britische Historiker Niall Ferguson betont zu Recht den Schaden, den die Politisierung von deutschen Universitäten, die einst weltweit führend waren, in der Weimarer Republik verursachte), west seit Jahrzehnten in unseren Gesellschaften. Er wurde und wird toleriert, ignoriert und kultiviert, manchmal mit Geld aus Stiftungen, manchmal mit demjenigen des Staates, vulgo der arbeitenden und steuerzahlenden Ungläubigen.

Andererseits stellen die massenhaften sadistischen Vergewaltigungen, Folterungen, Verstümmelungen, Entführungen und Ermordungen innerhalb Israels eine neue Stufe des Jihads gegen Juden dar. Was es ebenfalls zuvor in dieser Intensität und Breite im Westen nicht gab, ist die offene Verbrüderung mit Tätern, die den Holocaust leugnen, loben oder gleich dessen Wiederholung fordern.

Als gälte es Alexander Gauland als Stümper in Sachen Relativierung des Nationalsozialismus vorzuführen, bemühen sich die westliche Linke und ihre liberalen Gefährten, die eigene Vergangenheit reinzuwaschen. »Free Palestine from German guilt« rufen sie und suchen, wie ihre linksterroristischen Ahnen von der Roten Armee Fraktion oder den Revolutionären Zellen, den Schulterschluss mit einem früheren Verbündeten der Nazis: der »palästinensischen Nationalbewegung«, dessen Begründer, SS-Gruppenführer Mohammed Amin al-Husseini, ein echter Völkermörder war und kein halluzinierter wie Israel. Er war es, der die Ausreise von Tausenden von jüdischen Kindern verhinderte, die auf seinen Wunsch hin in Auschwitz-Birkenau vergast wurden.

Vom ägyptischen Exil aus bemühte sich al-Husseini nach dem Krieg um die Verbreitung von »Mein Kampf« und den »Protokollen der Weisen von Zion«, gab geflohenen Nazis, die er gelegentlich zum »einzig wahren Glauben« konvertierte, Audienzen, förderte den Judenhass in deutschen islamischen Vereinigungen und baute Jassir Arafat zur künftigen Stimme des »palästinensischen Volkes« auf. 1955 wurde er auf der Bandung-Konferenz, dem ideellen Vorläufer der Durban-Konferenz, als Held der Dekolonisierung gefeiert. Der Judenmörder und Hitlerfreund al-Husseini war eine authentische Stimme des Globalen Südens, der damals noch Dritte Welt hieß.

Ideologischer Schulterschluss

Dass der mörderische Antisemitismus sich im liberalen Westen rasant ausbreitet, kann nur den überraschen, der sich nie für das Schicksal der Juden interessierte oder im Antisemitismus ausschließlich einen Ausdruck rechtsradikaler Gesinnung sah. Eine Person, die Letzteres mustergültig verkörpert, ist eine der wichtigsten progressiven Stimmen unserer Zeit, Judith Butler, die die Judenmörder von Hamas und Hisbollah zur »progressiven sozialen Bewegung« und »Teil der globalen Linken« beförderte. Es ist bereits 18 Jahre her, dass Butler, eine Feministin, die die Burka lobt, eine Rhetorik-Professorin, die mit einem Preis für schlechtes Schreiben ausgezeichnet wurde, diese Sätze von sich gab – sie wurden mit jedem Jahr wahrer. Nach dem Oktoberpogrom hat sich der Linksislamismus als politisch-soziale Bewegung im Westen verankert.

Die schwedische »Klima-Aktivistin« Greta Thunberg besitzt eine Gabe, für die jede NGO sie beneiden dürfte: ein Gespür für Fluktuationen und Trendverschiebungen auf dem Mitleidsmarkt. Nachdem Fridays for Future (FFF) bereits ihren Kampf für Net-Zero erfolgreich mit anderen Versatzstücken der progressiven Weltanschauung verknüpft hatte (»Die Klimakrise hat ein Geschlecht. Sie wird vorangetrieben von alten, privilegierten, weißen Männern aus dem Globalen Norden [...]«, gab etwa die polnische FFF-Aktivistin Dominika Lasota bekannt), war es nur noch ein kleiner Schritt zum ideologischen Schulterschluss mit der Hamas.

Sara Rachdan, die sich eine Bühne mit Thunberg teilte, bejubelte zwei Tage nach dem 7. Oktober den islamischen Pogrom als »Widerstand« und beschuldigte Israel der »Vergasung« von Palästinensern. Die internationale Sektion von FFF hatte bereits in der Vergangenheit ihre Solidarität mit palästinensischen »Märtyrern«, also antisemitischen Judenmördern, erklärt. Man wird kein besseres Beispiel für praktischen Intersektionalismus finden. Oder vielleicht doch: Wenige Wochen nach dem Oktoberpogrom erblickte ein neuer TikTok-Trend die Welt. Junge Frauen erklärten, die feministische, tolerante, spirituell erfüllende Seite des Korans entdeckt zu haben und, wenn schon, denn schon, zum »einzig wahren Glauben« konvertiert zu sein. Das Ganze lief unter dem Stichwort »Revert«, schließlich werden ja, so dekretiert es die islamische Ideologie, alle Menschen als Moslems geboren. Auch ein 22 Jahre alter Brief Osama bin Ladens an das amerikanische Volk wurde, Vertreterinnen der Generation Z sei Dank, zum Gegenstand eines Trends in den Sozialen Medien. Der frühere al-Qaida-Führer wurde hier als gütiger, sanfter und ganz und gar vernünftiger Weiser vorgestellt, dessen Analysen und Ratschläge nur ein bösartiger westlicher Bellizist missachten könne. Dabei beinhaltete der Brief nur altbekannte islamistische Haltungen gegenüber Juden (steuern Regierungen durch ihre Kontrolle der Wirtschaft und der Medien) und Homosexuellen (Unzucht, gehört verboten). Die späte Verbrüderung mit bin Laden dürfte nur diejenigen überraschen, die »Queers for Palestine« für das satirische Projekt anti-woker Aktivisten hielten und nicht die Bezeichnung einer reellen Pathologie des Linksliberalismus.

Europa

Der Linksislamismus baut seine Dominanz in sämtlichen Ländern der westlichen Welt aus. Spätestens seit den Anschlägen in New York und Europa stellt die längst nicht mehr schleichende Islamisierung eine der Hauptsorgen der Wähler in liberalen Demokratien dar. In wenigen gesellschaftlichen Bereichen erfährt die Bevölkerung mehr ihre eigene Ohnmacht und die Übermacht des Vielfaltsregimes.

In den Regionalwahlen Brüssels, der vermeintlichen Hauptstadt Europas, führt die Arbeiterpartei Belgiens mit 21 Prozent der Stimmen. Neben Versatzstücken des Maoismus und Leninismus stellt der Islamismus mit seiner traditionellen Feindschaft gegenüber Israel, den Juden und dem Westen die Hauptquelle der Parteiideologie dar.

Ihr Führer, Raoul Hedebouw, setzt sich dafür ein, dass bereits achtjährige Mädchen die Burka tragen dürfen, und als der pakistanische Imam Muhammad Ansar Butto im belgischen Parlament Suren vortrug, die von der Ermordung von Juden handelten, geschah dies ebenfalls auf Einladung der Sozialisten. Für die islamistischen Anschläge 2016 in Brüssel machte die Partei die westliche Außenpolitik verantwortlich, bei einer Demonstration verbrannten Mitglieder die Puppe eines orthodoxen Juden. Wie andere linksislamische Parteien ist die Arbeiterpartei Belgiens für BDS, für die Auflösung der Nato und Massenmigration, was bei der wachsenden islamischen Bevölkerung gut ankommt. In einem Artikel für das Magazin *Causeur* beschrieb die französische Journalistin Céline Pina die Verhältnisse wie folgt:

»Die mit Marokko und der Türkei unterzeichneten Migrationsabkommen und das extreme Wohlwollen gegenüber den radikalsten muslimischen Bevölkerungsgruppen nähren den politischen Klientelismus der Linken in Belgien. Damit wird eine demografische Bombe gezündet, die Belgien zum ersten muslimischen Staat in Europa machen könnte. In Belgien verfügen die Islamisten über wichtige Schaltstellen in der lokalen politischen Klasse, aber auch in der Kommission und im Europäischen Parlament. Im Mai 2021 ernannte Sarah Schlitz, belgische Staatssekretärin für Gleichstellung und Mitglied der Grünen, eine verschleierte Frau zur Kommissarin für Gleichstellung.«

Wie sehr der radikale Islam die Brüsseler Institutionen der Europäischen Union infiltriert hat, erfuhr die Öffentlichkeit durch die Publikation der Qatar Papers und den Skandal um die Bestechung linker Politiker und NGOs durch Geld aus Katar. Eva Kaili, Mitglied der griechischen sozialdemokratischen PASOK-KINAL-Partei, musste von ihrem Amt als Vizepräsidentin des EU-Parlaments zurücktreten, als sie in flagranti am Internationalen Tag gegen Korruption mit Bestechungsgeld erwischt wurde. Den katarischen Staat, Beschützer der Hamas-Führerschaft, lobte Kaili 2022 für dessen Schutz der Menschenrechte. Das war wenige Wochen vor dem Start der Fußball-WM. Die belgische Polizei ermittelt gegenwärtig im Fall eines Kollegen, der mit der Aufarbeitung des Katar-Skandals beauftragt war und der Opfer eines versuchten Giftmordes gewesen sein soll.
Die erfolgreichste linksislamische Partei dürfte La France Insoumise (Das nicht unterworfene Frankreich) des Präsidentschaftskandidaten Jean-Luc Mélenchon sein. Die Weigerung, Hamas zu verurteilen, und die Bezeichnung des Oktoberpogroms als »palästinensische militärische Offensive« dürfte ihm ebenso Stimmen aus der wachsenden Population aus dem Maghreb und dem Sahel einbringen wie die Ablehnung der Laizität zu Gunsten der

Kinderverschleierung. Der französische Philosoph Alain Finkielkraut geht davon aus, dass Mélenchon Anhänger einer Theorie des »Großen Austauschs« ist. Mit dem Unterschied, dass er, im Unterschied zu »rechten« Theorien, die Ersetzung der autochthonen Bevölkerung begrüßt.

Auch in Großbritannien setzt sich die Islamisierung dank linker, liberaler und sozialdemokratischer Parteien fort. In den englischen Großstädten, allen voran London, tritt der fundamentalistische Islam noch eine Spur selbstbewusster und radikaler als andernorts auf. Das Fundament hierfür wurde in den 80ern und 90ern geschaffen, als Jihadisten in London, das seitdem auch als »Londonistan« verspottet wird, Zeitungsredaktionen, Spenden- und Rekrutierungsbüros eröffnet haben.

Als islamisches Coming Out kann man die landesweiten Demonstrationen 1989 gegen den Schriftseller Salman Rushdie ansehen, bei denen Puppen des Autoren und seine Bücher verbrannt wurden. Für den Autoren Kenan Malik begann hier die Transformation einer als asiatisch bezeichneten Bevölkerung in eine islamische. Seitdem hat sich der Einfluss in sämtlichen Institutionen des Landes bemerkbar gemacht.

Februar 2024 gewann der linksislamische Politiker George Galloway die Wahlen in der Stadt Rochdale mit knapp 40 Prozent der Stimmen. Galloway, der in den Jahren davor versprochen hatte, seinen Bezirk »zionistenfrei« zu halten und niemals mit Israelis zu reden, hatte seinen Wahlkampf vor allem mit pro-islamischen Forderungen und Aussagen bestritten. Rochedale war eine der zahlreichen englischen Städte, in denen weiße minderjährige Mädchen von sogenannten Grooming Gangs, Banden hauptsächlich pakistanischstämmiger Männer, systematisch vergewaltigt und missbraucht wurden.

Vertreter islamischer Organisationen versuchten die Berichterstattung, die erst nach Jahren der bewussten Verdrängung einsetzte, mit dem ubiquitären Vorwurf der »Islamophobie« zu

verhindern – was ihnen zumindest in weiten Teilen auch gelang. Zwischen 2018 und 2019 wurden 18 700 Opfer von solchen Grooming Gangs identifiziert. Für die Geschändeten ging niemand auf die Straßen, kein Polizist kniete nieder, kein Künstler richtete sich mit einer Brandrede an die Öffentlichkeit. Nicht einmal einen Hashtag war die Sache wert. Rochedale könnte der Beginn des politischen Sektierertums in Großbritannien sein. Sam Melia wurde dieses Jahr zu zwei Jahren Gefängnis verurteilt, weil er Aufkleber mit Sprüchen wie »Reject white guilt« oder »Stop mass immigration« vertrieb. Bahar Mustafa – Feministin, Anti-Rassistin, Vorsitzende der Studentenunion der Uni Goldsmith – postete »Kill all white men« und wurde ebenso freigesprochen wie die vier Moslems, die 2021 mit Autos durch London rasten und »Fuck the jews, rape their daughters« brüllten. Das Vielfalts-Regime und seine neuen Blasphemiegesetze kennen kein gleiches Recht, nur die Verfolgung von Ungläubigen, Abtrünnigen, Apostaten.
Nicht anders als die amerikanische Demokratische Partei, die von jungen Aktivisten und Parteimitgliedern auf linksislamischen Kurs gebrachten werden soll, leidet auch die britische Labour-Partei unter einem ideologischen Schisma. Ihre jungen Anhänger fordern ein Umlenken in der »Nahost-Frage« zugunsten islamischer Akteure. Es sieht danach aus, als würde die Partei, deren früherer Führer, Jeremy Corbyn, Hamas und Hisbollah als »meine Freunde« bezeichnet hatte, den linksislamischen Kurs verwandter Parteien folgen.
In London, wo die palästinensischen Parolen und Fahnen das Bild von Vierteln wie Tower Hamlets (Little Palestine) dominieren, finden seit dem Oktoberpogrom jeden Samstag große Demonstrationen statt, die an die Aufmärsche der faschistischen Schwarzhemden erinnern. Englische Patrioten werden, nicht selten unter Billigung der anwesenden Polizei, vertrieben. Jüdische Krankenhäuser, Läden und selbst ein Holocaust-Archiv

wurden beschmiert. Die Zahl der judenfeindlichen Gewalttaten ist, wie überall in der westlichen Welt, förmlich explodiert (2023 gab es 266 gewaltsame Übergriffe auf Juden, ein Anstieg von 96 Prozent).

Auf manchen Plakaten, die Moslems auf den Demonstrationen mitführen, kann man die alte UN-Resolution (Nr. 3379 von 1975) »Zionism is Racism« sowie »Stop doing what Hitler did to you« oder »I support Hamas« lesen. Manche Aufmärsche waren nichts anderes als Machtdemonstrationen der Jihadisten. Sie dürften das Abreißen der Plakate der Hamas-Geiseln durch die Polizei (nicht nur in London, sondern auch in Berlin) mit Wohlwollen gesehen haben.

Die frühere Innenministerin Suella Braverman schrieb in einem Aufsehen erregenden Artikel für die Zeitung *The Telegraph:*

> »Die Wahrheit ist, dass die Islamisten, die Extremisten und die Antisemiten jetzt das Sagen haben. Sie haben die Labour-Partei unterworfen, sie haben unsere Institutionen unterworfen, und jetzt zwingen sie unser Land in die Unterwerfung. […]
> Wir befinden uns in einer Krise. Und der Abwehrkampf muss jetzt dringend beginnen, wenn wir die Freiheiten, die wir schätzen, und die Privilegien, die dieses Land uns allen bietet, bewahren wollen. Wenn wir eine Chance haben wollen, unser Land vor dem Mob zu retten.«

Und auch der bekannte Podcaster und Autor Konstantin Kisin sieht Großbritannien in einer existenziellen Krise. Sein Essay »Are islamists in charge of Britain?« endet mit den Worten:

> «Wir müssen uns gegenüber ehrlich sein. Wenn wir jetzt nicht handeln, und ich bin mir leider fast sicher, dass wir das nicht tun werden, wird das Ergebnis mehr Gewalt und mehr Einschüchterung sein. Es ist keine angenehme Wahrheit, das

zugeben zu müssen, aber die Dinge werden nur noch schlimmer, wenn wir uns weigern, sie auszusprechen.«

Die beiden Artikel bezogen sich auf einen so skandalösen wie bezeichnenden Vorgang im britischen Unterhaus. Abgeordnete hatten das jahrhundertealte parlamentarische Verfahren außer Kraft gesetzt, um über eine Deklaration eines »Waffenstillstands« in Gaza zu debattieren. Diese Entscheidung war zustande gekommen, weil Abgeordnete Angst hatten, einem islamischen Attentat zu Opfer zu fallen. Die wütenden islamischen Demonstranten, die sich vor der »Mutter aller Parlamente« zusammengerottet hatten, und die an den Big Ben projizierte Völkermordparole »From the river to the sea« werden dazu beigetragen haben. Der britische Politiker Nigel Farage warnte in einem Interview: »2029 wird es eine ernst zu nehmende islamische Präsenz im britischen Parlament geben.«
In Großbritannien geht, nicht anders als in Schweden, Dänemark, Deutschland oder Frankreich, die Angst vor dem radikalen Islam um. Mike Freer, ein konservativer Abgeordneter, in dessen Bezirk viele Juden leben, erklärte, seit Längerem eine stichsichere Weste zu tragen. 2021 wurde sein Kollege, Sir David Amess, von einem Islamisten erstochen. Politikern wie Sadiq Khan (Bürgermeister von London) oder Hamza Yousaf (Ministerpräsident Schottlands) gilt »Islamophobie« weiterhin als größte Bedrohung für den »gesellschaftlichen Zusammenhalt«, und islamische Gruppen setzten ihre Anstrengungen fort, jede Form von Islamkritik unter Strafe zu stellen. Die jihadistischen Demonstrationen in London gehen derweil weiter.

USA

In Israel waren noch nicht alle Leichen geborgen, an manchen Orten fanden noch Schusswechsel statt, da erschien eine Deklaration von über 30 Studentengruppen aus der Eliteuniversität Harvard:

»Wir, die unterzeichnenden Studentenorganisationen, machen das israelische Regime in vollem Umfang für die sich entwickelnde Gewalt verantwortlich.

[...]

Heute betritt die palästinensische Tortur unbekanntes Terrain. Die kommenden Tage werden ein entschiedenes Auftreten gegen koloniale Vergeltungsmaßnahmen erfordern. Wir rufen die Harvard-Gemeinschaft auf, Maßnahmen zu ergreifen, um die fortgesetzte Vernichtung der Palästinenser zu stoppen.«

Die Vereinigten Staaten galten lange Zeit als für Juden sicheres Land. Antisemitismus war zumeist ein Randphänomen, das auf rassistische Gruppen wie die Aryan Nation oder die Nation of Islam, Rassismus-Profiteure wie den Prediger Al Sharpton oder obskure Blogger beschränkt blieb. Auch das hat sich verändert. Nach dem Oktoberpogrom hat Amerika in Bezug auf den Antisemitismus Anschluss an Old Europe gefunden: Angriffe auf jüdische Cafés, Supermärkte und Schulen, verprügelte orthodoxe Juden und immer wieder judenfeindliche Proteste, Schmierereien und Übergriffe auf den Geländen von Eliteunis. Und immer wieder Demonstranten, die ihre rot gefärbten Hände in die Kameras von CNN und MSNBC halten, nicht wissend, dass sie dadurch ein ungleich bekannteres Bild in Erinnerung rufen: Dasjenige von Aziz Salha, der seine mit dem Blut israelischer Soldaten getränkte Hände am 12. Oktober 2000 euphorisch dem jubelnden Mob in Ramallah präsentierte.

Es bleibt abzuwarten, ob die Demokratische Partei ihr Lavieren in der Israelfrage aufrecht erhalten wird. Der Druck der radikalen Moslems, der jungen Sozialisten in der Partei und vermeintlicher Graswurzelorganisationen wie Black Lives Matter nimmt zu und die Wahlen rücken näher. Laut einer Umfrage von Harvard-Harris sehen 66 Prozent der Befragten zwischen 18 und 24 in den Juden »eine Klasse von Unterdrückern« und 60 Prozent halten den jihadistischen Massenmord vom 7. Oktober für gerechtfertigt.

Amerikas Gegenwart ist nicht die von Martin Luther King erhoffte. Sie ist nicht von seinem Wunsch inspiriert, es möge nicht die Hautfarbe, sondern nur der Charakter zählen, sondern von den Ressentiments Malcolm X', dessen rassistische (»die weiße Welt ist eine verkommene Welt, die von einer Rasse weißer Teufel regiert wird«), antizionistische (Juden »saugen das Lebensblut der sogenannten Neger aus, um den Staat Israel aufrecht zu halten«) und antisemitische (Juden sind »selber schuld« an ihrer Vernichtung) Weltanschauung in den progressiven Teilen des Landes, allen voran den liberalen Universitäten, längst Mainstream ist. Die frühere Allianz aus Schwarzen und Juden bekämpfte er stets. Zur Überwindung des Erbes der Sklaverei empfahl er die Konversion zum Islam, dessen Prophet selbst Sklavenhändler war. Als er 1963 seine berühmte Pilgerfahrt nach Mekka unternahm, war Sklaverei dort erst seit einem Jahr offiziell verboten – was u. a. auf Druck amerikanischer Juden geschah.

Über den Hass auf Juden und den jüdischen Staat kommen schwedische Sozialdemokraten und arabische Nationalisten, ultraliberale New Yorker Künstler und die afghanischen Taliban, französische Sozialisten und saudische Monarchisten, englische Atheisten und pakistanische Deobandi-Salafisten, milliardenschwere Philanthropen und Kreuzberger Hausbesetzer zusammen. Der Antisemitismus ist ein Esperanto, das durch das geteilte Ressentiment Kommunikation stiftet, die wahre Universalgrammatik, die den Antagonismus zwischen an sich antagonistischen Gruppen mildert und die Pathologien der Zeit in sanktionierte Bahnen lenkt.

Israel ist in der Tat »der Jude unter den Staaten«, wie es der französische Historiker Léon Poliakov einst beschrieb. Die Sowjetunion und ihre Vasallen, in denen der Antizionismus Staatsdoktrin war, sind zum Glück untergegangen, ihr israelfeindlicher Wahn jedoch war noch nie so verbreitet. New York, Washington DC, Paris, Berlin, Düsseldorf, Stockholm, Brüssel, London ... – wir erleben die größten antisemitischen Demonstrationen der Geschichte und den größten Ausbruch antisemitischer Gewalt seit dem Zweiten Weltkrieg.

Deutschland

In Deutschland beherrschen vor allem Migranten aus dem »Globalen Süden« und ihre Gönner aus dem akademischen, künstlerischen, medialen, politischen und aktivistischen, sprich progressiven, Milieu das antisemitische Esperanto.

> »Die Vernichtung des Nazismus mit seinen Wurzeln ist unsere Losung. Der Aufbau einer neuen Welt des Friedens und der Freiheit ist unser Ziel.
> Das sind wir unseren gemordeten Kameraden, ihren Angehörigen schuldig. Zum Zeichen Eurer Bereitschaft für diesen Kampf erhebt die Hand zum Schwur und sprecht mir nach:
> Wir schwören!«

Mit diesen Zeilen endet der berühmte, von kommunistischen Lagerinsassen verfasste »Schwur von Buchenwald«.
Das »Nie wieder«, das gemeinhin mit dem Schwur von Buchenwald verbunden wird, findet sich hier nicht, dafür ist es aber zum inoffiziellen Motto der Bundesrepublik im Anschluss an den Oktoberpogrom und die »Wannseekonferenz 2.0.« geworden. Nach dem Aufstand der Anständigen der 2000er und der Willkommenskultur der späten 2010er-Jahre hat sich Deutschland, zumindest seine linken und liberalen Kreise, hinter dem Banner des Antifaschismus versammelt – was man als späte Rache für die Auflösung der staatsantifaschistischen Deutschen Demokratischen Republik sehen könnte.

Das von der Ampel-Regierung beschworene Nie-wieder-Deutschland mag wirtschaftlich rasant und nachhaltig absteigen, die meisten anderen Länder Europas durch seine Energie-, Migrations- und Klimapolitik abschrecken, doch im »Kampf gegen rechts« ist es weltweit einsam führend. Das extensive Netz an Melde- und Forschungsstellen, Bildungsprojekten und auf Antifaschismus verpflichteten Behörden wurde in den letzten Monaten des Jahres 2023 massiv aufgestockt.

Das Bundesamt für Verfassungsschutz (BfV) unter Thomas Haldenwang, der auf den Kritiker der Flüchtlingspolitik Hans-Georg Maaßen folgte, ist zu einer der zentralen Behörden im politischen »Kampf gegen rechts« geworden. Gleich nach seiner Ernennung betonte er, der Inlandsgeheimdienst würde sich nun verstärkt auf den Rechtsextremismus konzentrieren. Die Öko-Aktivisten von Letzte Generation, denen die Deutsche Polizeigewerkschaft »konkret staatsfeindliches Handeln« vorwirft, werden von Haldenwang mit patrizischem Großmut betrachtet. Die Straßenkleber, die immer wieder dafür sorgen, dass Notärzte Unfallorte mit großer Verspätung erreichen, würden im Grunde sagen: »He, Regierung, ihr habt so lange geschlafen, ihr müsst jetzt endlich mal was tun.«

Ganz anders die Kritiker der Corona-Maßnahmen oder empörte Bürger, die das Behördenversagen während der Ahrtal-Katastrophe (Familienministerin Anne Spiegel: »wir brauchen ein Wording, dass wir rechtzeitig gewarnt haben«) in wütenden Worten anprangerten. Anders als die Letzte Generation mit ihren tausendfachen Blockaden, Angriffen auf Kunstwerke und apokalyptischen Slogans stehen Querdenker und Betroffene der Ahrtal-Katastrophe für den neuen Verfassungsschutz unter Verdacht, »aktiv den Eindruck« erwecken zu wollen, der Staat sei »komplett überfordert gewesen«. Für sie hat die Haldenwang-Behörde eine eigene Kategorie erfunden: den Phänomenbereich »verfassungsschutzrelevante Delegitimierung des Staates« – eine Delegitimierung von Grundrechten durch einen Staat, der immer dann nicht überfordert erscheint, wenn er dem Souverän mit ernsten Folgen droht.

Dass das dem BfV übergeordnete Amt, das Bundesministerium des Innern und für Heimat (BMI), seit der Amtsübernahme durch Nancy Faeser ganz auf Nie-wieder-Kurs sein würde, konnte man aus ihrem Gastbeitrag herleiten, den sie 2021 für die Zeitschrift »Antifa« (deren Herausgeber vom bayrischen Verfassungsschutz als »bundesweit größte linksextremistisch beeinflusste Organisation des Antifaschismus« eingestuft werden) verfasst hatte. Ihre Prioritäten unterstrich sie ebenfalls, als sie 2022 den »Expertenkreis Politischer Islamismus« auflöste.

Weitere Stationen auf Faesers geraden Weg zum Nie-wieder-Deutschland: Forderung nach Abschaltung sozialer Medien und nach anlassloser Überwachung sämtlicher Internet-Kommunikation, Entlassung von Beamten, die in den Verdacht der »Demokratiefeindlichkeit« geraten, Beweislastumkehr bei Mitarbeitern des Öffentlichen Dienstes, Diffamierung von Protesten gegen Inflation oder Energiekrise als demokratiefeindlich ...

In den letzten Tagen hat das Nie-wieder-Deutschland einige Rückschläge erfahren, was einerseits Hoffnung in den Rechtsstaat weckt, andererseits Grund zur Befürchtung gibt, dass der »Kampf gegen rechts« nun mit noch mehr Zensur, Repression und Drohungen geführt werden wird. Zuerst erwischte es den Bericht des Unabhängigen Expertenkreises Muslimfeindlichkeit »Muslimfeindlichkeit – Eine deutsche Bilanz«. Die »Studie«, an der auch legalistische Islamisten (das sind diejenigen, die der von Faeser aufgelöste Expertenkreis untersuchen sollte) mitwirkten, kam zum einzig möglichen Ergebnis: Antimuslimischer Rassismus ist weit verbreitet, strukturell und nimmt zu.

Was fordern die Macher? Repräsentation von »Personen mit muslimischen Identitätsbezügen in allen staatlichen Einrichtungen und Handlungsstrukturen«, Ausbau weiterer Melde- und Beratungsstellen, »eine fächerübergreifende Überarbeitung der Lehrpläne und Schulbücher«, »eine bessere Verankerung des Themas Muslimfeindlichkeit in der journalistischen Selbstregulierung« usw. Mehr Geld, mehr Macht, mehr Privilegien. Es liegt in der Natur der Sache, dass solche Berichte – immerhin Handlungsanleitungen für den Staat – niemals Entwarnung geben oder einen Abbau der Behördennetzes fordern. Ende Februar verschwand die Publikation von der Seite des BMI. Der Journalist Henryk M. Broder hatte gegen die diffamierende Darstellung seiner Person geklagt und gewonnen.

Nicht nur war das mediale »Framing« eines privaten Treffens von Rechten und Konservativen in einem Potsdamer Hotel als »Wannseekonferenz 2.0« offensichtlich ein Fall progressiver Holocaustrelativierung, ein Großteil der von der staatlich, also von Steuerzahlern alimentierten Plattform Correctiv »aufgedeckten« und von seriösen Medien wiederholten und ausgeschmückten Geschichte eher ein Fall von Kolportage als von Reportage. Correctiv jedenfalls löschte, nachdem erste Kritik an der Darstellung laut wurde, klammheimlich den zentralen Begriff »Deportation« von ihrer Seite und erklärte kurz darauf, ihn nie benutzt zu haben. Inwiefern es sich bei den Berichten über den »Geheimplan«, den man selbst zwei Monate geheim hielt, um ihn dem Berliner Publikum als Theaterinszenierung anzubieten, um Privatmeinungen der Correctiv-Macher handelt, werden die Gerichte klären.

Eine weitere Niederlage erfuhr eine der zentralen institutionellen Säulen des Nie-wieder-Deutschland: das von Faeser und von Familienministerin Lisa Paus erdachte Gesetz zur Stärkung von Maßnahmen zur Demokratieförderung, Vielfaltgestaltung, Extremismusprävention und politischen Bildung (Demokratiefördergesetz). Mit ihm sollen NGOs, die den Sozialdemokraten, Grünen und Linken ideologisch verbunden sind, »Planungssicherheit« bekommen, d. h. auf Dauer mit Steuergeld versorgt werden. Auf diese Weise würde sich die Regierung eine eigene »Straße« schaffen, die mit Protesten, Manifesten und aufrüttelnden »Studien« neuen Stoff für noch mehr Demokratie von oben schafft. Anfang März entschied der Wissenschaftliche Dienst des Bundestages, das Gesetz sei in seiner jetzigen Fassung verfassungswidrig. Die beiden Architektinnen der Demokratieförderungen haben bekannt gegeben, an ihrem Projekt festzuhalten. Ob es sich bei diesen Rückschlägen um erste Boten einer Kursänderung handelt, oder um zu erwartende Stolpersteine, die bei der großen Transformation zu erwarten sind, wird sich zeigen. Sollte der Staat seine Zensur-, Einschüchterungs- und Indoktrinationsbemühungen zurückfahren, wird es jedenfalls nicht aufgrund von Protesten durch die Kunst- und Kulturelite sein. Die hat sich dem Nie-wieder-Deutschland, wie auch schon zuvor der Willkommenskultur, bedingungslos verschrieben. Mussten die Verantwortlichen der Documenta noch mit ansehen, wie das antisemitische Wandbild des indonesischen Künstlerkollektivs Taring Padi abgehängt wurde, und sich ein paar kritische Artikel über die Verherrlichung des antisemitischen Terrors der Japanischen Roten Armee in einem Exponat gefallen lassen, so lassen echte Konsequenzen weiterhin auf sich warten.

Zwei Kuratoren der ebenfalls indonesischen Künstlergruppe Ruan Grupan wurden nach der »Antisemita 15«, wie Sascha Lobo das Spektakel nannte, mit einer Gastprofessur in Hamburg belohnt. Sicherlich hatte man den sprichwörtlichen kritischen Dialog mit ihnen geführt, vermutlich auch einen echten Juden dazu eingeladen, damit auch diese »gelebte Erfahrung« gehört werden konnte, doch dann geschah der Oktoberpogrom und die beiden Gastprofessoren wurden rückfällig. Für das Feiern des Terrors auf Instagram gab es ein Like von ihnen.

Das andere große Kunstspektakel, die Berlinale 2024, geriet zum internationalen Schaulaufen der »konformistischen Rebellen«, wie der Philosoph Theodor W. Adorno sie nannte. Menschliche

Litfaßsäulen, von Kopf bis Fuß mit politischen Slogans behangen, mit ernstem Blick und gereckter Faust fordernd, was nichts kostet, was alle ohnehin denken, was die Reihen enger schließt und trotzdem an rebellische Posen der Vergangenheit erinnert: From the River to the Sea, zerschlagt den Judenstaat!

Der »älteste Hass« zeigt sich in diesen Kreisen in seiner neusten Fassung. Verachtete man die Juden einst als Gottesmörder und religiöse Fundamentalisten zugleich, als störrische Bewahrer der Tradition und als Zerstörer der traditionellen Kultur, als Symbole der ländlichen Idiotie und als Inkarnation der Großstadt, als allzu sichtbar und im Verborgenen handelnd, als impotent und sexuell übergriffig, als Individuum und als Rasse, als Kapitalisten und Kommunisten, so stellt man sie heute außerhalb der Humanität, weil sie nicht vollständig im liberalen Westen aufgehen und vor allem, weil für sie das »Nie wieder« keine hohle Parole, kein Hashtag oder antifaschistisches Kostüm ist, sondern existenzieller Kampf. Juden darf der Progressive jedoch (noch) nicht als Juden hassen, er muss sie zunächst als Zionisten, besser noch als Weiße – »hyper-weiß«, wie Pamela Paresky schreibt –, konstruieren, denn Weiße sind die einzige Gruppe, die von der neuen intersektionalen Internationale ausgeschlossen sind und nicht das Privileg der »geschützten Klasse« genießen (Juden kommt dieses Privileg nur als toten Juden zu, wie Dara Horn beobachtet hat).

Die politische Elite der Stadt hörte sich die israelfeindlichen Reden an und klatschte brav. David Cunio, ein israelischer Schauspieler und früherer Berlinale-Teilnehmer, der am 7. Oktober von der Hamas mit seiner Familie entführt wurde, war der Nie-wieder-Gala kein Wort und keine Geste wert. Ebenso wenig der palästinensische Pogrom, der seit Jahren anhaltende Bombenhagel auf israelische Städte und Dörfer, das Schicksal der Geiseln oder die globale antisemitische Hysterie. (Randnotiz: Der Goldene Bär, die wichtigste Auszeichnung der Berlinale, ging an eine dokumentarische Verklärung des Königreichs Dahomey, dessen bedeutendster wirtschaftlicher Sektor der Handel mit schwarzen Afrikanern war – bis die britische Navy das lukrative Geschäft mit Sklaven mittels Kanonenbooten beendete. Wird die postkoloniale Szene den Weißen den Abolitionismus, also die Abschaffung der Sklaverei, jemals verzeihen?).

Die Erleuchteten stehen also auf der Bühne, nehmen ihre Trophäen und ihr Preisgeld entgegen und das Publikum applaudiert. Bei den Bildern, die am Folgetag erschienen, drängt sich ein Zitat von Hannah Arendt auf, das im Hinblick auf liberale Universitäten entstand, aber längst gesamtgesellschaftliche Geltung besitzt. Schließlich leben wir, wie der Autor Andrew Sullivan einst bemerkte, alle auf dem Campus.

> »In Wirklichkeit liegen die Dinge in solchen Fällen erheblich ernster: Die Mehrheit weigert sich einfach, von ihrer Macht Gebrauch zu machen und die Störer zu überwältigen; der akademische Betrieb bricht zusammen, weil niemand bereit ist, für den Status quo mehr zu tun als einen Finger hochzuheben. Das besagt, dass die Universitäten viel mehr Studenten gegen sich haben, als man gemeinhin glaubt, und dass die militante Minderheit ein größeres Machtpotential besitzt, als die in öffentlichen Abstimmungen ermittelte Zahl erwarten lässt.«

Tausende Zeitungs- und Nachrichtenbeiträge gegen die AfD, Millionen Menschen auf der Straße gegen rechts, Milliarden Euro für NGOs gegen Hass und Hetze – und dennoch war das jüdische Leben in der Bundesrepublik Deutschland noch nie so bedroht. Auf dem Campus niedergeschrien, in den Schulen eingeschüchtert, auf den Straßen verprügelt, im Wohnviertel bedroht. Davidsterne markieren Hauseingänge wie in den 30er-Jahren, Anschläge auf Synagogen, Schulen, Krankenhäuser. Israelische Fahnen an öffentlichen Gebäuden werden verbrannt, Plakate von vermissten Israelis werden abgerissen, während »bunte« Stadtteile wie

Neukölln immer mehr wie Ramallah aussehen, Märtyrerplakate und Durchhalteparolen inklusive. Über den Jihad auf unseren Straßen und den radikalen Islam in den Institutionen schweigt man sich ebenso beredt aus wie über die grassierende Gewalt gegen Einheimische (laut BKA sind in drei Vierteln aller Fälle, in denen es zu Gewalttaten zwischen Zuwanderern und Einheimischen kommt, letztere die Opfer).

Hunderttausende auf Demos, auf denen zum Jihad aufgerufen wird, auf denen nicht Frieden gefordert wird, sondern die Verschonung der Hamas, in dem die Vernichtung des einzigen jüdischen Staates gefordert wird, bärtige Männer und verschleierte Frauen getrennt, wie es der radikale Islam gebietet. Immer wieder auch der erhobene Zeigefinger, den die Völkermörder und Sklavenhalter des Islamischen Staates einst der Welt präsentierten. Sie wollen nur provozieren? Nein, nichts unterscheidet sie vom brandstiftenden Mob in Tunesien oder anderswo.

Fanatische linke Gruppierungen wie Palästina Spricht oder Migrantifa – von der Antidiskriminierungsbeauftragten Ferda Ataman einst als authentische Stimme der Verdrängten gefeiert –, dürfen sich als Avantgarde, als starker Arm des Nie-wieder-Deutschlands begreifen. Auch das Unteilbar-Bündnis (Für eine offene und freie Gesellschaft – Solidarität statt Ausgrenzung) ist als »Hand in Hand/Wir sind die Brandmauer« wieder dabei. Zwar wurden die ehemaligen Genossen von Samidoun und Hirak – Palestinian Youth Movement, mit denen man 2018 gemeinsam durch Berlin marschierte, aus dem Verkehr gezogen, doch es fand sich würdiger Ersatz: Islamic Relief Deutschland, eine Organisation, die in Israel und den Vereinigten Staaten als »Teil des Finanzierungssystems der Hamas-Organisation« verboten ist. Nicht wenige werden es vorziehen, auf der anderen Seite der Brandmauer zu leben.

Immer noch geht die Lüge um, dass Rechte die eigentliche Bedrohung für Juden sind, dass das Vielfalts-Regime ein Erfolg ist,

dass man auch ganz gut ohne Integration und Assimilation fährt. Ganz kurz kam der Apparat ins Stocken, als aus Neukölln und Essen »unschöne Bilder« zu uns drangen, als Migranten in den Sozialen Medien massenhaft den Massenmord feierten, doch wenige Tage später sprang das Narrativ wieder in die gewohnte und sozial konforme Spur.
In den letzten Tagen wurde viel über Gemini, das KI-Produkt von Google, gestritten. Selbst mit den geschicktesten Prompts konnte es nicht dazu gebracht werden, die Existenz von Weißen einzugestehen. Schwarze Wikinger, indische Päpste, indianische Deutsche. Negative Kommentare über Weiße und das Christentum? Sicher, stets zu Diensten. Ein kritisches Wort über »geschützte Klassen«, ein Witz über den Propheten? Sorry, hier gelten die Regeln des Vielfalts-Regimes. KI, Social Media und Suchmaschinen sind das westliche Über-Ich, ein Kanon an Geboten und Verboten, den die Entwickler in Silicon Valley und sonst wo der Welt aufzwingen möchten.
»Zu sehen, was man direkt vor der Nase hat, bedarf eines ständigen Kampfes«, schrieb George Orwell. Direkt vor unserer Nase agiert sich ein neuer Antisemitismus aus, manchmal auf den Straßen tobend, manchmal seinen dekolonialen Katechismus aufsagend, auf Podien, bei Galaabenden, in Seminaren, Parlamenten und Pausenhöfen, links, liberal, feministisch, queer, islamisch. Seit dem Krieg waren Juden in Europa nicht mehr so bedroht. Auf die Gefahr hin, vom Verfassungsschutz als »Delegitimierer des Staates« erfasst zu werden: Der Staat versagt.

Schlussbetrachtung: In Zeiten des Interregnums

»Jedes Reich, das mit sich selbst uneins ist, wird verwüstet; und jede Stadt oder jedes Haus, das mit sich selbst uneins ist, wird nicht bestehen.«
Matthäus 12,25; Lutherbibel 2017

»Die Mächte des Bösen haben ihre entscheidende Offensive gestartet, man spürt ihren Druck, und doch sind Ihre Bildschirme und Veröffentlichungen voll von vorgeschriebenem Lächeln und erhobenen Gläsern. Woher kommt die Freude?«
Alexander Solschenizyn, »Eine gespaltene Welt«, Vortrag an der Harvard Universität, 1978

Im Laufe des 20. Jahrhunderts hat sich die Liberale Demokratie auf einer ökonomischen Basis der (sozial-ökologisch eingehegten) Marktwirtschaft gegenüber den systemischen Konkurrenten beziehungsweise Feinden Faschismus und Kommunismus durchgesetzt. Sie garantiert ihren Bürgern heute materielle Güter, Genuss und Selbstverwirklichung in einem Umfang, von dem unsere Großmütter und Urgroßväter nicht einmal träumen konnten.

Aber der Liberalismus enthält einen entscheidenden Konstruktionsfehler beziehungsweise einen grundlegenden inneren Widerspruch, auf den wir an anderer Stelle bereits eingegangen sind, den wir aber hier noch einmal aufgreifen möchten. »Der freiheitliche, säkularisierte Staat lebt«, wie es der Jurist Ernst-Wolfgang Böckenförde formulierte, »von Voraussetzungen, die er selbst nicht garantieren kann.« Das Diktum des verstorbenen Bundesverfassungsrichters ist wohl deshalb berühmt geworden, weil es etwas unmittelbar Einleuchtendes auf den Punkt bringt. Aber es drückt wohl nur die halbe Wahrheit aus, weil ihm das Element des Progredienten (Fortschreitenden) fehlt. Tatsächlich muss der Konstruktionsfehler des Liberalismus nach unserer Ansicht nicht nur als Defizit, sondern als eine Art fortschreitende Autoimmunkrankheit verstanden werden.

Eine Ideologie, die antritt, das Individuum zu befreien, wird fast zwangsläufig das, was der Politikwissenschaftler Patrick Deneen die präliberalen Quellen »moralischer Substanz« nennt, als unzumutbare Beschränkungen des Individuums angreifen und zersetzten. Also die Dinge, die den Liberalismus als pluralistisches, auf Freiheit, Vertrauen und Mündigkeit basierendes Gesellschaftssystem zusammenhalten und sein Funktionieren gewährleisten. Die beobachtbaren Folgen haben wir im ersten und zweiten Teil dieses Buches beschrieben: Der Liberalismus ist zu einem Hyperliberalismus mutiert, der jegliche natürlichen und gesellschaftlichen Grenzen überwinden will.

Die Priester dieser seltsamen Ideologie sind die »kritischen« Intellektuellen und Manager, die James Burnham beschrieben hat. Diese neue Klasse, entstanden aus dem Bedarf fortgeschrittener kapitalistischer Wissensgesellschaften nach immer mehr akademisch gebildeten Verwaltern, Instrukteuren und Führungskräften, hat in Staat und Wirtschaft zunehmend das Kommando übernommen.

Ihre Vorstellungen, Werte und Ziele werden vor allem über höhere Bildungseinrichtungen vermittelt und sind recht homogen. So halten die Angehörigen dieser Schicht elementare Staatsaufgaben wie Grenzschutz und Landesverteidigung für anachronistisch, Masseneinwanderung aus den archaischsten und gewalttätigsten Teilen der Welt in den Westen für alternativlos und fanatische Antisemiten und Steinzeittheokraten für moralische Instanzen, wenn diese vorgeben, für einen unterdrückten globalen Süden zu sprechen.

Diese ultra-progressive Intelligenzija ist außerdem davon überzeugt, dass die Menschheit durch das Aufstellen von Windrädern und den Kauf von E-Autos die globale Durchschnittstemperatur in 50 Jahren bis auf ein Zehntelgrad genau bestimmen kann, dass

Grippe- und Coronaviren, die viele Hunderte Jahre alt und hochinfektiös sind und ständig mutieren, aus der Welt geimpft werden können und dass Männer schwanger werden und Frauen einen Penis haben können. Werte wie Pflichtbewusstsein, Dienstethos, Disziplin, Vermittlung eines klassischen Bildungskanons oder Bürgersinns sowie jeden positiven Bezug auf die eigene Nation und die abendländische Zivilisation stellt die neue Klasse unter Faschismusverdacht.

Vielfalt und Transformation sind für die progressiven Intellektuellen und Manager Sinn und Selbstzweck westlicher Gesellschaften. Ihr unbedingter Fortschrittsglaube zwingt sie, alltägliche Ausdrücke wie »Damen und Herren«, die Individuen in die menschheitsgeschichtlich fast universelle Dichotomie von Mann und Frau einordnen, als unzumutbare Verletzungen zu eliminieren, oder den Geist eines kitschigen Herbert-Grönemeyer-Songs (»Gebt den Kindern das Kommando. Sie berechnen nicht, was sie tun. Die Welt gehört in Kinderhände. […] Kinder an die Macht.«) mit – vermutlich ungewollten – Anklängen an den »Herrn der Fliegen« (»Sie sind die wahren Anarchisten. Lieben das Chaos, räumen ab. Kennen keine Rechte, keine Pflichten. Noch ungebeugte Kraft. Massenhaft.«) ernsthaft zu einer Maxime des politischen Handelns zu machen.

Über den Songtext eines weiteren Barden des Hyperliberalismus, »Imagine« von John Lennon, wird in konservativen Kreisen seit langem gewitzelt, er sei buchstäblich eine Anleitung zur Schaffung einer dystopischen Gesellschaft. Nun, in einer Dystopie leben wir noch nicht. Aber wir scheinen ihr immer näher zu kommen. In einem mustergültigen Beispiel für einen dialektischen Umschlag ist Befreiung in Repression umgeschlagen, Fortschritt in Rückschritt, Wissenschaft in Esoterik.

So geht der hyperliberale Staat in der Umsetzung seiner Ziele, die selten von der Mehrheit der Bevölkerung unterstützt werden, immer rücksichtsloser und autoritärer vor. Zum »Selbstbestimmungsgesetz« gehört die Kriminalisierung ideologischer Gegner. Zu Quotenregelungen gehört die quotierte Diskriminierung. Zum »Demokratiefördergesetz« gehört die Diskreditierung von Positionen als antidemokratisch, die bis vor Kurzem noch zum Mainstream gehörten. Zur Durchsetzung der multikulturellen Gesellschaft gehört die Abwertung von Staatsbürgerschaft und kultureller Kontinuität.

Die Lebensqualität der breiten Masse hat sich im Hyperliberalismus objektiv verschlechtert. Die Reallöhne der meisten Menschen stagnieren oder sinken. Die Wirtschaft ist durch Überregulierung, Corona-Lockdowns und explodierende Energiepreise ins Trudeln geraten und muss mit milliardenschweren Entlastungspaketen gestützt werden.

Die westlichen Staaten nehmen immer mehr Schulden auf, um ihre zahlreichen sozialen, ökologischen und wirtschaftlichen Transformationsprojekte zu finanzieren. Entgegen den Beteuerungen der Politiker ahnen viele Menschen, dass ihre Rente nicht sicher ist. Das soziale Gefüge der Städte zerfällt, und sie werden immer unsicherer. Lange überwunden geglaubte soziale Missstände wie Mangelernährung, Slums und Energierationierung kehren zurück. Frauen und Homosexuelle werden belästigt und bedroht, und Juden müssen wieder in besonderer Angst leben.

Und auch in den Bildungsrankings fällt der Westen zurück. Was heute als Wissenschaft gilt, wirkt in vielen Bereichen ideologisiert und politisiert. Schlimmstenfalls ist es obskurantistisches Voodoo. Sozialökologische Gesellschaftstransformatoren instrumentalisieren den Nachhaltigkeitsbegriff, um individuelle Freiheiten zu beschneiden und niedrige Erwartungen vorzugeben.

Krieg und Schwäche

Das jüngste Schwelgen der westlichen Nationen in Dekonstruktion, Selbsthass und Sündenstolz wird von unseren Gegnern und Feinden nicht bewundert. Sie legen es zu Recht als Schwäche aus.

Das russische Regime hat die Gunst der Stunde genutzt und den westlichen Vorposten Ukraine überfallen. Vom Iran und Russland unterstützte Terrorgruppen haben in Israel das größte Massaker an Juden seit der Shoah verübt.

Und auch im europäischen Kernland ist ein totalitärer politischer Islam auf dem Vormarsch. Dank der Masseneinwanderung aus einschlägigen Staaten kann er aus einem großen Reservoir an potenziellen Extremisten rekrutieren. Insbesondere jungen migrantischen Männern bietet er eine attraktiv wirkende Alternative zur Integration in den schwachen und dekadenten westlichen Mainstream.

Inzwischen vergeht kaum ein Monat ohne mehrere Meldungen über blutige islamistische Anschläge auf europäische Bürger, die ihrem Alltag nachgehen. Die Waffen – darunter Autos, Macheten, Küchenmesser – sind für jeden zugänglich, der Staat machtlos. Auf Demos wie jüngst in Berlin, Essen und London werden die Flaggen der Taliban und des Islamischen Staats geschwenkt, die Errichtung eines Kalifats und die Auslöschung Israels gefordert, und Juden Vergewaltigung und Vergasung angedroht.

Ein weiterer Gegenspieler des Westens, die Regierung in Peking, tritt bisher weniger brachial auf. Aber auch sie versteht es, das zeitgemäße »Schluchzen des weißen Mannes« (Pascal Bruckner) über Kolonialismus, strukturellen Rassismus und Co. gegen uns zu wenden.

In seiner berühmt gewordenen Harvard-Rede von 1978 ging der sowjetische Dissident und Exilant Alexander Solschenizyn mit der aus seiner Sicht defaitistischen und kompromisslerischen Détente-Politik der damaligen Carter-Administration gegenüber dem totalitären Kommunismus hart ins Gericht. Den verdutzten frischgebackenen Absolventen der Eliteuni, die wohl eine seicht-inspirierende Abschlussrede erwartet hatten, erklärte er, dass sie sich sorglos Konsum und Materialismus hingegeben hätten, während die »Mächte des Bösen« erstarkten und gegen sie vorrückten.

Eine ähnliche Idee finden wir in literarischer Form in J.R.R. Tolkiens »Herrn der Ringe«, wo die gemütliche menschenähnliche Rasse der Hobbits nach vielen Jahrzehnten ohne Krieg glaubt, »dass Friede und Überfluss [...] die Regel seien und allen vernünftigen Leuten von Rechts wegen zustünden«. Auf ihre große Gefahr hin, wie wir im Laufe der Romantrilogie sehen.
Auch uns ging es lange gut, und wir sind bequem geworden. Das rächt sich nun. Langfristig ist nicht auszuschließen, dass Europa »im günstigsten Falle eine chinesische Kolonie, im ungünstigsten ein Kalifat« wird, wie der konservative Polemiker Henryk M. Broder argwöhnte.
Mittelfristig wird unsere Heimat wohl vor allem eins sein: unsicher. Wir, die wir uns den Luxus nahmen, im Gegensatz zum Rest der Welt mit Post-Nationalstaatlichkeit, Post-Militarismus, Post-Männlichkeit und wer weiß was noch allem Experimente anzustellen, vollführen jetzt hektische Wenden in der Asyl- und Verteidigungspolitik und lernen in einer Art Crash-Kurs, wie man mit einer allgegenwärtigen dschihadistischen Bedrohung lebt, so wie es die Bewohner Israels schon lange gewohnt sind.

Repression, Reaktion, Reife oder Rückzug?

Wie wir in unserer Geschichte des Liberalismus gezeigt haben, hatte dieser bei allen Freiheitsbekenntnissen stets auch eine paternalistische, sozialreformistische Ader. Im Hyperliberalismus wird diese Tendenz immer autoritärer. Diverse Kampagnen, Wenden und neuartigen Staatsziele werden mit harter Hand vorangetrieben. Das ist zum einen notwendig, weil diese, wie wir gesehen haben, in der Bevölkerung weitgehend unbeliebt sind. Zum anderen soll es verhindern, dass der Hyperliberalismus an seinen inneren Widersprüchen zerbricht.
Davon gibt es viele. Der Hyperliberalismus positioniert sich etwa gegen Misogynie, Homophobie und Antisemitismus, aber für Masseneinwanderung aus den frauenfeindlichsten, schwulen-

feindlichsten und antijüdischsten Teilen der Welt. Er will angeblich Geschlechternormen durchbrechen, erklärt aber geschlechtsstereotypische Kostümierungen zum authentischsten Ausweis des Mann- oder Frauseins. Er verurteilt »Panikmache«, wenn es um Islamisierung und Terroranschläge geht, schürt aber seinerseits irrationale Ängste vor Pestiziden, »Genen« und Atomkraftwerken, ungeachtet der Tatsache, dass letztere nach Meinung besonnener Experten einen wesentlichen Beitrag zur Lösung der apokalyptisch beschworenen »Klimakrise« leisten können. Der Hyperliberalismus will Millionen Elektroautos auf die Straße bringen, verknappt und destabilisiert aber gleichzeitig die Stromversorgung. Er wertet »die Wissenschaft« zu einer Art Ersatzreligion auf und erhebt dadurch ihre Erkenntnisse zu absoluten Glaubenssätzen – was aber wissenschaftlichen Fortschritt verhindert. Er propagiert Toleranz und Vielfalt, nur um im nächsten Moment in Intoleranz und Gruppenzwang umzuschlagen. Er erklärt die Verteidigung der Demokratie zur heiligen Pflicht – aber nur, wenn diese zu den »richtigen« Ergebnissen führt.

Manche Kritiker des Hyperliberalismus sind der Meinung, dass dieser angesichts seiner zahlreichen Fehlleistungen in Deutschland vor dem Aus steht. So stellte der konservative Journalist Jens Peter Paul am 27. November 2023 in einem Facebook-Beitrag erfreut fest, dass »Linke, Grüne und Woke« derzeit erlebten, »wie ihre kulturelle Hegemonie im Zeitraffer den Bach runter geht, weil sie schlicht 20 Jahre lang zu viel Scheiße gebaut haben und nichts von dem funktioniert, was sie in ihrer moralischen Überlegenheit angerichtet und durchgesetzt haben.« Der TV-Produzent und *Cicero*-Kolumnist sieht Deutschland nach dem Hamas-Pogrom in Israel und den islamistischen Aufmärschen in Europa »am Scheideweg« und spricht von »historischen Wochen«. Wir hoffen, dass wir den richtigen Weg einschlagen. Eines ist sicher: Sollte der Hyperliberalismus weiter hegemonial bleiben, wird ihm das nur gelingen, wenn er die repressiven

Tendenzen verstärkt, die wir in der ersten Hälfte dieses Buches beschrieben haben (wobei er darauf achten muss, nichts von dem moralischen Relativismus einzubüßen, der erforderlich ist, um eine extrem fragmentierte Gesellschaft zu verwalten). Der wachsende Druck würde noch mehr Menschen als bisher in die innere Emigration treiben.

Immerhin gibt es dort diverse Ablenkungsmöglichkeiten, die manchmal wie modernisierte Versionen der Refugien im real existierenden Sozialismus wirken. Statt Datschenglück gibt es heute etwa Tiny House Movement und Van Life, und neben Alkohol sind jetzt viel mehr Rauschmittel gesellschaftlich akzeptiert. Eine echte Innovation sind dagegen die ultra-realistischen virtuellen Welten. Diese Art von Rückzugsmöglichkeit stand dem Sowjet- oder DDR-Bürger nicht zur Verfügung.

Gerade Deutsche sollten sich darüber im Klaren sein, dass eine Fortsetzung der hyperliberalen Vorherrschaft einem endgültigen Verrat am Judentum gleichkommt. Denn in Fragen der Vergangenheitsbewältigung und Erinnerungskultur sind die Prämissen des Hyperliberalismus durch und durch angloamerikanisch, und das bedeutet eine »postkoloniale« Rassenhierarchie, in der das primäre Merkmal der Juden nicht ihr Status als Opfer der nationalsozialistischen Vernichtung ist, sondern ihr »Weißsein« und, schlimmer noch, ihre vermeintliche oder tatsächliche Nähe zu Israel, das als kolonialistischer Apartheidstaat imaginiert wird. Das verweist sie, wenn sie überhaupt in die Hierarchie der schützenswerten Opfergruppen aufgenommen werden, auf einen der alleruntersten Ränge.

In den letzten Jahren hat der Hyperliberalismus mit all seinen irrationalen, widersprüchlichen und autoritären Programmen und Zielen verschiedene Gegenbewegungen hervorgebracht, die wir im dritten Teil dieses Buches vorgestellt haben. Oft bringen die Menschen ihre Unzufriedenheit mit dem Hyperliberalismus dadurch zum Ausdruck, dass sie für einen heterogenen Strauß von

Parteien stimmen, die, wohl etwas vereinfachend, mit dem Oberbegriff »rechtspopulistisch« bezeichnet werden. Solche Parteien verbuchen inzwischen in fast allen westlichen Staaten beachtliche Wahlerfolge. Mancherorts sind sie sogar an die Macht gekommen. Aber der Unmut über besonders unpopuläre hyperliberale Vorstöße kann sich auch mehr oder weniger spontan in Massendemonstrationen entladen, wie etwa die französische Gelbwestenbewegung oder die paneuropäischen Bauernproteste zeigen.
Die Mächte der nicht-westlichen Welt reagieren auf ihre Weise, indem sie ihre Gesellschaftsmodelle zunehmend ausdrücklich als Alternativen oder Bollwerke gegen den dysfunktionalen westlichen Hyperliberalismus positionieren. Von besonderer Relevanz für die Menschen in Europa ist hier Russland, dessen Machthaber Wladimir Putin sich in den letzten Jahren zu einem gewissen Grad neu erfunden hat, von einem farblosen Technokraten mit wenig erkennbaren ideologischen Überzeugungen zu einer Art selbsterklärtem Public Intellectual und selbsternanntem Sprecher der Unzufriedenen auch im Westen.
Mit Hilfe seiner Berater und Weggefährten hat Putin aus allerlei traditionellen, illiberalen und reaktionären Elementen ein krudes Gegenmodell zur Liberalen Demokratie zusammengezimmert, das in normalen Zeiten wohl schwer verkäuflich wäre. Angesichts des beängstigenden Kurses, den die westlichen Gesellschaften eingeschlagen haben, ist der Wunsch nach einer wie auch immer gearteten Notbremse aber offenbar so stark, dass Putin nicht nur auf breite Unterstützung im eigenen Land zählen kann, sondern auch seine Versuche, sich populistischen Bewegungen im Westen aktiv als Partner anzubieten, bislang von bemerkenswertem Erfolg gekrönt waren. Im Bund mit China und der islamischen Mittelmacht Iran schmiedet Russland eine neue, explizit antiwestliche Achse. Immer mehr Entwicklungs- und Schwellenländer weisen das hyperliberale Angebot des Westens zurück und wenden sich dieser neuen Achse zu.

Bei allen Erfolgen: Mit der Invasion der Ukraine scheint Putin sich verkalkuliert zu haben. Die ukrainische Bevölkerung will auf keinen Fall in ein autokratisches und imperialistisches Großrussland assimiliert werden und hat sich als erstaunlich resilient erwiesen. Trotz eines enormen Einsatzes von Personal und Material ist es Russland nie gelungen, mehr als ein Viertel des Landes unter seine militärische Kontrolle zu bringen. Und der Westen hat die Gelegenheit ergriffen, durch die großzügige Ausstattung der Ukraine mit modernen westlichen Waffensystemen und anderen Arten der Unterstützung den Aggressor regelrecht ausbluten zu lassen (wenn auch um den Preis einer extremen finanziellen Belastung seinerseits, die eindeutig nicht unbegrenzt durchhaltbar ist und in der Bevölkerung für wachsenden Unmut sorgt).
Der russische Angriff hat den Westen aufgerüttelt und zusammengeführt. Mit einigen Ausnahmen, wie den russlandnahen Regierungen der Slowakei und Ungarns und anderen prorussischen Kräften wie AfD und Lega, scheint die scharfe Trennung zwischen Nationalkonservativen und Populisten auf der einen und hyperliberalen, progressiven Technokraten auf der anderen Seite in den Hintergrund getreten zu sein.
In Kiew geben sich so unterschiedliche Anführer wie Joe Biden, Olaf Scholz, Giorgia Meloni und Mateusz Morawiecki die Klinke in die Hand, posieren innig mit dem ukrainischen Präsidenten Selenskyj und versprechen Rüstungspakete in Milliardenhöhe. Die Ukraine ihrerseits ahmt das nach, was sie für westlich und fortschrittlich hält, wie die Teilnahme eines von der ukrainischen Botschaft unterstützten Trucks an der Berliner Christopher-Street-Day-Parade unter dem Motto »Be Pride Like Ukraine« zeigt.
Der 24. Februar 2022 und der 7. Oktober 2023 haben einige der liebsten Fiktionen des Liberalismus erschüttert. Das »Business as usual« ist so diskreditiert wie nie zuvor, ein grundlegender Kurswechsel steht an. Und in der Tat ist es inzwischen unübersehbar:

Der schwerfällige Tanker, den wir die westliche Welt nennen, beginnt notgedrungen zu wenden.

Indizien dafür sind unter anderem die Revitalisierung der westlichen Verteidigung, die allmähliche Durchsetzung restriktiverer Ansätze in der Asylpolitik, Verbote islamistischer Organisationen, die Renaissance der Atomkraft und Rücknahme extremer Klimaschutzziele in einigen Ländern, das wachsende Interesse an De-Globalisierung und »Reshoring«, sowie die deutliche Ablehnung von radikaler Identitätspolitik, Cancel Culture und der ideologisch bevormundenden Gendersprache in der Bevölkerung, die mittlerweile auch vom christdemokratischen Mainstream und sogar von Teilen der Linken aufgegriffen und kanalisiert wird. Politiker wie Sahra Wagenknecht und Boris Palmer, die ostentativ vom hyperliberalen Konsens abweichen, um eine eigene, dezidiert postliberale Politik zu vermarkten, erfreuen sich großer Beliebtheit. Sie haben mit einem konzertierten Widerstand der Manager zu rechnen.

In der gegenwärtigen Phase des »postliberalen Augenblicks«, wenn man bereits von einem solchen sprechen kann, ist die westliche Suche nach einer neuen Identität noch überwiegend *ex negativo*. Wir sind nicht Putin (und auch nicht Burka, wie der damalige CDU-Innenminister Thomas de Maizière 2017 unter großem Spott aus dem links-progressiven Lager feststellte). Aber was wir dann sind, können wir noch nicht so recht sagen. Die jahrelange Propagierung von Relativismus, Beliebigkeit und einem oberflächlichen Begriff von Inklusivität und Vielfalt hat ihre Spuren hinterlassen.

Immerhin: In den letzten Jahren sind verschiedene ernstzunehmende Initiativen, Netzwerke und Publikationen entstanden, die darauf abzielen, eine intellektuelle Grundlage für die sich abzeichnende Wende zu einem Postliberalismus oder einem »reifen« Liberalismus zu schaffen. Sie haben erkannt, dass der Liberalismus trotz seiner langen unangefochtenen Hegemonie eine

Ideologie wie der Kommunismus oder der Faschismus ist und nicht notwendigerweise der natürliche Endpunkt der menschlichen sozialen und politischen Evolution, und sie befassen sich konstruktiv mit der Frage, was auf ihn und seine Steigerungsform, den Hyperliberalismus, folgen könnte. Zu nennen sind etwa die Blue-Labour-Strömung innerhalb der britischen Sozialdemokratie, die Alliance for Responsible Citizenship (ARC) um den liberal-konservativen kanadischen Intellektuellen Jordan B. Peterson, die im Herbst 2023 ihre erste große Konferenz in London abhielt, oder die englischsprachigen Debattenmagazine *Unherd, Compact und First Things.*

Die nahe Zukunft wird zeigen, ob sich der Westen für einen reifen, reflektierten Freiheitsbegriff entscheidet, der Achtung hat vor historischer Erfahrung, der Notwendigkeit von Kompromissen und der inhärenten Begrenztheit der Conditio Humana und der anerkennt, dass die Institutionen, die Sicherheit, Freiheit und Wohlstand sichern, »leichter zerstört als geschaffen werden können« (Roger Scruton). Oder für einen utopischen Liberalismus ohne Grenzen, der seine eigenen Voraussetzungen auflöst und so dem endgültigen Niedergang der westlichen Zivilisation, einem neuen Totalitarismus oder etwas ganz anderem den Weg bereitet. Es steht viel auf dem Spiel.

Aber vielleicht sind wir, wie Alice im Wunderland, schon zu tief in den liberalen Kaninchenbau gefallen, um es uns noch anders zu überlegen. Diese pessimistische Sichtweise wird von sogenannten »Neoreaktionären« wie Curtis Yarvin und Libertären wie dem US-Milliardär Peter Thiel vertreten. Sie sind überzeugt, dass demokratische Gesellschaften unweigerlich einen immer aufgeblähteren Staatsapparat hervorbringen, der zwangsläufig mit links orientierten Mandarinen besetzt ist, die den Staat bei der Verfolgung ihrer progressiven und universalistischen Ziele dysfunktional machen und letztlich in den Bankrott treiben.

Die Neoreaktionäre und Libertären wollen die Demokratie daher durch absolutistische Monarchien oder sogenannte »Privatstädte« ersetzen, die wie ein Unternehmen von einem CEO oder einem Vorstand ohne Beteiligung der Bevölkerung geführt werden. Sie träumen, wenn man so will, von einer »echten« Expertokratie, die sich durch Verantwortungsethik, fiskalische Disziplin und langfristiges Denken auszeichnet, im Gegensatz zur gesinnungsethischen, verschwenderischen und ineffizienten Liberalen Demokratie, in der, bei aller Akademisierung und angeblichen Qualifiziertheit der Eliten, Yarvin zufolge eben nicht die besten Ideen belohnt werden, sondern vor allem solche, die »den Einsatz von [staatlicher] Macht rechtfertigen«.

In der Praxis verfolgen Libertäre wie Thiel eine Exit-Strategie. Statt die bestehenden westlichen Nationalstaaten zu reformieren, setzen sie auf die Gründung neuartiger Mikrostaaten – de facto große Gated Communities, in denen der Staat ein rein kommerzieller Dienstleister ist und es keine Politik im herkömmlichen Sinne mehr geben soll. Zum jetzigen Zeitpunkt ist es schwer zu beurteilen, wie realistisch diese Pläne sind und ob die libertären Ideen von Kundenmacht und Wahlfreiheit ein adäquater Ersatz für demokratische Kontrollen wären.

In jedem Fall darf bezweifelt werden, dass künftige CEO-Könige sich alle als ein solcher Glücksfall für ihre jeweiligen Privatstädte erweisen würden wie der in libertären Kreisen viel gepriesene Lee Kuan Yew, der den von ihm gegründeten Stadtstaat Singapur tatsächlich mit harter, aber fähiger Hand zu Wohlstand und Größe führte. Hinzu kommt das Problem, dass friedliche Machtwechsel in undemokratischen Systemen bekanntermaßen schwierig sind. Aber auch die Schwächen der Demokratie, insbesondere ihre Anfälligkeit für mutwillige Zerstörungsversuche von Menschen mit extremen Ideen und zum Teil erheblichen finanziellen Ressourcen, werden immer deutlicher. Zum Zeitpunkt, in dem wir dieses Schlusswort schreiben, sorgt zum Beispiel die Gründung der

neuen islamistisch orientierten Partei DAVA in Deutschland für Schlagzeilen, die von vielen Experten als verlängerter Arm der türkischen Regierung angesehen wird.
Derweil diskutieren die USA über die besorgniserregenden Aktivitäten des Superreichen Fergie Chambers, der den Kapitalismus zerschlagen, Israel ausradieren und die Polizei abschaffen will und offenbar sein Erbe von rund 250 Millionen US-Dollar dazu verwendet, radikale Palästinensergruppen zu unterstützen und in Massachusetts eine Art linksextreme Miliz aufzubauen.
»Mögest du in interessanten Zeiten leben«, lautet angeblich eine alte chinesische Verwünschung. In Wirklichkeit handelt es sich wahrscheinlich um eine sehr lockere Umschreibung des echten chinesischen Sprichworts »Besser ein Hund in Friedenszeiten als ein Mensch in Zeiten des Aufruhrs« durch unbekannte Westler.
Wir hoffen, dass dieses Buch in der Zeit des Aufruhrs, die wir das *Interregnum* nennen, eine Orientierungshilfe sein kann.

Die Autoren.

Epilog: Das Ende liberaler Fiktionen

Die Wahrheit über den Pogrom vom 7. Oktober 2023 ist nicht nur die Zahl von über 1200 Toten, sondern auch die lustvolle, sadistische Weise, mit der sie ermordet wurden. Soldaten, Zivilisten, Feiernde, Kibbuzniks, Männer, Frauen, Alte, Junge, Babys, vor allem Juden aber auch Araber, Nepalesen, Thailänder und weitere Nationalitäten, enthauptet, verbrannt, erschossen, vergewaltigt, entführt. Von der Hamas, dem Islamischen Jihad und ganz normalen Palästinensern.

Mit den Ermordeten starben einige der hartnäckigsten Fiktionen der liberalen Demokratie.

Das gilt zuerst für die größte liberale Fiktion von allen: die multikulturelle Gesellschaft. Das haben zwar vor fast fünfzehn Jahren bereits Angela Merkel, David Cameron und Nicolas Sarkozy eingestanden, doch den eingeschlagenen Kurs ändern, das wollten oder konnten sie nicht.

Und selbst die Anschläge in New York, Paris, Nizza, Brüssel, Stockholm, Berlin und Hunderten weiteren Orten, die Migrationskrise, die Kölner Silvesternacht, die pakistanischen »Grooming-Gangs«, die verlorenen Gebiete in Frankreich und die schwedischen Bandenkriege führten zu keinem Umlenken. Man hatte bereits zu viel in die multikulturelle Fiktion investiert, um sich von ihr zu verabschieden. Und je mehr sie scheiterte, desto mehr schlug man auf die Mahner, desto mehr verdammte man den Common Sense.

Welche liberalen Fiktionen starben noch im Oktober-Pogrom?

Die Fiktion der Vereinten Nationen, als sie eine Schweigeminute für Gaza abhielten und ihnen zur Schändung als Kriegswaffe nichts einfiel.

Die Fiktion der alten Medien, als sie Israel dämonisierten und die Propaganda der Mörder verbreiteten.

Die Fiktion der neuen Medien, als sie die Hamas zu Freiheitskämpfern, Osama bin Laden zum Propheten und die Juden zu verhassten »Weißen« machten.
Die Fiktion der Universitäten, als sie zu Sperrgebieten für Juden und zu Exerzierplätzen ihrer Feinde wurden.
Die Fiktion der Linken und ihrem »Kampf gegen rechts«, als sie den Pogrom totschwiegen oder ihn mit akademischem Neusprech rechtfertigten.
Die Fiktion der Staatsräson, als die Regierung entschied, die freundlichen Beziehungen zur Türkei, zu Katar und dem Iran zu bewahren.
Die Fiktion, dass es keinen »importierten Antisemitismus« gibt, dass die Gefahr vor allem von Rechten ausgeht, dass »antimuslimischer Rassismus« das eigentliche Problem ist, dass »Lehren aus der Geschichte« gezogen wurden.
Auch, dass der Jihad sich nur gegen Juden und Zionisten richtet, ist eine Fiktion. Seit es ihn gibt, trachtet er, mal mit politisch-juristischen, mal mit terroristischen Mitteln, zur Unterwerfung aller Nichtgläubigen. Tours, Poitiers und Wien sind für uns Städtenamen, für die Jihadisten jedoch Symbole der Schmach und Quellen des Ressentiments.
Die »arabische Straße«, dieser Euphemismus für den gewaltbereiten Mob im scheiternden Staat, befindet sich nicht mehr nur in Amman, Kairo oder Damaskus, sondern in den Peripherien und Zentren der westlichen Metropolen. Ihre Lingua Franca, ihre Universalgrammatik ist der Judenhass. Dank ihr kann sie sich mit dem schwedischen Sozialdemokraten, dem venezolanischen Kommunisten, dem säkularen Iraker, dem fundamentalistischen Afghanen, der afrikanischen Weltkünstlerin und der kalifornischen Genderprofessorin verständigen.
Der Antisemitismus stiftet Harmonie. Die liberale Demokratie hat es zugelassen, die Bevölkerung wurde nicht gefragt.

Wenn es einen Lichtblick gibt, dann diesen: Während die Kritik liberaler Fiktionen noch vor kurzem schnell zu Verbannung, Schmähung, beruflichen Konsequenzen oder Repression führte, hat sie es jetzt dorthin geschafft, wo sie hingehört: in die Öffentlichkeit.

Plötzlich suchen liberale Länder wie Schweden nach Wegen, ihre nationale Kultur, die noch gestern zugunsten der multikulturellen Zukunft überwunden werden sollte, zu schützen. Auch die Priorisierung der eigenen Staatsbürger vor solchen fremder Staaten, vor ewig expandierenden »Menschenrechten« oder globalen »Klimazielen« hat viel von dem Schrecken verloren, den sie in der Trump-Ära noch besaß, als »America first!« als finsterer Nationalismus verschrien wurde.

An manchen Stellen merkt man dem Text an, unter welchem Eindruck er verfasst wurde. Wir haben uns entschieden ihn so zu belassen, denn auch die literarische Form erzählt eine Geschichte über den Zustand liberaler Demokratien.

Literatur

Die hier aufgelisteten Bücher lieferten uns Gedanken, Zitate und Argumente.

Julieta Aranda, Anton Vidokle, Brian Kuan Wood (Hg., 2017): Art without Death: Conversations on Russian Cosmism.

Hanna Arendt (1970): Macht und Gewalt: Mit einem Interview von Adelbert Reif.

Sabine Beppler-Spahl (2019): Brexit: Demokratischer Aufbruch in Großbritannien.

Pascal Bruckner (2020): Der eingebildete Rassismus. Islamophobie und Schuld.

Pascal Bruckner (2021): Ein nahezu perfekter Täter. Die Konstruktion des weißen Sündenbocks.

James Burnham (2014): Suicide of the West: An Essay on the Meaning and Destiny of Liberalism.

James Burnham (2021): The Managerial Revolution: What is Happening in the World.

Christopher Caldwell (2009): Reflections on the Revolution in Europe: Immigration, Islam, and the West.

Christopher Caldwell (2020): The Age of Entitlement: America Since the Sixties.

Christian Chesnot & Georges Malbrunot (2020): Qatar Papers: So beeinflusst der Golfstaat den Islam in Europa.

Vivek Chibber (2013): Postcolonial Theory and the Specter of Capital (deutsche Ausgabe 2018: Postkoloniale Theorie und das Gespenst des Kapitals).

Ben Cobley (2018): The Tribe: The Liberal-Left and the System of Diversity.

Pierre Dardot & Christian Laval (2019): Never Ending Nightmare: How Neoliberalism Dismantles Democracy

Chantal Delsol (2019): Icarus Fallen: Search for Meaning in an Uncertain World.
Patrick Deneen (2018): Why Liberalism Failed (deutsche Ausgabe 2019: Warum der Liberalismus gescheitert ist).
Patrick Deneen (2023): Regime: Towards a Postliberal Future.
Ross Douthat (2020): The Decadent Society: How We Became the Victims of Our Own Success.
Rod Dreher (2018): The Benedict Option: A Strategy for Christians in a Post-Christian Nation (deutsche Ausgabe 2019: Die Benedikt-Option: Eine Strategie für Christen in einer nachchristlichen Gesellschaft).
Rod Dreher (2020): Live Not by Lies: A Manual for Christian Dissidents (deutsche Ausgabe 2023: Lebt nicht mit der Lüge!).
Alain Finkielkraut (1989): Die Niederlage des Denkens.
Egon Flaig (2013): Gegen den Strom: Für eine säkulare Republik Europa.
Egon Flaig (2017): Die Niederlage der politischen Vernunft: Wie wir die Errungenschaften der Aufklärung verspielen.
Frank Furedi (2018): Populism and the European Culture Wars: The Conflict of Values between Hungary and the EU.
Ian Geary & Adrian Pabst (Hg., 2015): Blue Labour: Forging a New Politics.
Titus Gebel (2018): Freie Privatstädte: Mehr Wettbewerb im wichtigsten Markt der Welt.
Arnold Gehlen (2016): Der Mensch: Seine Natur und seine Stellung in der Welt.
René Girard (2002): Ich sah den Satan vom Himmel fallen wie einen Blitz. Eine kritische Apologie des Christentums.
René Girard (2009) : Das Ende der Gewalt. Analyse des Menschheitsverhängnisses. Erkundungen zu Mimesis und Gewalt mit Jean-Michel Oughourlian und Guy Lefort.
David Goodhart (2017): The Road to Somewhere. The New Tribes Shaping British Politics (deutsche Ausgabe 2020: The Road to

Somewhere: Wie wir Arbeit, Familie und Gesellschaft neu denken müssen. Die populistische Revolte und die Zukunft der Gesellschaft).
David Goodhart (2020): Head Hand Heart: The Struggle for Dignity and Status in the 21st Century (deutsche Ausgabe 2021: Kopf, Hand, Herz – Das neue Ringen um Status: Warum Handwerks- und Pflegeberufe mehr Gewicht brauchen).
Samuel Gregg (2019): Reason, Faith, and the Struggle for Western Civilization.
Boris Groys & Michael Hagemeister (Hg., 2005): Die Neue Menschheit: Biopolitische Utopien in Russland zu Beginn des 20. Jahrhunderts.
Richard Hanania (2023): The Origins of Woke: Civil Rights Law, Corporate America, and the Triumph of Identity Politics.
Thomas Hobbes (2011): Leviathan, oder Stoff, Form und Gewalt eines kirchlichen und bürgerlichen Staates. Teil I und II.
Tom Holland (2021): Herrschaft. Die Entstehung des Westens.
Mick Hume et al. (1996): The Point is to Change it: A Manifesto for a World Fit for People.
Eric Kaufmann (2018): Whiteshift: Populism, Immigration and the Future of White Majorities.
Gilles Kepel (2023): Vorwort in Florence Bergeaud-Blackler: Le Frérisme et ses réseaux.
Andrea Komolosy (2022): Zeitenwende: Corona, Big Data und die kybernetische Zukunft.
Panajotis Kondylis (2023): Konservatismus: Geschichtlicher Gehalt und Untergang.
Sandra Kostner (2019): Identitätslinke Läuterungsagenda: Eine Debatte zu ihren Folgen für Migrationsgesellschaften.
Joel Kotkin (2020): The Coming of Neo-Feudalism: A Warning to the Global Middle Class.
Ivan Krastev (2017): After Europe (deutsche Ausgabe 2017: Europadämmerung: Ein Essay).

Christopher Lasch (1994): The Revolt of the Elites and the Betrayal of Democracy (deutsche Ausgabe 1995: Die blinde Elite : Macht ohne Verantwortung).
Ryszard Legutko (2017): The Demon in Democracy: Totalitarian Temptations in Free Societies (deutsche Ausgabe 2017: Der Dämon der Demokratie: Totalitäre Strömungen in liberalen Gesellschaften).
Bérénice Levet (2022): L'écologie ou l'ivresse de la table rase.
C. S. Lewis (2009): The Abolition of Man (deutsche Ausgabe 2012: Die Abschaffung des Menschen).
James Lindsay & Helen Pluckrose (2021): Cynical Theories: How Activist Scholarship Made Everything about Race, Gender, and Identity – And Why this Harms Everybody (deutsche Ausgabe: Zynische Theorien: Wie aktivistische Wissenschaft Race, Gender und Identität über alles stellt – und warum das niemandem nützt).
Janina Loh (2020): Trans- und Posthumanismus zur Einführung.
Alasdair MacIntyre (1981): After Virtue: A Study in Moral Theory (deutsche Ausgabe 1987: Der Verlust der Tugend. Zur moralischen Krise der Gegenwart).
Peter Mair (2013): Ruling the Void. The Hollowing of Western Democracy.
Kenan Malik (2009): From Fatwa to Jihad: The Rushdie Affair and Its Legacy.
Kenan Malik (2013): Multiculturalism and Its Discontents: Rethinking Diversity After 9/11.
Walter Benn Michaels (2006): The Trouble with Diversity: How We Learned to Love Identity and Ignore Inequality (deutsche Ausgabe 2021: Der Trubel um Diversität: Wie wir lernten, Identitäten zu lieben und Ungleichheit zu ignorieren).
John Stuart Mill (1859): On Liberty (deutsche Ausgabe 1986: Über die Freiheit).

Douglas Murray (2017): The Strange Death of Europe: Immigration, Identity, Islam (deutsche Ausgabe 2018: Der Selbstmord Europas: Immigration, Identität, Islam).
Douglas Murray (2019): The Madness of Crowds: Gender, Race and Identity (deutsche Ausgabe 2022: Wahnsinn der Massen: Wie Meinungsmache und Hysterie unsere Gesellschaft vergiften).
Douglas Murray (2022): The War on the West: How to Prevail in the Age of Unreason (deutsche Ausgabe 2022: Krieg dem Westen).
Tilman Nagel (2014): Angst vor Allah?: Auseinandersetzungen mit dem Islam.
Rolf Nikel (2023): Feinde, Fremde, Freunde: Polen und die Deutschen.
Liav Orgad (2017): The Cultural Defense of Nations: A Liberal Theory of Majority Rights.
George Orwell (2014): Essays.
Hans-Jürgen Papier (2019): Die Warnung: Wie der Rechtsstaat ausgehöhlt wird. Deutschlands höchster Richter a.D. klagt an.
Steven Pinker (2002): The Blank Slate: The Modern Denial of Human Nature (deutsche Ausgabe 2003: Das unbeschriebene Blatt. Die moderne Leugnung der menschlichen Natur).
Elisabeth Quinn-Lasch (2002): Race Experts: How Racial Etiquette, Sensitivity Training, and New Age Therapy Hijacked the Civil Rights Revolution.
Kai Rogusch et al. (2019): Experimente statt Experten: Plädoyer für eine Wiederbelebung der Demokratie.
Helen Rosenblatt (2020): Lost History of Liberalism: From Ancient Rome to the Twenty-First Century.
Christopher Rufo (2023): America‘s Cultural Revolution: How the Radical Left Conquered Everything.
Helmut Schelsky (1975): Die Arbeit tun die anderen: Klassenkampf und Priesterherrschaft der Intellektuellen.

Susanne Schröter (2022): Global gescheitert? Der Westen zwischen Anmaßung und Selbsthass.
Susanne Schröter (2024): Der neue Kulturkampf: Wie eine woke Linke Wissenschaft, Kultur und Gesellschaft bedroht.
Roger Scruton (2019): Fools, Frauds and Firebrands: Thinkers of the New Left (deutsche Ausgabe 2012: Narren, Schwindler, Unruhestifter: Linke Denker des 20. Jahrhunderts).
Roger Scruton (2019): How to be a Conservative (deutsche Ausgabe: Von der Idee, konservativ zu sein: Eine Anleitung für Gegenwart und Zukunft).
Michael Shellenberger (2020): Apocalypse Never: Why Environmental Alarmism Hurts Us All (deutsche Ausgabe 2022: Apocalypse - niemals!: Warum uns der Klima-Alarmismus krank macht).
Michael Shellenberger (2021): San Fransicko: Why Progressives Ruin Cities.
Larry Siedentop (2015): Inventing the Individual: The Origins of Western Liberalism (deutsche Ausgabe 2015: Die Erfindung des Individuums: Der Liberalismus und die westliche Welt).
Rolf Peter Sieferle (1994): Epochenwechsel: Die Deutschen an der Schwelle zum 21. Jahrhundert.
Quinn Slobodian (2019): Globalisten: Das Ende der Imperien und die Geburt des Neoliberalismus.
Thomas Sowell (2006): Black Rednecks & White Liberals: Hope, Mercy, Justice and Autonomy in the American Health Care System.
Thomas Sowell (2007): A Conflict of Visions: Ideological Origins of Political Struggles.
Thomas Sowell (2023): Social Justice Fallacies.
Shelby Steele (2009): White Guilt: How Blacks and Whites Together Destroyed the Promise of the Civil Rights Era.
Doug Stokes (2023): Against Decolonisation: Campus Culture Wars and the Decline of the West.

Wolfgang Streeck (2015): Gekaufte Zeit: Die vertagte Krise des demokratischen Kapitalismus.
Wolfgang Streeck (2021): Zwischen Globalismus und Demokratie: Politische Ökonomie im ausgehenden Neoliberalismus.
Benjamin R. Teitelbaum (2020): War for Eternity: The Return of Traditionalism and the Rise of the Populist Right.
Emmanuel Todd (2024): La Défaite de l'Occident.
Sahra Wagenknecht (2021): Die Selbstgerechten: Mein Gegenprogramm – für Gemeinsinn und Zusammenhalt.
Edward J. Watts (2015): The Final Pagan Generation: Rome's Unexpected Path to Christianity.
Simone Weil (1956): Die Einwurzelung, Einführung in die Pflichten dem menschlichen Wesen gegenüber.
Ed West (2018): The Diversity Illusion: How Immigration Broke Britain and How to Solve it.
Shoshana Zuboff (2019): The Age of Surveillance Capitalism: The Fight for a Human Future at the New Frontier of Power (deutsche Ausgabe 2018: Das Zeitalter des Überwachungskapitalismus).

Danksagung

Wir haben uns beim Verfassen dieses Buches nicht nur mit wissenschaftlichen Abhandlungen, Studien, Büchern und Essays beschäftigt, sondern auch Interviews mit Journalisten, Wissenschaftlern, Autoren und Politikern geführt. Dafür, dass sie die Zeit fanden, um sich mit uns zu unterhalten, bedanken wir uns von ganzem Herzen bei Joel Kotkin, Maurice Glasman, Sabine Beppler-Spahl, Rolf Nikel, Frank Furedi, Alexander Wendt, Andrea Komlosy, Ida Kamlot, Christoph Lövenich, Kevin Yuill, Philippe Witzmann. Wir danken auch herzlich Christian Raap vom Langen Müller Verlag für sein wertvolles Engagement bei diesem Projekt.